GESAMTWERK
DEUTSCHER WEIN

Winfrid Heinen

Baden

Verlag Heinen

Für dieses Werk . . .

. . . fotografierten Armin Faber (großes Foto des Schutzumschlages und der größere Teil der Aufnahmen des Inhalts), Christian Meinhold (Foto im Medaillon und großer Teil der Aufnahmen des Inhalts), Hugo Beyer (Badisches Festessen), Winfrid und Ingrid Heinen. – Das Titelbild versinnbildlicht im Medaillon die enge Verbindung von badischem Essen und badischem Wein – mit einem Teller aus einer der beliebtesten Hutschenreuther-Serien (Rezept des dargestellten Essens im Innern) und einer weingerechten Glasauswahl von Schott-Zwiesel mit badischen Weinen von leichten über kräftige Weißweine, Weißherbst und Badisch Rotgold bis zu den farbintensiven Spätburgundern.

. . . schrieben als Mit-Autoren in der Redaktion des Verlages Bernd Kunz, Eva Löhnertz, Rudolf Wagner.

. . . fertigten Ingrid Heinen und Rolf Hardt die Lagenkarten und andere graphische Arbeiten.

. . . gestaltete Winfrid Heinen.

. . . setzten Hoppenstedt, Darmstadt und Knopp, Wittlich.

. . . lithografierten Offsetdruck Klinke, Saarbrücken und das Repro-Studio, Velbert (Schutzumschlag).

. . . stellten die Schott-Zwiesel Glaswerke AG alle Gläser für die Aufnahmen unserer Fotografen zur Verfügung, ebenso kommt das verwendete Porzellan von Hutschenreuther sowie Besteck von Robbe & Berking. (Ausnahmen sind lediglich zugelieferte Fotos).

. . . lieferte EPA Papiergroßhandel GmbH, Karlsruhe JADE MATT, holzfrei doppelt mattgestrichenes Bilderdruckpapier, Spezialanfertigung der KNP Maastricht.

. . . druckte Offsetdruck Klinke, Saarbrücken.

. . . arbeitete Fegro, Britten als Buchbinder.

Erstes Erscheinen zur Weinlese 1983
Copyright Verlag Heinen, 5559 Trittenheim

ISBN 3-922369-10-3

Klasse vor Masse

Vielfältig, abwechslungsreich und liebenswert wie die badische Weinlandschaft sind die badischen Weine. Sieben Anbaubereiche sind wie Inseln in das sich über 400 Kilometer vom Badischen Frankenland im Norden bis zum Bodensee im Süden erstreckende badische Weinbaugebiet eingebettet. Die dadurch bedingten Klima- und Bodenunterschiede setzen Sortenschwerpunkte und statten die Weine mit eigenem, unverwechselbaren Charakter aus.

Die badischen Winzer setzen dabei, auch für die Zukunft, auf die bewährten Standardrebsorten und haben die bestgeeigneten Standorte ausgewählt. Klasse vor Masse ist der eiserne Grundsatz der badischen Weinbaupolitik, dem sich bei uns Weinbau und Kellerwirtschaft unterzuordnen haben. Die Zugehörigkeit zur EG-Weinbauzone "B" als einziges deutsches Weinbaugebiet fordert höhere Qualität und schränkt die Anreicherungsmöglichkeiten deutlich ein. Hier wird nachprüfbar, was die badischen Winzer behaupten und versprechen.

Badische "Weinphilosophie" ist ein Teil der badischen Lebensphilosophie. Badisch trinken und badisch essen gehören zusammen und zur heiteren Seite unseres Lebens. Sie lassen "badische Lebensart" schmecken und fühlen.

Das vorliegende repräsentative Werk über den badischen Wein will davon einen nachhaltigen Eindruck vermitteln.

Ich wünsche ihm viele geneigte Leser, die nicht nur lesen, sondern auch etwas spüren.

Juli 1983

Peter Schüttler
Präsident des Badischen Weinbauverbandes

Auch die Stare mögen Qualität – sie bevorzugen Baden, weil dort die Trauben so gut ausreifen.

Inhaltsübersicht

5	Innentitel
6	Impressum
8	Kommentar Schüttler
10	Rebsortenspiegel
12	Jahrgangsbewertung
14	Kartenteil
36	Übersichtskarte
37	Jahrhundertpost
69	Badisches Festessen
76	Zentralkellerei Badischer Winzergenossenschaften
79	Etiketten
84	Baden in Moll und in "B"
91	Badisches Frankenland
109	Badische Bergstraße/Kraichgau
131	Ortenau
164	Kaiserstuhl-Tuniberg
195	Breisgau
205	Markgräfler Land
227	Bodensee
234	Badische Skizzen – Badische Zahlen
256	Verzeichnis der Rezepte / Verzeichnis der WG
257	Register
258	Verzeichnis der Weinbaugemeinden
260	Verzeichnis der Geschichten

Die ersten Zehn in Baden

Baden setzt auf die Rebenvielfalt, wie sich gezeigt hat, mit Erfolg. Dabei haben die sieben Bereiche durchaus ihre Spezialitäten. Allen gemeinsam ist aber, daß sie bei allem Unterschied eben doch "badisch" sind, recht voll und kräftig im Vergleich der elf deutschen Anbaugebiete, mit weniger Säure auch und weniger Restsüße im Durchschnitt.

Natürlich gibt es Besonderheiten wie vergleichsweise leichte oder vergleichsweise kernige Weine, aber das ist nicht der typisch badische Wein, das sind gewissermaßen die Spezialitäten, wie auch der "Spätburgunder Weißherbst" und "Badisch Rotgold" Spezialitäten sind.

Diese beiden sind allerdings in der nachfolgenden Rebsortenbeschreibung nicht aufgeführt, da es sich eben nicht um Rebsorten, sondern um besonders gekelterte Weintypen handelt: um den aus der Rotweintraube Spätburgunder hell gekelterten Weißherbst und um die gemeinsam gekelterten

Trauben von Grauburgunder (Ruländer) und Spätburgunder.

Außer dieser gesetzlich vorgeschriebenen und nur für Baden erlaubten Verschnittspezialität aus einer Rebsortenfamilie wird in diesem Anbaugebiet weitgehend sortenrein ausgebaut - obwohl recht viele Rebsorten mit zum Teil geringen prozentualen Anteilen angebaut werden. Dem Brauch des GESAMT-WERKES entsprechend, sind auf dieser Doppelseite in einer Art Rebsorten-Hitparade die meist verbreiteten von Platz eins bis zehn vorgestellt.

1. Müller-Thurgau

Die schon ein Jahrhundert alte Züchtung zählt heute bereits zu den Traditionsrebsorten Deutschlands. Wegen ihrer Kreuzungseltern Riesling und Silvaner wurde sie in Baden bis 1974 als "Riesling x Silvaner" bezeichnet. Die relativ stärkste Verbreitung hat sie im Bereich Badisches Frankenland. Dort

sorgt sie für "erdige" und häufig auch recht "kernige" Weine. Insgesamt ist der in Baden am besten jung getrunkene Müller-Thurgau mit seiner milden Säure recht frisch und trotz eines dezenten Muskatbuketts eher neutral.

Anbauanteil: 38 %

2. Blauer Spätburgunder

Die im Mittelalter aus Burgund in Deutschland eingeführte edle Rotweintraube erzielt in Baden qualitativ hochwertige Weine, die in der Ortenau und am Kaiserstuhl besonders ausgeprägt sind: körperreich, kräftig, vollmundig und samtig - und rubinrot. Am Bodensee, wo sie die relativ höchste Verbreitung hat, wird sie häufig als frischer und fruchtiger Weißherbst angeboten. Gemeinsam mit dem verwandten Ruländer (Grauburgunder) gekeltert ergibt sie "Badisch Rotgold". Rund drei Viertel des in Deutschland angebauten Spätburgunders wächst heute in Baden, wo sich

seine Anbaufläche in den vergangenen zwei Jahrzehnten etwa verdoppelt hat.

Anbauanteil: 19 %

3. Ruländer

Seit der Kaufmann Johann Seger Ruland aus Speyer um 1711 durch erfolgreichen Anbau Anstoß zu seiner Verbreitung gab, heißt der Graue Burgunder (Pinot gris) bei uns "Ruländer". Die Verwandtschaft zu Weiß- und Spätburgunder ist im Sommer offensichtlich, wenn sich die Reben im Wuchs kaum voneinander unterscheiden. Die Unterscheidung kommt erst mit der Farbe der Beeren im Herbst. Der Ruländeranbau Deutschlands konzentriert sich weitgehend auf Baden und hier wiederum auf den Bereich Kaiserstuhl/Tuniberg, dessen sehr warmes Klima seiner Reife förderlich ist. Der so entstehende Wein ist bei einem reichen Bukett vollmundig und gehaltvoll, bei guter Reife tiefgolden in

der Farbe und mit einem feinen Honigton im kräftigen Duft.

Anbauanteil: 13 %

4. Gutedel

Markgraf Karl Friedrich von Baden hat diese Sorte 1780 von Vevey am Genfer See in das Markgräfler Land gebracht und hier reinsortig ausbauen lassen. Es zeigte sich, daß dieser leichte, milde und bekömmliche Wein gut zum Markgräflerland paßte, so gut, daß dort heute etwa die Hälfte der Rebfläche mit ihm bestanden ist. Seit den Zeiten des Markgrafen hat sich nichts geändert: Das Markgräflerland ist der einzige "Gutedelbereich" Badens - und Deutschlands. Der Gutedel wird weitgehend trocken ausgebaut und gern zum Essen getrunken.

Anbauanteil: 8 %

5. Riesling

Der Riesling ist die deutsche Edelsorte schlechthin. In Baden ist sein Anbau auf die drei Bereiche Badische Bergstraße/Kraichgau, Ortenau und Breisgau konzentriert. (In der Ortenau wird er nach dem Platz des Erstanbaus gelegentlich noch "Klingelberger" genannt.) Der Wein erbringt eine hochfeine Blume, ist fruchtig im Geschmack und im Rebsortenvergleich von der größten Feinheit und Finesse. Zusammenfassend wird er gern als "rassig" bezeichnet. Sein Anbauanteil hat sich in den vergangenen 20 Jahren in Baden fast verdoppelt.

Anbauanteil: 8 %

6. Silvaner

Der Silvaner ist eine der deutschen Standardrebsorten mit langer Anbautradition. Er war früher einmal die am meisten verbreitete Rebsorte Deutschlands. In Baden wird er vor allem im Bereich Kaiserstuhl/Tuniberg und mit kleineren Rebflächen auch in den Bereichen Badische Bergstraße/Kraichgau und Badisches Frankenland angebaut. Sein Anbauanteil ist in den vergangenen Jahren in Baden leicht zurückgegangen. Die Weine des Silvaner von Gesteins- und Kiesböden sind feinfruchtig, die von schweren Böden auch durchaus wuchtig. Insgesamt gilt der Silvaner aber eher als leicht bei einem Bukett, das kein hervorstechendes Charaktermerkmal hat und deshalb gern als neutral bezeichnet wird.

Anbauanteil: 3 %

7. Weißer Burgunder

Diese im Geschmack neutrale Rebsorte hat in Baden ideale Bedingungen gefunden - und ist in jüngster Zeit auch bei den deutschen Verbrauchern durch ihre Eignung zum Essen aufgewertet worden. Sie ist in fünf der sieben Anbaubereiche Badens mit kleinen Anteilen vertreten. Der Weiße Burgunder braucht ein gutes Mostgewicht, um seine ideale Fülle zu erreichen und präsentiert sich besonders gut, wenn er mit recht viel Säure auf die Flasche kommt.

Anbauanteil: 3 %

8. Traminer/Gewürztraminer

Traminer und Gewürztraminer sind Spielarten einer Rebsorte. Abgesehen vom Badischen Frankenland ist der Traminer in allen Bereichen Badens vertreten. In der Ortenau wird er auch als "Clevner" bezeichnet. Die Weine sind außerordentlich bukettreich und bieten eine große Geschmacksfülle, wobei die Gewürztraminer eben als besonders würzig und ausdrucksstark gelten. Diese Weine eignen sich sowohl trocken als auch mit Restsüße ausgebaut als Begleiter ganz bestimmter Speisen wie etwa Pasteten. Sie werden aber auch gern als Dige-

stiv - als Wein nach dem Essen getrunken.

Anbauanteil: 2 %

9. Kerner

Der Kerner ist eine Züchtung aus dem benachbarten Württemberg und zwar aus der Weißweinsorte Riesling und der Rotweinsorte Trollinger. Das Züchtungsergebnis präsentiert sich als säurebetonter, eher leichter, frischer und rieslingähnlicher Wein. Möglicherweise hat er unter den Neuzüchtungen gerade deswegen soviel Erfolg, weil er gut in die traditionelle Linie der deutschen Standardrebsorten paßt.

Anbauanteil: 1 %

10. Nobling, Scheurebe, Bacchus

Das Rennen um den zehnten Platz scheint in Baden noch offen zu sein. In jüngster Zeit gewinnt der Nobling zunehmend Anhänger. Er hat fruchtige, körperreiche Weine. Der Bacchus ist fruchtig bei einem Bukett, das mit seinem feinen Muskatton dem Müller-Thurgau verwandt ist. Die Scheurebe gehört zu den älteren Neuzüchtungen. Sie ist mit ihrer Säure rieslingähnlich. Das Bukett der reifen Weine duftet zart nach Johannisbeeren.

Von Null bis Zehn

Jahrgangsbeurteilung in einem 10-Punkte-System

Für Baden ist eine eindeutige, aussagekräftige Jahrgangsbeurteilung recht schwierig. Besonders die "Ausreißer" Badisches Frankenland und Bodensee, mit ihren abweichenden klimatischen und topografischen Voraussetzungen, erschweren eine allgemeingültige Aussage. Nur durch die Mithilfe einiger renommierter und alteingesessener Weingüter und Winzergenossenschaften aus den verschiedenen Regionen konnte das Vorhaben bewältigt werden.

Den nachfolgenden Betrieben wollen wir für die Abgabe ihrer umfassenden Beurteilung und der damit verbundenen Mühe danken: Gräflich Wolff Metternich'sches Weingut in Durbach, Freiherr von Neveu'sche Gutsverwaltung in Durbach, Weingut Freiherr von Gleichenstein in Oberrotweil, Winzergenossenschaft Bischoffingen, Winzergenossenschaft Achkar-

ren, Erste Markgräfler Winzergenossenschaft Schliengen, Markgräfler Winzergenossenschaft Müllheim, Winzergenossenschaft Neuweier-Bühlertal, Weingut Blankenhorn in Müllheim, Weingut H. Vetter in Beckstein, Staatsweingut in Meersburg und Staatliches Weinbauinstitut in Freiburg. Dank darüber hinaus allen, die in Gesprächen mit einzelnen Hinweisen geholfen haben.

Die Beurteilung ist nicht sortengebunden – das würde bei der Rebsorten-Vielfalt in Baden den vorgegebenen Rahmen sprengen – sondern es sind nur allgemeine Angaben zur Menge und Qualität gemacht worden. Ebenfalls sind Besonderheiten, die nur für einen örtlich eng begrenzten Raum Gültigkeit haben, außer acht gelassen worden. Die vergebenen Punkte bewerten ausschließlich Qualität, nicht Menge. So bedeutet die 10 in der Tabelle, daß in diesem Jahr Spitzenweine gelesen worden sind. Dies kann auch dann noch der Fall sein, wenn die Menge z.B. durch Frost gering ausgefallen ist. Die 5 bedeutet mittlere Qualität und die 0 besagt, daß sich die Lese aus Qualitätsgründen nicht gelohnt hat.

Jahrgangsbeurteilung für den Durchschnitt des Anbaugebietes in einem 10-Punkte-System

Jahr	Punkte	Bemerkung
82	5-6	Große Erntemenge, außer im Badischen Frankenland, Qualität durchschnittlich, am Kaiserstuhl leicht überdurchschnittlich, am Bodensee unbefriedigend.
81	7-8	Geringe Menge, außer am Kaiserstuhl. Qualität befriedigend bis gut, Kaiserstuhl: Gut bis sehr gut.
80	4	Kleinste Ernte seit vielen Jahren, schlechte bis mittlere Qualität. Ausnahme: Bodensee.
79	8	Gute Menge bei mittlerer bis guter Qualität. Ertragsausfall im Badischen Frankenland.
78	5	Verrieselungsschäden, kleine Ernte, mäßige Qualität außer Badisches Frankenland und Bodensee.
77	7	Rekordmengen trotz vereinzelter örtlicher Frostschäden. Nur geringe bis mittlere Qualität.
76	9-10	Hervorragende Qualität, große Weine, extrem hoher Anteil an Spitzenweinen bei guter Quantität. Nur der Bodensee bleibt unter dem Durchschnitt.
75	8	Gute bis sehr gute Weine besonders am Bodensee ("Rieslingjahrgang").
74	3-4	Wegen Spätfrost in fast allen Gebieten geringe Erträge, schlechte Qualität.
73	7-8	Guter bis sehr guter Jahrgang mit Spitzenweinen bei später Lese. Durchschnittlich nur am Kaiserstuhl und am Bodensee.
72	4-5	Nach Frostschäden nur geringe Erträge, mittlere Qualität. Am Kaiserstuhl nach Föhn einige Spitzenweine, im Markgräfler Land erste Erfahrungen mit Tafelwein. Früher Herbstfrost.
71	10	Spitzenjahr! Unerhört hoher Anteil an großen Weinen. Nur geringe Ertragsausfälle.
70	4-5	Fast überall großer bis sehr großer Ertrag. Mengenmäßig bestes Jahr seit Kriegsende. Qualität schlecht bis mittel (Ausnahmen: Ortenau und Bodensee).
69	6-7	Mitteljahrgang mit einigen guten Weinen. In der Freiburger Gegend unter dem Schnitt. Sehr gute Qualitäten am Kaiserstuhl.
68	4-5	Kleiner Jahrgang, viel Rebkrankheits-Befall am Bodensee.
67	6-8	Quantitativ kleiner bis mittlerer Jahrgang mit guten Qualitäten bis hin zu Spitzenweinen.
66	6	Mittlere Menge (Regensommer). Mittlere bis gute, vereinzelt sogar sehr gute Qualitäten trotz einiger Schäden durch Fäulnis
65	2-3	Früher Wintereinbruch und Fäulnisschäden: Geringe Menge, außer im Markgräfler Land.
64	9-10	Großer Jahrgang mit großen Mengen. Hervorragende Qualitäten mit vielen Spitzenweinen.
63	5-7	Nur durchschnittliche Menge, mittlere bis mäßig gute Qualität. Teilweise große Ertragsausfälle durch Frost. Guter Herbst nur im Badischen Frankenland.
62	6-8	Überdurchschnittlicher Jahrgang mit einigen Spitzenweinen bei später Lese, mittlere Menge.
61	5-8	Kleine Ernte in allen Bereichen, aber mittlere bis gute Qualitäten (Ortenau).
60	5-7	Regional unterschiedlich in der Menge, mittlere Qualität.
59	10	Spitzenweine. Ein Jahrhundert-Jahrgang, auch was die Menge betrifft.
58	6-7	Harmonische Weine in allen Regionen, mengenmäßig zufriedenstellend.
57	2-3	Sehr geringe Menge, mäßige Qualität. Nur Freiburg und die Ortenau melden auch gute Weine.
56	0-1	In vielen Regionen Ertragsausfall durch schlimmen Frühjahrsfrost, geringe Qualität.
55	4-5	Hagel- und Frostschäden, geringe bis mittlere Erträge, – Durchschnitts-Qualität.
54	3-5	Geringe bis mittlere Erträge, auch auf die Qualität trifft dieses Urteil zu.
53	0-10	Kälteeinbruch im Frühling führt in weiten Bereichen zu katastrophalen Ernteausfällen. Wo die Reben überlebten, gab es auch Spitzenweine.
52	5-8	Durchschnittlicher Ertrag bei guter bis sehr guter Qualität.
51	5	Eine insgesamt gute Lese mit mittleren Qualitäten.
50	5-8	Erster Vollherbst nach dem Krieg! Am Bodensee Spitzenqualität, sonst mittel bis gut.
49	7-9	Gute bis sehr gute Weine, geringe Erträge durch Frostschäden im Frühjahr und Trockenheit im Sommer.
48	4-7	Mittlerer Jahrgang, ausreichende bis gute Qualitäten.
47	6-8	Starke Ertragsausfälle durch extreme Trockenheit. Heißester Sommer seit Beginn der Wetteraufzeichnungen. Gute Qualität.
46	5-7	Geringe Menge bei guter Qualität. Wein ist ein begehrter Schwarzhandels-Artikel.
45	5	Kriegsbedingt sehr kleine Menge, aber gute bis sehr gute Weine.

Ausschn
1:25000
6623, 66

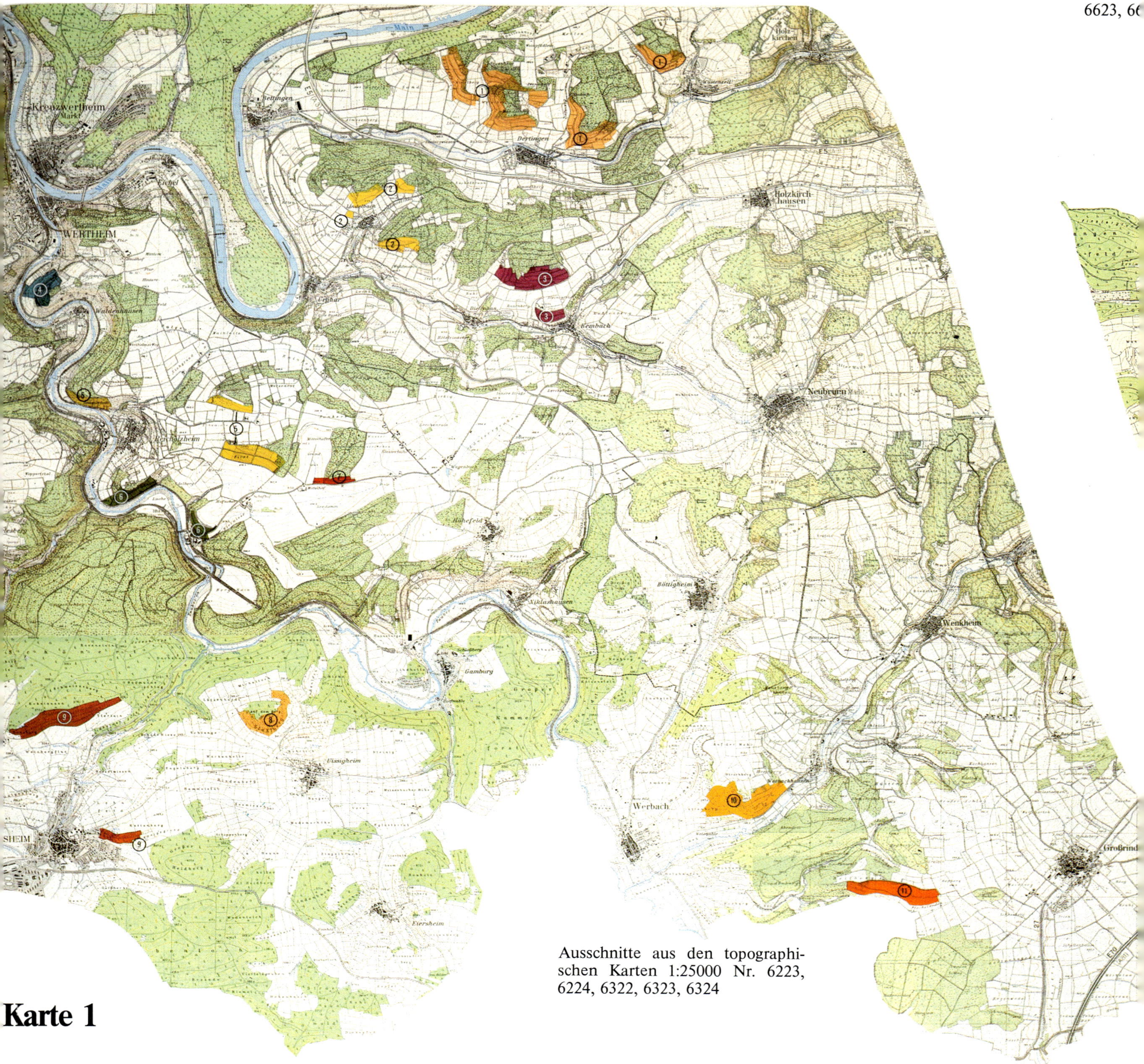

Ausschnitte aus den topographischen Karten 1:25000 Nr. 6223, 6224, 6322, 6323, 6324

Karte 1

Dertingen
(Ortsteil von Wertheim)

① Mandelberg
③ Sonnenberg

Lindelbach
(Ortsteil von Wertheim)

② Ebenrain

Kembach
(Ortsteil von Wertheim)

③ Sonnenberg

Wertheim

④ Schloßberg

Reicholzheim
(Ortsteil von Wertheim)

⑤ First
⑥ Josefsberg (Satzenberg zur Zeit in der Umlegung; nur noch 1 Hektar bestockt)
⑦ Kemelrain

Höhefeld
(Ortsteil von Wertheim)

⑦ Kemelrain

Uissigheim
(Ortsteil von Külsheim)

⑧ Stahlberg

Külsheim

⑨ Hoher Herrgott

Werbach

⑩ Hirschberg
⑪ Beilberg

Großrinderfeld

⑪ Beilberg

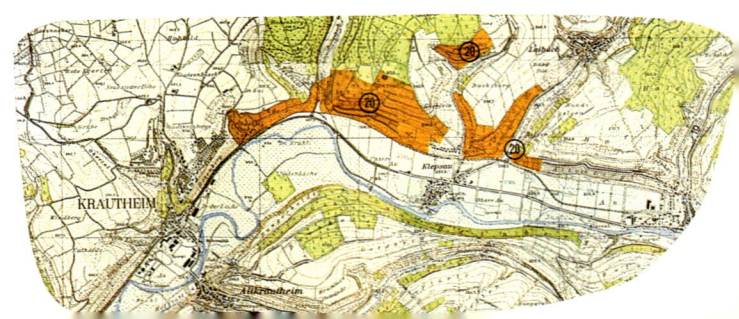

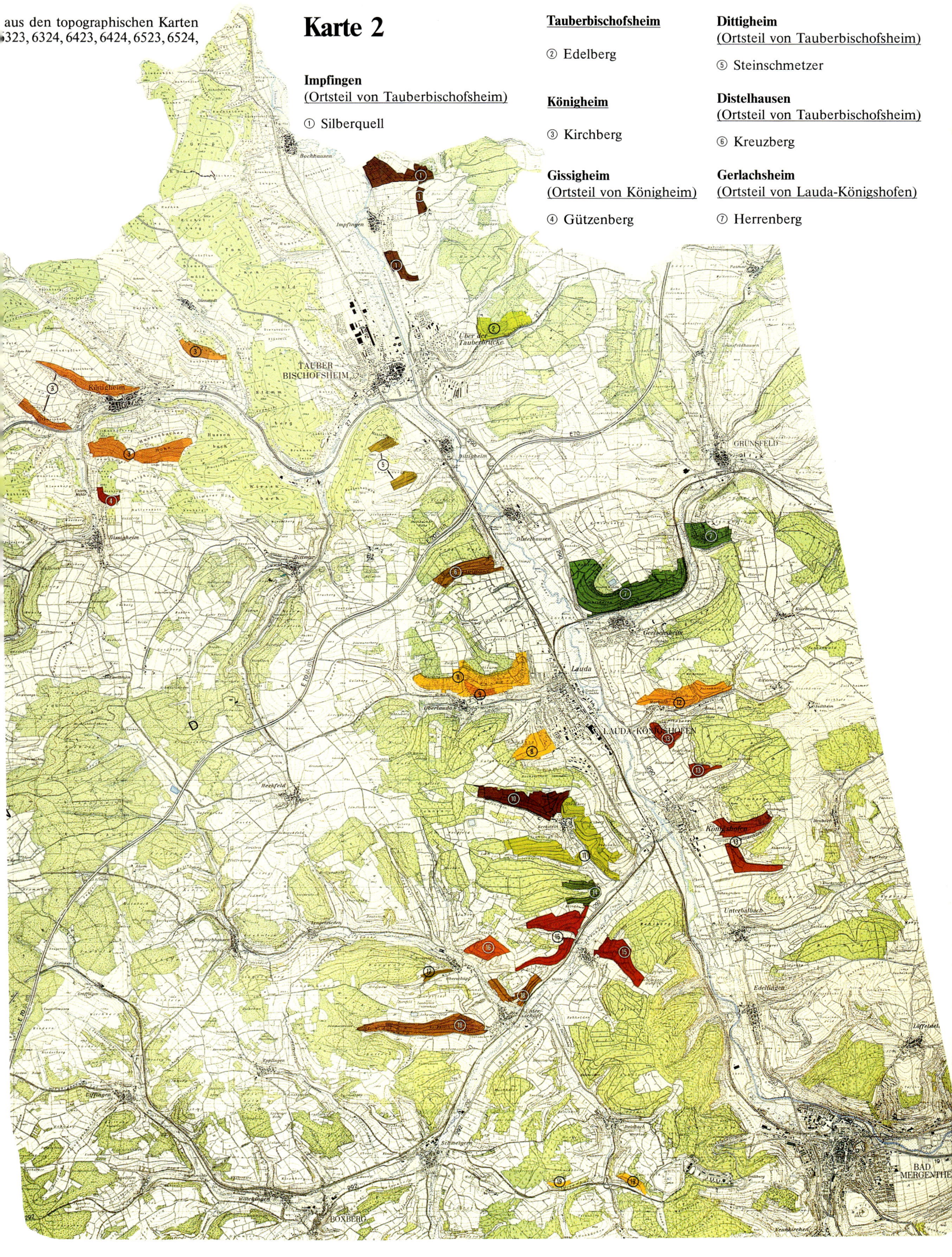

Karte 2

aus den topographischen Karten
323, 6324, 6423, 6424, 6523, 6524,

Impfingen
(Ortsteil von Tauberbischofsheim)

① Silberquell

Tauberbischofsheim

② Edelberg

Königheim

③ Kirchberg

Gissigheim
(Ortsteil von Königheim)

④ Gützenberg

Dittigheim
(Ortsteil von Tauberbischofsheim)

⑤ Steinschmetzer

Distelhausen
(Ortsteil von Tauberbischofsheim)

⑥ Kreuzberg

Gerlachsheim
(Ortsteil von Lauda-Königshofen)

⑦ Herrenberg

15

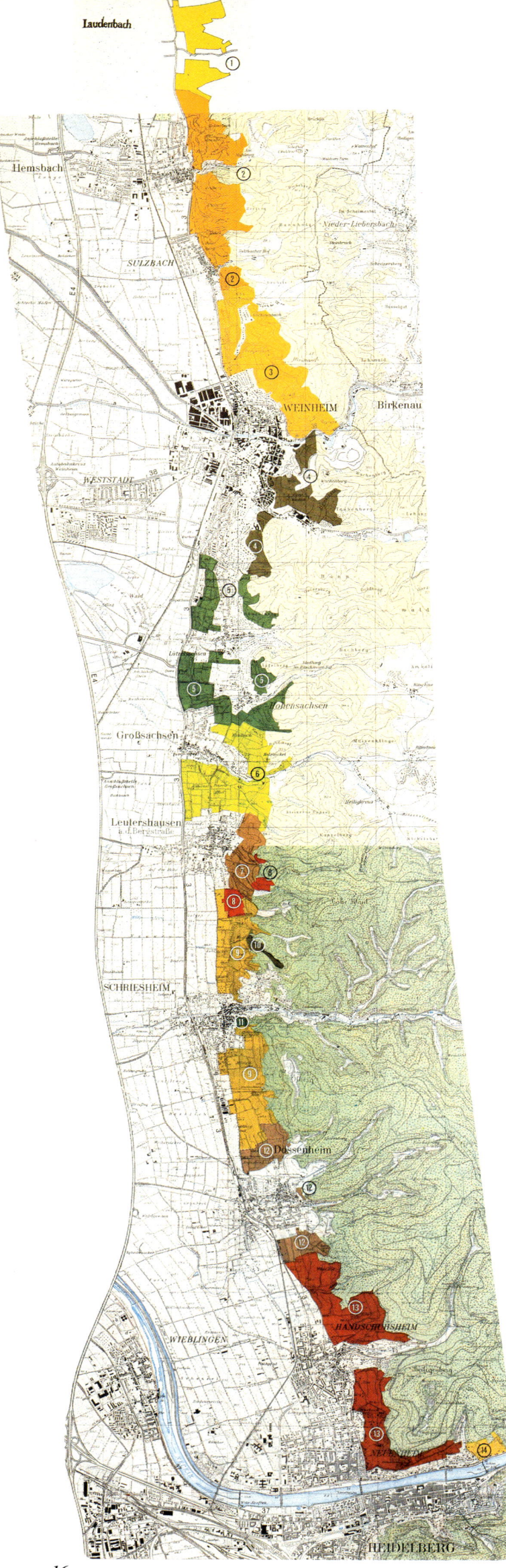

Karte 2

Oberlauda
(Ortsteil von Lauda-Königshofen)

⑧ Altenberg
⑨ Steinklinge

Lauda
(Ortsteil von Lauda-Königshofen)

⑧ Altenberg
⑩ Nonnenberg
⑫ Frankenberg

Marbach
(Ortsteil von Lauda-Königshofen)

⑫ Frankenberg

Beckstein
(Ortsteil von Lauda-Königshofen)

⑩ Nonnenberg
⑪ Kirchberg

Königshofen
(Ortsteil von Lauda-Königshofen)

⑪ Kirchberg
⑬ Turmberg
⑭ Walterstal

Sachsenflur
(Ortsteil von Lauda-Königshofen)

⑭ Walterstal
⑮ Kailberg

Oberschüpf
(Ortsteil von Boxberg)

⑯ Altenberg
⑰ Herrenberg

Unterschüpf
(Ortsteil von Boxberg)

⑱ Mühlberg

Dainbach
(Ortsteil von Bad Mergentheim)

⑲ Alte Burg

Klepsau
(Ortsteil von Krautheim)

⑳ Heiligenberg

Krautheim

⑳ Heiligenberg

Ausschnitte aus den topographischen Karten 1:25000 Nr. 6417, 6418, 6517, 6518

Karte 3

Laudenbach

① Sonnberg

Hemsbach

② Herrnwingert

Sulzbach
(Ortsteil von Weinheim)

② Herrnwingert

Weinheim

③ Hubberg
④ Wüstberg

Lützelsachsen
(Ortsteil von Weinheim)

⑤ Stephansberg

Hohensachsen
(Ortsteil von Weinheim)

⑤ Stephansberg

Großsachsen
(Ortsteil von Hirschberg)

⑥ Sandrocken

Leutershausen
(Ortsteil von Hirschberg)

⑦ Kahlberg
⑧ Staudenberg

Schriesheim

⑧ Staudenberg
⑨ Kuhberg
⑩ Madonnenberg
⑪ Schloßberg

Dossenheim

⑫ Ölberg

Heidelberg

⑬ Heiligenberg
⑭ Sonnenseite ob der Bruck

Karte 4

Binau

① Herzogsberg

Diedesheim
(Ortsteil von Mosbach)

① Herzogsberg

Neckarzimmern

② Kirchweinberg
③ Wallmauer
④ Götzhalde

Haßmersheim

② Kirchweinberg

Neckarmühlbach
(Ortsteil von Haßmersheim)

⑤ Hohberg

Heinsheim
(Ortsteil von Bad Rappenau)

⑥ Burg Ehrenberg

Ausschnitte aus den topographischen Karten 1:25000 Nr. 6620, 6621, 6720, 6721

Herbolzheim

⑦ Berg

Neudenau

⑦ Berg

17

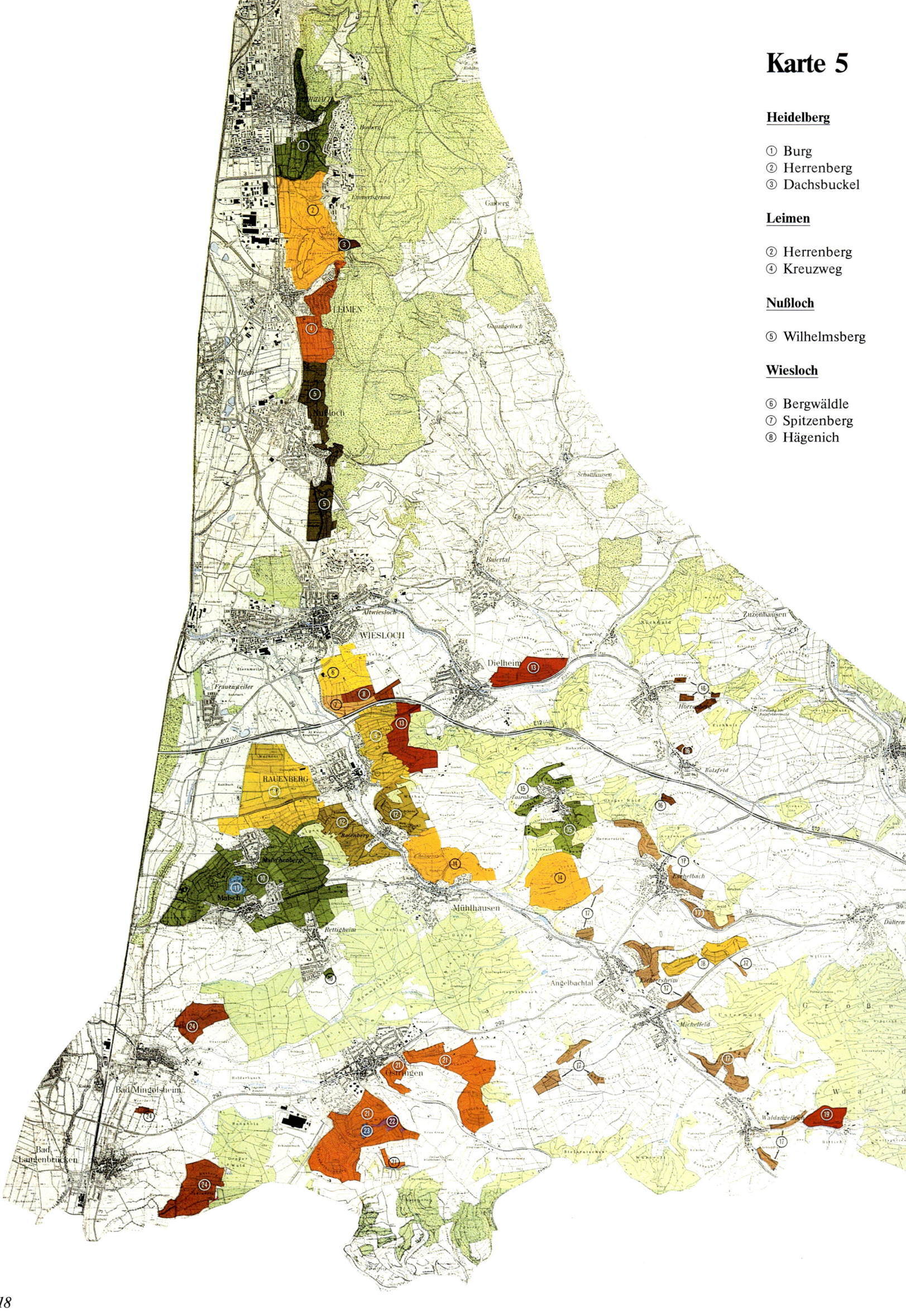

Karte 5

Heidelberg

① Burg
② Herrenberg
③ Dachsbuckel

Leimen

② Herrenberg
④ Kreuzweg

Nußloch

⑤ Wilhelmsberg

Wiesloch

⑥ Bergwäldle
⑦ Spitzenberg
⑧ Hägenich

Rauenberg

⑨ Burggraf

Malschenberg
(Ortsteil von Rauenberg)

⑩ Ölbaum

Malsch

⑩ Ölbaum
⑪ Rotsteig

Rettigheim
(Ortsteil von Mühlhausen)

⑩ Ölbaum

Rotenberg
(Ortsteil von Rauenberg)

⑫ Schloßberg

Mühlhausen

⑭ Heiligenstein

Dielheim

⑬ Teufelskopf
⑮ Rosenberg

Horrenberg
(Ortsteil von Dielheim)

⑯ Osterberg

Tairnbach
(Ortsteil von Mühlhausen)

⑮ Rosenberg

Eschelbach
(Ortsteil von Sinsheim)

⑰ Sonnenberg

Eichtersheim
(Ortsteil von Angelbachtal)

⑰ Sonnenberg

Michelfeld
(Ortsteil von Angelbachtal)

⑰ Sonnenberg
⑱ Himmelberg

Waldangelloch
(Ortsteil von Sinsheim)

⑰ Sonnenberg

Weiler
(Ortsteil von Sinsheim)

⑲ Goldberg
⑳ Steinsberg

Steinsfurt
(Ortsteil von Sinsheim)

⑳ Steinsberg

Östringen

㉑ Ulrichsberg
㉒ Hummelberg
㉓ Rosenkranzweg

Bad Mingolsheim
(Ortsteil von Bad Schönborn)

㉔ Goldberg

Bad Langenbrücken
(Ortsteil von Bad Schönborn)

㉔ Goldberg

Ausschnitte aus den topographischen Karten 1:25000 Nr. 6618, 6717, 6718, 6719, 6817, 6818, 6819

Karte 6

Stettfeld
(Ortsteil von Ubstadt-Weiher)

① Himmelreich

Zeutern
(Ortsteil von Ubstadt-Weiher)

① Himmelreich

Ubstadt
(Ortsteil von Ubstadt-Weiher)

② Weinhecke

Unteröwisheim
(Ortsteil von Kraichtal)

③ Kirchberg

Oberöwisheim
(Ortsteil von Kraichtal)

③ Kirchberg

Münzesheim
(Ortsteil von Kraichtal)

④ Silberberg

Neuenbürg
(Ortsteil von Kraichtal)

④ Silberberg

Odenheim
(Ortsteil von Östringen)

⑤ Königsbecher

Menzingen
(Ortsteil von Kraichtal)

④ Silberberg
⑥ Spiegelberg

Tiefenbach
(Ortsteil von Östringen)

⑥ Spiegelberg
⑦ Schellenbrunnen

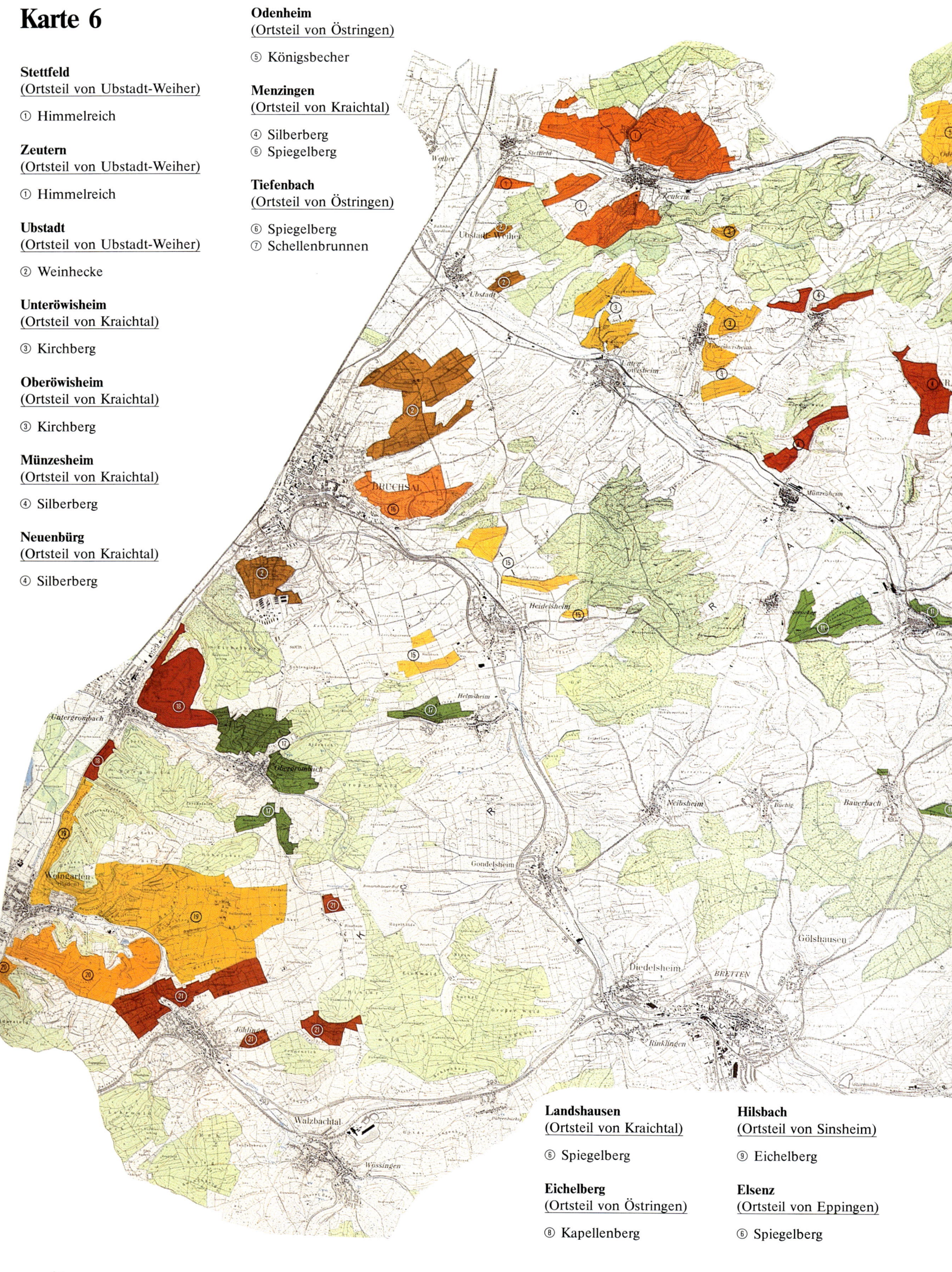

Landshausen
(Ortsteil von Kraichtal)

⑥ Spiegelberg

Eichelberg
(Ortsteil von Östringen)

⑧ Kapellenberg

Hilsbach
(Ortsteil von Sinsheim)

⑨ Eichelberg

Elsenz
(Ortsteil von Eppingen)

⑥ Spiegelberg

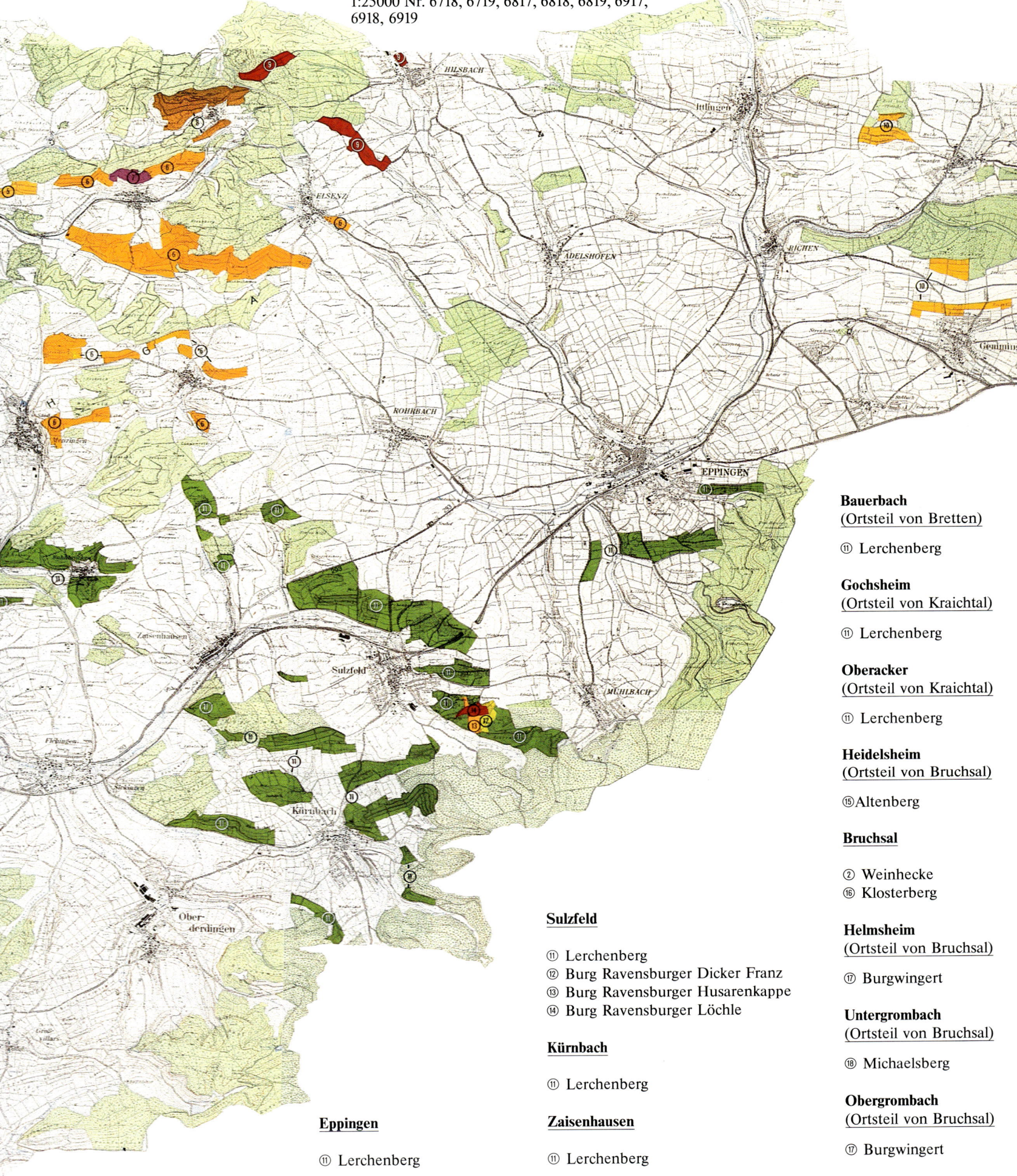

Ausschnitte aus den topographischen Karten
1:25000 Nr. 6718, 6719, 6817, 6818, 6819, 6917,
6918, 6919

Bauerbach
(Ortsteil von Bretten)

⑪ Lerchenberg

Gochsheim
(Ortsteil von Kraichtal)

⑪ Lerchenberg

Oberacker
(Ortsteil von Kraichtal)

⑪ Lerchenberg

Heidelsheim
(Ortsteil von Bruchsal)

⑮ Altenberg

Bruchsal

② Weinhecke
⑯ Klosterberg

Helmsheim
(Ortsteil von Bruchsal)

⑰ Burgwingert

Untergrombach
(Ortsteil von Bruchsal)

⑱ Michaelsberg

Obergrombach
(Ortsteil von Bruchsal)

⑰ Burgwingert

Weingarten

⑲ Katzenberg
⑳ Petersberg

Jöhlingen
(Ortsteil von Walzbachtal)

㉑ Hasensprung

Sulzfeld

⑪ Lerchenberg
⑫ Burg Ravensburger Dicker Franz
⑬ Burg Ravensburger Husarenkappe
⑭ Burg Ravensburger Löchle

Kürnbach

⑪ Lerchenberg

Zaisenhausen

⑪ Lerchenberg

Bahnbrücken
(Ortsteil von Kraichtal)

⑪ Lerchenberg

Flehingen
(Ortsteil von Oberderdingen)

⑪ Lerchenberg

Eppingen

⑪ Lerchenberg

Mühlbach
(Ortsteil von Eppingen)

⑪ Lerchenberg

Rohrbach
(Ortsteil von Eppingen)

⑪ Lerchenberg

Berwangen
(Ortsteil von Kirchardt)

⑩ Vogelsang

Gemmingen

⑩ Vogelsang

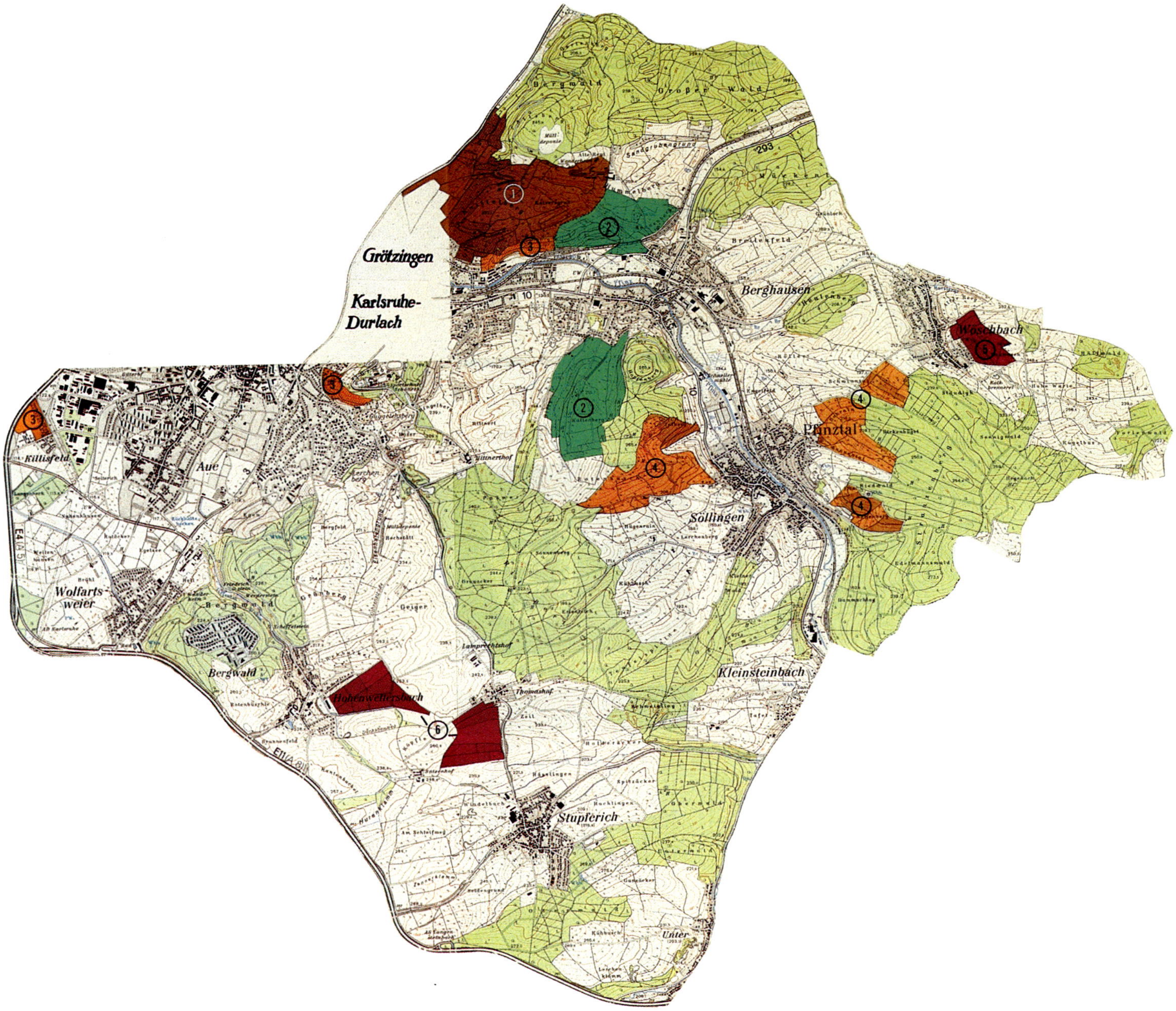

Karte 7a

Grötzingen
(Ortsteil von Karlsruhe)

① Lichtenberg
③ Turmberg

Berghausen
(Ortsteil von Pfinztal)

② Sonnenberg

Wöschbach
(Ortsteil von Pfinztal)

⑤ Steinwengert

Söllingen
(Ortsteil von Pfinztal)

④ Rotenbusch

Durlach
(Ortsteil von Karlsruhe)

③ Turmberg

Hohenwettersbach
(Ortsteil von Karlsruhe)

⑥ Rosengarten

Karte 7b

Dürrn
(Ortsteil von Ölbronn-Dürrn)

⑦ Eichelberg

Eisingen

⑧ Steig
⑨ Klepberg

Ersingen
(Ortsteil von Kämpfelbach)

⑨ Klepberg

Bilfingen
(Ortsteil von Kämpfelbach)

⑨ Klepberg

Dietlingen
(Ortsteil von Keltern)

⑨ Klepberg
⑩ Keulebuckel

Ellmendingen
(Ortsteil von Keltern)

⑩ Keulebuckel

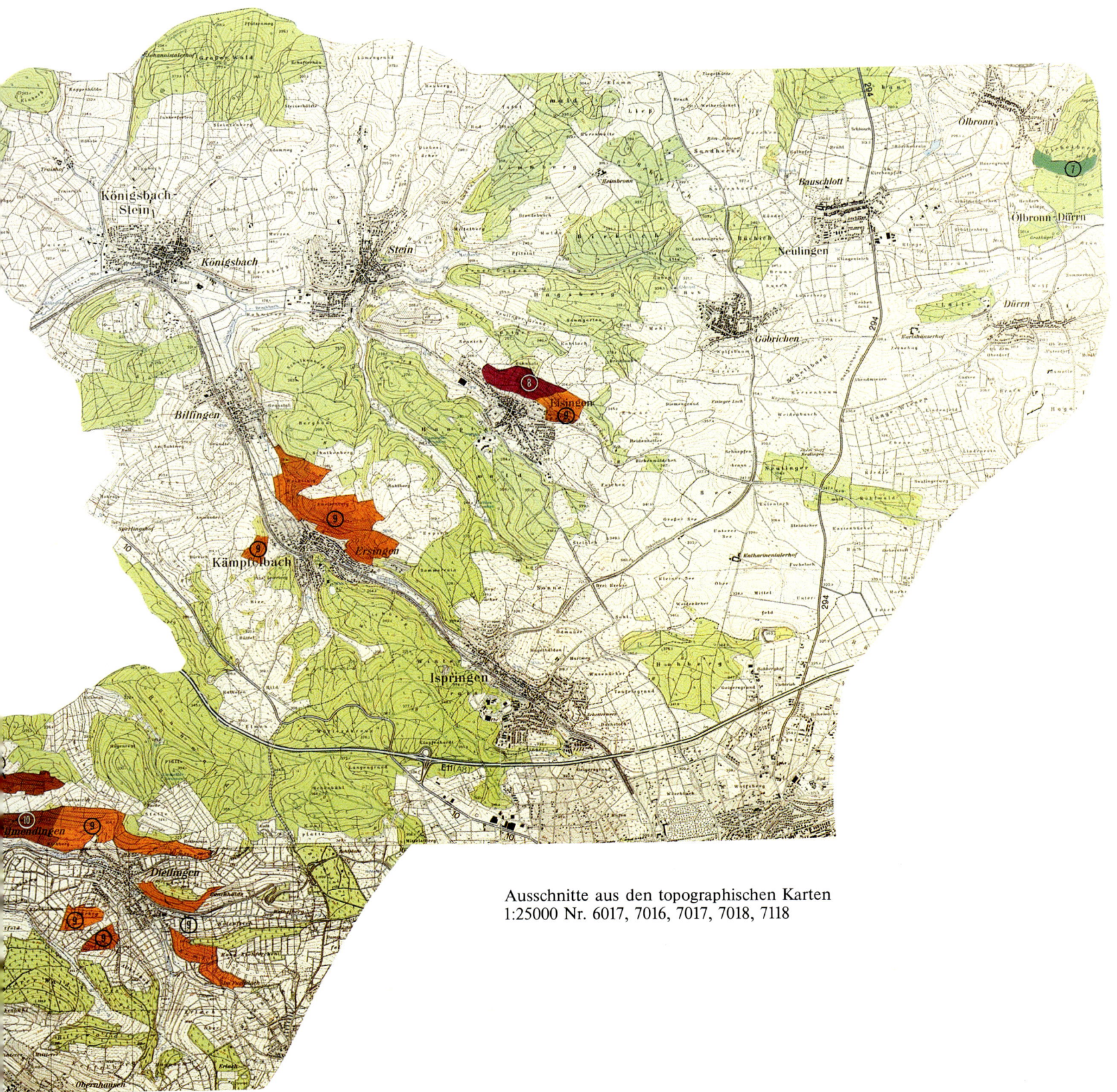

Ausschnitte aus den topographischen Karten
1:25000 Nr. 6017, 7016, 7017, 7018, 7118

23

Karte 8

Baden-Baden

① Eckberg
④ Sätzler

Obertsrot
(Ortsteil von Gernsbach)

② Grafensprung

Weisenbach

③ Kestelberg

Sinzheim

④ Sätzler
⑤ Frühmeßler
⑥ Klostergut Fremersberger Feigenwäldchen
⑦ Sonnenberg

Varnhalt
(Ortsteil von Baden-Baden)

⑦ Sonnenberg
⑧ Steingrübler
⑨ Klosterbergfelsen

Steinbach
(Ortsteil von Baden-Baden)

⑩ Stich den Buben
⑪ Yburgberg

Neuweier
(Ortsteil von Baden-Baden)

⑫ Schloßberg
⑬ Altenberg
⑭ Mauerberg
⑮ Gänsberg
⑯ Heiligenstein

Eisental
(Ortsteil von Bühl)

⑰ Betschgräbler
⑱ Sommerhalde

Altschweier
(Ortsteil von Bühl)

⑲ Sternenberg

Bühl

⑲ Sternenberg
㉒ Wolfhag
㉓ Burg Windeck Kastanienhalde

Bühlertal

⑳ Engelsfelsen
㉑ Klotzberg

Neusatz
(Ortsteil von Bühl)

⑲ Sternenberg
㉒ Wolfhag
㉓ Burg Windeck Kastanienhalde

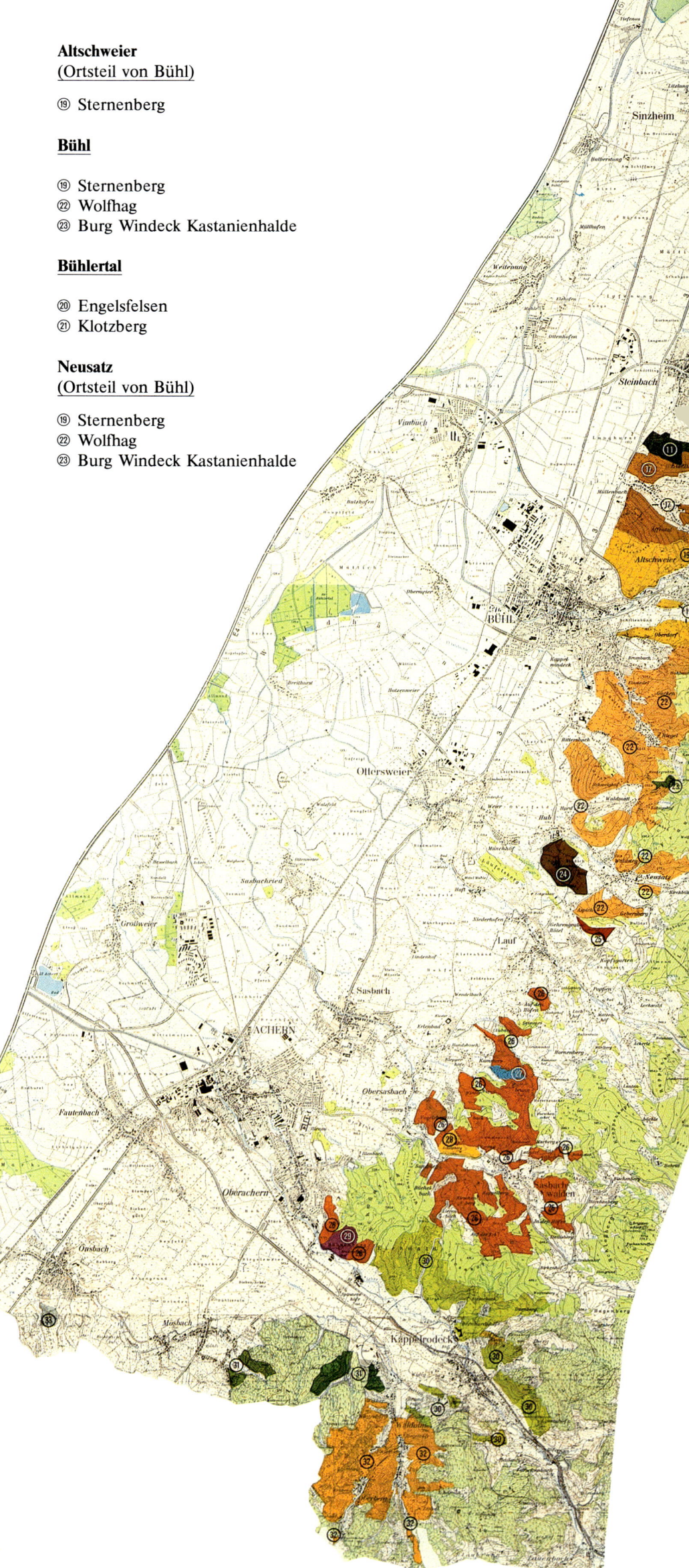

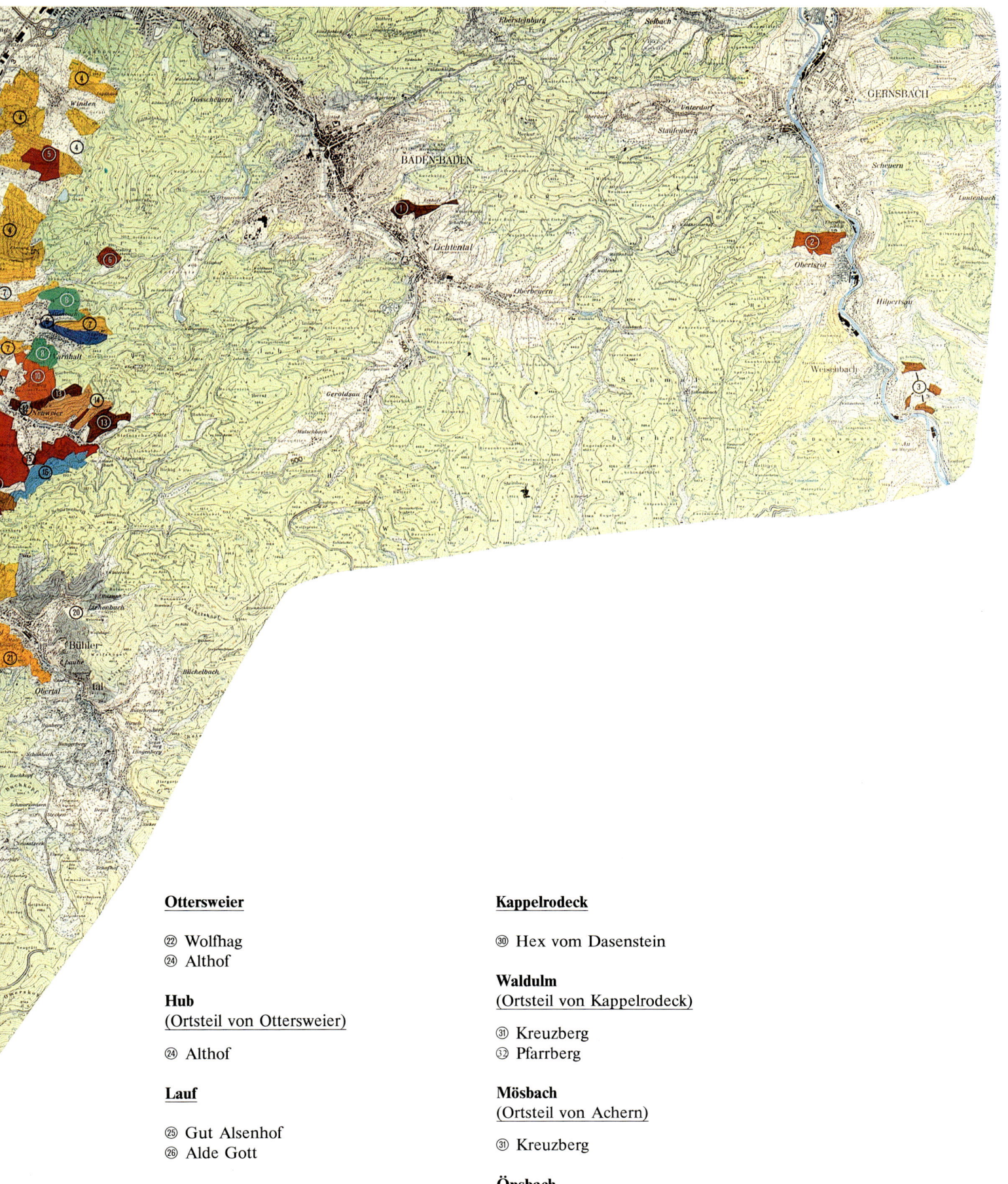

Ottersweier

㉒ Wolfhag
㉔ Althof

Hub
(Ortsteil von Ottersweier)

㉔ Althof

Lauf

㉕ Gut Alsenhof
㉖ Alde Gott

Obersasbach
(Ortsteil von Sasbach)

㉖ Alde Gott
㉗ Eichwäldle

Sasbachwalden

㉖ Alde Gott
㉘ Klostergut Schelzberg

Oberachern
(Ortsteil von Achern)

㉖ Alde Gott
㉙ Bienenberg

Kappelrodeck

㉚ Hex vom Dasenstein

Waldulm
(Ortsteil von Kappelrodeck)

㉛ Kreuzberg
㉜ Pfarrberg

Mösbach
(Ortsteil von Achern)

㉛ Kreuzberg

Önsbach

㉝ Pulverberg

Renchen

㉛ Kreuzberg

Der Ort Renchen liegt außerhalb dieses Kartenausschnittes

Ausschnitte aus den topographischen Karten 1:25000 Nr. 7215, 7216, 7314, 7315, 7414

Karte 9

In dem mit 1a bezeichneten Bereich befinden sich zahlreiche verstreute Rebparzellen.

Außer den verzeichneten Lagen liegen eine Lage „Kinzigtäler" in der Gemarkung Gengenbach und zwei Lagen „Kinzigtäler" in der Gemarkung Bermersbach außerhalb des gezeigten Kartenausschnittes.

Ausschnitte aus den topographischen Karten 1:25000 Nr. 7413, 7414, 7513, 7514, 7613

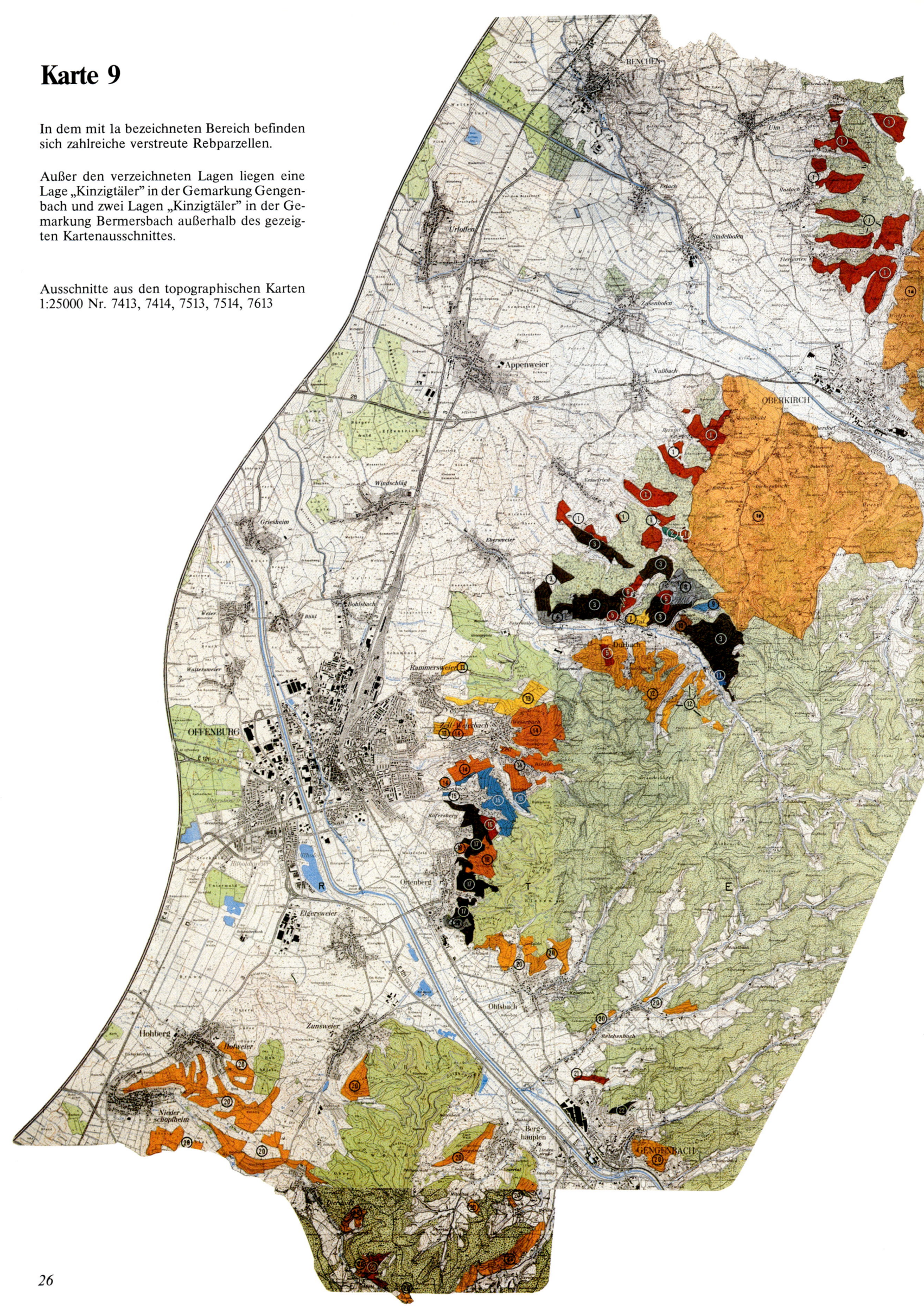

Ulm
(Ortsteil von Renchen)

① Renchtäler

Erlach

(Ortsteil von Renchen)

① Renchtäler

Haslach
(Ortsteil von Oberkirch)

① Renchtäler

Stadelhofen
(Ortsteil von Oberkirch)

① Renchtäler

Tiergarten
(Ortsteil von Oberkirch)

① Renchtäler

Ringelbach
(Ortsteil von Oberkirch)

①ₐ Renchtäler

Oberkirch

①ₐ Renchtäler

Lautenbach

①ₐ Renchtäler

Ödsbach
(Ortsteil von Oberkirch)

①ₐ Renchtäler

Bottenau
(Ortsteil von Oberkirch)

①ₐ Renchtäler

Nußbach
(Ortsteil von Oberkirch)

① Renchtäler

Nesselried
(Ortsteil von Appenweier)

① Renchtäler
② Schloßberg

Durbach

③ Plauelrain
④ Ölberg
⑤ Schloß Grohl
⑥ Josephsberg
⑦ Steinberg
⑧ Schloßberg
⑨ Bienengarten
⑩ Kapellenberg
⑪ Kasselberg
⑫ Kochberg

Rammersweier
(Ortsteil von Offenburg)

⑬ Kreuzberg

Zell-Weierbach
(Ortsteil von Offenburg)

⑭ Abtsberg

Fessenbach
(Ortsteil von Offenburg)

⑮ Bergle
⑯ Franzensberger

Ortenberg

⑯ Franzensberger
⑰ Freudental
⑱ Andreasberg
⑲ Schloßberg

Ohlsbach

⑳ Kinzigtäler

Reichenbach
(Ortsteil von Gengenbach)

⑳ Kinzigtäler
㉑ Amselberg

Gengenbach

⑳ Kinzigtäler
㉒ Nollenköpfle

Zunsweier
(Ortsteil von Offenburg)

⑳ Kinzigtäler

Hofweier
(Ortsteil von Hohberg)

⑳ Kinzigtäler

Niederschopfheim
(Ortsteil von Hohberg)

⑳ Kinzigtäler

Diersburg
(Ortsteil von Hohberg)

⑳ Kinzigtäler
㉓ Schloßberg

Berghaupten

⑳ Kinzigtäler

Bermersbach
(Ortsteil von Gengenbach)

⑳ Kinzigtäler

Karte 10

Oberschopfheim
(Ortsteil von Friesenheim)

① Kronenbühl

Oberweier
(Ortsteil von Friesenheim)

① Kronenbühl

Friesenheim

① Kronenbühl

Heiligenzell
(Ortsteil von Friesenheim)

① Kronenbühl

Hugsweier
(Ortsteil von Lahr)

① Kronenbühl

Lahr

① Kronenbühl
② Herrentisch

Mietersheim
(Ortsteil von Lahr)

① Kronenbühl

Sulz
(Ortsteil von Lahr)

③ Haselstaude

Kippenheim

③ Haselstaude

Schmieheim
(Ortsteil von Kippenheim)

④ Kirchberg

Mahlberg

③ Haselstaude

Wallburg
(Ortsteil von Ettenheim)

④ Kirchberg

Altdorf
(Ortsteil von Ettenheim)

⑤ Kaiserberg

Münchweier
(Ortsteil von Ettenheim)

④ Kirchberg

Ettenheim
und Ortsteil Ettenheimweiler

⑤ Kaiserberg

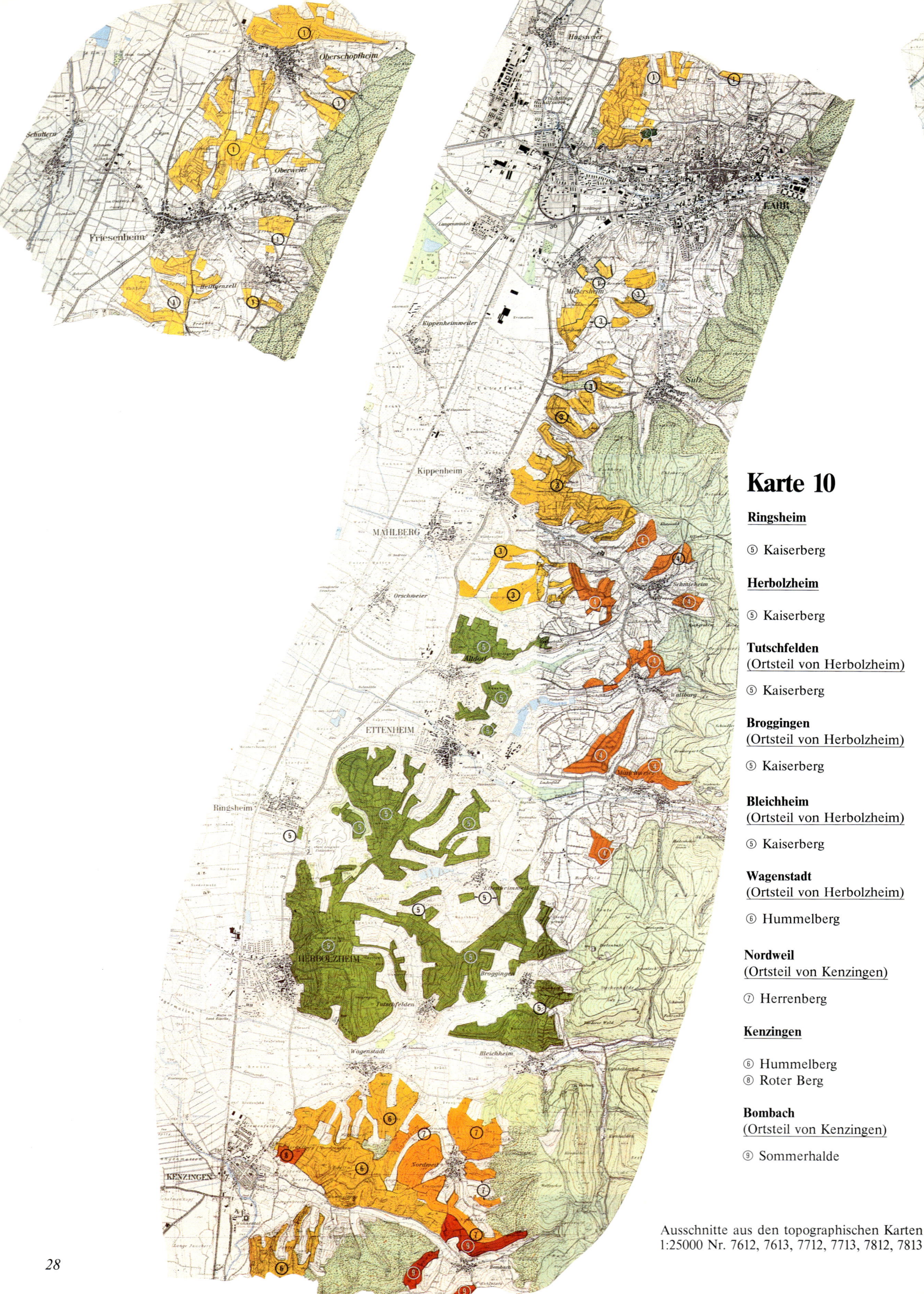

Karte 10

Ringsheim

⑤ Kaiserberg

Herbolzheim

⑤ Kaiserberg

Tutschfelden
(Ortsteil von Herbolzheim)

⑤ Kaiserberg

Broggingen
(Ortsteil von Herbolzheim)

⑤ Kaiserberg

Bleichheim
(Ortsteil von Herbolzheim)

⑤ Kaiserberg

Wagenstadt
(Ortsteil von Herbolzheim)

⑥ Hummelberg

Nordweil
(Ortsteil von Kenzingen)

⑦ Herrenberg

Kenzingen

⑥ Hummelberg
⑧ Roter Berg

Bombach
(Ortsteil von Kenzingen)

⑨ Sommerhalde

Ausschnitte aus den topographischen Karten
1:25000 Nr. 7612, 7613, 7712, 7713, 7812, 7813

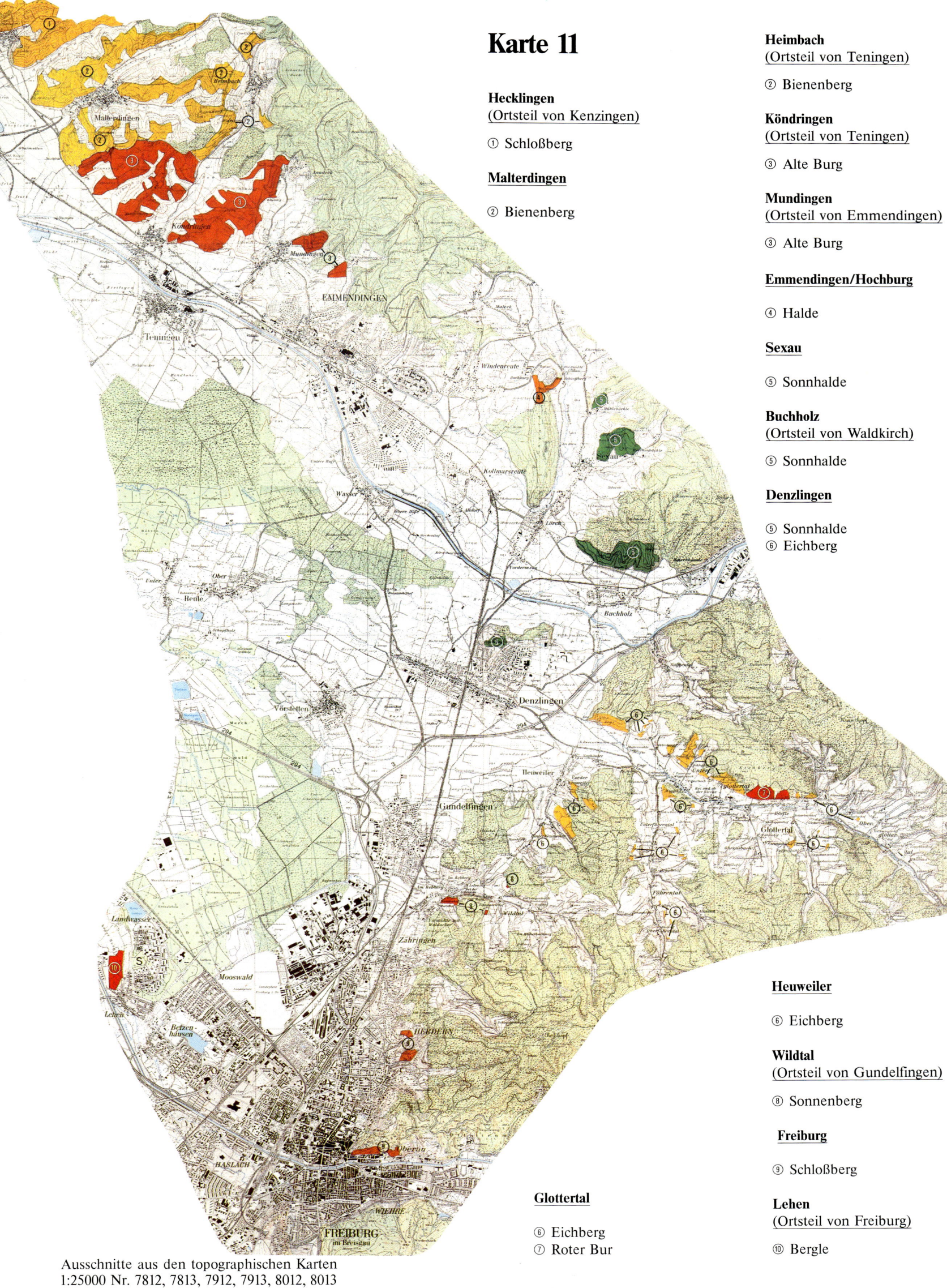

Karte 11

Hecklingen
(Ortsteil von Kenzingen)

① Schloßberg

Malterdingen

② Bienenberg

Heimbach
(Ortsteil von Teningen)

② Bienenberg

Köndringen
(Ortsteil von Teningen)

③ Alte Burg

Mundingen
(Ortsteil von Emmendingen)

③ Alte Burg

Emmendingen/Hochburg

④ Halde

Sexau

⑤ Sonnhalde

Buchholz
(Ortsteil von Waldkirch)

⑤ Sonnhalde

Denzlingen

⑤ Sonnhalde
⑥ Eichberg

Glottertal

⑥ Eichberg
⑦ Roter Bur

Heuweiler

⑥ Eichberg

Wildtal
(Ortsteil von Gundelfingen)

⑧ Sonnenberg

Freiburg

⑨ Schloßberg

Lehen
(Ortsteil von Freiburg)

⑩ Bergle

Ausschnitte aus den topographischen Karten
1:25000 Nr. 7812, 7813, 7912, 7913, 8012, 8013

Oberrimsingen liegt westlich von Niederrimsingen außerhalb dieses Kartenausschnittes.

Ausschnitte aus den topographischen Karten
1:25000 Nr. 7811, 7812, 7911, 7912, 8012

Karte 12

Sasbach

① Limburg
② Rote Halde
③ Lützelberg
④ Scheibenbuck

Jechtingen
(Ortsteil von Sasbach)

⑤ Eichert
⑥ Hochberg
⑦ Steingrube
⑧ Gestühl
㉙ Enselberg

Leiselheim
(Ortsteil von Sasbach)

⑧ Gestühl

Königschaffhausen
(Ortsteil von Endingen)

⑨ Steingrüble
⑩ Hasenberg

Kiechlinsbergen
(Ortsteil von Endingen)

⑪ Teufelsburg
⑫ Ölberg

Amoltern
(Ortsteil von Endingen)

⑬ Steinhalde

Endingen

⑭ Engelsberg
⑮ Tannacker
⑯ Steingrube

Riegel

⑰ St. Michaelsberg

Bahlingen

⑱ Silberberg

Eichstetten

⑲ Lerchenberg
⑳ Herrenbruck

Nimburg
(Ortsteil von Teningen)

㉑ Steingrube

Neuershausen
(Ortsteil von March)

㉑ Steingrube

Bötzingen

㉒ Lasenberg
㉓ Eckberg

Schelingen
(Ortsteil von Vogtsburg

㉕ Kirchberg

Oberbergen
(Ortsteil von Vogtsburg)

㉔ Baßgeige
㉖ Pulverbuck

Bischoffingen
(Ortsteil von Vogtsburg)

㉙ Enselberg
㉚ Rosenkranz
㉛ Steinbuck

Burkheim
(Ortsteil von Vogtsburg)

㉜ Feuerberg
㉝ Schloßgarten

Oberrotweil
(Ortsteil von Vogtsburg)

㉗ Käsleberg
㉘ Eichberg
㉞ Henkenberg
㉟ Kirchberg
㊱ Schloßberg

Bickensohl
(Ortsteil von Vogtsburg)

㊳ Steinfelsen
㊴ Herrenstück

Achkarren
(Ortsteil von Vogstburg)

㊱ Schloßberg
㊲ Castellberg

Ihringen

㊱ Schloßberg
㊲ Castellberg
㊳ Steinfelsen
㊵ Winklerberg
㊶ (Blankenhornsberger) Doktorgarten
㊷ Fohrenberg
㊸ Kreuzhalde

Wasenweiler
(Ortsteil von Ihringen)

㊸ Kreuzhalde
㊹ Lotberg

Gottenheim

㊺ Kirchberg

Waltershofen
(Ortsteil von Freiburg)

㊻ Steinmauer

Merdingen

㊼ Bühl

Opfingen
(Ortsteil von Freiburg)

㊽ Sonnenberg

Tiengen
(Ortsteil von Freiburg)

㊾ Rebtal

Munzingen
(Ortsteil von Freiburg)

㊿ Kapellenberg

Oberrimsingen
(Ortsteil von Breisach)

(51) Franziskaner

Niederrimsingen
(Ortsteil von Breisach)

(52) Rotgrund

Breisach

(53) Augustinerberg
(54) Eckartsberg

Karte 13

St. Georgen
(Ortsteil von Freiburg)

① Jesuitenschloß
② Steinler

Merzhausen

① Jesuitenschloß

Schallstadt-Wolfenweiler

③ Batzenberg
⑤ Dürrenberg

Ebringen

④ Sommerberg

Wittnau

⑥ Kapuzinerbuck

Mengen
(Ortsteil von Schallstadt-Wolfenweiler)

⑦ Alemannenbuck

Scherzingen
(Ortsteil von Ehrenkirchen)

③ Batzenberg

Norsingen
(Ortsteil von Ehrenkirchen)

③ Batzenberg

Pfaffenweiler

③ Batzenberg
⑧ Oberdürrenberg

Kirchhofen
(Ortsteil von Ehrenkirchen)

③ Batzenberg
⑨ Kirchberg
⑩ Höllhagen

Ehrenstetten
(Ortsteil von Ehrenkirchen)

⑪ Ölberg
⑬ Rosenberg

Bollschweil

⑫ Steinberg

Biengen
(Ortsteil von Bad Krozingen)

⑭ Maltesergarten

Schlatt
(Ortsteil von Bad Krozingen)

⑭ Maltesergarten
⑮ Steingrüble

Bad Krozingen

⑮ Steingrüble

Tunsel
(Ortsteil von Bad Krozingen)

⑭ Maltesergarten

Staufen

⑯ Schloßberg

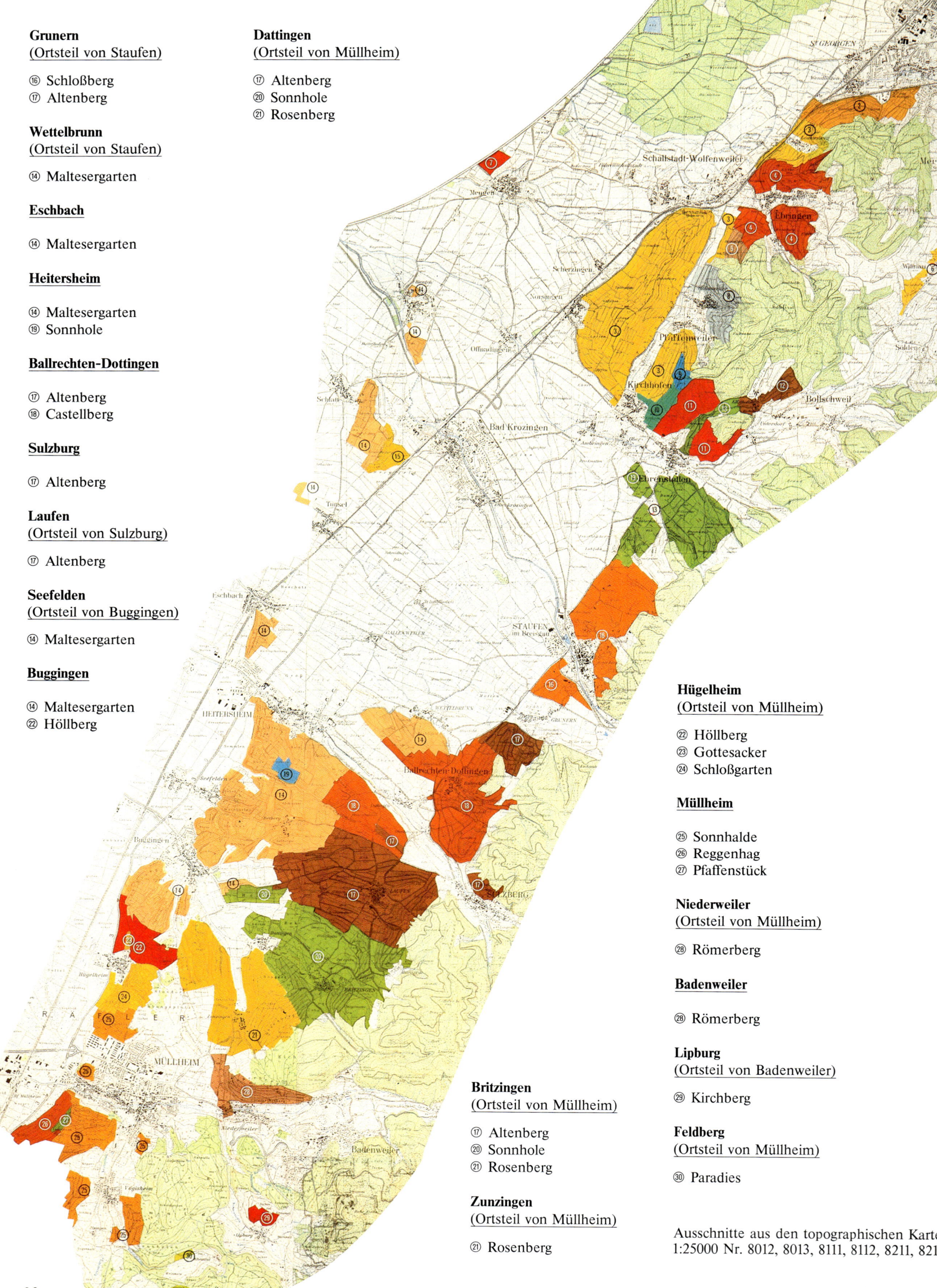

Grunern
(Ortsteil von Staufen)

⑯ Schloßberg
⑰ Altenberg

Wettelbrunn
(Ortsteil von Staufen)

⑭ Maltesergarten

Eschbach

⑭ Maltesergarten

Heitersheim

⑭ Maltesergarten
⑲ Sonnhole

Ballrechten-Dottingen

⑰ Altenberg
⑱ Castellberg

Sulzburg

⑰ Altenberg

Laufen
(Ortsteil von Sulzburg)

⑰ Altenberg

Seefelden
(Ortsteil von Buggingen)

⑭ Maltesergarten

Buggingen

⑭ Maltesergarten
㉒ Höllberg

Dattingen
(Ortsteil von Müllheim)

⑰ Altenberg
⑳ Sonnhole
㉑ Rosenberg

Hügelheim
(Ortsteil von Müllheim)

㉒ Höllberg
㉓ Gottesacker
㉔ Schloßgarten

Müllheim

㉕ Sonnhalde
㉖ Reggenhag
㉗ Pfaffenstück

Niederweiler
(Ortsteil von Müllheim)

㉘ Römerberg

Badenweiler

㉘ Römerberg

Lipburg
(Ortsteil von Badenweiler)

㉙ Kirchberg

Feldberg
(Ortsteil von Müllheim)

㉚ Paradies

Britzingen
(Ortsteil von Müllheim)

⑰ Altenberg
⑳ Sonnhole
㉑ Rosenberg

Zunzingen
(Ortsteil von Müllheim)

㉑ Rosenberg

Ausschnitte aus den topographischen Karte
1:25000 Nr. 8012, 8013, 8111, 8112, 8211, 8212

Karte 14

Auggen

① Letten
② Schäf

Steinenstadt
(Ortsteil von Neuenburg)

② Schäf
③ Sonnenstück

Mauchen
(Ortsteil von Schliengen)

③ Sonnenstück
④ Frauenberg

Niedereggenen
(Ortsteil von Schliengen)

③ Sonnenstück
⑤ Röthen

Obereggenen
(Ortsteil von Schliengen)

⑤ Röthen

Schliengen

③ Sonnenstück

Liel
(Ortsteil von Schliengen)

③ Sonnenstück

Feuerbach
(Ortsteil von Kandern)

⑥ Steingäßle

Bad Bellingen

③ Sonnenstück

Hertingen
(Ortsteil von Bad Bellingen)

⑦ Sonnhole

Bamlach
(Ortsteil von Bad Bellingen)

⑧ Kapellenberg

Rheinweiler
(Ortsteil von Bad Bellingen)

⑧ Kapellenberg

Tannenkirch
(Ortsteil von Kandern)

⑥ Steingäßle

Riedlingen
(Ortsteil von Kandern)

⑥ Steingäßle

Holzen
(Ortsteil von Kandern)

⑥ Steingäßle

Wollbach
(Ortsteil von Kandern)

⑥ Steingäßle

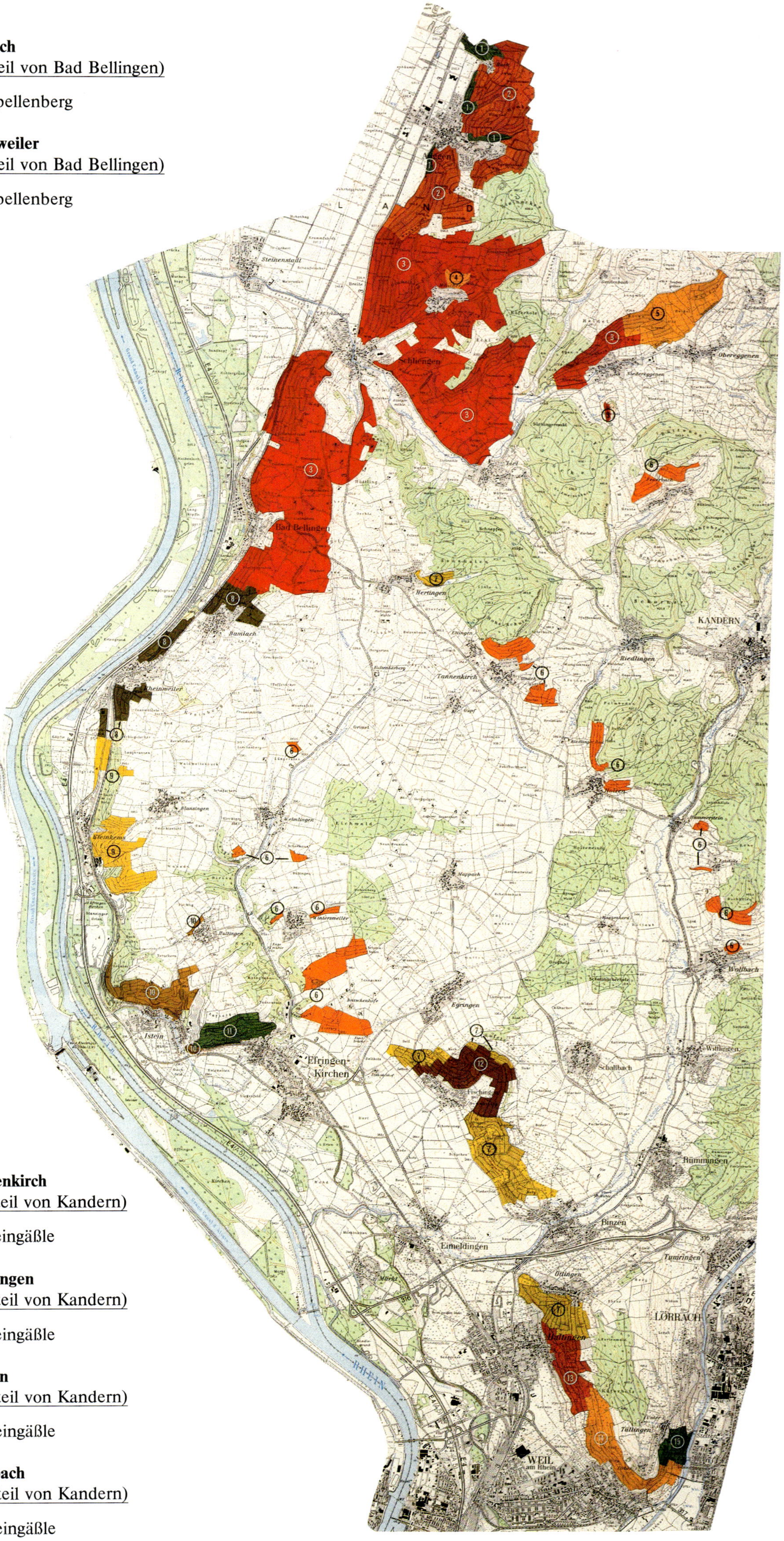

Blansingen
(Ortsteil von Efringen-Kirchen)

⑨ Wolfer

Kleinkems
(Ortsteil von Efringen-Kirchen)

⑨ Wolfer

Welmlingen
(Ortsteil von Efringen-Kirchen)

⑥ Steingäßle

Wintersweiler
(Ortsteil von Efringen-Kirchen)

⑥ Steingäßle

Huttingen
(Ortsteil von Efringen-Kirchen)

⑩ Kirchberg

Istein
(Ortsteil von Efringen-Kirchen)

⑩ Kirchberg

Efringen-Kirchen

⑥ Steingäßle
⑦ Sonnhole
⑩ Kirchberg
⑪ Ölberg

Egringen
(Ortsteil von Efringen-Kirchen)

⑦ Sonnhole

Schallbach

⑦ Sonnhole

Fischingen

⑫ Weingarten

Binzen

⑦ Sonnhole

Rümmingen

⑦ Sonnhole

Eimeldingen

⑦ Sonnhole

Ötlingen
(Ortsteil von Weil am Rhein)

⑦ Sonnhole
⑬ Stiege

Haltingen
(Ortsteil von Weil am Rhein)

⑬ Stiege

Weil am Rhein

⑬ Stiege
⑭ Schlipf

Lörrach

⑮ Sonnenbrunnen

Die Orte Grenzach und Herten liegen mit ihren Weinbergslagen außerhalb dieses Kartenausschnittes.

Ausschnitte aus den topographischen Karten 1:25000 Nr. 8211, 8311, 8411

Karte 14

Karte 15

Überlingen

① Felsengarten

Oberuhldingen/Birnau
(Ortsteil von Uhldingen-Mühlhof)

② Kirchhalde

Meersburg

③ Fohrenberg
④ Chorherrenhalde
⑤ Rieschen
⑥ Jungfernstieg
⑦ Bengel
⑧ Haltnau
⑨ Lerchenberg
⑩ Sängerhalde

Stetten
(Ortsteil von Meersburg)

③ Fohrenberg
⑨ Lerchenberg
⑩ Sängerhalde

Hagnau

⑪ Burgstall

Immenstaad

⑪ Burgstall

Immenstaad/Kirchberg

⑫ Schloßberg

Kippenhausen
(Ortsteil von Immenstaad)

⑪ Burgstall

Bermatingen

⑬ Leopoldsberg

Markdorf

⑩ Sängerhalde
⑪ Burgstall

Konstanz

⑭ Sonnenhalde

Reichenau

⑮ Hochwart

Die Orte Hilzingen, Rechberg und Singen befinden sich mit ihren Rebflächen außerhalb dieses Kartenausschnittes.

Ausschnitte aus den topographischen Karten 1:25000 Nr. 8220, 8221, 8222, 8320, 8321, 8322

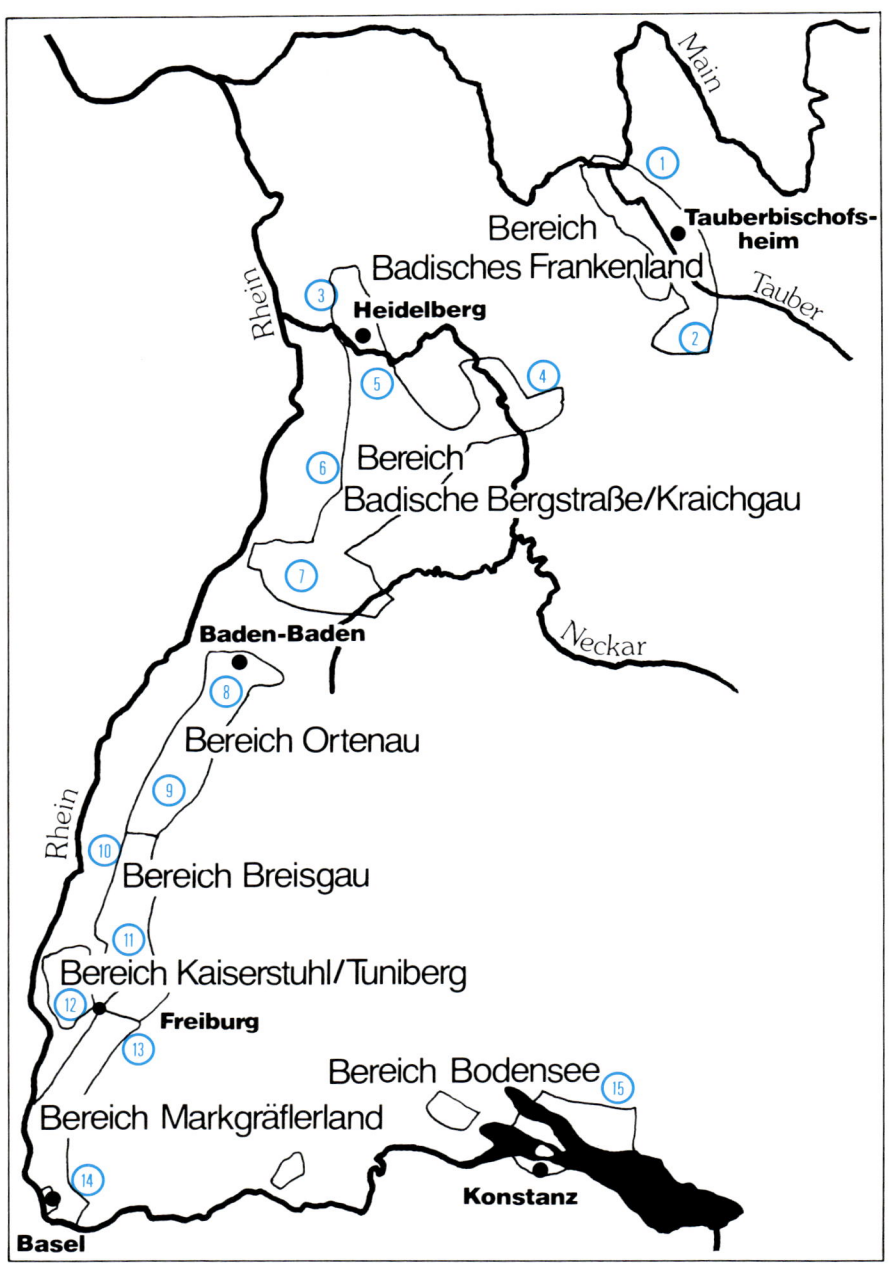

Die farbigen Lagen dieses bisher umfangreichsten Kartenwerkes im GESAMTWERK DEUTSCHER WEIN wurden wieder vom graphischen Team des Verlages eingebracht. Sie zeigen nicht die tatsächlich bestockte Rebfläche, sondern die nach dem Weingesetz für die Bebauung mit Weinreben zugelassenen Flächen der zahlreichen Einzellagen Badens. Wir bitten um Verständnis dafür, daß nicht alle durch teilweise Bebauung oder jüngste Änderungen der Lagenabgrenzung veränderten Gegebenheiten berücksichtigt werden konnten.

Um die Handhabung des umfangreichen Kartenwerkes zu erleichtern, sind die einzelnen Bereiche und Lagenkarten auf einer Graphik übersichtlich zusammengefaßt. Sie zeigt die mit blauen Zahlen gekennzeichneten 15 Kartenausschnitte und sagt dem Leser, auf welcher Seite die einzelnen Karten zu finden sind.

Grundlage unserer Lagenkarten war wieder die amtliche topographische Karte mit dem Maßstab 1 : 25 000, das sogenannte Meßtischblatt. Wegen der Größe des Gebietes wurden die Darstellungen auf ein Drittel der Meßtischblattgröße verkleinert.

Maßstab 1 : 75 000 – 1 cm auf der Karte entspricht 750 Metern in der Natur.

Reportagen und Kommentare – die ersten Reben und die Römer – die Franken mit ihrer Achtung vor dem Winzer – Reberziehung um 500 – Siege und Niederlagen – Massenweine und edle Tropfen – Funde – alte Stiche – und in der letzten Ausgabe viele Fotos aus unserem Jahrhundert...

Jahrhundertpost

„Jahrhundertpost" – diese Zeitung ist Teil der Buchreihe GESAMTWERK DEUTSCHER WEIN und der Versuch, Geschichte in Geschichten aufzulösen, der Vergangenheit das „Geschichtliche", das Abstrakte zu nehmen und sie nacherlebbar zu machen. Im Stil einer Tageszeitung und in der Sprache unserer Zeit ist hier Historie in bunter Mischung aufbereitet. Nach Jahrhunderten geordnet (siehe Angaben im jeweiligen „Zeitungskopf") sollen die folgenden Seiten ein lebendiges Bild früheren Lebens im hier beschriebenen Anbaugebiet vermitteln: Wein- und Weltgeschichte vom Jahre Null bis heute.

Weinbau ausgedehnt

Baden. Der Beginn der römischen Herrschaft hat den Weinbau in unserer Region positiv beeinflußt; die Weinbaufläche ist in dieser Zeit ausgedehnt worden. Die primitiven keltischen Reben wurden inzwischen durch bessere Kulturreben aus dem Süden ersetzt. Zusammen mit der Einführung geeigneterer Anbauformen konnten dadurch auch Fortschritte im qualitativen Bereich erzielt werden. Experten rechnen damit, daß die geplante Errichtung eines Grenzwalls weitere Impulse zur Fortentwicklung des Weinbaus geben wird.

Grenzwall soll gegen die Germanen schützen

Rom/Baden, 90. Unter Kaiser Domitian ist mit der Errichtung eines Grenzwalls begonnen worden. Dieser Wall, der Limes genannt wird, soll den Überfällen der kriegerischen Germanenstämme im Rheintal und Bodenseegebiet ein Ende setzen. Auch erhoffen sich die Besatzer durch dieses Bauvorhaben eine weitere Verbreitung des von ihnen so geliebten Weinbaus.

Kelten müssen gehen

Baden. Die Eroberung des badischen Landes durch die Römer hatte für die Überreste der keltischen Bevölkerung verhängnisvolle Folgen: Vertreibung oder Unterwerfung. Unseren Informationen zufolge zog ein Teil der Vertriebenen in die Schweiz, andere Gruppen ließen sich in Schwarzwaldtälern nieder. Positiv zu bewerten sind dagegen Nachrichten über das friedliche Zusammenleben, die Nutzung landwirtschaftlicher Flächen auch durch Römer und die Vermischung beider Völker.

Straßennetz weiter ausgebaut

Baden. Auch unter Kaiser Trajan wird der Ausbau der Verkehrswege in Baden fortgesetzt. Seit dem Beginn der römischen Herrschaft in Baden ist die Infrastruktur erheblich verbessert worden. Allein in Südbaden wird das römische Straßennetz auf 870 Kilometer Länge geschätzt. Dabei konnte man sich keineswegs immer auf bereits vorhandene Wege stützen: So mußte beispielsweise die über Wyhlen - Waldshut - Schaffhausen nach Singen und weiter nach Osten führende Straße unter Vespasian völlig neu angelegt werden.

Derzeit wird die von Basel längs des Schwarzwaldes bis zum Main führende Straße zu einer Heerstraße ausgebaut. Es ist bereits der zweite Ausbau dieses Weges in kürzester Zeit; denn unter Kaiser Vespasian war der keltische, möglicherweise auch aus der Bronzezeit stammende Handelsweg schon einmal erweitert worden. Der Ausbau des Wegenetzes scheint um so notwendiger, als dadurch zahlreiche Orte und Gehöfte miteinander verbunden werden oder neu entstehen können.

Die Herrschaft der Römer geht zu Ende

Baden/Franken. Nach dem Verlust der rechtsrheinischen Gebiete an die Alemannen, konnten fränkische Truppen vom Niederrhein bis an die Mosel vorstoßen. Der römische Reichsverweser Stilicho zog daraufhin seine Legionen von Rhein und Mosel ab. Seine Residenz hat er von Trier nach Südfrankreich verlegt. Es besteht die Gefahr, daß nach dem Abzug der römischen Truppen Alemannen und Franken um die nunmehr freigewordene Führungsposition im "Ländle" streiten werden.

Kaiser Karl der Große gegen den Schlendrian im Weinbau

Baden. Karl der Große will die Verbreitung des Weinbaus enorm vorantreiben, denn auch der Kaiser weiß die Einnahmen aus dem Weinzehnt zu schätzen. Damit auf seinen Gütern noch besser gewirtschaftet werden kann, verfaßte er seinen "Capitulare de villis", eine bis in die kleinsten Einzelheiten gehende Anweisung für die Weinbauern. Aus ihr geht hervor, daß jeder Gutshof, wenn möglich, Wein anzubauen hat und verschiedene Sorten halten soll. Mindestens drei bis vier Straußwirtschaften pro Gut kümmern sich um die Vermarktung des Weines. Weinschläuche zur Aufbewahrung des guten Tropfens sind nun verboten, an ihre Stelle werden eisenbereifte Fässer treten. Ebenfalls ist das Stampfen der Trauben mit den nackten Füßen von nun an untersagt, überall soll eine gut gewartete Weinpresse vorhanden sein, und überhaupt soll es in den Kellern blank und sauber zugehen.

Eine weitere Neuerung regelt die Herstellung von Tresterwein, der auch "Leier", "Drücker" oder "Bubbes" genannt wird. Künftig darf der Winzer keinen eigenen Trester mehr verwenden. Damit sollen nachträgliche Weinfälschungen vermieden werden. Allerdings darf dieses beliebte Getränk weiterhin aus eigens zu diesem Zweck angekauftem Trester bereitet werden.

Sueben überrennen Limes — Römer ratlos

Baden. Die bisher von den Sueben, einem Stamm der Alemannen, eingehaltene Grenzruhe ist vorüber. Aus den Gebieten rund um den neuerbauten Limes werden schwere Kämpfe gemeldet. Die römischen Manipel und Kohorten sind auf dem Rückzug. Demnach ist damit zu rechnen, daß das Zehntland (Gebiet zwischen Rhein und Limes) bald fallen wird.

Die römische Militärregierung zeigt sich beunruhigt. Ein Verlust der rechtsrheinischen Gebiete könnte eine Kettenreaktion in ganz Germanien auslösen.

Zwei Eimer nach St. Gallen

St. Gallen, 860. Daß die Mönche sich ihrer Schreibkunst erfreuen, indem sie gern vieles aufschreiben, ist bekannt. Daß die St. Gallener in ihrem Wirtschaftsbericht, dessen Auszug der "Jahrhundertpost" vorliegt, auch Kleinigkeiten vermerken, spricht für ihre Genauigkeit. So ist für dieses Jahr nachzulesen, daß ein Winzer von der deutschen Bodenseeseite zwei Eimer Wein ins Kloster gebracht hat. Mag sein, daß solche Aufzeichnungen in späteren Zeiten einmal dazu dienen, den frühen Weinbau am Bodensee zu dokumentieren.

Schweizer Mönche haben am Kaiserstuhl das Sagen

Endingen. Kaiser Otto I. macht dem Kloster Einsiedeln in der Schweiz mehrere Orte am Kaiserstuhl zum Geschenk. Aus dem Besitz des in Ungnade gefallenen schwäbischen Grafen Guntram sind es Endingen, Burkheim, Bahlingen, Oberbergen, Vogtsburg und Rotweil.

Schenkung an Kloster Lorsch

Lorsch, 801. Im 23. Jahr der Regierung Karls haben Meginher, Isanbert, Hartbert und Wolfswint von dem von Juncmann erworbenen Besitz dem Kloster Lorsch, dessen Schutzheiliger der hl. Märtyrer Nazarius ist, umfangreiche freie und unfreie Güter in Wiesloch und anderen Ortschaften geschenkt. Außer Weinbergen, Gebäuden, einer Mühle und anderem Grundbesitz werden auch 16 Hörige, darunter mehrere Familien, an das Kloster übergeben. Nachstehend veröffentlichen wir den vollständigen Text der Urkunde:

"Wir Meginher, Isanbert, Hartbert und Wolfswint schenken im Namen Gottes dem hl. Martyrer Nazarius, der im Kloster Lorsch ruht, wo der verehrungswürdige Mann Richbodo Abt ist, zum Seelenheil des Juncmann, der selbst mit Vollmacht uns übergeben hat, was in Lobdengau in Wiesloch liegt: eine freie Hufe mit Gebäude und Obstbäumen und eine Mühle mit allem Zubehör und 5 andere unfreie Hufen; ebenso in Botzheim eine freie Hufe mit Gebäude und eine unfreie Hufe, in Nußloch einen Weinberg, in Hillenbach einen Weinberg und 16 Hörige: Rutmund und seine Frau Hasalwara, Teothrad und seine Frau Odalniuwa mit ihrem Sohn Folcrad, Norther und seine Frau Giseltruda mit der Tochter Liobswinda, Werther und seine Frau Blutgarda, Guntram und sein Sohn Wolfhard, Theotlinda, Liobtruda, Rudewin und Richbald. Wir übergeben sie vom heutigen Tage an mit allem ihrem (der Hörigen) beweglichen Gut, so daß diese Schenkung allezeit sicher und fest bleibe. Mit beigefügter Beglaubigung. Geschehen im Kloster Lorsch am 12. September im 23. Jahre der Regierung unseres Herrn Königs Karl. Das Zeichen des Meginher, des Isanbert, des Hartbert, des Wolfswint, die gebeten haben, die Urkunde dieser Schenkung zu schreiben und zu bekräftigen. Das Zeichen des Hildibert, des Ratdad, des Hufo. Reginbert hat sie geschrieben."

Weinbau dringt ins Hügelland vor

Baden. In der zweiten Hälfte des ersten Jahrtausends beginnen die Winzer, die bis dahin nur in der Ebene gewirtschaftet hatten, die Vorzüge des Hügellandes für den Weinbau zu entdecken. Besonders die Südhänge mit ihrer intensiven Sonneneinstrahlung werden bebaut. Damit ist ein großer Schritt zur Verbesserung der Qualität des Weines getan.

Baden ist größtes Weinbaugebiet

Baden, 900. Bis heute gibt es in Baden bereits 84 Orte, in denen Weinbau betrieben wird. Das sind mehr als in irgendeiner anderen Weinregion in Deutschland. Zum Vergleich einige Zahlen aus anderen Gegenden: In der Pfalz gibt es 70 Weinbauorte, in Hessen 40, aus Württemberg werden 17 gemeldet.

Haducharl am Kaiserstuhl

Achkarren. Der Franke Haducharl läßt sich an den fruchtbaren Hängen des Kaiserstuhls nieder und gründet den Ort, der später einmal Achkarren heißen wird. Er findet schon etwas verwilderte Rebpflanzungen vor, die von den Römern hinterlassen worden sind, und freut sich natürlich über das köstliche Getränk, das sich aus den Beeren dieser Pflanze bereiten läßt.

"Frankenwelle" verdrängt Alemannen

Gefahr für den Weinbau

Baden. Die nach dem Rückzug der Römer geäußerten Bedenken, es werde mit dem Weinbau in Baden zu Ende gehen, scheinen sich nicht zu bestätigen. Denn die Alemannen hatten die am Niederrhein vorgefundenen Weingärten keineswegs verkommen lassen.

Nachdem der Frankenkönig Chlodwig die Alemannen, die sich zwischenzeitlich am linken Rheinufer niedergelassen hatten, in der Schlacht bei Zülpich geschlagen hatte, mußten diese die besetzten Gebiete räumen und sich hinter Murg und Oos als die künftige Grenz- und Sprachlinie zurückziehen.

Die neuen Herren erkennen nun ebenfalls den mannigfachen Nutzen des Rebensaftes - nicht nur, daß der Weingenuß und -verkauf einen größeren Steuersegen beschert. Auch die neu zu gründenden Klöster werden etwas abbekommen ("Weinzehnt"), da Chlodwig, König der Franken, zum christlichen Glauben übergetreten ist.

Nr. 2
Ausgabe
1000–1100

Die Zeitung im
GESAMTWERK
DEUTSCHER WEIN

Gegen den Betrug im Weinberg

Schweizer Kloster verfaßt "Rebordnung"

Bellingen. Der Abt des Klosters Muri in der Schweiz hat eine Rebordnung - die erste ihrer Art in Deutschland - erlassen. In der Hauptsache soll diese Ordnung die Nachlässigkeiten der Winzer in der Gemarkung Bellingen beseitigen und sie zu mehr Ehrlichkeit bei der Zahlung ihrer Steuerschulden erziehen. Hier ein Zitat:

"Solange die Bauern uns die Reben besorgen, geschieht alles nachlässig und betrügerisch, da sie selbst das noch, was sie pflichtgemäß am Ertrag uns zehnten sollten, mit Weib und Kind uns vor dem Mund wegschnappen." Doch an anderer Stelle muß der Abt eingestehen, daß auch bei der Bearbeitung durch die eigenen Mönche der Erlös nicht die erwartete Höhe hat. Zitat: "Kurz, ob die Winzer oder ob wir das selbst schaffen, immer läuft's auf viel Mühe und wenig Nutzen hinaus."

Der weitere Text befaßt sich mit der Aufzucht der Reben bis zu ihrer Lese und regelt die Aufgaben des Winzers und die Bezahlung, die er und seine Helfer erhalten. Besonders ausführlich geht der Abt auf den Transport der Trauben und des Mostes bis in den Keller der Hofmeierei ein. Er hebt ausdrücklich hervor, daß überall Wächter postiert werden sollen, die diesen Vorgang aufmerksam zu überwachen haben. Gleiches gilt für die Arbeit im Keller.

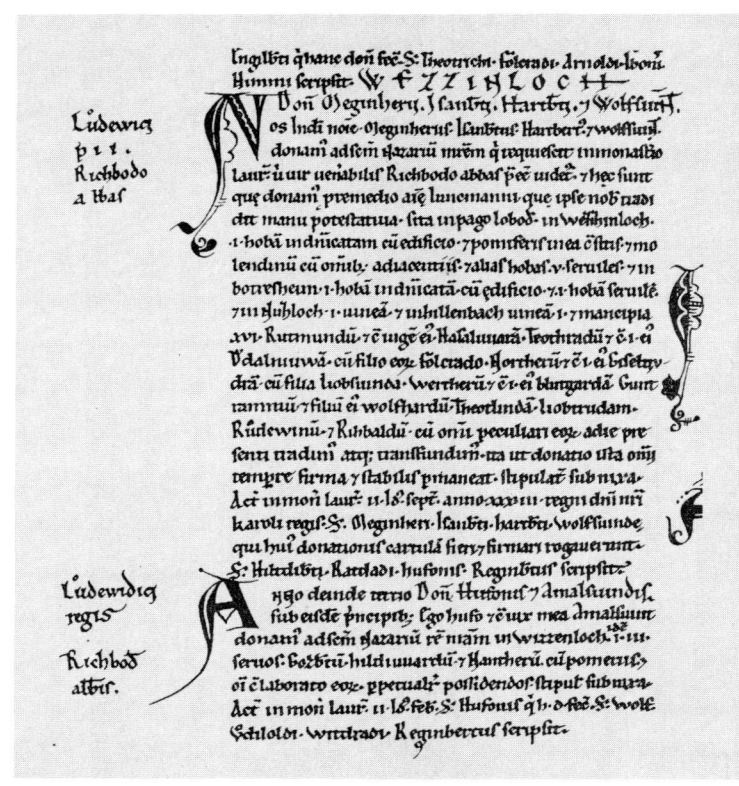

Das Kloster Lorsch gehört zu den reichsten Klöstern in Europa. Besonders durch Schenkungen kommen "Land und Leute" zu den klösterlichen Gütern hinzu. Ein typisches Beispiel ist die nachstehende Urkunde um die Jahrhundertwende.

Graf Boppo macht Ernst

Zollerleichterung für Weinfuhren — Rebleute können aufatmen — Weitere Maßnahmen sollen folgen Wertheim. Der Export von Tauber-Weinen ist weiter angewachsen. Tauberwein, seit 1100 ein großer Exportschlager, wird über die Weinstraße von Königheim in das Maintal oder per Lastschiff angeliefert. So sind z.B. bei der Zollstelle im Ort Steinbach (Niederrhein) innerhalb von acht Jahren 2 204 Weinfuhren gezählt worden.

Um so überraschender ist die Nachricht, daß Graf Boppo von Wertheim auf einen Teil seiner Zolleinnahmen verzichten will. Wie es

heißt, hat sich der Graf anläßlich seiner Pilgerfahrt zum Heiligen Grab nach Jerusalem zu dieser Maßnahme entschlossen.

Allerdings soll bisher lediglich der Zisterzienser-Abtei Altenberg am Niederrhein per Dekret Zollfreiheit für die Durchfuhr ihrer Weine auf dem Main gewährt worden sein.

Diese Maßnahme wurde im tauberfränkischen Bereich mit Beifall aufgenommen. Allgemein hofft man darauf, daß weitere Zollsenkungen in Kraft treten, um dadurch die Wettbewerbsfähigkeit der Tauber-Weine weiter zu verbessern.

Landhaus für Liedermacher

Dietenhan. Wolfram von Eschenbach, berühmter Liedermacher und Weinkenner, hat seinen Wohnsitz gewechselt. In Dietenhan (Grafschaft Wertheim) erwarb er ein Landhaus, das ihm als Anerkennung für seine geleistete Arbeit zum Lehen überlassen wurde.

Mordbrand

100 Menschen tot

Wiesloch. Die anhaltenden Auseinandersetzungen Heinrichs IV. mit seinem Widersacher Rudolf von Rheinfelden haben 100 Menschen auf grausame Weise das Leben gekostet. In der Kirche zu Wiesloch ließ Heinrich IV. 100 seiner Gegner verbrennen. Die kriegerischen Thronstreitigkeiten ziehen auch die Reichsabtei in Lorsch immer mehr in Mitleidenschaft.

Schenkung

für Speyrer Bistum

Bruchsal. Das Bistum Speyer wächst. Heinrich III. übergibt dem Kloster den königlichen Forst Lußhardt auf der rechten Rheinseite. Auch die Stadt Bruchsal gehört zu dieser Schenkung. Hier läßt der Bischof von Speyer später eine Burg erbauen. Durch Tausch oder Kauf erwerben die Bischöfe weite Teile des Kraichgaus und des Bruhrains.

Kaiser Heinrich

"verschenkt" Bellingen

Basel. Anläßlich eines Aufenthalts in seiner geliebten Stadt Basel macht Kaiser Heinrich II. dem Baseler Domprobst die Gemeinde Bellingen im Breisgau zum Geschenk. "Reben und Hueseren in bellikon im briesgaue" weist die Schenkungsurkunde aus.

Nr. 3
Ausgabe
1100–1200

Die Zeitung im
GESAMTWERK
DEUTSCHER WEIN

Jahrhundertpost

IN · VITE · VITA ··· IN · VINO · VERITAS

"Nonnenweingarten" für Kloster

Beckstein. Adelige Stiftsdamen des Damenstifts Lützel-Luden-Gerlachsheim sind die neuen Besitzer eines kleinen Rebgartens auf der Gemarkung "Begestein".

In einem Schenkungsbrief der Freifrau Adelheid von Hackfeld wurden Teile des Ortes mit Grund, Boden, Weingärten und Bewohnern an das Kloster Gerlachsheim (Bistum Würzburg) übereignet. Die Stiftsdamen, die wohl auch ihrer adligen Abstammung wegen nicht als "Nonnen" bezeichnet werden wollen, konnten aber dennoch nicht verhindern, daß der Weinberg, einmal ausgebaut und mit reichem Ertrag gesegnet, im Volksmund "Nonnenweingarten" oder auch "Nonnenberg" gerufen wurde.

('Be')-Rauschendes Herbstfest

Haltingen. Hoch her geht es auch in diesem Jahr bei dem auch unter dem Namen "Herbstbad" bekannten Herbstfest, das der Bischof von Basel wie jedes Jahr für seine Winzer in Haltingen veranstaltet.

Nach alter Tradition führen zwei Männer, die ein Bündel der zuletzt geernteten Trauben mit sich tragen, den bunten Umzug aller an der Lese Beteiligten an. Dem Festmarsch folgt ein großer Schmaus am Hofe des Bischofs, bei dem naturgemäß auch dem Wein ausreichend zugesprochen wird.

Höhepunkt des Festes bildet in den Augen vieler sicherlich wieder das abschließende Herbstbad, bei dem alle auf Kosten des Bischofs in die sogenannten Badstuben gehen dürfen, die - wie allgemein bekannt - nicht nur der körperlichen Reinigung dienen, sondern öffentliche Vergnügungsstätten sind. Auch das diesjährige Herbstbad wird nach Ansicht vieler Teilnehmer nicht so schnell in Vergessenheit geraten.

Breisach wird Freie Reichsstadt

Breisach. Kaiser Rudolf von Habsburg, der auf seiner Krönungsfahrt von Basel nach Aachen in Breisach zu Gast ist, wird von den Bürgern und Adligen des Elsaß und des Breisgaues reich beschenkt. Er, der nach der kaiserlosen Zeit wieder das Reich einen soll, erkennt sofort die strategisch ungemein günstige Lage Breisachs und gibt der Stadt eine eigene Verfassung. Es sollen noch weitere großzügige Rechte folgen, darunter auch das finanziell so wichtige Zollrecht.

Weinrente statt Weinberge

Reichenau/Rotweil. Für eine Jahresrente von 17 Saum Wein trennt sich Gabriel Schnewelin Bärlapp von seinen Lehensgütern, dem sogenannten Brisger Teil in Rotweil.

Vom Kloster Reichenau hatte "der von Bollschweil" den Zehntbesitz übernommen. Neuer Eigentümer ist jetzt das Kloster Blasien.

Endlich ein klares Urteil

Bickensohl. Im Streit der Herren von Üsenberg und derer von Falkenstein über den Besitz der Ortschaft Bickensohl am Kaiserstuhl ist nun endlich ein klares Urteil gesprochen worden: Den Herren von Falkenstein werden ihre älteren Rechte auf den Ort zuerkannt. Damit ist ein Schlußstrich unter den seit Anfang des Jahrhunderts dauernden Streit gezogen.

Die "Guten Tropfen" nur für die vornehmen Gäste

Adelsheim. Die Wirte der Gemeinde Adelsheim werden aufgefordert, an die gemeinen Zecher ausschließlich den einheimischen Wein auszuschenken. Nur für "fürnehme Gäst" darf auch fremder Wein gegeben werden.

Weintagung gegen die Panscherei

Breisach. Zum gemeinsamen Vorgehen gegen die "Panscherei" hat die Stadt Basel eine Tagung nach Breisach einberufen. Neben den Repräsentanten zahlreicher badischer Städte wird auch der Markgraf Karl von Baden erwartet. Allgemein werden ein härteres Vorgehen und noch höhere Strafen gegen die Weinfälscher als Ergebnis dieser Tagung von Experten gefordert.

Wunderwirkender Wein

Bodensee. Immer häufiger kursieren in der letzten Zeit Meldungen, die dem sogenannten "Johanniswein" Wunderkräfte zuschreiben. Besondere Wirkung wird ihm von seinen Anhängern als Schutz gegen Blitzschlag, vor dem Ertrinken und gegen den bösen Feind zugeschrieben, jedoch soll er auch vor Vergiftungen und jeglichem Unheil überhaupt schützen.

Auch von den Winzern wird bei der Weinbereitung zunehmend auf Johanniswein zurückgegriffen: Bereits wenige Tropfen in einem Faß bewirken angeblich, daß der Wein gesund und von Schadenszauber unbehelligt bleibt.

Der Glaube an die Wunderkräfte dieses Johannisweines geht zurück auf die Legende, daß der hl. Johannes, in unserer Region Schutzpatron der Winzer, den Genuß von vergiftetem Wein gesund überstand, nachdem er den Wein gesegnet hatte. Daher der Brauch, am Johannistag, dem 27. Dezember, Wein zu segnen. Wir wenden uns hier nicht gegen alte Bräuche, sind aber der Meinung, daß der Glaube an solche Wunderkräfte durch-aus schädlich sein kann, ebenso wie das Gegenteil: die Furcht vor Hexerei und Schadenszauber, die solche Wundermittel bekämpfen sollen. Zu hoffen bleibt, daß Aberglauben wie diese vergessen werden, und daß die Winzer sich wieder mehr auf den eigentlichen Sinn des Weinausbaus besinnen, nämlich ein freudebringendes und bei maßvollem Gebrauch geistig und körperlich gesund erhaltendes Getränk herzustellen.

Vor dem Keltern Füße waschen!

Baden. Petrus de Crescentiis hat sich gegen das Stampfen der Trauben mit blanken Füßen ausgesprochen. Seiner Meinung nach sei dieses Verfahren der Qualität des Weines abträglich. Wenn der Winzer von dieser Untugend schon nicht ablassen wolle oder könne, so habe er sich vor dem Keltern doch bitte die Füße zu waschen.

Küchenmeister geehrt

Hanns Stichdenbuben erhält Reben und Matten

Umweg, 1474. Markgraf Karl I. von Baden überließ seinem langjährigen Küchenchef Hanns Stichdenbuben 12 Steckhaufen Reben (30 Ar) zum Lehen.

Das Reben-Landmaß "Steckhaufen" geht auf eine in früheren Zeiten eingeführte Zählweise zurück. Nach der Lese wurden in den Weingärten die Stützstöcke ausgerissen und zu einer bestimmten Anzahl aufeinandergehäuft, nach der dann die Größe des Rebgeländes ermittelt wurde.

Als Dreingabe erhielt der Meisterkoch noch zwei Tagwerke Wiesen ("Matten"), die dem künftigen Weinbauer den nötigen Dung und Mergel für die Rebenaufzucht bieten. Über den weiteren Gang der Dinge werden wir an anderer Stelle berichten.

Text der Schenkungsurkunde:
"Wie unser gnedig Herre dem Stichdenbuben und sinen Erben ettlich Reben und Matten zugestallt hat. - Wir, Karle, Markgraf von Baden, bekennen mit diesem brief, daß wir sondern unsern Gnaden und von der getruwen willigen Dienste wegen dem Hanns Stichdenbuben unserm Meisterkoch zugestallt und gegeben haben Unsere Reben uff zwölf Steckhuffen, gelegen zu Umbwegen. Neben der Trotten zu dem Schweighof stossend uff dem Wege, der durch Umbwegen uffhin geht. Dazu zween tagwan matten, genannt das Eckerlin, stossend mit dem einen End uff die Sneyt und mit dem andern ort an Steffan Mollenkopff und oben uf Wilhelm Entzbergers Hofmatt. Also daß der obhut Hanns Stichdenbuben und sine erben die bemerkt Reben und matten hinfür in Ordnung zu halten hat.
Gegeben im Schloß zu Baden uff Donnersdag nach sanct pauls tag 26. Januar 1474".

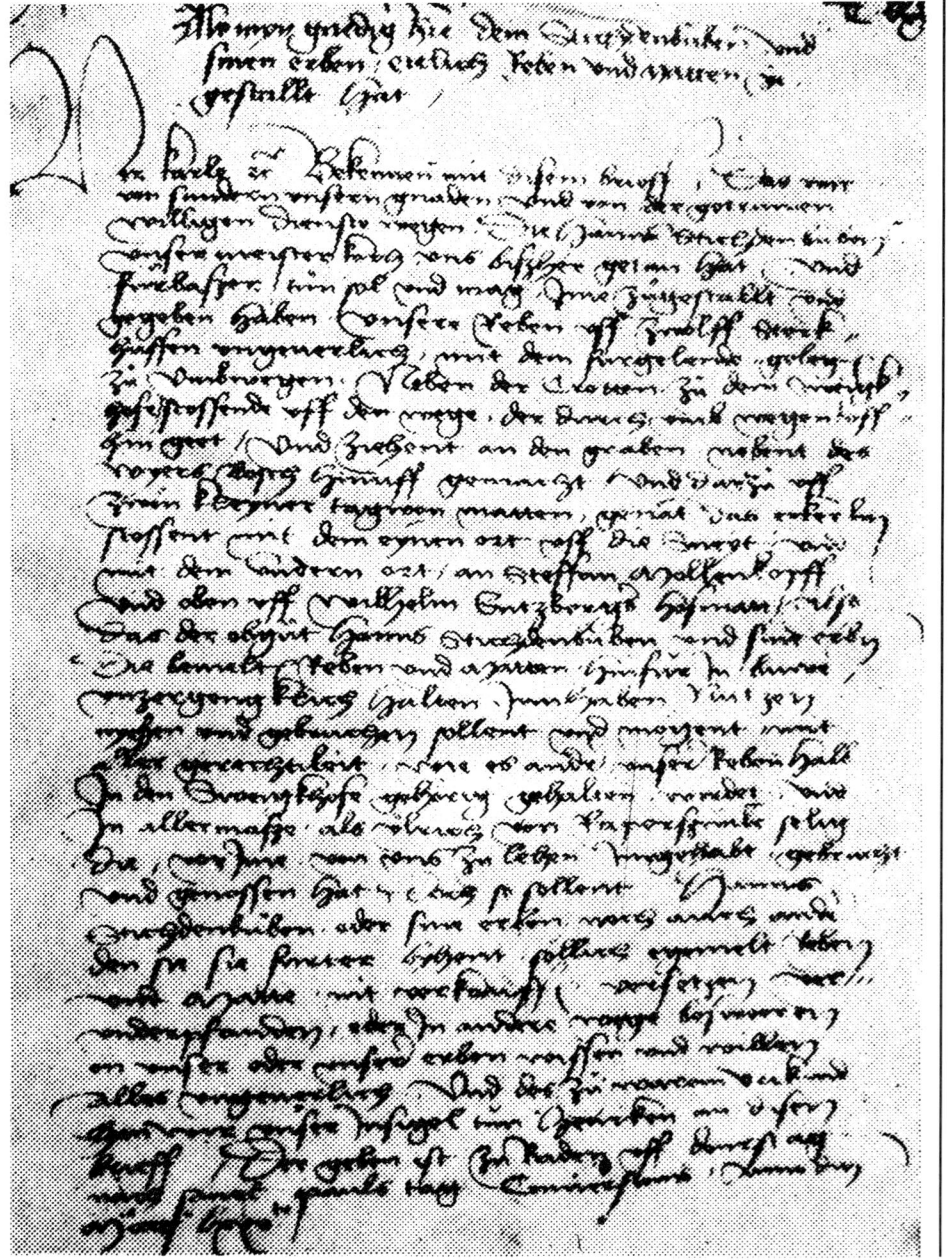

Nonnen gegen Mönche

Norsingen. Zwei Jahre dauert nun schon der Streit zwischen den Zisterzienserinnen aus Oberried und den St. Gallener Benediktinermönchen. In dem Rechtsstreit geht es um ein Hofgut mit Rebgelände in der Gemarkung Norsingen. Nach dem bisherigen Prozeßverlauf sieht es nach einem Richterspruch zugunsten der Mönche aus.

Rebleute gründen neue Zunft

Heidelberg, 1439. In Heidelberg haben sich erstmals in Baden Rebleute zur Zunft der Weinschröder zusammengeschlossen. In Anwesenheit der Zunftmitglieder wurde die neue Zunftordnung, die auch eine Rebbauordnung enthält, feierlich verabschiedet. Die Rebmänner folgten damit dem Vorbild ihrer Straßburger Kollegen, die bereits im Jahre 1395 eine Interessenvertretung gründeten. Zusammenschlüsse dieser Art sind nötig geworden, weil sich der Verdienst der unselbständigen Weinbergsleute, die hauptsächlich im Dienst städtischer Bürger stehen, seit Beginn unseres Jahrhunderts zusehends verschlechtert hat.

Aufgabe der neuen Zunft wird es in erster Linie sein, die sozialen und wirtschaftlichen Interessen ihrer Mitglieder wahrzunehmen. Aufgrund der wirtschaftlichen Lage der im Weinbaubereich Beschäftigten kann in absehbarer Zeit mit weiteren Zunftgründungen auch in anderen Orten Badens gerechnet werden.

Die Reproduktion der Originalurkunde vom 26. Januar 1474, derzufolge Markgraf Karl I. dem Hanns Stichdenbuben Reben und Matten zum Lehen gab.

Erste badische Weinordnung tritt in Kraft

Durlach, 1495. Markgraf Christoph I. erläßt die erste badische Weinordnung. Sie ist sozusagen ein Reinheitsgebot für den mittelalterlichen Wein, die nahezu 500 Jahre später immer noch wert ist, gelesen zu werden:

"Dieweil seit länger her viel unziemliche und schädliche Gemächte bei den Weinbesitzern in Schwung gekommen, wird bestimmt: Keiner, der Wein zu verkaufen hat, soll denselben mit anderen Dingen oder Arzneien vermischen, sondern jegliches Gewächs rein lassen, wie es gewachsen ist. Ferner soll niemand einigen Wein mit minderleitigem untermischen, sondern jegliche Gattung, es sei ein Ortenauer, Breisgauer, Rhein- oder Landwein, wie er gewachsen und an sich geworden. Und damit diese Ordnung um so beständiger sei, sollen alle Küfermeister und Küferknechte den Amtleuten an Eidesstatt geloben, sorglich darüber zu wachen, daß kein Wein, welcher zum Verkaufen oder zum Verzapfen bestimmt ist, mit fremdartigen und schädlichen Dingen vermischt und aufgezogen werde. Denn nur einerlei Vermischung mag erlaubt sein, wenn gefärbter oder getrebter Wein, wenn Breisgauer, Rhein- und Landwein jeglicher mit seinesgleichen, nicht aber Ortenauer mit Landwein vermengt und gezogen wird. Und nachdem neuerlich erfunden worden und in Übung gekommen, den Most im Herbst mit Ringen einzuschwefeln, damit er süß verbleibe, so soll man derlei Wein ebenfalls unvermischt halten besonders verkaufen. Alles bei der gebührenden Straf an Leib und Gut."

Landvogt hingerichtet

Breisach. Der seinen Untertanen verhaßte burgundische Landvogt Peter von Hagenbach ist in der Rheinstadt hingerichtet worden. Er selbst ist Zeit seines Lebens ungnädig und rücksichtslos gegen alle Kritiker der Weinabgaben - des sogenannten "bösen Pfennigs" - vorgegangen.

Freiburger Reichstag beschließt "Weinordnung"

Freiburg, 1498. Die vom Reichs-Deputations-Ausschuß vor zwölf Jahren ausgearbeitete "Weinordnung" ist vom Freiburger Reichstag unter Kaiser Maximilian Vorschrift geworden. Bei der Tagung war es so heiß in der Freiburger Gerichtslaube, daß der Stadtrat zur Erhaltung der Beschlußfähigkeit den müden Sitzungsteilnehmern drei große Kannen Wein spendierte.

Wildreben

Reichenau. In den Glossarien der Reichenau, die kürzlich erschienen sind, wird erstmals die "wildin reba", also die Wildrebe, erwähnt und von der Kulturrebe, die hier schon seit einigen Jahrhunderten angepflanzt wird, unterschieden. Auch machen die Autoren nicht den Fehler, die Wildrebe als bloßen Ableger der Kulturrebe zu betrachten, sondern sie trennen die Entwicklungsgeschichte beider Rebsorten streng voneinander.

Weinbaufläche vergrößert

Baden. Die größte Ausdehnung seit Menschengedenken hat der Weinbau in unserem Jahrhundert nicht nur in Baden, sondern in ganz Deutschland erreicht. Vom Bodensee bis an die Nordsee, ja auch in England und Dänemark, vom Rheinland bis nach Ostpreußen werden heutzutage Reben angepflanzt. Dies sichert die Versorgung mit Meßwein trotz ungünstiger Verkehrsverhältnisse auch in den entlegenen Gebieten.

Nicht nur dem an badische Weine gewöhnten Weintrinker erscheinen die Gewächse der nördlichen und östlichen Anbaugebiete sehr sauer. Sie müssen - vom Meßwein abgesehen - durch Zusätze von Zucker und Kräutern, zum Beispiel Johannisbeere, Wermut, Anis oder Fenchel trinkbar gemacht werden. Ob diese Entwicklung dem Weinbau dienlich ist. Und kann sie von Dauer sein.

Jahrhundertpost

IN · VITE · VITA ··· IN · VINO · VERITAS

Die Zeitung im
GESAMTWERK
DEUTSCHER WEIN

Ein Leben für den Kaiser

Weinfreund Lazarus von Schwendi beigesetzt

Breisach/Burkheim/Kienzheim. Ein kriegserfahrener Ritter war er, der "Herr von Schloß, Stadt und Herrschaft Burckheim". Gleich nach seinem Studium trat er in den Dienst Kaiser Karl V. und war auch dessen Sohn, König Philipp II. von Spanien, treu ergeben. Im Schmalkaldischen Krieg (1547) bestand er seine erste Bewährungsprobe. Die Belagerung von Magdeburg und Metz, die Feldzüge gegen Frankreich und die Niederlande waren seine nächsten Stationen. 1564 verließ Schwendi seinen "Arbeitgeber" Philipp, wahrscheinlich wegen der unzureichenden Arbeitsbedingungen im spanischen Dienst.

Nach Österreich ging er, zum Kaiser Maximilian II., wo er gleich auf Anhieb dem Regenten zu gefallen wußte, was sich dann auf seine Karriere positiv niederschlug: General, Feldobrist und Geheimer Rat, um nur einige seiner Ämter zu nennen. Der Nachfolger des Kaisers, Rudolf II.,

war ihm weniger gut gesonnen, beschnitt der doch das von seinem Vorgänger ausgesetzte "Gnadengehalt" um 8 000 Taler auf - immerhin noch stolze - 12 000.

1552 wurde er nach Breisach versetzt und war dort als Burgvogt tätig. Acht Jahre später überreichte ihm der Kaiser in Innsbruck den Pfandbrief, der ihm die "landesfürstliche Obrigkeit" über Burkheim einbrachte. Mit enormen Summen wurde die heruntergekommene Festung saniert. Nach dem Tod seiner ersten Frau vermählte er sich mit Eleonore, Gräfin von Zimmern, und ließ über dem Portal der Burg sein Allianz- und Doppelwappen einmeißeln. Durch geschicktes Taktieren und eine "glückliche Heiratspolitik" mehrte er seinen Einfluß und seine Besitztümer. Die Herrschaften in Kaisersberg, Triberg und Kirchhofen nannte er sein Eigen. Dazu kamen noch Häuser in Freiburg, Straßburg und Wien.

Nach kurzer Krankheit starb Lazarus von Schwendi auf seinem Schloß Kirchhofen. In der Klosterkirche der Klarissinnen in Kienzheim (Elsaß) wurde er begraben.

Wappen mit Inschrift an einer Zehntscheune, wo der von den Winzern gelieferte "Abgabe-Wein" gelagert wird.

Das Ende eines Traumes

Königshofen, 1525. Nur knapp zwei Monate nach Beginn der Aufstände durch die unzufriedenen Bauern setzen am 3. Juni die bündischen Ritterheere den tragischen Schlußpunkt unter das Kapitel Bauernkrieg: Auf dem Turmberg zu Königshofen werden 4 000 Bauern blutig hingemetzelt.

Obrigkeit stellt Keltern auf

Durlach. Die Regierung der Markgrafschaft Baden-Durlach will in allen Ortschaften, die Weinbau betreiben, eine herrschaftliche Trotte aufstellen lassen. Dies geht aus einer jüngst erlassenen Verordnung hervor. Der Bau und die Unterhaltung der Trotten soll dafür sorgen, daß die Untertanen ihren Weinertrag unter Aufsicht keltern und damit den Weinzins genauer abliefern können als bisher.

Eigene Keltern können zwar weiterhin benutzt werden, aber es muß gewährleistet sein, daß der Zehnt exakt berechnet werden kann.

man zum Eichen der Fässer den Wein selbst. Als Bezahlung geben die Winzer am Kaiserstuhl für ein Weinfaß genau die Menge Most, die das Faß an Inhalt mißt.

Auch aufständische Bauern haben Durst

Malsch, 1525. Wie erst jetzt bekannt wurde, ist schon am Mittwoch nach Ostern der von dem Speyerer Bischof Georg von seiner Residenz Udenheim nach Rothenberg bei Wiesloch abgesandte Fuhrknecht Adam aus Kislau, welcher Wein von da holen sollte, auf dem Rückweg von rebellierenden Bauernhorden überfallen worden. Sie versuchten, den Wein an sich zu bringen und mit in ihr Lager zu nehmen. Doch der Knecht konnte dank seiner guten Redekunst mitsamt der Fracht entkommen.

Allerdings ließen sich die zum Kämpfen bereiten Bauern durch diese erste Schlappe nicht entmutigen. Schon am nächsten Tag belagerten an die 50 Bauern die Stadt Malsch vom Bletzenberg aus. Nichts half mehr, weder die Beschwichtigungsversuche des Bischofs noch die Truppen des Vogts von Kislau. Er mußte Verrat unter seinen eigenen Leuten befürchten und suchte so lieber unverrichteter Dinge das Weite. Durch diesen Erfolg ermutigt, drangen die Aufständischen, die mittlerweile 500 bis 600 Mann zählten, in die Stadt ein, erbrachen das Tor zum Weinkeller und prosteten erst einmal gut gelaunt der neu errungenen Freiheit zu.

Wasser teurer als Wein

Kaiserstuhl, 1539. "Tausend fünfhundert dreißig und neun, galten die Fässer mehr als der Wein". Dieser kleine Vers zeugt von der Menge des 1539er. Trotz der vorangegangenen 12 mageren Jahre füllt dieser Jahrgang die Keller und Fässer bis zum Bersten. Das Wasser ist wertvoller als der Wein und so nimmt

Unsere Aufnahme entstand um das Jahr 1590 und zeigt den Rhein mit seinen zahlreichen "Nebenarmen". Im Hintergrund liegt die Stadt Burkheim/Kaiserstuhl mit ihrer stolzen Festung.

Neue Rebsorten im "Badischen Frankenland"

Würzburg/Beckstein. Die Würzburger "Bischöflichen" haben weitere Rebkultivierungen beschlossen.

So soll in Beckstein der Anbau von minderwertigen Reben wie "Tauberschwarze" und "Sauerschwarze" verboten werden. Stattdessen sind vor allem Traminer, Muskateller und Gutedel (genannt Junker) anzupflanzen.

Räte und Ritterschaft beenden Bauernkriege

Renchen. Der Bauernkrieg in der Markgrafschaft Baden und in der Ortenau scheint beendet. Vertreter des Markgrafen von Baden, die Räte von Straßburg und die Vertreter der Ortenauer Ritterschaft kamen im Schloß von Renchen zusammen und verabschiedeten den "Vertrag von Renchen". Sie versprachen in seinen 12 Artikeln, den Forderungen der Bauern nachzukommen. Es herrscht wieder Frieden.

Mühlenstreit
am Kaiserstuhl

Rotweil/Breisach. Gleich zwei Prozesse vor dem Hofgericht Rotweil hat Martin Rinmüller, genannt von Silbach, zu bestehen. Den einen hat Konrad Rueger als Vertreter des Gotteshauses St. Ulrich (Schwarzwald) angestrengt. Er beschuldigt Rinmüller, längst fällige Schuldzinsen nicht bezahlt zu haben, mit denen das Gebäude Mattmühle belastet ist. Der jetzige Inhaber, eben "der von Silbach", fühlte sich von den früheren Eigentümern "aufs Kreuz gelegt" und ging nun selbst vor Gericht.

Seiner Meinung nach wären die Augustiner in Breisach die Alleinschuldigen. Die hätten ihm nämlich verschwiegen, daß auf der Mattmühle noch nicht getilgte Hypotheken liegen. - Aber vergebens. Das Gebäude war nicht mehr zu halten. Rinmüller wurde daraufhin von der Mattmühle verwiesen.

Der Nachfolger Nikolaus Zeller, Müller aus Rotweil, beglich später die Rechnung. Wie man hört, soll es sich um eine Summe von 30 Gulden gehandelt haben.

Trinksucht wird immer beängstigender

Baden. Das "Saufzeitalter" ist angebrochen: Keine Gelegenheit, kein Fest geht vorüber, ohne daß dabei nicht kräftig getrunken wird. Kein Geschäft oder Kauf ohne Saufgelage. Kein Papst oder Prälat, Bischof oder Pastor, der ohne Sauferei in sein Amt eingesetzt wird. Der allgemeinen Trunksucht wird durch so ergiebige Jahrgänge wie 39er oder 40er natürlich Vorschub geleistet.

Überall sieht man Betrunkene in den Straßen umhertorkeln, und die Wirtshäuser schießen wie Pilze aus dem Boden. Gutinformierten Stellen zufolge sollen selbst die Kinder in Wein gebadet werden.

In guten Weinjahren saufen sich mehr Leute zu Tode als in schlechten und auch bei den Trinkgefäßen kennt man kein Maß mehr: Es wird aus Affen getrunken, aus Mönchen und Nonnen, aus Löwen und Bären, ja sogar aus dem Teufel selbst. Man trinkt aus Hüten, Häfen und Stiefeln. Wo, um des Himmels Willen, soll das noch hinführen!

Weinimport drückt die Preise

Baden. Nachdem die "Hanse" begonnen hat, billigen Wein aus Italien und auch aus Griechenland einzuführen, lassen sich mit den einheimischen Tropfen nicht mehr die rechten Preise erzielen. Infolgedessen geht auch die Rebfläche zurück. Viele Rebbauern stehen vor dem Bankrott und fordern endlich Maßnahmen der Regierung gegen die Importweine.

Wein und "Hutzeln"

Würzburg/Beckstein. Der Fürstbischof von Würzburg, Julius Echter von Mespelbrunn, hat kürzlich den Ort Beckstein käuflich erworben. Künftig muß die wenig begüterte Gemeinde den Zehnten nach Lauda, Oberamtsstadt der Fürstbischöfe, abliefern - viel teuren Wein und größere Mengen Dörrobst ("Hutzeln"). Korn- und Futtermittelabgaben werden nicht erhoben.

Die daraufhin geäußerte Vermutung einiger Ortsvorsteher der umliegenden Gemeinden, die Becksteiner würden sich in der Hauptsache von Wein und "Hutzeln" ernähren, hat sich, wie unsere Nachforschungen ergaben, als Fehleinschätzung herausgestellt. Der reichste Mann in Beckstein ist nachweislich Simon Rückert. Er besitzt nur eine Kuh und eine Ziege.

Zoll und kein Ende

Impfingen. Der Weinbau in Impfingen ist die Haupteinnahmequelle des Ortes. Viele Weinhändler sind hier ansässig, die den Wein nach Württemberg und sogar nach Sachsen transportieren. Die hohen Zollabgaben aber drücken diese Geschäfte sehr.

Trauben sollen länger reifen

Baden. Nach einer Verordnung des Markgrafen Philipp II. von Baden-Baden dürfen die Trauben nun nicht mehr ohne das Wissen und die Erlaubnis der Amtsleute gelesen werden. Diese Maßnahme wurde ergriffen, damit die Trauben länger und besser reifen können. Zur besseren Handhabung dieser Regelung werden von nun an allgemeine Termine für die Weinlese festgesetzt.

Weinpanscherei ohne Ende
Mildes Urteil für Weinverwässerung

Bodenseebereich. Wegen Weinpanscherei mußte sich im November 1543 Anna Rychin aus Allensbach verantworten: Sie hatte vier Zuber Trauben mit Wasser verfälscht und verkauft. Für ihr Vergehen fand sie milde Richter: Sie mußte Urfehde schwören - also nur eidlich versichern, daß sie etwas derartig Böses nie wieder tun wolle.

Weit weniger glimpflich war vor 72 Jahren in einem aufsehenerregenden Prozeß Hans Schwertweg davongekommen. Er wurde 1471 in Überlingen eingemauert, weil er in den vorangegangenen Jahren elf Eimer voll Wasser unter ein Fuder Wein getan hatte.
Wir erinnern in diesem Zusammenhang auch an Martin Gässler, der wegen Weinfälschung zum Tode verurteilt wurde: Der Rat von Ravensburg ließ ihn im Jahre 1486 enthaupten.

Trotz drastischer Strafen ist es der Obrigkeit auch heute offenbar noch nicht gelungen, dem Übel der Weinpanscherei Einhalt zu gebieten; immer wieder wird der Wein, die reine Gabe der Natur, verfälscht. Aus diesem Grunde kamen bereits 1518 auf Einladung der Stadt Überlingen die umliegenden Städte zu einer Beratung in Konstanz zusammen.

Ob aber das Ergebnis dieser Tagung - Küfermeister und Knechte sollten geloben, keine zum Verkauf bestimmten Weine mit fremdartigen Zusätzen zu vermischen - das weitverbreitete Verbrechen unterbinden kann, scheint mehr als fraglich. Daher fordern auch manche Herrschaften, nie einen Küfer allein zu lassen.

Ein besonders interessantes Kontrollverfahren haben sich die Mönche des Augustinerchorherrenklosters Kreuzlingen bei Konstanz einfallen lassen: Hier werden reformierte Küfer von Katholiken überwacht und umgekehrt.

Auch der Transport des Weines wird überwacht: Unseren Informationen zufolge ordnete das Benediktinerkloster Isny im Allgäu, das am Bodensee Weinberge besitzt, jetzt an, daß seine Fuhrleute immer gemeinsam fahren, sich unterwegs nicht trennen und in der Nacht wegen der unsicheren Lage auf unseren Straßen keine geladenen Weinwagen nach Hause fahren sollten.

Noch größeren Gefahren ist der Wein beim Transport auf dem See ausgesetzt. Aber nicht nur Sturm und Unwetter gefährden die kostbare Fracht, mehr noch sind es die Seeleute und die mitunter von ihnen zu Saufgelagen geladenen Fischer, die verbotenerweise die Fässer öffnen und anschließend mit Wasser auffüllen.
Die teilweise Entlohnung der Schiffsknechte mit Wein, die in St. Gallen im Gespräch ist, wird als Gegenmaßnahme gegen Weinverfälschungen wahrscheinlich ebenso untauglich sein wie harte Strafandrohungen. Bleibt zu hoffen, daß bald geeignete Mittel gefunden werden, diesem weitverbreiteten Übel Einhalt zu gebieten. Nur so kann verhindert werden, daß das Ansehen unseres Weinbaugebietes weiter in Verruf gerät.

33 Winzerfamilien in Wiesloch gezählt

Wiesloch. 33 Familien haben in der Mitte des 16. Jahrhunderts Weinbergsbesitz in der Stadt Wiesloch - manche bis zu einem Hektar. Damit gehört Wiesloch zu den größeren Winzergemeinden in der Kurpfalz.

"Doctor Faust" hinterläßt viele Fragezeichen

"Magier" nach durchzechter Nacht zu Tode gekommen?

Staufen. Nach einer durchzechten Nacht, die er mit Studenten verbracht hat, ist der vielbekannte und berühmte Doctor Faustus im Gasthaus "Zum Löwen" zu Staufen im Breisgau zu Tode gekommen. Es heißt, der Teufel habe ihn erstickt, und daß seine Leiche das Gesicht auf der Bahre ständig gegen den Boden gerichtet habe, obgleich man sie fünfmal umgedreht habe. Weiter verlautete, daß um Mitternacht das ganze Haus erschüttert wurde, und daß Lärm aus des Doctors Sterbezimmer drang, darin man ihn später mit verrenktem Kopf gefunden habe. Andere sprechen von "allerhand anzeigungen und vermutungen" nach denen "der bös gaist ine umbbracht".

Wein für Stein

Hohentwiel. Zum Bau der Festung auf dem Hohentwiel muß jeder Besucher einen Stein von mindestens 40 Pfund hinaufschleppen. Als Belohnung und gewissermaßen als Willkommenstrunk erhält der Gast einen Becher (drei Schoppen) vom Hohentwielwein.

Zunft der Rebleute aus der Taufe gehoben

Burkheim, 1571. Lazarus von Schwendi hat seinen untertänigen Rebmännern in Burkheim gestattet, eine Zunft zu gründen. Er gibt der Vereinigung auch eine Zunftordnung, die sich stark an die Satzung der schon 1450 gegründeten Freiburger Zunft der Rebleute "Zur Sonne" anlehnt. Zur Feier ihres Herren trinken die Winzer aus einem silbernen Zunftbecher, auf dessen Boden das Bild des Lazarus von Schwendi zu sehen ist.

Nr. 6
Ausgabe
1600–1700

IN · VITE · VITA ··· IN · VINO · VERITAS

Jahrhundertpost

Die Zeitung im
GESAMTWERK
DEUTSCHER WEIN

Faßboden eingeschlagen

Wertheim. Randalierende Truppen aus Würzburg haben sämtliche Wertheimer Orte verwüstet. Der Widerstand des Grafen Dietrich zu Löwenstein war angesichts der großen Übermacht vergeblich. Selbst vor den Weinfässern machten die Schlägertrupps nicht halt: Die Böden wurden eingeschlagen und der Wein auslaufen lassen.

Mainzer Reiter verwüsten Saatfelder

Sachsenflur. Den bisherigen Höhepunkt der kriegerischen Auseinandersetzungen zwischen der Pfalz und den Kurfürsten in Mainz bildet die Verwüstung sämtlicher Saatfelder in der Gemeinde Sachsenflur.

In dem Streit geht es um das Geleitrecht auf der Straße von Straßburg nach Frankfurt, das die Pfalz für sich beansprucht. Schon vor einem Jahr intervenierten die Mainzer auf ihre Art: Sie errichteten vor dem Ort einen Schlagbaum und befestigten eine Schanze, die mit Musketieren besetzt wurde. Damit wurde der bewaffnete Konflikt geradezu herausgefordert. Eine Einigung ist selbst auf lange Sicht nicht zu erwarten.

200 Liter pro Kopf

Immenstaad/Bodensee. Wohlinformierte Stellen schätzen den "offiziellen" Weinverbrauch im Bodenseegebiet zur Zeit auf 150 bis 200 Liter pro Kopf und Jahr - ohne Hauswein. Angesichts dieser erstaunlichen Menge stellt ein Fürstenbergischer Amtmann zu Immenstaad resignierend fest:

"Den Immenstaadern habe ich nur am Werktag etwas zu sagen, am Sonntag und am Feiertag lassen sie sich ausschließlich vom Wein regieren."

Schlacht bei Wiesloch

Wiesloch, 1632. Wie die gesamte Kurpfalz wird auch Wiesloch durch die Ereignisse des Dreißigjährigen Krieges in Mitleidenschaft gezogen.

Bereits im April 1622 war es vor den Toren der Stadt zu einer entscheidenden Schlacht zwischen den Unionstruppen Mansfeld und den kaiserlichen Truppen unter der Führung Tillys gekommen. Rekatholisierungsversuche - meist gegen den Willen der Bevölkerung - waren das Ergebnis des Sieges der Kaiserlichen.

Zehn Jahre später war Wiesloch und seine Umgebung wieder im Mittelpunkt der kriegerischen Auseinandersetzungen: Kaiserliche und Schwedische Truppen lieferten sich verschiedene Schlachten, in deren Verlauf die Stadt und ihr Umland mehrmals den Besitzer wechselten.

Stich von Merian

Wiesloch, 1654. Aus der Werkstatt des Mattheus M. Merian liegt jetzt das erste authentische Bild der Stadt "Wißeloch" vor. Trotz der Wirren des Dreißigjährigen Krieges ist die Stadt ziemlich unzerstört. Sie liegt, umgeben von Mauern, vor den noch bewaldeten Hügeln des Odenwalds und den bebauten Erhebungen des Kraichgaus. Der Freihof mit seinem gezackten Giebel, der Turm der Burg, der Chor der evangelischen Kirche, die Wehrtürme der Mauer, der "Dörndl" und der "Sauermilchhaffe", die das Stadtbild noch heute prägen, sind bereits erkennbar; im Hintergrund ist Altwiesloch mit den Konturen des Schlosses und der Pankratiuskapelle zu sehen.

Hier sehen Sie den oben beschriebenen Stich der Stadt Wiesloch.

Mönche lassen neuen Zehntkeller bauen

Oberrotweil. Das Benediktinerkloster St. Blasien läßt mit dem Bau des Zehntkellers in Oberrotweil beginnen. Schon vor einem Jahrzehnt ist das hierfür vorgesehene Holz geschlagen und bearbeitet worden, und zwar nach genauesten Plänen und Weisungen: Die benötigten 120 Stämme Tannenholz wurden in Wäldern der Abtei bei Ehrenstetten gefällt, das Eichenholz stammt aus Wäldern der Gemarkung Breisach, die aber gegen "Rottweil" liegen. Das Holz mußte im Winter bei Vollmond geschlagen werden - und zwar mit der Axt. Sägen war verboten. Zum Transport durfte das Holz nur geflößt werden.

Selbst das Räuchern wurde unter strengsten Anweisungen durchgeführt. Die Stempel aus Eichenholz sind konisch geformt, um die Last des aus Fichte gezimmerten Gebälks in der richtigen Art und Weise aufzunehmen. Die benötigten zehn- bis zwölftausend Ziegel liefert eine Hütte aus Kirchheim.

Derart solide errichtet, sollte dieser Keller auch noch die nächsten paar hundert Jahre überstehen.

Krieg und Inflation bringen "Top-Preise"

Baden. Infolge des Dreißigjährigen Krieges schrumpft nicht nur die Bevölkerung und damit die Anzahl der Arbeitskräfte, sondern auch die Rebfläche geht rapide zurück. Diese Entwicklung führt zusammen mit der schnellen Geldentwertung zu einer atemberaubenden Preissteigerung. Während man 1617 für ein Saum Wein (125 Liter) 2 Gulden bezahlte, muß man heute - nur fünf Jahre später - 50 Gulden pro Saum hinlegen, und die Preisspirale zeigt noch kein Ende.

Schweden herrschen im Taubertal

Immer größere Not - kein Friede in Sicht

Königshofen. Mit einem Säbelhieb in das Protokollbuch der Stadt Königshofen, der elf Seiten durchschnitt, hat ein schwedischer Offizier deutlich gemacht, wer zur Zeit die wahren Herren in Königshofen sind - nämlich die schwedischen Soldaten. Vorbei ist die Zeit des Wohlstands und die Wehrkraft der Bürger ist gebrochen. Der Dreißigjährige Krieg bringt Elend und Verwüstung für das gesamte Taubertal. Die Weinberge sind vollkommen zerstört, und ein Ende dieser Drangsale ist noch nicht in Sicht. Überall hört man weinende Mütter zu ihren Kindern sagen: "Bet, Kindle, bet, morgen kommt der Schwed!"

Neue "Knittelverse"

Lauda. Benedikt Knittel, Reichsabt und Bauherr im Kloster Schöntal an der Jagst, gab bei einem Treffen der ehemaligen "Weinstudenten" in Lauda einige seiner berühmten Knittelverse zum Besten. Auf die Frage, wie er seine Schwierigkeiten mit dem Lateinischen überwunden habe, "knittelte" der Reichsabt schlagfertig zurück:
"Sooft ich trinke Röschenwein,
da kommen mir die Geister.
Ich red' wie ein Hussar Latein,
grad wie als ein Schulmeister."

Wein gratis!

Durlach. Nach der jetzt veröffentlichten Wirtshausordnung der Markgrafen von Baden-Durlach hat das Essen aus mehreren Gängen zu bestehen. Bei einer Herrenmahlzeit zum Beispiel nach einem Weinkauf sah die Speisekarte folgendermaßen aus: Suppe, gutes Voressen, Rindfleisch, Huhn, gutes Gemüse, Fisch, guter Braten (Hammel, Kalb, junger Hahn, Kapaun, Tauben, Gans oder Ente), Pasteten, Butter und Käse, Obst und Konfekt. Der Preis beträgt 36 Kreuzer. Bei einem derartigen Essen wird der Wein kostenlos dazu gegeben. Für eine Herrenmahlzeit rechnet man 1 1/2 Maß (2 1/2 Liter).

Wohl bekomm's!

Rebfrauen streiken

Heitersheim, 1678. Die Heitersheimer Zehntherren versagten den Britzinger Rebfrauen in diesem Jahr ihr angestammtes Mahl zum Bartholomä-Fest. Daraufhin traten die Frauen in den Streik. Keine einzige Traube wurde zur Heitersheimer Zehnttrotte gebracht. Dadurch entfielen natürlich auch die steuerlichen Einnahmen der Heitersheimer Kirchenfürsten. Der zuständige Amtmann ließ den Streik angesichts dieses großen Verlustes verbieten, und auch das Herbstmahl wurde nachgeholt, allerdings wurde es den Frauen nur im Freien und ohne Tisch geboten. Nicht gerade sehr wohltätig von den Maltesern aus Heitersheim.

Oberbefehlshaber Turenne bei Königshofen geschlagen

Königshofen. Die meuternden Weimarschen Truppen, die noch bis vor kurzem unter französischer Flagge kämpften, haben dem französischen Oberbefehlshaber Turenne bei der tauberfränkischen Stadt Königshofen eine empfindliche Niederlage zugefügt. Die Weimarer setzten sich von ihrer ehemaligen Einheit ab und überquerten unter ihrem neuen Anführer, dem Studenten Wilhelm Hempel, den Neckar. Sie wurden durch das Württembergische hindurch bis nach Königshofen von den Truppen Turennes verfolgt. An der Brücke vor der Stadt wiesen sie einen Angriff ihres früheren "Brötchengebers" blutig zurück.

Melac — der Mordbrenner

Baden. Der französische Feldherr Mélac ist mordend und brennend in Baden eingefallen. Viele blühende Ortschaften vom Kinzigtal bis an die Nordgrenze Badens sind Opfer des Spanischen Erbfolgekrieges geworden. Auch wurde in vielen Gemeinden dem Weinbau ein grausames Ende gesetzt. Ob er sich wieder erholen wird, scheint im Augenblick sehr fraglich.

Turenne bei Sasbach gefallen

Sasbach, 1675. Der französische Marschall Turenne ist in der Schlacht von Sasbach im Jahre 1675 gefallen. Für die badische Bevölkerung kein Grund zu großer Trauer: Mehrmals waren Truppen unter seiner Führung plündernd in unser Gebiet eingefallen und hatten Menschen, Dörfern und Weinbergen großen Schaden zugefügt.

Gesamte Weinvorräte vernichtet

Ohlsbach, 1678. Die Ohlsbacher haben Grund zur Trauer: Ihre gesamten Weinvorräte sind vernichtet worden. Sie hatten ihren Wein auf die Burg Ortenberg gebracht, da sie ihn hier sicher vor den Angriffen des Feindes in diesen kriegerischen Zeiten wähnten. Doch die so wehrhaft scheinende Burg war den dauernden Angriffen nicht gewachsen. Sie wurde völlig zerstört und mit ihr auch die Fässer der Ohlsbacher Winzer.

Nr. 7
Ausgabe
1700-1800

Jahrhundertpost

Die Zeitung im
GESAMTWERK
DEUTSCHER WEIN

Winzerspruch in Stein gehauen

Rat an alle Gäste und Bürger

Wasenweiler, 1738. Ein alter Stockbrunnen mitten im Ort ist Dorfgespräch im Winzerdorf Wasenweiler am Kaiserstuhl. Aus dem Brunnenkopf strömt kristall-klares Wasser, kühl und erfrischend für alle Einwohner und auch Besucher des Dorfes.

Die Einheimischen und der weinfreudige Tourist aber trinken natürlich viel lieber den Wasenweiler Wein, so daß, kaum ist der Herbst vorüber, sich in schöner Regelmäßigkeit eine ernüchternde Weinknappheit einstellt.

Diese bedauerliche Tatsache soll jedem Fremden beizeiten klar gemacht werden, bevor er sich entschließt, in Wasenweiler seine Zelte aufzuschlagen - was dann auch jetzt in den Sockel des Brunnens, für jeden sichtbar, eingemeißelt wurde:

"Wer in Wasenweiler will wohnen, der pflanze einen elbnen Rebstock, arbeite recht fleißig und trage einen dauerhaften Zwilchrock. Lasse sich niemals fallen zu schwer, sich einen Trunk zu holen an der Brunnenröhr; denn der Wein reist im Herbst schon fort, und hat gar kein Bleibens an diesem Ort."

Ein fairer Zug von den Winzern, wie wir meinen; aber auch ein Beweis für die Qualität des Weines und für die Genußfreude der Wasenweiler und ihrer gern gesehenen Gäste.

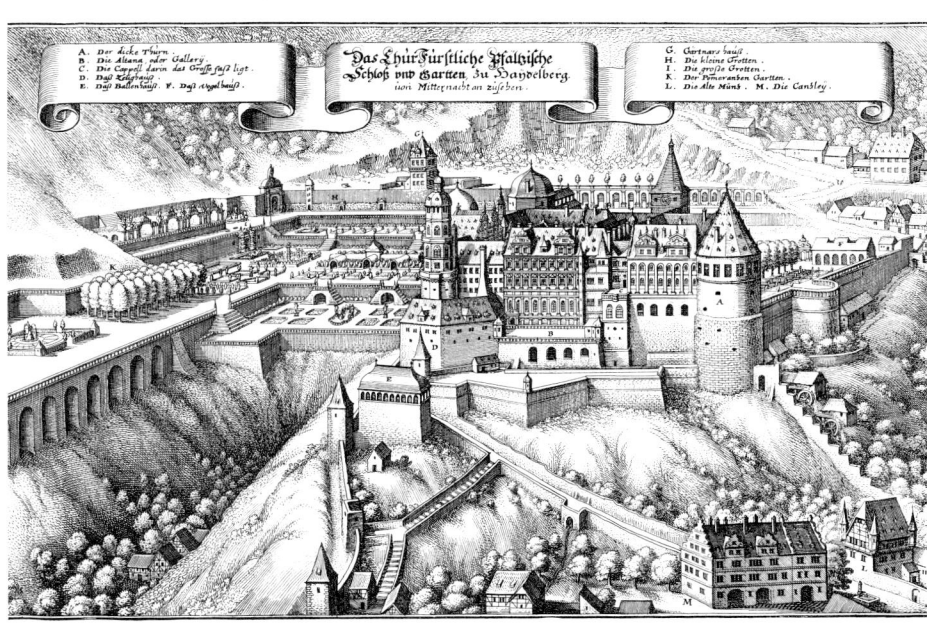

Eine Detailzeichnung des Heidelberger Schlosses: Residenz der pfälzischen Kurfürsten und zweite Heimat Perkeo's, des Zwergen mit dem Riesendurst.

Riesenfaß für Zwergendurst

Heidelberg, 1750. Das wahrscheinlich größte Faß der Welt liegt in Heidelberg. Kurfürst Karl Theodor ließ in der ehemaligen Residenzstadt das "Heidelberger Faß" errichten. Es ist nicht weniger als sieben Meter hoch, achteinhalb Meter lang, faßt 221 726 Liter Wein und soll vor allem den Zehntwein aufnehmen.

Obwohl das Faß solch riesige Ausmaße hat, scheint es in der Gigantomanie vom Weindurst mancher Zeitgenossen noch übertroffen zu werden: Auf die Frage des Kurfürsten, ob er sich denn wohl zutrauen würde, das Heidelberger Faß leerzutrinken, antwortete der selbst nur 1,10 Meter große, aus dem deutsch-italienischen Sprachgrenzgebiet zwischen Bozen und Trient stammende Clementel: "Perche no ..." Das heißt auf deutsch: "Warum denn nicht ..." Wen wundert's da, daß der durstige Clementel, der diese Redensart mit Vorliebe *gebraucht, inzwischen meist "Perkeo" genannt wird. Fraglich ist auch, wie lange bei so großem Durst das "Heidelberger Faß" das größte bleiben wird.*

Lagerprobleme durch neues Faß beseitigt

Wiesloch. Tüchtige Küfermeister haben ein 40 Fuder fassendes Gebinde in Wiesloch gebaut. In diesem Faß soll der Zehntwein für das Heidelberger Riesenfaß aufgehoben werden. Dadurch soll endlich der Mangel an Lagermöglichkeiten beseitigt werden, denn bei überdurchschnittlichen Ernten mußte sich der Rat der Stadt des öfteren an den Hof zu Heidelberg wenden und um schnellen Abtransport des Zehntweins bitten. Aber dies wird nun hoffentlich der Vergangenheit angehören.

Residenzprobleme

Heidelberg, 1720. Heidelberg, die alte Neckar- und Universitätsstadt, ist nicht mehr Sitz des kurfürstlichen Hofes! Kurfürst Karl Philipp, nicht zuletzt durch seine Trinkfreudigkeit bekannt, verlegte die Residenz vorübergehend nach Schwetzingen. Unseren Informationen zufolge soll in Kürze Mannheim neuer Regierungssitz werden.
Diese Entscheidung des Kurfürsten blieb nicht ohne Widerspruch. Nicht nur die Heidelberger Bürger und Geschäftsleute mißbilligen diesen Entschluß, Kritik wurde auch in der eigenen Familie laut: Lieselotte von der Pfalz erhob Einwände gegen diesen Schritt.

Stadtrat greift durch

Meersburg. Die 1705 ergänzte Rebordnung wird ständig von den Winzern unterlaufen. In dieser überarbeiteten Fassung werden die Rebleute angehalten, auf den "weiten" Satz der Reben umzustellen. Das Ziel war, die weiße Rebe, besonders auf spätem Gelände, wo sie selten zur Reife kam, allmählich zurückzudrängen und durch rotes Gewächs zu ersetzen. Ausgezeichnete Weinqualität und gesteigerter Umsatz waren die Folge.

Da in letzter Zeit immer mehr Rebleute aus "unklugem Eigennutz" wieder auf den "engen Satz" der Reben und damit auf das weiße Gewächs umgestiegen sind, hat der Magistrat ein strenges Verbot erlassen, um "die Qualität und den Credit" der Meersburger Weine sicherzustellen.

Steuerstreit

Dertingen. Der Streit zwischen dem Grafen von Wertheim und dem Bischof von Würzburg ist erneut aufgeflammt. Anlaß ist der Weinzehnt, eine längst überfällige Zwangsabgabe der Winzer an die jeweilige Obrigkeit. Kriegerische Auseinandersetzungen können nicht ausgeschlossen werden.

Bootsunglück

Jechtingen. Einem Bootsunglück fielen 13 Jechtinger Bürger zum Opfer. Aus den Pfarrakten geht hervor, daß der Kahn abends am Fest des heiligen Johannes, dem Täufer, einen Baumstamm rammte und leckschlug. Für die Kaiserstühler kam jede Hilfe zu spät.

Situationsplan des ehemaligen oberen Schlosses zu Neuweier.

Nach J. Braun, verpflichteter Geometer, 1771.

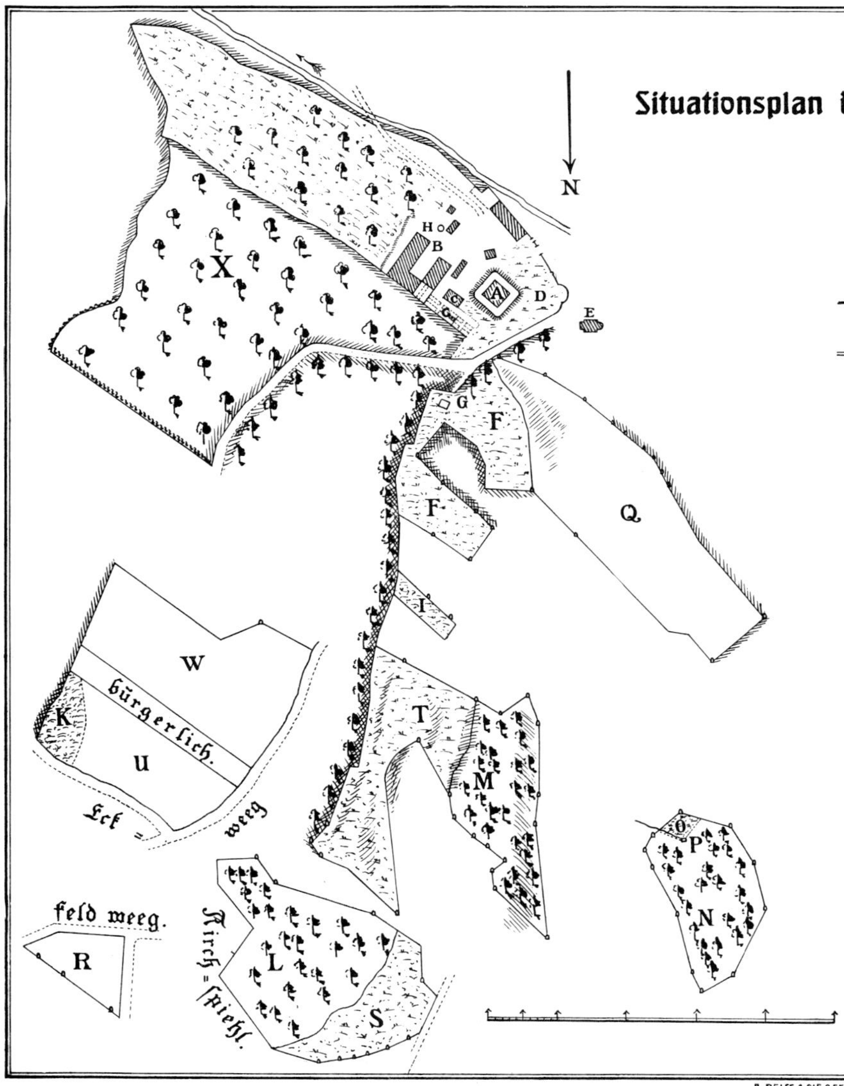

Beschreibung deß Ober=Schloß Neüweyer.

Lit.		Morgen	Viertel	ruthen	schu
A	Das obere schloß Neüweyer	—	—	16	—
B	oeconomie Hof	1	1	39	—
C	Herrn Beneficiat hauß und garten . . .	—	—	21	—
D	Matten um das obere Schloß	—	2	10	—
E	Capel zu Neüweyer	—	—	—	—
F	Die große Weyer=Matt genannt	1	3	2	—
G	Bronnenstube, wo von das wasser nach H geleithet wird.				
I	Die kleine weyer Matt	—	—	33	30
K	Das so genannte Nuhgärtel	—	1	5	—
L	Ammelbacher Kösten bosch	2	1	12	30
M	Kösten bosch im Matzen graben genannt .	1	3	10	16
N	Der Hünner bosch genannt	1	2	23	—
O	Das sogenannte Hünner Mättel	—	—	12	—
P	Bronnen, so ehedeßen in das ober schloß Neü= weyer geleithet worden.				
Q	acker in der Friedrichß Bühn	3	3	38	—
R	Waid acker mit	—	2	13	—
S	Die so genannte ammelbacher Matt . . .	1	2	20	—
T	Die Hünner Matt genannt	2	1	8	25
U	acker in der ober lang Bühn	1	2	30	—
W	dito in der lang Bühn	2	3	11	55
X	schloß acker	7	3	29	73
Z	schloß=Matten	5	—	18	52
	NB. Die anstößer an dießem freyherrlichen guth seynd burgerlich.				
	Summarum	36	1	32	81

Weinheim.

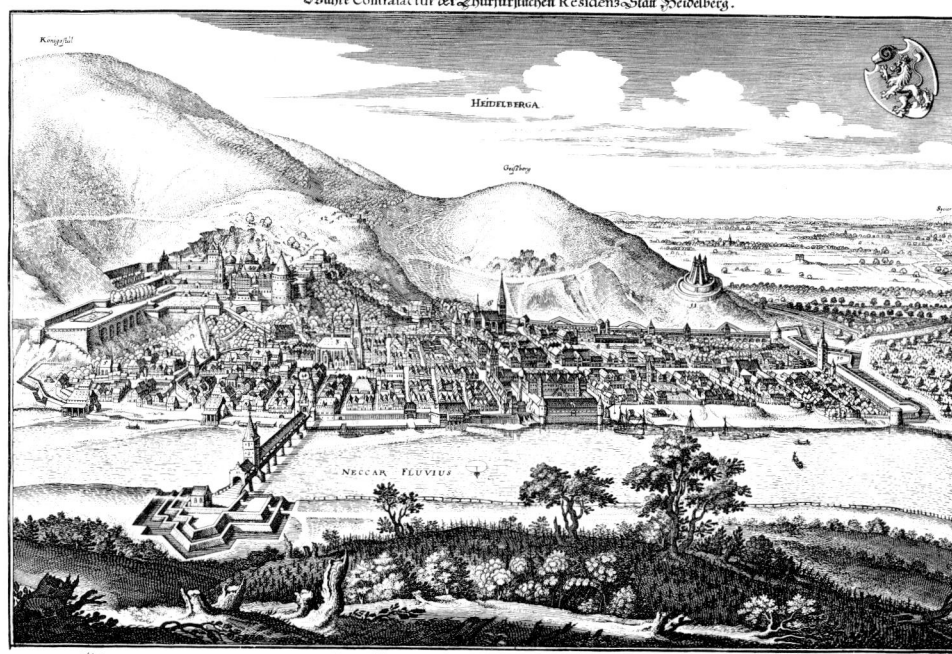

Oder ist das prachtvolle Heidelberg mit seiner Brücke und dem Schloß wirklich das Feinste im Lande, Heidelberg der Kurfürstensitz, Heidelberg mit Parks und Pracht, Wohlstand und Wissen?

Wer ist die Schönste im ganzen Land? Neuweier mit seinem berühmten Mauerwein − und seinem unteren Schloß, dem "Weinschloß"? Vom "oberen Schloß" gibt es noch einen genauen "Situationsplan" − unter anderem mit der "Brunnenstube wo von das Wasser nach H geleitet wird".

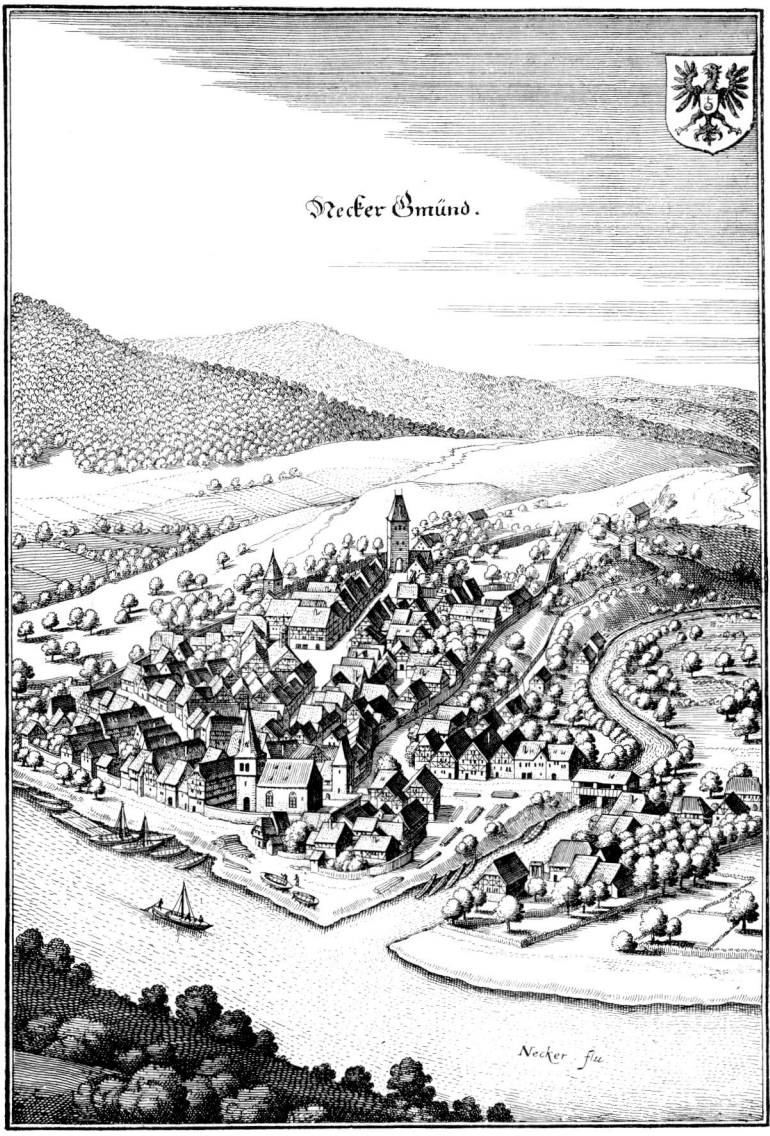

Oder darf das tüchtige Wiesloch als die Nummer eins gelten, Wiesloch mit seinen Bilderbuch-Stadttoren? Oder Necker Gmünd, das schon am Rande des Weinanbaugebietes liegt und sich dort so malerisch den Hang hinaufzieht?

Ein Lehrer für Bickensohl

Bickensohl. Infolge der hohen Verschuldung durch den Dreißigjährigen Krieg war es der Gemeinde Bickensohl nahezu einhundert Jahre nicht möglich, einen eigenen Lehrer zu besolden. Doch mittlerweile hat sich die finanzielle Lage derart gebessert, daß die Gemeinde sich einen "ausgebildeten Lehrer" leisten kann. Auch ist beabsichtigt, in den nächsten Jahren ein eigenes Schulgebäude zu errichten. Hierfür ist die Finanzierung allerdings noch nicht gesichert.

An dieser Stelle möchten die Gemeindeherren ihrem lieben Pfarrer und dessen Sigristen Dank sagen, die die Bickensohler Kinder nicht im Stich gelassen und wenigstens in den Wintermonaten unentgeltlich den Unterricht übernommen haben.

Unwetterkatastrophe

Sachsenflur. Der Weinort im Taubertal ist von einem verheerenden Unwetter heimgesucht worden. Nahezu die gesamte Ernte ist vernichtet. Die gewaltigen Wassermassen haben einen 300 Meter langen und 15 Meter tiefen Graben gerissen.

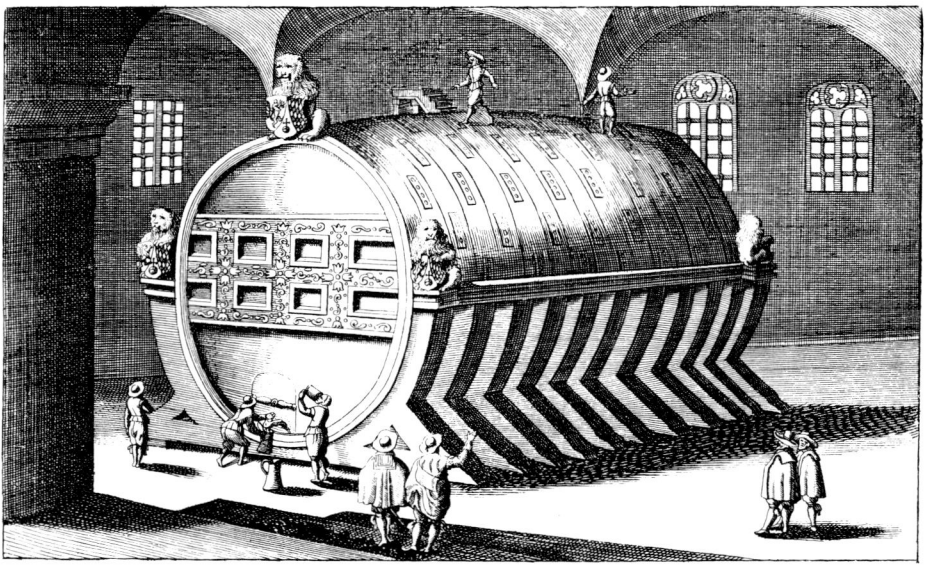

Das Bild zeigt das Heidelberger Riesenfaß. Es ist nur für die Aufnahme des "Zehntweins" bestimmt. Bei den Riesenmengen, die so zusammenfließen, kommt es den Heidelberger Kurfürsten auf einen Liter mehr oder weniger nicht an. Andere Fürsten nehmen den "Weinzehnt" schon etwas genauer.

Bischof beruft Steuerkommission:

Betrug beim Weinzehnt

Baden/Limburg. Baden war nie arm an Herrschern, die es mit der Eintreibung der Steuerschuld und besonders mit dem Weinzehnt sehr genau nahmen. Als besonders kleinlich aber gilt der Fürstbischof August von Limburg-Styrum. Diesem gestrengen Herren, der im Gegensatz zu seinen Vorgängern persönlich keinen großen Wert auf Pomp legt, muß aber zu gute gehalten werden, daß er sich mit den Staatseinkünften besonders der Armen und Kranken annimmt. So betrachtet ist sein Zorn verständlich, mit dem er auf die äußerst nachlässig geführten Steuerbücher reagiert.

Er beruft sofort eine "Landesvisitations-Commißion", die sämtliche Gemeinden überprüfen soll. Mit genauesten Anweisungen wird diese Kommission losgeschickt: Besonders soll darauf geachtet werden, daß die Weinbehälter exakt geeicht sind, denn nur so kann die Menge des Weins und die daraus resultierende Steuerschuld der jeweiligen Gemeinde festgesetzt werden. Daß der Bischof selbst den eingesetzten Bürgermeistern wenig

Der Klerus und die Genüsse dieser Welt

Buchholz. Daß die Geistlichkeit zu allen Zeiten den weltlichen Freuden nicht ganz ablehnend gegenüberstand, dürfte wohl hinreichend bekannt sein. Aber so offen wie der Buchholzer Pfarrer in seinem Kirchenbuch hat selten ein Angehöriger des Klerus dieses Thema angesprochen. Weil er sein Geständnis auch noch gleich in Reimform ablegt, wollen wir Ihnen diese zwei kleinen Gedichte nicht vorenthalten:

*"Der liebe Gott hat nicht gewollt,
Daß edler Wein verderben sollt.
Drum hat er uns nicht nur die Reben,
Nein, auch den schönen Durst gegeben."*

*"Christus im Herzen, ein Mädel im Arm,
Das eine macht selig,
Das andre macht warm.
So kannst du ohne alle Pein
Halb christlich und halb weltlich sein."*

Heilung durch Trester

Baden. Dem Trester werden immer wieder heilende Kräfte nachgesagt. In seinem Buch "Georgica curiosa aucta" empfiehlt H. von Hohberg Bäder in heißen Tresterhaufen. Man soll nackt etwa eine halbe Stunde zugedeckt darin verweilen. Der Franzose Du Hamel du Monçeau beschreibt auch die lindernde Wirkung von partiellen Bädern. In einem anderen Lexikon wird berichtet, daß an Gischt Erkrankte durch Tresteraufschläge geheilt wurden, ja daß sogar vom Schlag Gelähmte nach einer derartigen Behandlung ihre Glieder wieder bewegen konnten.

Vertrauen entgegenbringt, soll ein Zitat belegen: "Zu jedem Gemeindekeller sollen doppelte und verschiedene Schlösser verfertigt - zu einem der Schlüssel dem Bürgermeister und zum anderen dem gemeinen Kiefer behändigt werden sollen, damit keiner ohne das Vorwissen des anderen den Keller betreten könne."

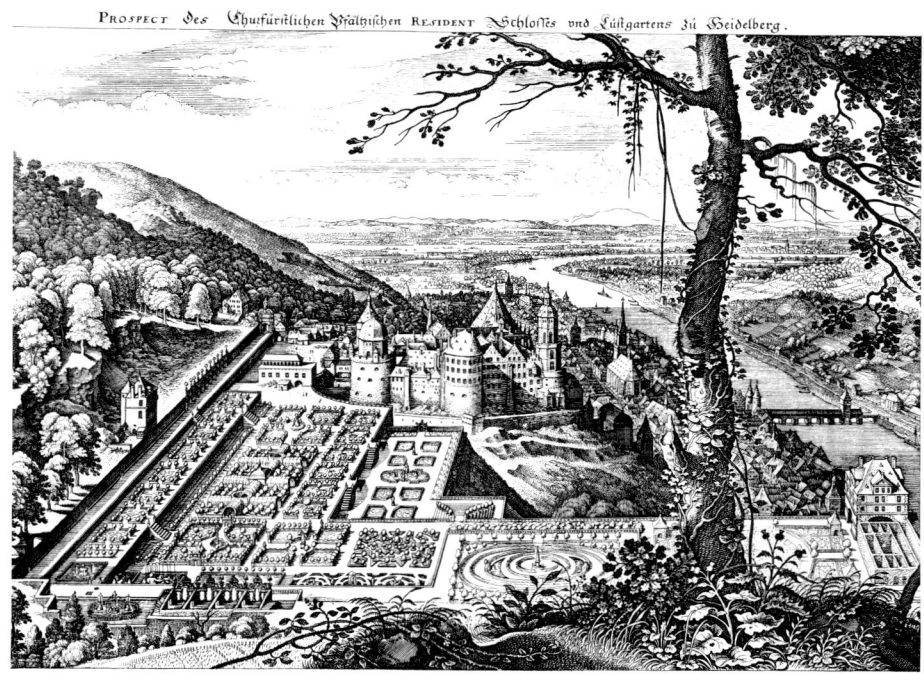

Die Abbildung zeigt das Heidelberger Schloß mit dem Lustgarten im Vordergrund. In diesem Schloß ist auch das größte Faß der Welt untergebracht, in dem die "flüssigen" Steuereinnahmen der Kurfürsten gelagert werden.

Geplagte Häcker — schlechter Wein Wann kommt das neue Weingesetz?

Würzburg/Wertheim. Die Weinabgabenregelung im Badischen Frankenland hat es in sich. Die Grundherrn beuteln die Häcker (fränkisch für Winzer), und die Obrigkeit verlangt ihr Scherflein obendrein. Masse statt Klasse ist das Ergebnis. Eine Reform scheint unumgänglich.

Den Winzer drücken eine Reihe von Abgaben. Da ist einmal der Pacht-

Fürstbischof ist tot

Passau. Der ehemalige Fürstbischof August von Limburg-Styrum ist tot. Er starb einsam im Exil in Passau, in das er nach seiner Flucht vor den französischen Revolutionstruppen verschlagen worden war. Die Franzosen überraschten ihn - wie könnte es bei einem so pflichtbewußten Herrscher auch anders sein - bei der Durchsicht eines ansehnlichen Aktenberges. Er hinterläßt ein beträchtliches Vermögen.

zins, Gült genannt, den er an seinen Grundherrn zu zahlen hat. Was der Weinberg wachsen läßt, muß zu einem festen, immer gleichbleibenden Prozentsatz abgeliefert werden. Ist das getan, wird der Realzehnt fällig, eine Steuer, die auf den Jahresertrag erhoben wird. Dazu gesellt sich noch die Wingertbet, wie der Gültzins eine ertragsunabhängige Abgabe.

Wen wundert's also, daß der Häcker bestrebt ist, so viel Wein wie möglich zu erzeugen, um bei diesem System einigermaßen über die Runden zu kommen; schließlich will er ja wenigstens einen kleinen Teil der Ernte für sich behalten.

Wie hoch die Weinqualität der jeweiligen Abgabeart anzusetzen ist, zeigt die Einstufung der Weine und der Weintrinker in ein Drei-Klassen-System:

Das Wachstums- oder Eigengewächs wird aus den besten Sorten wie Riesling, Rotfränkisch (Traminer), Muskateller oder Junkertraube (Gutedel) gewonnen und ist den "Oberen Zehntausend" vorbehalten.

An zweiter Stelle steht der Zehntwein, ein aus verschiedenen Rebsorten zusammengestellter

Weiß-, Rot- oder Schillerwein. Den dürfen Beamte, Pfarrer und höhere Amtspersonen verkosten.

Am Ende rangiert dann der Gültwein, ein Lagen- und Sortengemisch aus Tauberschwarze, Sauerschwarze, Elbling, Österreicher (Silvaner) und Hammelhoden (Trollinger) mit noch geringerer Qualität, der als Bestallungswein lediglich niederen Amtspersonen und der Dienerschaft bei Hofe gereicht wird.

Endlich neue Weinlagen

Bickensohl. Kammerrat Enderlin, der seit geraumer Zeit nach neuen, bisher unerschlossenen Flächen in Bickensohl sucht, die sich für den Rebbau eignen, ist fündig geworden. Folgende Gewanne hat er für günstig erklärt: "Im Frauental", "Auf dem Lützelberg", "Am Steinfelsen" unterhalb der Steingrube und die ganze Wand vom Steinfelsen an bis an den Achkarrer Weg. Alle Rebmänner, die bisher der Meinung waren, daß die Reben nur in tiefgründigem Mehlboden gedeihen, sollen eines Besseren belehrt werden.

Als Beispiele für den Anbau auf steinigen Hanglagen seien nur die Weingebiete an Unterrhein und Mosel genannt. Aus diesem Grunde wird nach einem Fachmann von der Mosel gesucht, der sich bestens auf den Anbau von Reben in derart widrigen Bodenverhältnissen versteht. Außerdem sollten alle jungen Bickensohler Burschen, die sich auf Wanderschaft befinden, ihre Route an die Mosel oder den unteren Rheinstrom verlegen.

Sensation in Ihringen

Rebenanbau auf Lavagestein ist möglich

Ihringen. Einem Zufall ist es zu verdanken, daß der Rebbau auf den fruchtbaren Lavagesteinen an den Hängen des Kaiserstuhls entdeckt wurde. Der Ihringer Wundarzt Lydtin, Soldat in der Armee Napoleons, erkannte auf einer seiner Reisen am Vesuv, wo herrliche Reben wachsen und hervorragende Weine bereitet werden, das gleiche Gestein, nämlich Tephrit, das auch den Kern des Kaiserstuhls bildet. Nach Ihringen zurückgekehrt, machte er sich sofort daran, die aus diesem Eruptivgestein bestehenden Hänge mit Reben zu bepflanzen. Und der Erfolg ließ nicht lange auf sich warten. Gerade die edelsten Sorten scheinen diesen steinigen Boden besonders zu schätzen: Riesling, Muskateller, Silvaner, Ruländer und Traminer bringen hervorragende Qualitäten ein, und schon sind viele Winzer am Kaiserstuhl dem Beispiel Lydtins gefolgt. Hier bahnt sich eine ungeahnte Entwicklung im Rebbau am Kaiserstuhl an.

Der Achkarrener Schloßberg mit dem Schloß Höhingen, dargestellt auf einem Stich von Matthias Merian. Das Schloß hat an Bedeutung verloren, doch schon heute hat der Berg als Weinlage mehr Ruhm erlangt — besonders nach der Entdeckung des Weinanbaus auf Lavagestein.

Nr. 8
Ausgabe
1800-1900

IN · VITE · VITA ··· IN · VINO · VERITAS

Jahrhundertpost

Die Zeitung im
GESAMTWERK
DEUTSCHER WEIN

Zimmermann und Freifrau
beim Tanz im Trotthaus

Oberrotweil, 1802. Franziska von Gleichenstein, geborene von Bayer, berichtet sehr lebendig über das Richtfest ihres neuen Kelterhauses, das um die gut erhaltenen, von Mönchen ausgewählten, eichenen Stützbalken herum ganz neu errichtet wurde. Am 7. Juni wurde bis zum Mittag noch gearbeitet, dann begann ein Fest, das für diese Zeit typisch ist. Hier der Bericht:

Winzer vor dem Ruin gerettet
Erfolgreiche Bittschrift an den König

Markdorf. Die von der württembergischen Regierung erlassene Einfuhrsperre für ausländischen Wein, die auch die Markdorfer Winzer an den Rand des Ruins gebracht hätte, wird aufgehoben. Ausschlaggebend für diesen Beschluß war eine vom Stadtrat verfaßte Bittschrift an den württembergischen König.
Durch diese Einfuhrsperre hätte Markdorf das Absatzgebiet Oberschwaben verloren, in das in der Vergangenheit mehr als die Hälfte des Markdorfer Weines verkauft wurde.

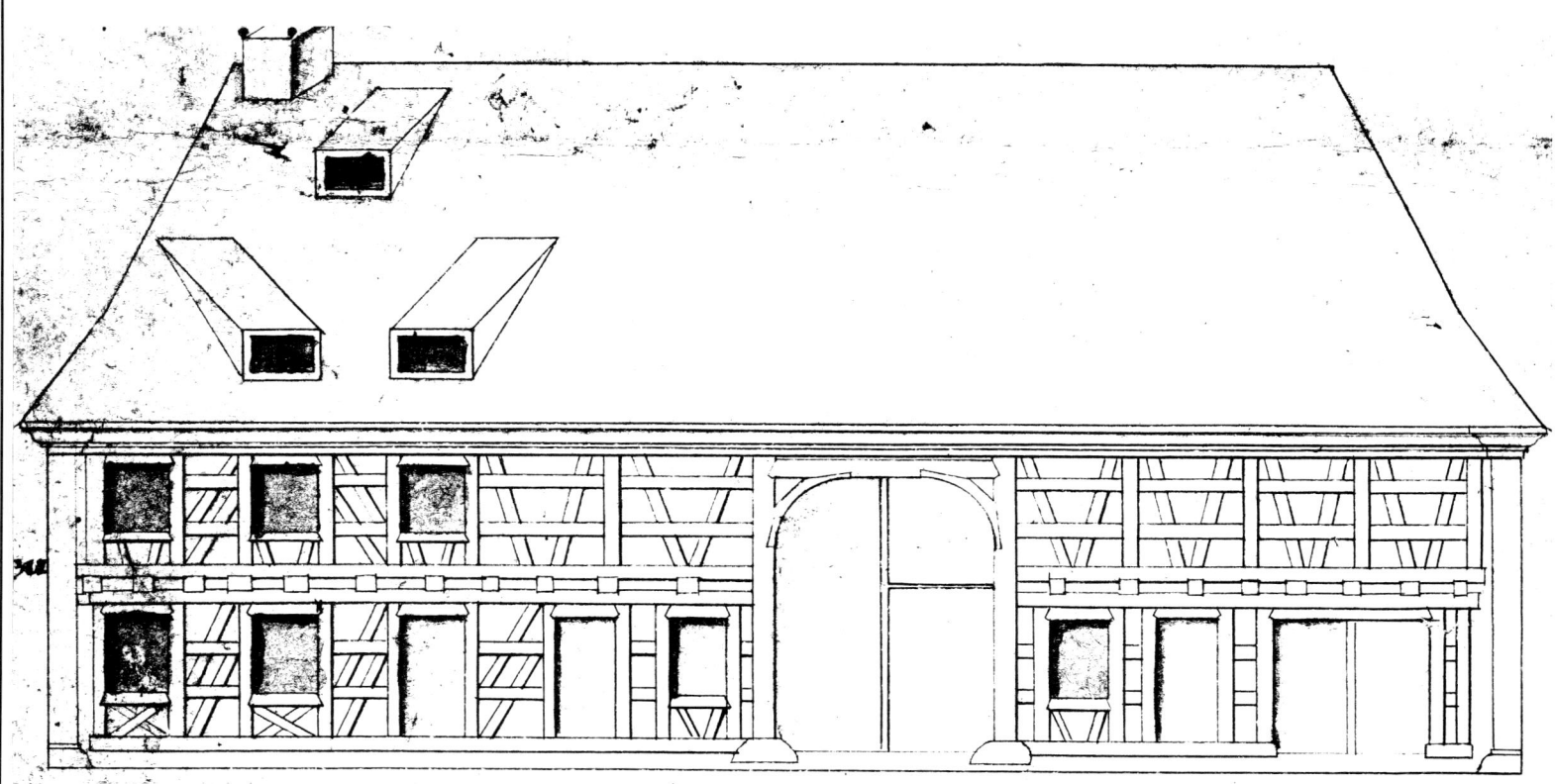

Hier wohnt − und hier feiert Franziska von Gleichenstein aus Oberrotweil ihre Feste.

"Um 5 Uhr in der Frühe kamen die Bauren 50 an der Zahl und arbeiteten bis 8 Uhr, dann wurde gefrühstückt, um 11 Uhr brachte man ihnen Wein auf das Gebäu, um 1/2 3 Uhr war es endlich aufgerichtet; alsdan trat der junge Zimmergesell auf das Gebäu, das Fähnchen in der Hand und machte einen Spruch, der eine gute halbe Stunde währte, und so abgeschmackt war, daß man es fast nicht aushalten konnte.
Er trank hierauf der wohledelgeborenen hochverehrlichen Baufrau, dann dem Bauherr, und der ganzen Freundschaft dreimal Gesundheit.
Herr Pfarrer und der Pfarrer von Ebnet waren auch dabei; Herr Pfarrer Biechele hielt nach vollendetem Spruch eine kleine Anrede an die Versammelten im Namen der Gnädigen Frau, worin er erstlich der Gemeinde für ihre Hülfe dankte, dann sie ermahnte, Gott zu danken, daß kein Unglück geschehen ist; hierauf knieten alle nieder und beteten ein Vaterunser.
Um 3 Uhr ging der Schmauß an, wo ich als Frauenzimmer und die Berchin mit einer stattlichen Paruk als Herr figurirten, alsdan wurde getanzt, die Gnädige Frau Mama mußte ebenfalls dreimal tanzen, mit dem Zimmermeister Schulz und mit dem Bauren Vögele, und mit dem Gesell der den Spruch machte. Weil es aber den Bauren und Zimmerleuten im Speißzimmer zu enge war, so zogen sie noch insgesamt mit den Musikanten in Bären, und tanzten noch bis 10 Uhr nachts; die Zimmerleute rückten wieder mit der Musik in den Hof ein, und legten sich wohl illuminirt in die Better. Es ging also alles gut vonstatten, es waren alle sehr vergnügt und lustig und gingen zufrieden nach Haus."

Baby-Boom

Baden. Ein starker Anstieg der Geburtenzahlen ist in diesem Monat in allen badischen Weinbaugebieten zu verzeichnen. Im Vergleich zum Vormonat melden die mit der Führung der Bevölkerungsstatistik beauftragten Ämter neun Monate nach der Weinlese einen enormen Geburtenüberschuß. Da dieses Phänomen auch bereits in den letzten Jahren beobachtet wurde, werden inzwischen von Experten Vermutungen geäußert, diese Entwicklung der Geburtenziffern stehe möglicherweise im Zusammenhang mit der

Ausgelassenheit bei manchen Herbstfesten. Eine völlige Klärung dieses Vorgangs bleibt späteren Zeiten und Forschern überlassen.

Schlimme Schäden bei Unwetter

Ihringen, 1807. Gestern am 17. Juli gegen 21 Uhr hat ein verheerendes Unwetter großen Schaden in den Weinbergen am Kaiserstuhl angerichtet. Heftige Sturmböen und hühnereigroße Hagelsteine haben besonders im Raum Ihringen die meisten Reben von den Stöcken geschlagen. Die Höhe des Schadens kann im Moment noch nicht abgeschätzt werden.

Prozeßurteil aufgehoben

Amnestie

für Mairevolutionäre

Ortenau/Breisgau. "Der Cameralpraktikant Amand Goegg von Renchen, früheres Mitglied der provisorischen Regierungstrias, wird zu lebenslänglichem Zuchthaus verurteilt. Er ist flüchtig."

Dies der Wortlaut des Prozeßurteils gegen den ehemaligen Finanzminister der Offenburger Revolutionsregierung. Goegg (vormals Geck), der nach kurzer Amtszeit sein "Ministerium" abgab, "weil er die nöthigen Kenntnisse für den Posten nicht besitze und er seinen Platz im offenen Felde zu finden suche", hatte 1848/49 mit 16 Mindestforderungen Aufsehen erregt, in denen er sogenannte Bürgerfreiheiten formuliert und auch zum Teil, wenigstens für kurze Zeit, hatte durchsetzen können. Nach dem Einmarsch der preußischen Truppen, die mit einem Schlag dem "Offenburger

Frühling" ein Ende setzten, emigrierte er nach Übersee.

Amand Goegg, "Diktator" der Mairevolution 1849

Es wird erwartet, daß der Sozialreformer, immer der freien, ungebundenen geistigen Haltung eines Grimmelshausen - ebenfalls in Renchen geboren - verpflichtet, in seinen Heimatort zurückkehren wird; trotz seiner Vorbehalte gegen das "Bismarckreich", das er, wie man hört, als "Polizeistaat ohne eigentliche Verfassung" abkanzelte.

Schon die Kelten kannten Reben

Baden. An den zahlreichen keltischen Namen von Flüssen, Städten und Bergen erkennt man die relativ dichte Besiedlung des Landes durch diesen Volksstamm. Inzwischen wird vermutet, daß bereits die Kelten vor dem Einmarsch der Römer die Reben gekannt haben. Ob sie aus der Wildrebe allerdings schon ein weinähnliches Getränk herstellen konnten, läßt sich nicht mehr zweifelsfrei nachweisen. Einiges spricht jedenfalls für die Annahme, daß die Kelten schon Rebbau betrieben haben, wenn auch in sehr geringem Umfang.

Neue Tänze groß in Mode

Glottertal/Bretten. Letzter Schrei der diesjährigen Tanzsaison ist der Hahn- oder Gikkeltanz. Auch Holzäpfeltanz, Schäfersprung und Hammeltanz stehen hoch im Kurs.

Am Laurentiustag (10. August) und besonders am Kirchweihdienstag treffen sich die tanzlustigen Leute und lassen sich's gut sein. Bei Braten und Wein wird gesungen, geschunkelt und schließlich getanzt.

In Stein bei Bretten zum Beispiel ist der Hammeltanz in Mode gekommen: Ein geschmückter Hammel muß "ertanzt" werden. Zu diesem Zweck braucht man eine Kerze, eine Schnur, einen Stein und ein Glas Wasser. Durch eine Art Kettenreaktion - die Kerze entzündet nach einer gewissen Zeit die Schnur, die mit dem Glas verbunden ist, das Seil zerreißt, das Glas fällt um, schlägt auf den Stein und zerspringt in tausend Stücke - wird der Tanzkönig ermittelt. Wer zu diesem Zeitpunkt einen mit Bändern verzierten Stab, der andauernd weitergereicht wird, in Händen hält, gewinnt den Hammel und darf ihn verspeisen. In Berolzheim dagegen wird das Tier nach dem "Kerwetanz" vor dem Wirtshaus geschlachtet und gemeinsam verzehrt.

Nicht ganz so schwierig, dafür etwas sportlicher, ist der Hahn- oder Gikkeltanz. Auf der Spitze einer 2,50 Meter hohen Stange sitzt in einem Käfig ein Hahn; darunter

Auch auf Schloß Neuweier kennt man die neuen Tänze. Man will aber fürs erste an den alten festhalten.

hat man ein Brett befestigt, auf dem ein Glas Wasser steht. Kommt nun ein Pärchen unter das Brett - natürlich mit viel Gedränge, weil die andern ebenfalls dahin wollen -, bückt sich die Dame blitzschnell, packt die festen Knieriemen ihres Tanzpartners und zieht ihn kräftig daran in die Höhe. So unterstützt, macht der Mann einen Sprung und versucht dabei, mit seinem Kopf das Brett und damit auch das Glas Wasser zu Fall zu bringen. Wer dies dreimal schafft, darf den Hahn behalten.

Wem es beim Lesen bereits in den Beinen gejuckt und gekribbelt hat, kann sicherlich bald anfangen. Gleichgesinnte sind schnell gefunden, denn Tanz- und Wett-

spiele dieser Art scheinen immer beliebter zu werden. Klar, daß auch die ältere Generation sich aktiv daran beteiligt: Geselligkeit und körperliche Ertüchtigung haben ja auch noch niemand geschadet.

Peronospora!!!

Weinbau in Gefahr

Baden. Nachdem 1874 der erste Reblausherd in Deutschland entdeckt worden ist, droht jetzt - nur fünf Jahre später - der Weinrebe wieder eine ernstliche Gefahr, die Peronospora. Durch diese Algenpilzkrankheit kommen immense Probleme auf die Winzer zu.

Jahrhundertwein

Oberrotweil, 1811. Der 1811er wird ein "Jahrhundertwein". Dies trifft auf die Qualität ebenso zu wie auf die Menge des Rebensafts. Ganz Baden freut sich über diese Super-Ernte. In Oberrotweil liefern die Winzer in diesem Jahr etwas erfreuter ihren Zehnt ab, obwohl dieser um das zweieinhalbfache über dem sonstiger Jahre liegt.

1830 – Ein entscheidendes Jahr für den Bodensee

Bodensee, 1830. Alle früheren Bemühungen, dem Wein des Bodenseegebietes höheres Ansehen zu verschaffen, sind fehlgeschlagen. Dies muß auch der neue Regent Markgraf Wilhelm feststellen, der zusammen mit seinem Bruder Maximilian im Jahre 1830 in den Besitz des Großherzoglichen Familien-Fideikommisses im Seekreis gekommen ist.

Aber er hatte es sich nun einmal in den Kopf gesetzt, den Bodenseewein berühmt zu machen. Wegweisend für die übrigen Winzer ließ er auf den zum Familienbesitz gehörenden Rebflächen den Anbau auf klimatisch und topographisch ungeeigneten Flächen einstellen. Nur die Reben auf den südöstlichen bis südwestlichen Hängen wurden beibehalten. Danach wurde Ordnung in die Rebanlagen gebracht. Schien es bisher die einzige Sorge der Winzer gewesen zu sein, möglichst viele Rebstökke auf eine bestimmte Fläche zu bringen, so konnte ihnen doch mit der Zeit klar gemacht werden, daß sie Rücksicht auf die größtmögliche Einstrahlung der Sonne zu nehmen hatten. Die logische Folgerung daraus war, die Stöcke in Zeilen anzulegen und diese nach der Mittagslinie auszurichten.

Eine weitere wichtige Maßnahme war die Unterrichtung der Winzer in der Erziehung der Reben. Bisher waren die hohen Rebstöcke und die daran wachsenden Trauben der ganze Stolz des Winzers. Nun wurde auf einen tiefen Beschnitt der Pflanze, der auch die Frucht am Boden hält und sie somit frühzeitiger reifen läßt, umgestellt.

Allerdings machten die Winzer diese Errungenschaft durch ihre eigene Ungeduld wieder zunichte. Sie ernteten die Trauben schon, als sie gerade einigermaßen genießbar waren und achteten bei der Lese außerdem nicht auf die Witterung. Doch auch dieses Problem wurde gelöst: Die Trauben wurden bis zur völligen Reife am Stock hängengelassen und erst geschnitten, als die Stiele schon braun geworden waren.

Ein weiteres war es dann noch, die Weine nach Sorten zu trennen und nur die gleichen Sorten - natürlich unter Berücksichtigung ihres Reifegrades - zu keltern.

Alle diese Maßnahmen zusammen brachten den gewünschten Erfolg, und der Seewein war bald überall sehr geschätzt. Mit diesen behutsamen Weinbaureformen hat Markgraf Wilhelm auch bewiesen, daß er sich nicht nur auf den Umgang mit Kriegswaffen versteht.

Die alte Karte zeigt den Bodensee (Lacus Bodamicus) mit seinen Zuflüssen und dem weiten Rebland.

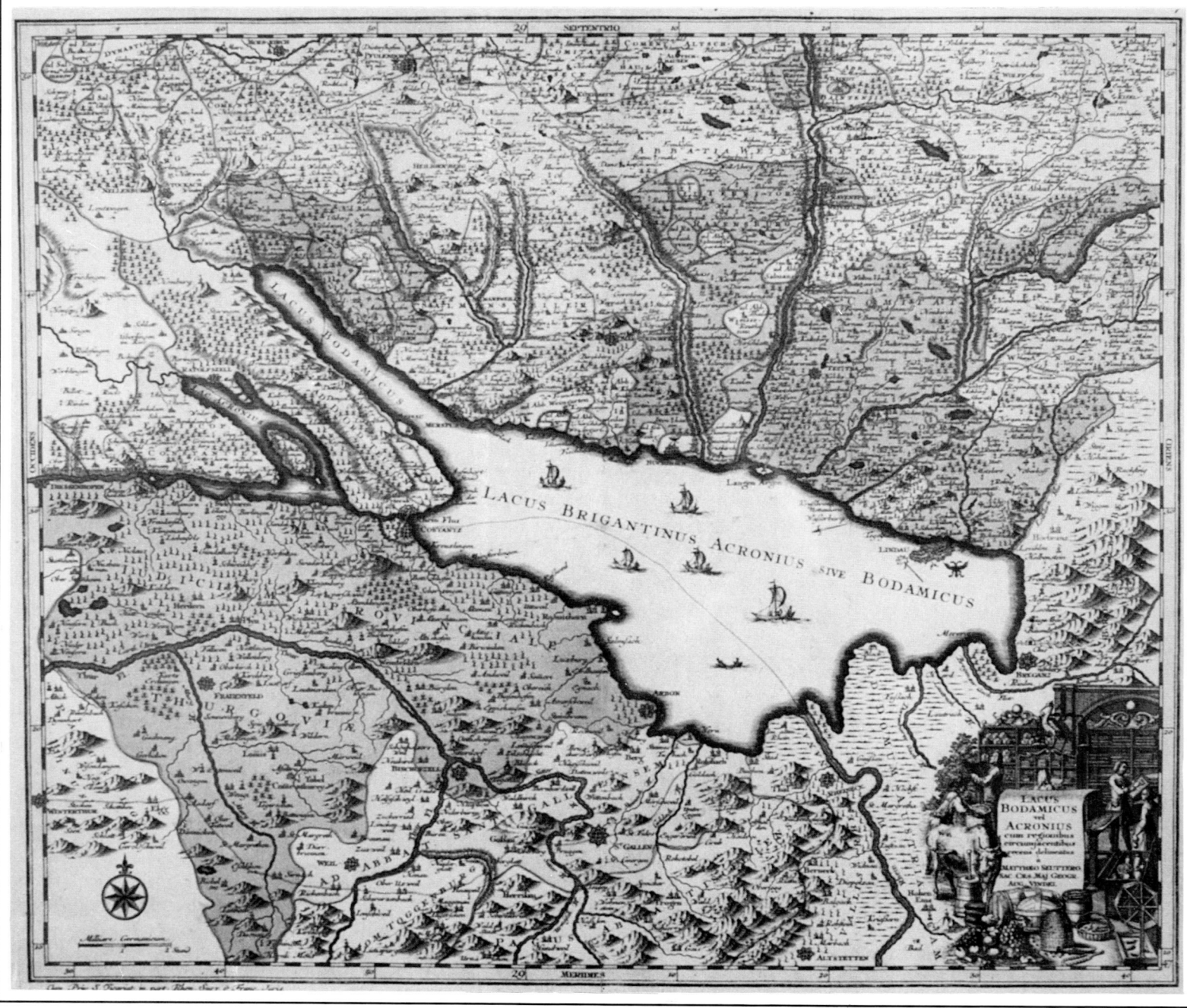

Ein neues Kapitel in Baden Das Zeitalter der Winzergenossenschaften beginnt

Statuten des Winzervereins zu Hagnau a/Bodensee.

Festgestellt laut der Generalversammlung vom 21. Februar 1882.

I. Gründung u. Zweck des Vereins.

Dr. Heinrich Hansjakob, Pfarrer und Schriftsteller (hier mit dem Hecker-Hut abgebildet) gründet 1881 die erste Winzergenossenschaft Badens in Hagnau. Ob ihm dabei die untenstehende Zeichnung ("Fliegende Blätter", 1854) über den "Schrecklichen Wein" vorgeschwebt hat?!

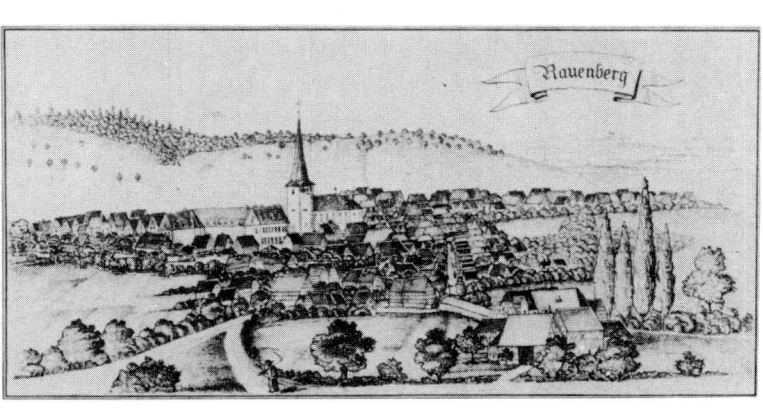

Weinbau gibt es in Rotenberg (bei Rauenberg) schon seit 1395. Ein Winzergenossenschaftsgründer hat sich bisher noch nicht eingefunden.

Rotenberg

Kelterhaus

OSTTHAL-KELLER

"Gifte" — mit dem Namen Naturwein

Baden. Seinen Neujahrsartikel in dem Fachorgan "Der Weinbau" nimmt der Präsident des Deutschen Weinbauvereins, der Badener Dr. Adolph Blankenhorn, zum Anlaß, mit den Winzern hart ins Gericht zu gehen. Hier einige Zitate aus dem denkwürdigen Artikel: "Es gibt vielleicht keinen Zweig der menschlichen Tätigkeit, bei dem es notwendiger ist, alte Sünden wieder gut zu machen, als im Weinbau." An anderer Stelle wird er noch deutlicher: "... viele Tausend haben durch Gewissenlosigkeit ihre Existenz und ihre Gesundheit eingebüßt, die einen, weil sie ehrlich bleiben wollten, die anderen, weil sie im Vertrauen auf die Ehrlichkeit gewissenloser Menschen Gifte consumirten, die den Namen Naturwein trugen."

Freude in Münsterlingen

Johannes-Statue wieder zurückgekehrt

Münsterlingen, 1830. Nach mehr als anderthalb Jahrhunderten ist die Statue des heiligen Johannes wieder in Münsterlingen.

Einem alten Brauch zufolge wird die Statue des Evangelisten in feierlicher Prozession von Hagnau über den zugefrorenen Bodensee in das ehemalige Benediktiner-Kloster Münsterlingen getragen und umgekehrt - wenn es die Witterung, also die Dicke des Eises, zuläßt. Das letzte Mal war dies vor mehr als 150 Jahren, im Jahre 1672, der Fall: Damals wurde die Figur von Münsterlingen nach Hagnau gebracht.

Wie lange die Münsterlinger sich jetzt an "ihrem" heiligen Johannes erfreuen können, weiß natürlich niemand; das bestimmt allein die Witterung.

Wildrebe vom Aussterben bedroht

Kaiserstuhl. Während sich die Wildrebe (Vitis silvestris) nach der letzten Eiszeit wieder weiter ausgebreitet hatte, ist sie seit einiger Zeit im Niedergang begriffen. Am Kaiserstuhl findet man sie nur noch vereinzelt, so an der Sponeck, während sie gerade in diesem Gebiet noch vor kurzem in Hunderten von Exemplaren gediehen ist. Armdicke Stämme rankten an den Bäumen empor bis in die Kronen, in denen ihre blauen, selten auch grünen und festen, aber immer sehr sauren Reben reiften.

Fälschlicherweise werden diese Wildreben von einigen Schriftstellern und auch Botanikern für durch Samen verschleppte Kulturreben angesehen. Sollte nicht in Kürze etwas zur Rettung dieses ursprünglichen Gewächses getan werden, wird die vitis silvestris für immer aus unserer heimatlichen Fauna verschwunden sein.

Ein Schnitt durch den Ostthal-Keller von L. Bastian in Endingen/Kaiserstuhl, und ein Blick auf die Endinger Weinberge.

IN · VITE · VITA ··· IN · VINO · VERITAS

Jahrhundertpost

Die Zeitung im
GESAMTWERK
DEUTSCHER WEIN

Weinbauinstitut eingeweiht

Staatspräsident Dr. Josef Schmidt nahm Zeremonie vor

Lauda, 1930. Der einstmals so blühende Weinbau im badischen Frankenland hat in den letzten Jahrzehnten stark gelitten. Rebkrankheiten waren am Niedergang dieses Wirtschaftszweiges ebenso schuld wie Kriege und Zerstörung. Das soll aber jetzt alles ganz anders werden: Am 10. Juli hat Staatspräsident Dr. Josef Schmitt das neue staatliche Rebgut in Lauda eingeweiht. Es war ihm sicherlich eine besondere Ehre, in seiner Heimatstadt eine Institution aus der Taufe zu heben, die es sich zur Aufgabe gemacht hat, dem Weinbau neue Impulse zu geben. Auf 4,6 Hektar sind zu Versuchszwecken Reben angepflanzt worden. Davon entfallen drei Hektar auf die Edelweinsorten Silvaner und Riesling, die auf Amerikaner-Grundlage gepfropft sind. Die Gesamtkosten für das Rebgut einschließlich der Verwaltungsgebäude belaufen sich auf 220 000 Mark.

Zu einer Jagd trafen sich diese Herren in Bickensohl. Wenn sie auch nichts erlegt haben, so haben sie durch ihre Knallerei doch wenigstens die Stare vertrieben.

Manöverschäden

Tauberbischofsheim, 1910. Die Rebfläche geht zurück, der Weinbau liegt im Taubertal am Boden - und Soldaten sind im Anmarsch.

Bei Rudolf Burger aus Tauberbischofsheim sind die Soldaten des Kaisers derart in die Weinberge eingefallen, daß die Stare daneben harmlos erscheinen. Sie aßen fast alle Trauben und verwüsteten etwa einen Hektar Rebfläche derart, daß selbst die Heeresverwaltung beeindruckt war. So erhielt Rudolf Burger für seine Rebschäden und die gestohlenen Trauben immerhin 550 Goldmark Entschädigung.

Der 35er muß aus den Kellern

Freiburg/Bötzingen. Mit dieser Überschrift wirbt der Freiburger "Alemanne" bei seinen Lesern für den "Patenwein" der Gemeinde Bötzingen. Patenschaften für Weinbaugemeinden werden übernommen, um die Lage der Winzer zu verbessern, indem man ihnen eine sichere Absatzmöglichkeit gibt. Die Freiburger veranstalten zu diesem Zweck das "Fest des deutschen Weines". In dem Artikel heißt es weiter: "Während in Österreich auf den Kopf der Bevölkerung 16 Liter, in Frankreich gar 150 Liter kommen, begnügt sich der Deutsche mit fünf Litern pro Kopf. Wir wollen gewiß nicht der Unmäßigkeit das Wort reden, aber dem Weine dürfte vor allem in den Gebieten der Erzeugung etwas mehr Beachtung geschenkt werden, vor allem bei den erträglichen Preisen." Und abschließend steht zu lesen: "Hunderte von Hektolitern Wein warten auf durstige Kehlen! Bei dem Preise für den Patenwein - 20 Pfennige das Viertele - sollte sich keiner besinnen, neben dem Genuß, den er umsonst hat, ein gutes Werk zu tun im Sinne einer praktischen Volksverbundenheit!"

Gruss vom Kaiserstuhl!

O Mensch im Volksgewühl
Trink Wein vom Kaiserstuhl

4 Kaiserstuhlschwestern

Einen schönen Gruß vom Kaiserstuhl! Die vier Schwestern in ihren wundervollen Trachten entbieten diesen Gruß gleich mit dem Edelsten, das der "Vulkanfelsen" zu bieten hat: Kaiserstühler Wein.

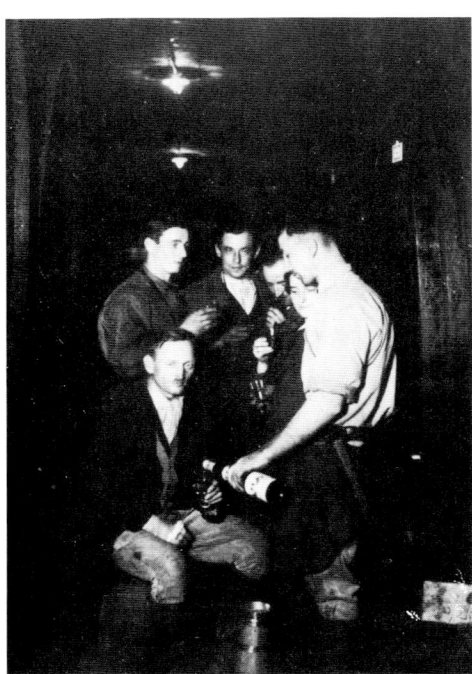

Spezereihandlung v. Eduard Engist

Eduard Engist war eines der Gründungsmitglieder der Winzergenossenschaft Achkarren. In seiner Spezereihandlung wurde im Gründungsjahr 1929 der erste Gemeinschafts-Wein eingelagert. Dann faßten alle kräftig mit an (Bilder oben) – und schließlich stand das eigene, stolze Genossenschaftsgebäude und man ließ sich zusammen mit einem Lastwagen davor fotografieren. – Beim Jubiläum schließlich waren noch einige Männer der ersten Stunde dabei, man schwelgte in Erinnerungen – und brachte sie zu Papier. Die heutigen bildeten in ihrer Festschrift dankbar alle ab, die damals dabeigewesen waren. Fünf davon sind auch auf der nebenstehenden Seite zu sehen. – Übrigens war damals auch eine Frau dabei, eine Winzerin, die "ihren Mann stand".

Georg Probst

Ihnen danken wir die Gründung unserer Winzergenossenschaft im Jahre 1929

Hilarius Fichter

Joseph Geppert

August Fessinger

Joseph Schätzle

Ein Denkmal für den Klingelberger

Durbach, 1982. Vor 200 Jahren wurde in der Weinbergslage "Klingelberg" in Durbach erstmals die Sorte Riesling angepflanzt; seither heißt der Riesling hier "Klingelberger".

Mit dem Beginn des unvermischten Anbaus des Rieslings wurde ein entscheidender Schritt in Richtung Qualitätsweinbau getan. Aus diesem Anlaß errichteten die Durbacher Winzer an der Begrenzung des Gewanns "Klingelberg", am Weg vom Durbacher Ortsteil Heimbach zum Schloß Staufenberg, einen Gedenkstein, einen etwa eineinhalb Meter hohen Sandsteinfindling. In den Grundstein eingemauert wurde eine Urkunde über die Denkmalserrichtung, ein Verzeichnis der am Einweihungstag im Gewann "Klingelberg" gemessenen Öchslegrade, die knapp bei 50 Grad lagen, und schließlich auch eine Flasche Original-Klingelberger des markgräflichen Weingutes Schloß Staufenberg, Jahrgang 1981, abgefüllt im Jubiläumsjahr 1982.

Weinlese am Kaiserstuhl. Alle müssen 'ran, wie hier beim Weingut Bercher in Burkheim.

Weinbaumuseum

Durbach. Beim Stammtisch der Winzer wurde die Idee geboren, in Durbach ein Weinmuseum einzurichten. Schon 1982 hat der Gemeinderat diesem Vorhaben zugestimmt, und mit der Gründung des "Fördervereins Wein- und Heimatmuseum in Durbach" wurden die organisatorischen Weichen zur Durchführung des Projekts gestellt. Das Museum soll in einem der schönsten Fachwerkhäuser der Gemeinde mitten im Zentrum eingerichtet werden. Das Haus aus dem Jahre 1780 diente bis vor kurzem noch als Wohnhaus und ist durch den Auszug der Familie frei geworden. Es wurde auch schon eine Sichtungsaktion für alte, ausstellungsreife Gerätschaften durchgeführt. "Es ist noch ein großes Angebot vorhanden", konnte Heinrich Männle, stellvertretender Vorsitzender des Fördervereins, der Gründungsversammlung mitteilen.

Ein Lagenname macht Karriere

Umweg. "Stichdenbuben gut" - so stand es bereits 1492 in einer alten Urkunde. Gemeint war das Rebgelände des Küchenmeisters Hans Stichdenbuben, der nach seinem Tod einer ganzen Lage seinen Namen gab. Geändert hat sich einiges; nicht nur die Schreibweise, auch die Eigentumsverhältnisse.

Das Rebgelände zwischen Erwindenkmal und Yburgwald wird heute von den Mitgliedern der Winzergenossenschaft Steinbach/Umweg bewirtschaftet und ist mit 20 Hektar etwa neunmal größer als zu Lebzeiten des Küchenmeisters. Schwert und Lanze und ein erhaben blickender "Pik-Bube" auf dem Etikett lassen kaum noch die Herkunft der geschichtsträchtigen Rieslinglage erahnen.

Urlaub beim Winzer

Durbach. Nach dem Bauernhof-Boom der letzten Jahre entdeckt ein anderes landwirtschaftliches Berufsfeld die Vorteile des "ländlichen" Tourismus.
In Durbach zum Beispiel hat Heinrich Männle die Zeichen der Zeit erkannt. Der ehemalige landwirtschaftliche Gemischtbetrieb wurde zunächst auf einen reinen Winzerbetrieb mit Abfindungsbrennerei umgestellt. Als 1966 ein Umbau der Betriebsgebäude anstand, kam Ehefrau Wilhelmine die Idee, gleich einige Fremdenzimmer mit einzuplanen, um der aufkommenden "Langeweile" vorzubeugen; denn der Viehbestand war abgeschafft und sie auf der Suche nach neuen Wegen.

Vier Jahre später wurde wieder umgestellt: Drei komplett ausgestattete Ferienwohnungen unterschiedlicher Größe wurden eingerichtet, weil Frau Männle meinte, die Feriengäste würden lieber eine kleine Wohnung mit eigenem Herd vorziehen. Und so kam es auch. Doch damit nicht genug: Der Urlauber kann den täglichen Arbeitsablauf mitgestalten, natürlich nur auf freiwilliger Basis, Familienanschluß inbegriffen - und das zu einem annehmbaren Preis.

Gesellige Abende gehören dazu, wenn man "im Wein" lebt. Einmal die Woche trifft man sich in der neu gestalteten Probierstube bei selbstgebackenem Brot und hauseigenem Wein.

Wer beim "Rotwein-Männle" (so benannt, weil es gleich drei Männles in Durbach gibt, aber nur einen mit einem auffällig hohen Anteil an Spätburgunderreben) im Sendelbachtal unterkommen will, muß sich frühzeitig anmelden. Denn Ferien beim Winzer sind (noch) Mangelware.

"Wir pressen die Trauben, wir keltern den Wein, ihr Wirte das Taufen mit Wasser laßt sein." Mit diesem gutgemeinten Rat geschmückt, fährt einer der Wagen beim Winzerumzug in Durbach mit.

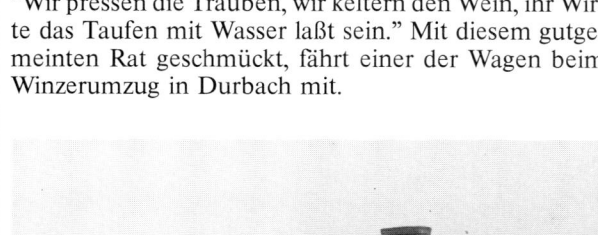

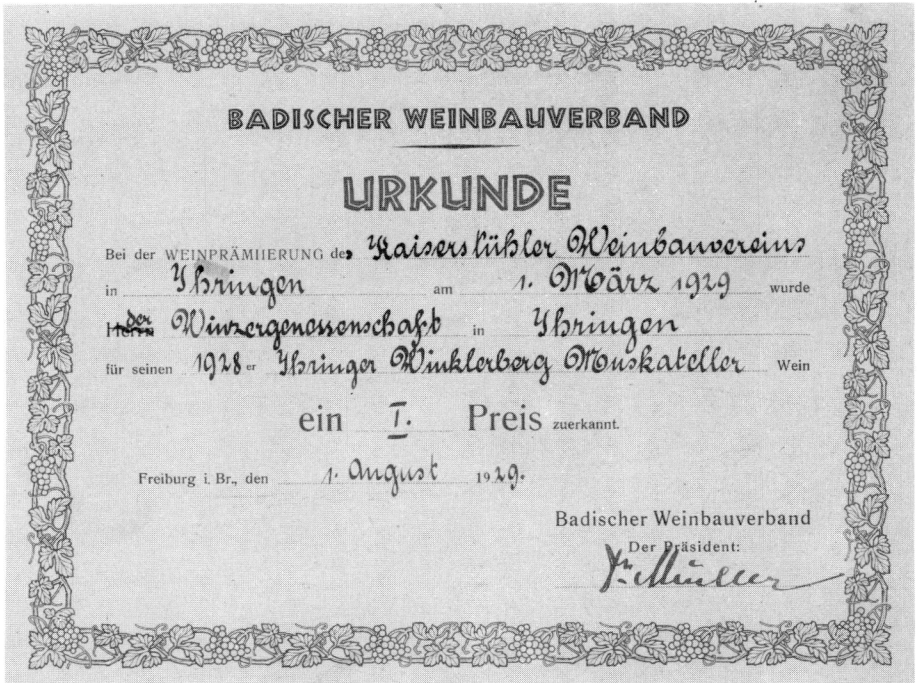

Zwei Urkunden aus der gleichen Zeit, aber sehr unterschiedlich in der Gestaltung. Die obere überschwenglich mit fast rokoko-haften Verzierungen, dagegen wirkt die untere nüchtern und sachlich. Zwei Boten ihrer Zeit und gleichzeitig zwei Vertreter unterschiedlicher Geschmäcker. Für welche der Urkunden würden Sie sich entscheiden?

Speise-Karte.

Leberknödel-Suppe	35
Ochsenschwanz-Suppe	40
Ragout fin in Muschel . . .	50
Zunge in Geleé	60
Zander mit Butter und Kartoffeln . .	1.—
Zanderfilets gebacken sauce remoulade .	1.—
Hammelragout nach franz. Art . .	80
Kalbskopf tortue	1.—
Ochsenzunge sauce piquant Kartoffeln .	1.—
Papricaschnitzel	1.—
Rehschnitzel nach Jägerart . .	1.20
Kaiserschnitzel	1.30
Roastbeef garniert	1.20
Gänseleber nach berliner Art . .	1.30
¹/₂ Hahn Salat und Compote . .	1.30
¹/₄ Ente Salat und Compote . .	1.30
Roastbeef kalt sauce remoulade . .	80
Hummermayonaise	1.—

Mineralwasser.

Soda	20
Baden-Badener Thermalquelle . . .	25
Gerolsteiner Sprudel	35

Speisenfolge.

Russische Vorspeisen   Sherry

Königinsuppe

Forellen blau   Markgräfler
Butter und neue Kartoffeln   Auslese

Kalbsrücken
Verschiedene Gemüse

Frischer Hummer   Affenthaler
Mayonnaise   Beerwein

Französische Masthahnen   Liebfrauenmilch
Dunstobst — Kopfsalat

Spargel, holländische Tunke

Citronenpudding   De Venoge
Himbeertunke

Vanille und Fruchteis   Château
Waffeln   Larose

Kleines Backwerk
Verschiedene Käse

Wein-Karte.

Flasche

Badische Weiss-Weine.

Markgräfler	1.50
Laufener	2.20
Durbacher Weissherbst 1893 . .	2.40
Riesling Blankenhornberger . . .	2.50
Glotterthäler	2.50

Badische Rot-Weine.

Schlossberger	2.—
Affenthaler Auslese . . .	2.80
Zeller 1893	3.—

Rheinweine.

Lorcher	1.80
Graacher	2.—
Niersteiner	2.50
Winkler Hasensprung . . .	3.50
Liebfrauenmilch	4.—

Moselweine.

Piesporter	2.50
Zeltinger 1895	2.50

Bordeaux-Weine.

St. Estephe	2.50
Medoc	2.80

Schaumweine.

Breisgau Perle	5.50
Rheingold von Söhnlein und Comp .	6.—
Blankenhorn Gold	6.50
Charles Schirmer, Rheims . .	6.50
De Venoge	8.50
Charles Heidsieck	12.—

WEIN-KARTE

Weissweine.

Markgräfler Laufener 87er	Mk. 2.—
„ „ 84er	„ 2.40
Kaiserstühler Auslese	„ 2.40
Ihringer Riesling	„ 3.—
Mosel Brauneberger	„ 2.80
„ „ Auslese 97er	„ 4.—
„ Josephshöfer	„ 5.50
„ Scharzberger	„ 6.—
Forster Riesling	„ 3.50
Deidesheimer Langenmorgen	„ 5.—
Winkeler Hasensprung	„ 3.80
Rauenthaler	„ 6.50
Marcobrunner	„ 7.50

Rothweine.

Affenthaler Beerwein	Mk. 2.60
Bordeaux: Medoc	„ 3.
„ St. Julien	„ 4.—
„ Cos d'Estournel	„ 8.—
Château Lafitte 87er	„ 13.—
Burgunder: Beaujolais	„ 3.—
„ Pommard	„ 5.—

Champagner.

Kuenzer & Comp.: Breisgau-Perle	Mk. 6.—
Matheus Müller: Germania-Sect	„ 6.—
Henkell Trocken	„ 6.50
De Venoge & Comp.: Sillery Crémant . . .	„ 9.—
Ruinart père & fils: Carte blanche	„ 10.50
Charles Heidsieck: sec	„ 12.—
Pommery & Greno: sec	„ 13.—

Linke Seite: Die Wein- und Speisenkarte wurde bei einem Stiftungsfest am 4. Januar 1902 im Restaurant "Fahnenberg", Freiburg, ausgelegt. Die Speisenkarte links unten zierte das Kommunionfest der Martha Stöck im März des gleichen Jahres. Die Weinkarte daneben ist ein Jahr älter – von der Delegierten-Versammlung der Brauerei- und Malzerei-Berufsgenossenschaft. – Die Karte unten stammt aus dem Hause Bauer in Karlsruhe und die daneben von der Ausstellung 1907 des Wirtsvereins Karlsruhe.

Badifche Weine.

Jahr	Sorte	Preis 1	Preis 2
1900	Ratskeller Tropfen	1.80	—
1898	Markgräfler	1.80	—.90
1895	« Edelwein	3.—	—
1865	»	4.—	2.—
1900	Klingelberger Auslese	2.50	1.30
1895	Von dem	2.—	1.10
1893	Ruländer Auslese	3.50	1.80
1900	Durbach (Clevner)	2.50	1.30
1900	Durbacher Weißherbst	2.50	1.30
1893	« Ruländer	3 —	1.60
1900	Muskateller	2.50	1.30
1898	Achkarrer (Schloßberg)	2.—	1.- -
	Durbacher Weißer Bordeaux	3. -	—

N:	Jahrgang	Offene Weine.	¼ Liter
	1906	Burkheimer Auslese, Grießlichs Weinrestaurant, Karlsruhe — Erzeugt aus dem Brauen Feig, Burkheim	.35
	1904	Markgräfler, Weinhandlung Weiß, Karlsruhe	—.35
	1904	Kaiserstühler (roter), Grießlichs Weinrestaurant, Karlsruhe	—.40

Badifche Flafchenweine.

Nr.	Jahrgang	Wein	½ Fl.	¼ Fl.
1	1903	Varnhalter, Fritz Fees, Weinhandlung, Karlsruhe	1.50	—.80
2	1903	Ebringer, K. Stelzer, Weinhandlung, Karlsruhe	1.80	
3	1903	Jbringer Winkler, W. Kronenwett, Weinhandlung, Karlsruhe	2.—	
4	1904	Jubiläums-Weine Markgr. Auslese, Kraft-Vogt, Weinhandlung, Schallstadt	2.—	
5	1904	Durbacher Gutedel, Jos. Kritsch, Weinhandlung, Karlsruhe	2.50	
6	1904	Glotterthaler Auslese	2.50	
7	1904	Markgräfler Schauinsland Auslese, Otto Müller, Weinhandlung, Karlsruhe, Gewächs Bauer Wolfenweiler	2.50	1.30
8	1901	Durbacher Clevner, Aus der Kellerei Sr. Großh. Hoheit des Prinzen Max von Baden	3.	
9	1901	Ruländer	3.	
10	1903	Weißer Bordeaux, Otto Müller, Weinhandlung, Karlsruhe, Erzeugnis vom von Schloß	3.	
11	1805	Neuweier Schloßberg, Bayer, Weinhandlung, Karlsruhe	6.—	

Stars und Sternchen – Bosse und Spieler – Politiker und Künstler

Deutsche und Franzosen an einem Tisch
Staatsbesuch in "Brenner's Park-Hotel"

Schon 18 Jahre zuvor trafen hier Bundeskanzler Adenauer und Staatspräsident De Gaulle zusammen - beide sorgten sich um die angespannte außenpolitsche Lage - und entsprechend gedämpft war dann auch die Stimmung der beiden Delegationen, sogar beim Mittagsmahl, was angesichts der gebotenen Speisen etwas erstaunt: Tomatencremesuppe, Seezungenfilet Bonne Femme, Mastochsenlende, Ananas mit Kirsch.

Diesmal war Bundeskanzler Helmut Schmidt der Gastgeber für Frankreichs Staatspräsident Valérie Giscard d'Estaing. Hier in Baden-Baden sollte die von beiden Staatsmännern geübte Praxis deutsch-französischer Gipfeltreffen im kleinen Kreis fortgeführt werden. Präsident Gis-

Baden-Baden,1980. Wenn ranghohe Politiker zusammentreffen, miteinander reden und Gedanken austauschen, darf ein festliches Arbeitsessen nicht fehlen. Das Baden-Badener Pracht-Hotel "Brenner's", wo viel Prominenz aus Politik, Wirtschaft und Show-Business zu Hause ist, war auch diesmal wieder der Glanz- und Mittelpunkt deutsch-französischer Begegnung.

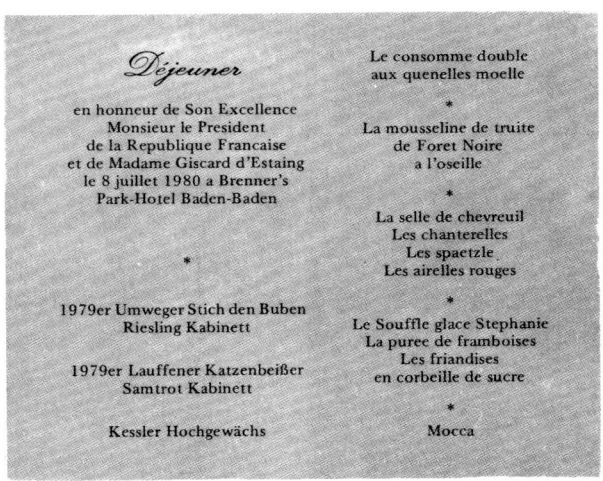

Déjeuner

en honneur de Son Excellence
Monsieur le President
de la Republique Francaise
et de Madame Giscard d'Estaing
le 8 juillet 1980 a Brenner's
Park-Hotel Baden-Baden

*

1979er Umweger Stich den Buben
Riesling Kabinett

1979er Lauffener Katzenbeißer
Samtrot Kabinett

Kessler Hochgewächs

Le consomme double
aux quenelles moelle

La mousseline de truite
de Foret Noire
a l'oseille

La selle de chevreuil
Les chanterelles
Les spaetzle
Les airelles rouges

Le Souffle glace Stephanie
La puree de framboises
Les friandises
en corbeille de sucre

*

Mocca

card ließ es sich nicht nehmen, im Brenner's die Suite 50/51 für seinen Aufenthalt in Baden-Baden zu bewohnen - die Räume nämlich, in denen sich sein "großer" Vorgänger de Gaulle 1962 von den Strapazen des Tages erholte.

Interessantes und "Verrücktes" hat die alte Kurstadt schon erlebt, waren hier doch so bekannte Leute wie Henry Ford, Irving Berlin, Franz Lehár, Gerhart Hauptmann, die Thyssens und Rothschilds ...

Auch das Fernsehen war vor kurzem Gast im ehemaligen Hotel "Stephanie". Das Aufnahmeteam des Südwestfunks fand hier die ideale Kulisse für die Fernsehserie "Goldene Zeiten" - im stilechten Gewand, mit Plüsch und Fransen, gleißendem Lichter- und Lüsterglanz der Zwanziger Jahre hergerichtet.

Bis heute hat die "Luxusherberge im deutschen Südwesten" nichts von ihrem Charme und ihrer Originalität eingebüßt - nur daß jetzt der Komfort und die Dynamik unserer Zeit dazugekommen sind - und die festlichen Weinseminare, die wie die "Musiktage" zu den lehrreichen und vergnüglichen Höhepunkten in Baden-Baden zählen.

"Going first class" - das gilt auch für das Restaurant dieses Hauses mit seiner "großen" Küche und seinen badischen Weinen. Hier war es auch, wo am Ende des Staatsbesuchs, gewissermaßen als kulinarischer

Eine von vielen Prominentenaufnahmen im Traditionshotel (von links): Staatspräsident de Gaulle, Außenminister de Murville, Außenminister Schröder, Bundeskanzler Adenauer. Was die Herren aßen, ist unten nachzulesen – und eventuell nachzukochen.

Höhepunkt, ein Essen gegeben wurde, zu dem Baden-Württembergs Ministerpräsident Lothar Späth eingeladen hatte. Für die 200 Ehrengäste komponierten Küchenchef Albert Kellner und sein Team die nachstehend angegebene Speisenfolge, die wir gerne für alle, die Spaß am Wein, am Essen und Nachkochen haben, wiedergeben:

Doppelte Kraftbrühe mit Markklößchen
Mousseline von Schwarzwald-Forelle in Sauerampfer
Rehrücken Baden-Baden, Pfifferlinge, Spätzle, Preiselbeeren
Eisauflauf Stephanie Himbeermark, Kleingebäck im Zuckerkörbchen
Mocca

Mousseline von Schwarzwald-Forelle

Zutaten/Zubereitung:
1 große Forelle, Weißbrot, Schlagsahne, 1 dl Badischer Riesling, Crème fraîche, Sauerampfer, Eis (zum Kühlen), 1 Eiweiß, Pfeffer, Salz

Die enthäutete Schwarzwald-Forelle mit Gewürz (Salz und Pfeffer) und etwas in Sahne eingeweichtem Weißbrot (ohne Rinde) durch die feinste Scheibe des Fleischwolfes drehen, in einer Schüssel Eiweiß darunterziehen und eine Stunde auf Eis setzen. Dann dicke, süße Sahne vorsichtig darunterrühren, soviel die Masse aufnimmt (auf Eis belassen). Mit einem Löffel Klöße in einem vorher bereiteten Fischfond abstechen und garziehen lassen.

Vom reduzierten Fischfond, Badischem Riesling (trocken) und Crème fraîche eine Sauce bereiten und mit reichlich gedünsteten Sauerampferstreifen vollenden.

Das Gericht kann auch mit Hummer- oder Krebssauce serviert werden.

Brenner's Park-Hotel

Rehrücken Baden-Baden, Spätzle und Pfifferlinge

Zutaten/Zubereitung:
1 Rehrücken (1250 g), 80 g Fett, 50 g kleingeschnittene Zwiebeln, 8 zerdrückte Wacholderbeeren, 1/4 l Wildgrundsauce, 1/2 l Crème fraîche, 2 halbe Birnen, Johannisbeergelee, Zitronensaft, 50 g Butter, Pfeffer, Salz

Den Rehrücken mit Salz und Pfeffer bestreuen, das Bratgeschirr mit Fett erhitzen, den Rehrücken einlegen, mit heißem Bratfett begießen, damit die Fleischaußenschicht schnell geschlossen wird und der Rehrücken saftiger bleibt.

Den Rehrücken in den heißen Ofen schieben und während der Bratzeit von etwa 15 bis 18 Minuten noch mehrmals begießen. Zwiebeln und Wacholderbeeren fünf Minuten vor Ende der Bratzeit um den Rehrücken streuen und leicht braun werden lassen.

Wenn der Rehrücken fertig ist, auf ein Gitter setzen und warm stellen, das Fett in der Pfanne vorsichtig abgießen, den Bratsatz mit der Wildgrundsauce auffüllen, die Crème fraîche dazugeben und kochen lassen. Mit Zitronensaft, Pfeffer aus der Mühle und frischer Butter vervollständigen.

Den Rehrücken tranchieren; mit vier halben, mit Johannisbeergelee gefüllten Birnen umlegen; die Rahmsauce separat reichen.

Beilage:
Spätzle und Pfifferlinge, wobei man die Spätzle mit 400 g Mehl und 5 Eiern auf folgende Weise zubereitet:
Mehl in eine Schüssel geben, Eier und Salz dazugeben und den Teig abschlagen, bis er Blasen wirft. Der Teig sollte sehr geschmeidig sein, damit er sich leichter schaben läßt. Teig in kleinen Mengen auf ein angefeuchtetes Spätzlebrett geben, mit Palette glattstreichen und in feinen Streifen in reichlich kochendes Salzwasser schaben.

Eisauflauf Stephanie:
(ein in Brenner's Park-Hotel kreiertes Dessert)

Zutaten/Zubereitung:
Vanillerahm-Eis, Erdbeeren (verschiedene Früchte und Beeren), Grand Marnier, Biscuit-Scheiben, Schlagsahne, geraspelte Schokolade, Puderzucker

Das Eis wird schichtweise in eine Auflaufform gefüllt und mit einer Biscuit-Scheibe abgedeckt. Darauf werden die mit Grand Marnier marinierten Früchte und Beeren der Saison (z.B. Weinbergpfirsiche oder Walderdbeeren) gegeben; dieser Vorgang wiederholt sich zweimal, bis das Ganze etwa 2 Zentimeter über den Rand der Form ragt. Nun wird der überstehende Teil mit vanillierter Schlagsahne eingestrichen, die Oberfläche mit geraspelter Schokolade bestreut und mit Puderzucker besiebt. So entsteht der Eindruck eines gebackenen Auflaufs.

Obligatorische Beigaben sind frisch püriertes Himbeermark und feines Gebäck.

Und noch eine Begebenheit am Rande gilt es zu berichten, die dem sonst so gestrengen Protokoll einen freundlich-heiteren Tupfer verlieh.

Als sich nach dem Essen die Wagenkolonne des Präsidenten wieder in Bewegung setzen wollte, erblickte Giscard in der Menschenmenge einen der Köche, der sich nach getaner Arbeit gerade auf den Heimweg machen wollte. Der Präsident ließ seinen Wagen halten, bat den Koch zu sich und versuchte, sich in deutscher Sprache für das vorzügliche Essen zu bedanken. Wie es der Zufall wollte, traf er dabei auf den Chef-Patissier des Hauses, der in französischer Sprache zu seinem Präsidenten sagen konnte: "Sie können ruhig französisch mit mir sprechen, ich bin auch Franzose ..." - Baden-Badener Eßatmosphäre international.

Baden-Baden wieder eine "richtige" Weinstadt

"Eckberger"

Baden-Baden. Die Kurstadt war von jeher der eine Ausgangspunkt der Badischen Weinstraße. Allerdings hatte diese Bezeichnung einen nicht unbedeutenden Schönheitsfehler. In Baden-Baden wurde nämlich bis vor kurzem kaum nennenswert Weinbau betrieben.

Dies soll nicht heißen, daß das schon immer so gewesen ist. Bereits in früheren Jahrhunderten gab es hier Winzerbetriebe, und die Hänge um Baden-Baden sind bestens geeignet für die Aufzucht von Reben, aus denen sich ein erstklassiger Tropfen bereiten läßt. Wein wurde am Hardberg über der Weststadt angebaut. Auch an den Hängen des Balzenberges wuchsen Reben. Aber der Weinbau kam aus vielerlei Gründen im 19. und 20. Jahrhundert zum Erliegen. Nur ein kleiner Flecken Rebland auf dem Eckberg hat die Jahrhunderte einigermaßen unbeschadet überstanden.

Daß hier auf dem Eckberg ein Winzerbetrieb von beachtlicher Größe sozusagen wiederauferstanden ist, verdanken die Baden-Badener zum einen ihren Stadtvätern,

Hopfen und Tabak oder der Weinbau

Dossenheim. Seit der Mitte des 19. Jahrhunderts hat sich die Rebfläche der Gemeinde Dossenheim ständig verringert. Betrug die Weinbaufläche 1850 noch 27 Hektar, so sind 90 Jahre später davon noch ganze 12 Hektar übriggeblieben. Schuld an dieser Entwicklung waren zum einen die vergleichsweise schlechte Qualität des Weines, zum anderen die höheren Profite, die sich besonders in der Ebene mit Tabak- oder Hopfenanbau erzielen ließen. 1937 schließlich schreibt das Bürgermeisteramt der Gemeinde, daß "Dossenheim nicht zu den weinbautreibenden Gemeinden im üblichen Sinn gehört. Die Ortseinwohner, die Rebanlagen besitzen, bereiten sich lediglich ihren Haustrunk, während ein Mostverkauf nur selten in Frage kommt. Die Wirte kaufen daher ihren Bedarf zum Großteil in weinbautreibenden Gegenden ein".

Glücklicherweise konnte dieser Negativentwicklung Einhalt geboten werden. Schon 1965 sind in der Gemarkung Dossenheim wieder 28 Hektar Rebland ausgewiesen.

Die Pferderennen in Baden-Baden haben eine große Tradition — und bis heute einen gewaltigen Andrang auch von jenen Zuschauern, die weniger wegen des Rennens, sondern mehr wegen der anwesenden Prominenten — und der Mode wegen kommen.

die sich von dem neuen Weingut natürlich auch Werbung für ihre Stadt erhoffen, zum anderen aber der Initiative eines jungen Winzermeisters: Heinz Hillert.

Zusammen mit den verschiedenen Stadtämtern hat er Planung und Durchführung der Neuanlage von Reben vorangetrieben. Und mittlerweile bewirtschaftet er neben seinen Rebanlagen in Umweg, Sinzheim und Varnhalt auch drei Hektar Baden-Badener Reben. 1969 gab es zum erstenmal wieder echten Baden-Badener Wein.

Der fiel allerdings mengenmäßig nicht zur vollen Zufriedenheit des Winzers aus, weil in jenem Jahr die Amseln einen beträchtlichen Schaden anrichteten. Aber schon im darauffolgenden Jahr stellte sich eine qualitativ und quantitativ gleichermaßen erfreuliche Ernte ein. Mittlerweile ist das Weingut weit über die Stadtgrenzen hinaus zu einem Begriff geworden und hat zu einem beträchtlichen Teil mit dazu beigetragen, den Ruf Baden-Badens als Weinstadt zu erhalten und ihm neue Bedeutung zu geben.

Wieder Weinstube

Baden-Baden. Winzermeister Hillert, der seit 1966 auf dem Eckberg seinen Weinberg bestellt und auch hier wohnt, hat bei der Planung des Wohnhauses auch an eine geräumige und zugleich gemütliche Weinprobierstube gedacht. Diese ist mittlerweile schon zu klein geworden. Aus diesem Grund mußte eine neue Weinstube her, die noch gemütlicher eingerichtet ist. Sie befindet sich in einem Nebengebäude des "Eckhofes", einer ehemaligen Scheune. Hier kredenzt die Familie Hillert ihren Gästen den hauseigenen Wein, und dazu gibt es natürlich herzhafte Vespermahlzeiten aus der kalten Küche. Alle Baden-Badener sind sich einig: Die Weinstube ist eine echte Bereicherung für die gesamte Gastronomie der Stadt.

Der ganze Ertrag war eine Mütze voll Trauben

Kappelrodeck. Das war zuviel für die Rebstöcke: Im Januar 1956 wurde eine Temperatur von +18 °C gemessen, und über Nacht sank das Thermometer auf -15 bis -18 °C. Die Folge ist eine fast völlige Mißernte. So kommt es, daß der Waldulmer Briefträger den gesamten Ertrag von 10 Ar Reben in seiner Dienstmütze zur Winzergenossenschaft bringen kann. Ganze 1 386 Liter Wein ergab das traurige Herbsterträgnis für die beiden Winzergenossenschaften in Kappelrodeck und Waldulm.

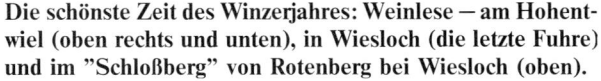

Die schönste Zeit des Winzerjahres: Weinlese — am Hohentwiel (oben rechts und unten), in Wiesloch (die letzte Fuhre) und im "Schloßberg" von Rotenberg bei Wiesloch (oben).

Amand Goegg wird geehrt

Renchen. Renovierungsarbeiten in einer Weinstube halfen einigen Heimatforschern dabei, einen schon fast in Vergessenheit geratenen Namen wieder ins Bewußtsein der Öffentlichkeit zu rücken.

Unter den Mauern des Hauses in der Goethestraße 1 fanden Bauarbeiter einen Hinweis, daß hier Amand Goegg, in den Revolutionsjahren 1848/49 führender Kopf der badischen Freiheitsbewegung, geboren sei.

Paul Schrempp, Inhaber der Weinstube und einer angegliederten Weinhandlung, gab prompt grünes Licht, als der Bürgermeister und andere interessierte Herren ihn darum baten, an seinem Hause eine Gedenktafel für den bekannten Renchener anbringen zu dürfen.

In der jetzt eingeweihten Amand-Goegg-Stube im Weinhaus Schrempp erinnern historische Bilder und eine Ahnentafel an den Mann, der sein Leben lang für geistige Freiheit und soziale Gerechtigkeit eingetreten ist.

Die Becksteiner lassen es regnen

Größte Beregnungsanlage Europas

Beckstein. Die 1956 in Betrieb genommene Beregnungsanlage für Reben hat sich bewährt. Frost- und Trockenschäden konnten weitgehend vermieden werden.

Die Tatsache, daß Wasser der Trockenheit vorbeugt, ist bekannt; weniger dagegen, wie dadurch das Erfrieren der Reben verhindert werden kann. Den Frostschutz erhält man mit einem Kniff, der verblüfft - ähnlich dem Kühlschrankprinzip, nur umgekehrt in der Wirkung.

Um die nötige Wärme zu erzeugen, muß vorher Kälte bereitgestellt werden, genauer: Die Erstarrungswärme, die frei wird, wenn Wasser gefriert, ist der Energiespender. So liefert 1 Kubikzentimeter Wasser eine Wärmemenge von 80 Kalorien; und die reicht aus, um ein Absinken der Temperatur auf unter -0,5 °C liegende Werte zu vermeiden.

Voraussetzung ist allerdings eine regelmäßige Wärmezufuhr durch ständiges Gefrieren von Wasser. Die Pflanzenteile müssen deshalb andauernd feucht gehalten werden, was mit Hilfe von "Langsamregnern" erreicht wird, die eine Regendichte von drei Millimetern pro Stunde gestatten.

Weitere Ausgaben der "Jahrhundertpost" lesen Sie in den nachfolgenden Bänden "Nahe", "Franken", "Rheinhessen", "Ahr/Mittelrhein" und "Württemberg". Bereits erschienene Ausgaben: "Mosel Saar Ruwer", "Rheinpfalz" und "Rheingau/Hess. Bergstraße".

BADISCHES FESTESSEN

Die badische Küche ist reich an Überliefertem, sie ist die traditionsreichste und vielfältigste Küche Deutschlands. Die unumstritten beste ist sie ohnehin, das zeigt schon ein Blick in die einschlägigen Restaurantführer. Nun wäre es einerseits sicherlich nicht zu diesem hohen kulinarischen Stand gekommen, wenn sich die badischen Köche in vergangenen Zeitläufen immer mit dem zufrieden gegeben hätten, was vorhanden war, und andererseits nicht immer wieder vom genießenden Publikum Anforderungen gestellt worden wären. Mit diesen Leitgedanken haben wir uns um ein badisches Festessen auf hohem Niveau bemüht - und zur Verwirklichung sechs badische Spitzenköche an einen Herd gebracht.

Wohlgemerkt: Es ging nicht darum, wie in einem der nachfolgend veröffentlichten Pressebeiträge mißverstanden, traditionelle badische Gerichte zu einem Festessen komponiert neu aufzulegen, sondern darum, mit dem heute in Baden erhältlichen Material Neues zu schaffen. Daß damit an badische Traditionen hohen Küchenstandards angeknüpft wird, ist eine andere Sache.

Selbstverständlich ging es bei diesem Essen auch darum, die Eignung badischer Weine zum Essen einmal mehr unter Beweis zu stellen. Natürlich haben wir auch daran gedacht, daß Sie, die Leser dieses Buches, neben den zahlreichen regionalen Rezepten, die wir Ihnen mit den verschiedenen Orten vorstellen, hier eine Anregung für das große Essen bei Ihren feinsten Festen finden. Das müssen ja nicht alle Gänge sein, wie sie nachfolgend beschrieben werden, und man kann ja auch durchaus eigene Variationen in die Rezepte einbringen.

Die Ansätze zur Diskussion in Rezeptzusammenstellung und Speisenfolge zugestanden - Eigenwilliges und besonders Profiliertes fordert immer dazu heraus -, so ist hier doch nach dem Bekunden fast aller "Testgäste" ein großartiges Essen mit idealen Weinkombinationen entstanden. Zu jedem Gang gab es drei unterschiedliche, vom Badischen Weinbauverband ausgewählte Weine. Die waren schon in der Vorauswahl so gut gewählt, daß die Entscheidung der Fachleute aus Weinbau und Publizistik in einigen Fällen mit fast gleicher Gewichtung zugunsten aller drei Weine fiel.

Wenn in der nachstehenden Menue- und Weinkartenzusammenstellung zu einem Gang mehrere Weine genannt werden, so gab es in diesen Fällen keinen eindeutigen Sieger. Die Weine wurden dann von verschiedenen Teilnehmerkreisen eindeutig bevorzugt oder von der Mehrzahl für gleichermaßen geeignet befunden.

Zwei deutlich getrennte Geschmacksparteien zeigten sich lediglich bei den Appetithappen vorneweg. Da gab es zur geräucherten Rinderhüfte und zum Wildschweinschinken die Wahl zwischen einer reifen Spätburgunder Weißherbst Beerenauslese von 1967 und einem Badisch Rotgold Sekt brut. Geschmacklich lagen Welten dazwischen - und die taten sich auch beim Publikum auf, das sich hier ziemlich genau in zwei Hälften spaltete. Sicher ist, daß beide Getränke hervorragend harmonierten, die Frage ist in diesem Falle nur, wozu der Einzelne mehr neigt. - Nachstehend also die Speisenfolge zum geistigen und mit den Rezepten dann auch zum praktischen Nachvollziehen. Viel Freude daran - und den rechten natürlichen und gesunden Genuß!

Marianne Wehlauer im Gespräch mit Rudolf Katzenberger, links Hermann Bareiss vom "Restaurant Bareiss".

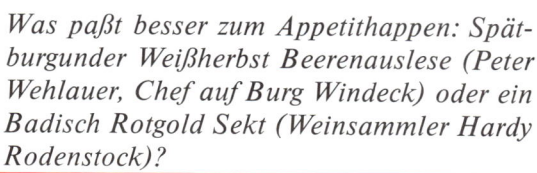

Was paßt besser zum Appetithappen: Spätburgunder Weißherbst Beerenauslese (Peter Wehlauer, Chef auf Burg Windeck) oder ein Badisch Rotgold Sekt (Weinsammler Hardy Rodenstock)?

Die Speisenfolge

Appetithappen
Geräucherte Rinderhüfte und Wildschweinschinken auf Bühler Brot
1967 Opfinger Sonnenberg - Spätburgunder Weißherbst, Beerenauslese
und mit etwa gleicher Stimmenzahl:
Badisch Rotgold Sekt - brut

Vorspeise
Terrine von Lammfilets in Kräutergelee
1981 Oberbergener Baßgeige - Silvaner Kabinett trocken

Suppe
Legierte Sauerkleesuppe

Fisch geräuchert
Heiß geräuchertes Rotbarbenfilet auf Blattspinat
1981 Oberrotweiler Henkenberg - Ruländer Kabinett trocken

Fisch als Mousse
Zandermousse in Riesling
1981 Altschweierer Sternenberg - Riesling Kabinett trocken
und mit etwa gleicher Stimmenzahl:
1981 Becksteiner Kirchberg - Kerner Spätlese trocken

Parfait "zwischendurch"
Tomatenparfait mit Krebsschwänzen
1980 Jechtinger Eichert - Muskateller Spätlese trocken

Fleischgang
Rehnüßchen, gefüllter Apfel mit hauseingemachten Preiselbeeren,
Schwarzwaldpilzen und grünen Lauchspätzle
1981 Waldulmer Pfarrberg - Spätburgunder Rotwein Qualitätswein trocken

Käse
Regionales
1981 Achkarrer Schloßberg - Ruländer Spätlese trocken
und mit etwa gleicher Stimmenzahl:
1981 Sasbachwaldener Alde Gott - Spätburgunder Rotwein Spätlese trokken
1981 Ballrechten-Dottinger Castellberg - Gewürztraminer Spätlese trocken

Nachtisch
Rhabarber-Chalotte mit Erdbeeren, Feingebäck
1981 Varnhalter Steingrübler - Riesling-Sekt brut
und mit gleicher Stimmenzahl:
1980 Burg Sponeck - Weißburgunder-Sekt brut

Beim anschließenden gemütlichen Zusammensein
Kaffee, Windeck-Pralinen
Marc vom Spätburgunder

Die Köche des Badischen Festessens (von links): Alfred Klink ("Colombi"), Adolf Frey ("Rebstock-Stube"), Rudolf Katzenberger ("Katzenberger's Adler"), Erich Zumkeller ("Adler"), Manfred Schwarz ("Bareiss"), Peter Wehlauer ("Burg Windeck").

"Colombi-Hotel"
Rotteckring 16
7800 Freiburg
0671/31415

Alfred Klink:
Terrine mit Lammfilets in Kräutergelee

Zutaten/Zubereitung (für 12 Personen):
1 Lammrücken (1,8 kg), 3 Auberginen, Lammknochen, Weißwein, Bouillon, Knoblauch, Thymian, Rosmarin

Die Filets auslösen, parieren und in Olivenöl anbraten. Die Auberginen schälen, der Länge nach schneiden und ebenfalls in Olivenöl anbraten. Für das Kräutergelee die Lammknochen mit wenig Knoblauch, Thymian und Rosmarin ansautieren und etwas glace de viande, Weißwein und Bouillon dazugeben.

Nach dem Auskochen passieren, auskühlen lassen und mit Lammfleisch klären. Zum Schluß auf 1 Liter Fond 25 Blatt Gelatine geben. Nun eine Terrinenform am Boden mit Lammgelee und Kräutern zu 1/8 anfüllen. Die Lammfilets und Auberginen lagenweise darübergeben, mit Kräutergelee ausgießen und erstarren lassen.

"Rebstock-Stube"
Hauptstraße 74
7809 Denzlingen
07666/2071

Adolf Frey:
Legierte Sauerkleesuppe

Zutaten/Zubereitung:
30 Blätter Kuckucksklee, Entenkraftbrühe, Sahne, Eigelb, Butter

Kleeblätter in Butter andämpfen, mit guter Entenkraftbrühe auffüllen und zum Kochen bringen. Die nicht mehr kochende Brühe mit Sahne, Eigelb und Butter legieren und abschmecken.

"Restaurant Bareiss"
Gärtenbühlweg 14
7292 Baiersbronn
07442/471

Manfred Schwarz:
Heiß geräuchertes Rotbarbenfilet auf Blattspinat

Für das Rotbarbenfilet:
4 Rotbarben, Gewürzsalz, Korianderöl (grünes Olivenöl mit gestoßenem Koriander), Himbeeressig

Rotbarben filieren, einritzen, mit Salz und Öl einstreichen und 3 Minuten anräuchern. Anschließend im Backofen bei 250 °C zwischen 2 und 4 Minuten fertiggaren und auf Blattspinat anrichten.

Geräuchert wird mit: Sägemehl, Thymian, Rosmarin, Lorbeerblatt, Wacholderbeeren, Knoblauch, Pfefferkörnern, Räuchersalz

Für den Blattspinat:
Blattspinat, Butter, Salz, Pfeffer

Stiele entfernen, Spinat blanchieren, aufwallen lassen, in Eiswasser abschrecken und gut ausdrücken. Butter in die Pfanne geben, Spinat dazugeben, mit Salz und Pfeffer abschmecken.

Alfred Klink:
Zandermousse in Riesling

Für das Zandermousse:
1 Zander (1000 g), 4 Eier, 1/2 l Sahne, Butter, Salz

Einen frischen Zander filetieren, enthäuten und in Stücke schneiden. Mit Salz würzen und in der Küchenmaschine mit den Eiern und der Sahne pürieren. Die Masse durch ein Sieb streichen, in ein leicht gebuttertes Timbalförmchen füllen und im Wasserbad pochieren.

Für die Rieslingsauce:
Schalotten, trockener Riesling, 1/8 l Sahne, Lauchzwiebeln, Butter

Die Schalotten in der Butter glasig dämpfen und mit dem trockenen Riesling ablöschen. Dann einkochen bzw. reduzieren, die Sahne beigeben und ebenfalls einkochen lassen. Mit etwas Butter aufschlagen und auf dem vorgewärmten Teller anrichten. Mit den in Butter gedämpften Lauchzwiebeln garnieren.

"Katzenberger's Adler"
Josefstraße 7
7570 Rastatt
07222/32103

Paul Hagelberger:
Tomaten-Parfait mit Krebs-schwänzen

Zutaten/Zubereitung (für 6 Personen):
2 Eier, 1/4 l Sahne, 4 reife Tomaten, 1 TL Edelsüß-Paprika, 1 EL Tomatenketchup, 8 Krebsschwänze, Dillessenz, 1 Prise Zucker, Salz

Für die Parfait-Masse 2 Eier, erst warm dann kalt aufschlagen. Darunter 1/4 Liter geschlagene Sahne ziehen. Das Fruchtfleisch von 4 reifen Tomaten passieren und zusammen mit den Gewürzen, Salz und einer Prise Zucker nach Geschmack zugeben.

Nach dem Stürzen mit frischen Krebsschwänzen, leicht gesalzen und mit Dillessenz gewürzt umlegen. Dazwischen kleine Tupfen von Dillsahne dressieren.

"Hotel-Restaurant Adler"
Fridolinstraße 15
7821 Häusern
07672/324

Erich Zumkeller:
Rehnüßchen "Adlerwirt's Art"

Für das Rehnüßchen:
1 Rehrücken (1,5 kg), 1 Karotte, 1/2 Sellerie, 5 Schalotten, 2 frische Tomaten, 1 EL Tomatenmark, 1 l Spätburgunder Rotwein, 1 l Bouillon, 2 cl Cognac, 1/2 l Sahne, 1 dl Blut (Schwein), 200 g Steinpilze, 150 g Pfifferlinge, Petersilie, Kerbel

Den Rehrücken auslösen, sauber parieren und in 8 Medaillons à 70 Gramm schneiden. Die Knochen fein hacken und zusammen mit den Flechsen und Sehnen in einer Pfanne an-

Rehnüßchen "Adlerwirt's Art"

gehen lassen. 2 Schalotten, 1 Karotte und etwas Sellerie in Würfel schneiden und dazugeben. 2 frische Tomaten und 1 Eßlöffel Tomatenmark kurz anziehen lassen. Mit 1/2 Liter Rotwein ablöschen, reduzieren und wieder ablöschen. Mit 1 Liter Bouillon auffüllen und 1 1/2 bis 2 Stunden kochen lassen und passieren. Mit Sahne und Cognac verfeinern. Zuletzt mit dem Blut binden und nochmals passieren.

Die frischen Pilze gut waschen und mit Butter, 1 Schalotte und frischen Kräutern sautieren. Einen Teil der Steinpilze fein hacken und mit etwas Sahne und einem Eigelb binden.

Die Rehnüßchen rosa braten und mit der Steinpilzmasse bestreichen. Unter dem Salamander etwas glacieren.

Für die Spätzle:
3 Eier, 120 g Lauch, 200 g Mehl, Salz

Die Eier mit dem rohen, pürierten Lauch mixen und unter das Mehl ziehen. Den Teig solange schlagen, bis er Blasen wirft. Mit etwas Salz abschmecken und in kochendes Wasser schaben.

Für die Garnitur:
4 Äpfel, frische Preiselbeeren, etwas Weißwein, Zucker

Die Äpfel schälen, aushöhlen und in Weißwein mit Zucker kochen. Die Apfelhälften mit den Preiselbeeren füllen.

"Burg Windeck"
Kappelwindeckstraße 104
7580 Bühl
07223/23671

Peter Wehlauer:
Rhabarber-Chalotte

Zutaten/Zubereitung:
100 g Creme patissier, 100 g Fruchtmark (Rhabarber mit etwas Zucker, Zitronensaft und Wasser weichkochen, mixen und passieren), 150 g geschlagene Sahne, 2 Blatt Gelatine

Gelatine zum warmen Fruchtmark geben, Creme patissier durchs Sieb streichen und hinzufügen. Zuletzt Sahne unterheben. Die Schüssel mit Bisquitroulade auslegen und mit der Masse auffüllen. Wenn die Chalotte fest ist, einen mit Marmelade bestrichenen Mürbeteig als Boden auflegen und die Chalotte stürzen.

Oben: Terrine mit Lammfilets in Kräutergelee

Mitte: Legierte Sauerkleesuppe

Unten: Tomatenparfait

Oben: *Heiß geräuchertes Rotbarbenfilet auf Blattspinat*

Mitte: *Rhabarber-Chalotte*

Unten: *Zandermousse in Riesling*

ZBW - oder: Die Größe hat's gebracht

Sie sind die Größten: die größte in Baden, die größte in Deutschland, die größte Weinkellerei Europas. Sie sind jung. 1952 haben sie als Zentralkelle- rei Kaiserstühler Winzergenossenschaften angefangen. Vom Holzhaus-Büro zu einem der architektonisch perfektesten, hochästhetischen Verwaltungsgebäude war nur ein kurzer, ein stürmischer Weg. In diesem neuen Komplex bei Breisach nahe dem Rhein und dem Kaiserstuhl ist alles groß und großzügig - von der gut gestalteten Eingangshalle bis zu den riesigen Edelstahltanks, die hier sämtlich unter Dach sind. Sie fassen jetzt 160 Millionen Liter Wein.

Rund 100 Genossenschaften des Anbaugebietes sind der Zentralkellerei Badischer Winzergenossenschaften angeschlossen, etwa die Hälfte davon vermarktet selbst. Rund ein Drittel aller badischen Weine kommt aus der ZBW. Die führt zwar jeden Weinfreund - unter anderem im eigenen Kleinbähnchen - durch den Betrieb, beliefert aber nur den Großhandel.

Wenn heute der badische Wein einen guten Ruf hat, wenn sein Durchschnittspreis von einem der letzten Plätze im Vergleich der elf deutschen Anbaugebiete kräftig nach oben gestiegen ist, dann muß die ZBW nach aller Logik einen wesentlichen Anteil daran haben. Einen offensichtlichen Beweis für preisstabilisierende Erfolge liefert sie mit dem in Deutschland unvergleichlichen Medaillenregen bei den landes- und bundesweiten Prämierungen. Der hat schließlich zum goldenen Ehrenpreis des Bundes-Landwirtschaftsministers geführt, einer außerordentlich selten verliehenen Auszeichnung.

Qualitätsstreben hat diesen Erfolg also mit ermöglicht. Da gibt es aber noch etwas, das nicht für jedermann ersichtlich, für Baden aber typisch ist: Einigkeit. Zitat eines Mitgliedes der ZBW-Geschäftsführung: "In Baden tritt keiner dem anderen in die Kniekehlen." Das kann so uneingeschränkt unterschrieben werden: Hier hat die ZBW ein gutes Einvernehmen mit den selbstmarktenden Genossenschaften, und diese wiederum verstehen sich mit den Einzelwinzern recht gut. Es gibt niemanden, der die Preise "kaputtmacht", und man hat auch

keine Probleme mit Pfuschern, die das Wein-Ansehen einer ganzen Region zerstören können.

Die ZBW hat immer deutlich gesagt, was sie tut, und was sie tun wird. "Offene Karten" gehörten immer zum Geschäftsprinzip, und auch heute wird deutlich gesagt, wie es weiter gehen soll. Beispielsweise:

Bei der Weinlagerung: Der Stahltank wird bleiben. Ein bessere Möglichkeit zeichnet sich für die ZBW-Fachleute nirgendwo ab.

Bei der Kelterung: Das kontinuierliche Pressen wird sich durchsetzen - bei Durchmessern von 80 Zentimeter und mehr. Darunter gibt es zuviel Abrieb.

Bei der Weinbehandlung: Die ZBW ersetzt die chemischen weitgehend durch biologische und physikalische Verfahren. Mit dem Filtern durch asbesthaltige Filterschichten hat man schon 1978 aufgehört. Heute wird nur noch asbestfrei gefiltert.

Schwefel: Der Kampf um eventuelle Schwefelfreiheit erscheint den Verantwortlichen der ZBW nicht sinnvoll, weil sie fest davon überzeugt sind, daß Schwefel in den verwendeten Mengen nicht gesundheitsschädlich ist.

Weintyp: Die ZBW hat als erste statt des klassischen, wuchtigvollen Ruländers eher elegante Weine dieses Typs mit markanter Säure und ungewöhnlicher Frische gefüllt. Diese Richtung gilt zur Zeit weiter. Der Anteil trockener und halbtrockener Weine liegt bereits über 50 Prozent. Auch im bisher mit nur drei Prozent (1982) bescheidenen Export ist der "Trend zum Trockenen" festzustellen.

Weingefäß: Die ZBW steht voll hinter einem Beschluß des Badischen Weinbauverbandes, der sagt, daß badischer Wein grundsätzlich in Glasflaschen abgefüllt werden soll. Auch für Landwein soll es weder Dosen noch Tüten noch Schläuche geben.

Auf dieser Linie liegt auch die stärkere Individualisierung der großen Zentralkellerei. Die

Weine werden in kleineren Gebinden abgefüllt, 600 verschiedene (!) Weine sind jetzt im Angebot. Die Genossenschafter der ZBW können ihren Kollegen aus dem Lande bei Besuchen im Hause wieder leichter ein Faß zeigen und dazu sagen: "Seht her, das ist euer Ruländer Kabinett von 1983." -

Die ZBW, die zunächst gewissermaßen im Auftrag und auf Rechnung der armen badischen Winzer um's Überleben kämpfte, kümmert sich nun um landesweite Weinkultur. Dazu gehört der Aufbau eines Weinarchivs mit bisher rund 300 000 Flaschen. Das reicht bis in die fünfziger Jahre und wird alljährlich um einige hundert Flaschen jedes hoch prämierten Weins ergänzt. Dazu gehört auch der Betrieb eines beim Wein - aber auch beim Essen - beispielhaften großen Hotel-Restaurants und natürlich auch das Engagement bei vielerlei weinkulturellen Aktivitäten.

Einige dieser Aktivitäten zielen auch auf die Mitgliedswinzer; denn ein Problem hat die ansonsten recht problemfreie

ZBW schon: die Entfremdung zwischen Genossenschaftskellerei und Winzer. Wenn Weinkultur gelebt werden soll, müssen sich die Winzer, die sich in den vergangenen Jahrzehnten immer so problemlos auf ihre Genossenschaften verlassen, konnten, wieder mehr mit dem von ihnen erzeugten Produkt identifizieren und sich für ihre Genossenschaft wieder stärker engagieren. Das verlangt auch der Trend bei den Weintrinkern unserer Zeit.

Wenn die badischen Winzer noch das sind, was sie in den vergangenen Jahrzehnten waren, dann werden sie auch die neue Aufgabe lösen und möglicherweise die "alten" deutschen Weinlandschaften auch auf diesem Gebiet staunen lassen. Ansätze dazu gibt es schon.

Als Beispiel mag das nahe Breisach im Kaiserstuhl gelegene Achkarren dienen. Dort wurde ein sehr schönes und lebendiges Weinmuseum eröffnet. Seine Gründung ist weitgehend einer Privatinitiative zu verdanken!

Die Geschichte vom Jechtinger Weißburgunder, der als Chablis getrunken wurde

Die Herren aus der sauerländischen Gastronomie haben es damals nicht übel genommen und werden es sicherlich auch heute mit einem souveränen Lächeln registrieren, wenn in dieser Geschichte nun veröffentlicht wird, daß sie von dem Bernhard Ganter ein wenig "geleimt" worden sind. Das Ergebnis dieser Geschichte spricht ja auch keinesfalls gegen sie - sondern für den Jechtinger Weißburgunder.

Also das war so: Die Gastronomen waren in die Winzergenossenschaft zu einer Weinprobe gekommen, und es war auch alles recht und korrekt - bis auf eine Chablis-Flasche, die der Herr Ganter dazugestellt hatte, einfach zum Vergleich. Und die Gastronomen waren, obwohl in einer deutschen Winzergenossenschaft zu Gast, doch ehrlich und auch souverän genug, dem französischen Wein hohe Anerkennung zu zollen. Den Herrn Ganter hat das auch gar nicht pikiert, im Gegenteil: er hat sich sehr gefreut.

In der Flasche war nämlich der eigene Weißburgunder, und den konnte er den Chablis-erfahrenen Gastronomen zu einem in Chabliskreisen konkurrenzlos niedrigen Preis anbieten - in der Originalflasche selbstverständlich. Wobei vielleicht noch zu bemerken bleibt, daß der Chablis ja aus der "Pinot Chardonnay" gewonnen wird, die in Deutschland als "Weißer Burgunder" bekannt ist.

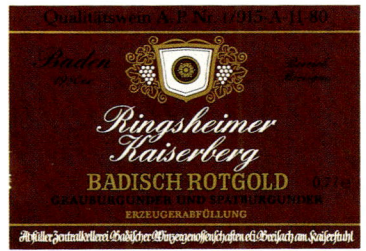

BADEN

1958

Durbacher Josephsberger

Wachstum

Freiherr v. Neveu'sche Gutsverwaltung Durbach

BADEN

DURBACHER
Kasselberg
Klingelberger (Riesling)
SPÄTLESE
QUALITÄTSWEIN
MIT PRÄDIKAT
A.P. Nr. 516/11/82

FRANZ MÄNNLE WEINGUT DURBACH/KASSELBERG

BADEN
BEREICH ORTENAU

Durbacher Kochberg
Clevner (Traminer) · Spätlese
Qualitätswein mit Prädikat · A.P.Nr. 513/13/80   0,7 l

Erzeugerabfüllung
WEINGUT ALFRED HUBER DURBACH

WEINGUT   BADEN   DURBACH
HEINRICH MÄNNLE
Durbacher Kochberg
Spätburgunder Rotwein Kabinett
0,7 l   Qualitätswein mit Prädikat · A.P.Nr. 515.04.82

Weingut A. Laible
BADEN   BEREICH ORTENAU

Durbacher Plauelrain
Klingelberger (Riesling) · Kabinett
Qualitätswein mit Prädikat
A.P.Nr. 514/29/80
Erzeugerabfüllung   0,7 l

Abfüller Weingut Andreas Laible · 7601 Durbach am Bühl

Durbacher Schloßberg
CLEVNER TRAMINER · TROCKEN
Spätlese
Erzeugerabfüllung · A.P.Nr. 501/16/80
0,7 l   QUALITÄTSWEIN MIT PRÄDIKAT „B"

BADEN   Endingen

Bereich Kaiserstuhl · Tuniberg
1981er
Endinger Engelsberg
Rulander Kabinett
A.P.Nr. 319.18.82   0,7 l
QUALITÄTSWEIN MIT PRÄDIKAT
Abfüller: Seit 1868 Weinkellerei Bastian · Endingen-Kaiserstuhl

Julius Zotz
Wein-Großkellerei
7843 HEITERSHEIM
1981er
Heitersheimer Maltesergarten
NOBLING · KABINETT
- TROCKEN -
Qualitätswein mit Prädikat
A.P.Nr. 207-41-82   0,7 l
BADEN

BADEN

Hohentwieler Elisabethenberg
TRAMINER
Kabinett
Qualitätswein mit Prädikat
A.P.Nr. 106/04/83   0,7 l
ERZEUGERABFÜLLUNG

ABFÜLLER WEINGUT ROBERT VOLLMAYER HILZINGEN

1982er
Blankenhornsberger
Spätburgunder Weißherbst
Spätlese trocken
Qualitätswein mit Prädikat
Erzeugerabfüllung
Baden   0,7 l

BADEN

Königshofener Walterstal
KABINETT

BADEN   Bereich
                     Markgräflerland

Isteiner Kirchberg
Gewürztraminer
SPÄTLESE - TROCKEN
0,7 l e   Qualitätswein mit Prädikat
A.P.Nr. 221.10.82
Erzeugerabfüllung
SCHLOSSGUT ISTEIN
WEINGUT DES LANDKREISES LÖRRACH

BADEN
BEREICH: BAD. BERGSTRASSE KRAICHGAU
1981er
Qualitätswein mit Prädikat
Leutershausener Staudenberg
SPÄTBURGUNDER ROTWEIN KABINETT
TROCKEN
e 0,7 l   A.P.Nr. 504/11/82
Erzeugerabfüllung
WEINGUT TEUTSCH · LEUTERSHAUSEN AN DER BERGSTRASSE

Kaiserstuhl   BADEN

Königschaffhauser Hasenberg
GEWÜRZTRAMINER SPÄTLESE

Weingut   F.C. Bercher

Staatsweingut Meersburg

Baden Bereich Bodensee
1975er
Meersburger
Bengel
Spätburgunder
Weißherbst
QUALITÄTSWEIN MIT PRÄDIKAT
SPÄTLESE
A.P.Nr. 102/56 12 3 1 1/76
AUS EIGENEM LESEGUT

Bereich   Deutscher
Bodensee   Tafelwein
1982er
Südbadischer Landwein
Müller-Thurgau
Halbtrocken
0,7 l e

1977 er Burg Hornberger Wallmauer
Weißburgunder Kabinett Trocken
A.P.Nr. 606.07.78
FREIHERRL VON GEMMINGEN-HORNBERG'SCHES WEINGUT BURG HORNBERG AM NECKAR

Baden Bereich Bodensee
Abfüller Staatsweingut Meersburg
1981er
Meersburger
Chorherrnhalde
Spätburgunder
Weißherbst
QUALITÄTSWEIN MIT PRÄDIKAT
Kabinett
0,7 l e   ERZEUGERABFÜLLUNG

Weingut Gutzweiler

Baden Bereich Breisgau
Münchweierer
Kirchberg
Riesling · trocken
QUALITÄTSWEIN
A.P.Nr. 415/18/83   0,75 l
ERZEUGERABFÜLLUNG
Weingut Gutzweiler · Kenzingen

FREIHERR V. GLEICHENSTEIN
Oberrotweil am Kaiserstuhl
BADEN
Oberrotweiler Eichberg
Spätburgunder Weißherbst Spätlese
trocken
Qualitätswein mit Prädikat · A.P.Nr. 301/29/82

BADEN   OBERROTWEIL
                 KAISERSTUHL
Oberrotweiler Kirchberg
Spätburgunder Rotwein trocken
0,7 l   Qualitätswein
                 Erzeugerabfüllung A.P.Nr. 307.35.83
Weingut Benno Salwey 7818 Oberrotweil am Kaiserstuhl

Weinbau-   des Ortenau-
versuchsgut   kreises
Schloss Ortenberg Baden / Ortenau
BADEN
Ortenberger Schloßberg
Riesling · Auslese
Qualitätswein mit Prädikat · A.P.Nr. 505.15.82
Erzeugerabfüllung   0,7 l

Anton ALFRED Menges WEINBAU
RAUENBERG b. HEIDELBERG
BADEN
1981er   Rauenberger Burggraf   1981er
          Riesling trocken
0,75 l e Qualitätswein mit Prädikat
          Kabinett
          A.P.Nr. 627.03.82

BADEN BEREICH MARKGRÄFLERLAND

GEGR. 1847
Schliengener Sonnenstück
Nobling
KABINETT · TROCKEN
Qualitätswein mit Prädikat
Amtliche Prüfungsnummer 202/88/83   0,7 l
ABFÜLLER
WEINBAU FRITZ BLANKENHORN SCHLIENGEN

BADEN   Qualitätswein

1980er   A.P.Nr. 811.04.81
Sasbachwaldener Klostergut
Schelzberg Spätburgunder Weißherbst
1 l e   ERZEUGERABFÜLLUNG
H. Hockenberger Klostergut Schelzberg Sasbachwalden

Baden   Bereich
                 Kaiserstuhl
                 Tuniberg
Schelinger Kirchberg
Ruländer · Kabinett
Qualitätswein mit Prädikat
Erzeugerabfüllung · A.P.Nr. 371 09 83   0,7 l
Weingut Gregor und Thomas Schätzle · Schelingen im Kaiserstuhl
TEIL VOGTSBURG-SCHELINGEN

WEINBAU ADOLF STEINMANN WERTHEIM AM MAIN
AfW
QUALITÄTSWEIN
Wertheimer Schloßberg
Portugieser
trocken
0,7 l   BADEN
ERZEUGER-ABFÜLLUNG

- Baden -   Qualitätswein mit Prädikat
                   A.P.Nr.: 803.23.83
                                      0,7 l e
1982
Burg Ravensburger
Löchle - Riesling Kabinett
Nr. 18 Gem. Sulzfeld / B. Nr. 18
Abfüllung Freiherr Göler von Ravensburg'sche Verwaltung 7519 Sulzfeld Baden

82

Die Etiketten dieser Seiten sollen einen Eindruck badischer Gestaltungsvielfalt vermitteln. Sie zeigen jedoch auch eine verbindende Gestaltungslinie – eine Art "Landschafts-Charakter". – Die Mehrzahl der Etiketten stammt von Winzergenossenschaften, die ja tatsächlich den größeren Teil des Badischen Weins vermarkten.

Baden in Moll und in „B"

"Baden" - Genießern liegt das Wort weich auf der Zunge: Baden, das Sonnenland, man weiß es aus der Werbung, und es stimmt, stimmt auch in dem Sinne, daß es die Badener heute sonnig haben. Ein Land der Schönheit ist es schon lange, ein schönes Rebenland, Wald- und Wiesenland mit schönen Orten - und wunderschönen Gaststätten. Und jetzt ist Baden nach langen Jahren des Aufstiegs auch ein Land, in dem die Sonne wirtschaftlichen Wohlstands scheint. Jetzt können sich die Badener ihre guten Weine und ihr gutes Essen erst recht leisten. Und das, obwohl sie - oder weil sie in "B" liegen.

"B" steht europaweit für eine Weinbauzone, in der die topographischen und klimatischen Bedingungen dem Rebenwachstum förderlicher sind als in "A". Zehn deutsche Anbaugebiete zählen zu "A", Baden als einziges zu "B". Das bedeutet für die badischen Winzer höhere Mindestmostgewichte bei den einzelnen Qualitätsstufen und geringere Anreicherungsmöglichkeiten, wenn es darum geht, schwachen Mosten durch Zuckerzugabe vor der Gärung ein stärkeres alkoholisches Rückgrat zu verleihen. Die Badener haben sich freiwillig in dieser Zone erfassen lassen, und als sie mit der EG-Weinmarktorganisation von 1970 einmal darin waren, galt es für sie, mit den höheren Anforderungen qualitativ fertig zu werden. Sie haben es gut geschafft!

Ein Mittel dazu war sicherlich das Gütezeichen des badischen Weinbauverbandes. Es steht neben dem Deutschen Weinsiegel und verlangt bei den offiziellen Blindproben sogar noch höhere Punktbewertungen als dieses. Rund 50 000 so prämierte Weine in vielen Millionen Flaschen sind inzwischen an die Verbraucher gegangen - die meisten davon aus den Kellern der Winzergenossenschaften.

Die rund 25 000 badischen Winzer waren zumeist arme Leute, ihre Geschichte ist reich an schlechten Zeiten mit Absatzsorgen und Hungerjahren. Der Wandel kam durch die Winzergenossenschaften, und die sind neben Sonne und gutem Essen, besonderen Weinen und Landschaftsschönheit eine

weitere badische Spezialität. Die erste "WG" gründete ein Pfarrer am Bodensee. Inzwischen sind es weit über 100, und sie vermarkten mehr als 80 Prozent des badischen Weins.

Wichtigster Marktfaktor ist zweifellos die Zentralkellerei Badischer Winzergenossenschaften, der die Mehrzahl der badischen Genossenschaften angeschlossen ist, und die allein gut ein Drittel des badischen Weins vermarktet. Niemand zweifelt heute mehr daran, daß die Genossenschaften und vor allem die Zentralkellerei die Absatzprobleme meistern, den Weinpreis stabilisieren und dem Lande Wohlstand bringen konnten.

Das Land besteht eigentlich aus Ländchen, von den Weinbaubereichen her sind es sieben, und selbst langjährige Baden-Touristen tun sich schwer, zu entscheiden, welche von diesen sieben Bereichstöchtern die schönste ist:

Zum "Badischen Frankenland" gehört das liebliche, viel besungene Taubertal. Dieser nördliche Bereich Badens ist genauso vom Müller-Thurgau geprägt wie der südlichste, der Bodensee. Der "Seewein" wächst auf der kleinsten Rebfläche der badischen Bereiche und wird von den vielen Touristen dort weitgehend an Ort und Stelle getrunken oder in den Kofferraum gepackt.

Riesling und fruchtiger Ruländer sind die Stärken des Bereiches "Badische Bergstraße/Kraichgau", und Heidelberg, Pforzheim, Karlsruhe seine markanten Städte.

In der Rebenlinie längs des Rheins schließt sich südlich Karlsruhe die Bilderbuchlandschaft der Ortenau an. Das Baden-Badener Rebland gehört ebenso dazu wie das Bühlertal und die Stadt Offenburg - besonders aber die Weinspezialitäten Riesling, der hier auch Klingelberger heißt, und Traminer, den viele Ortenauer gern als Clevner bezeichnen.

Das Markgräflerland an der Grenze zu Frankreich und der Schweiz ist wie ein großer, sehr freundlicher, hügelreicher Park - voll von guten Eß- und Trinkadressen. Als Besonderheit bietet es den bekömmlichen Gutedel, eine Traditionsrebsorte, die in keinem anderen deutschen Anbaugebiet angepflanzt wird.

"Kaiserstuhl-Tuniberg" hat mit fast 5 000 Hektar Rebland als größter der sieben Bereiche etwa ein Drittel der badischen Rebfläche. Vulkanische Kräfte formten dieses Gebirge in der Vorzeit aus der Oberrheinebene, und die Menschen haben es besonders in jüngster Zeit mit den berühmten, künstlichen Rebterrassen weiter gestaltet. Die drei Burgundersorten gedeihen hier besonders gut: der Spätburgunder, der Grauburgunder, der bei uns Ruländer heißt, und der Weißburgunder.

Der benachbarte Breisgau reicht bis Freiburg und mit dem Glottertal deutlich in den Schwarzwald hinein. Die Touristen wissen diese schöne Verbindung von Reben und Wald zu schätzen und kommen auch zum längeren Urlaub. Hier gedeiht eine Vielzahl von Reben, aber in jüngerer Zeit bietet der Breisgau verstärkt "Badisch Rotgold" an.

Das ist nun keine Rebsorte, sondern ein Wein aus den gemeinsam gekelterten Beeren von Grauburgunder (Ruländer) und Spätburgunder. Eine weitere, neue Spezialität in dem an Spezialitäten so reichen Musterland. Natürlich gibt es auch noch den "Weißherbst", den hell gekelterten Wein aus Spätburgundertrauben.

Und zu alledem und allem Überfluß hat Baden auch noch die beste Küche in Deutschland, die meisten Restaurants mit Frische-Tradition, die relativ größte Zahl der Spitzenköche und die intensivste Regionalküche gleichzeitig. Selbstverständlich bietet Baden mit seinem hohen Anteil trockener und halbtrockener Weine (mehr als die Hälfte des Angebots) und mit seiner Rebenvielfalt auch zu jedem Gericht den rechten Wein - oder meist mehrere, die gleichgut passen ...

Baden, Du hast es herrlich, und es ist kein Wunder, daß neben Gästen aus allen deutschen Landen auch die Franzosen herüberkommen, um mit ihren alemannischen Vettern gemeinsam zu genießen. Ach würden sie nur um sich greifen, die "badischen Verhältnisse"!

Auskunft in Weinfragen: Badischer Weinbauverband, Merzhauser Str. 115, 7800 Freiburg, Tel. 0761/40947

Café Schanz, Freiburg i. Br.
Restaurant Museum
Inhaber Carl Schanz

Wein=Karte

Obiges Haus ist mit dem Restaurant Martinstor und der
Weinhandlung Gebrüder Schanz verbunden

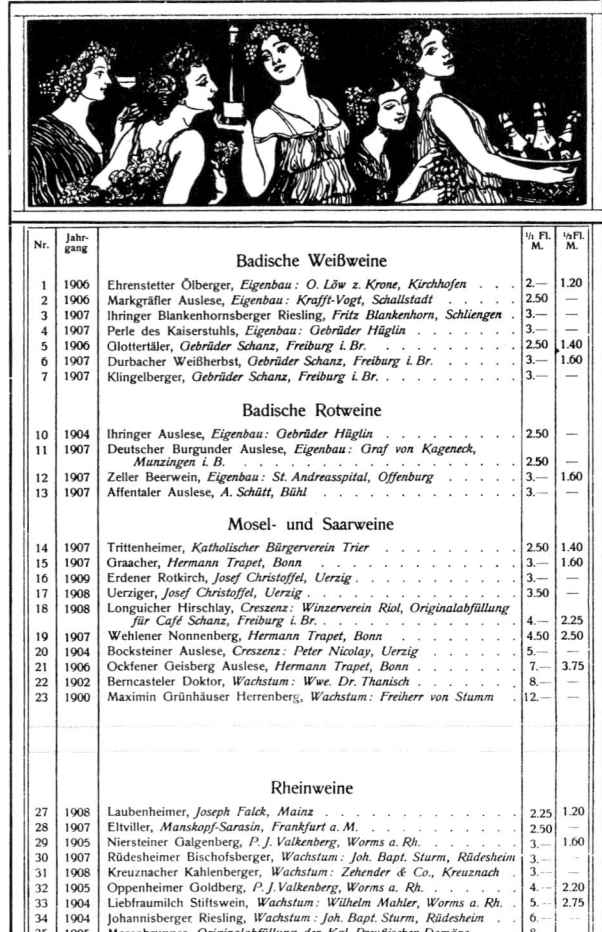

Nr.	Jahr-gang		¹/₁ Fl. M.	¹/₂ Fl. M.
		Badische Weißweine		
1	1906	Ehrenstetter Ölberger, *Eigenbau: O. Löw z. Krone, Kirchhofen* . . .	2.—	1.20
2	1906	Markgräfler Auslese, *Eigenbau: Krafft-Vogt, Schallstadt*	2.50	—
3	1907	Ihringer Blankenhornsberger Riesling, *Fritz Blankenhorn, Schliengen* .	3.—	—
4	1907	Perle des Kaiserstuhls, *Eigenbau: Gebrüder Hüglin*	3.—	—
5	1906	Glottertäler, *Gebrüder Schanz, Freiburg i. Br.*	2.50	1.40
6	1907	Durbacher Weißherbst, *Gebrüder Schanz, Freiburg i. Br.*	3.—	1.60
7	1907	Klingelberger, *Gebrüder Schanz, Freiburg i. Br.*	3.—	—
		Badische Rotweine		
10	1904	Ihringer Auslese, *Eigenbau: Gebrüder Hüglin*	2.50	—
11	1907	Deutscher Burgunder Auslese, *Eigenbau: Graf von Kageneck, Munzingen i. B.*	2.50	—
12	1907	Zeller Beerwein, *Eigenbau: St. Andreasspital, Offenburg*	3.—	1.60
13	1907	Affentaler Auslese, *A. Schütt, Bühl*	3.—	—
		Mosel- und Saarweine		
14	1907	Trittenheimer, *Katholischer Bürgerverein Trier*	2.50	1.40
15	1907	Graacher, *Hermann Trapet, Bonn*	3.—	1.60
16	1909	Erdener Rotkirch, *Josef Christoffel, Uerzig*	3.—	—
17	1908	Uerziger, *Josef Christoffel, Uerzig*	3.50	—
18	1908	Longuicher Hirschlay, *Creszenz: Winzerverein Riol, Originalabfüllung für Café Schanz, Freiburg i. Br.*	4.—	2.25
19	1907	Wehlener Nonnenberg, *Hermann Trapet, Bonn*	4.50	2.50
20	1904	Bocksteiner Auslese, *Creszenz: Peter Nicolay, Uerzig*	5.—	—
21	1906	Ockfener Geisberg Auslese, *Hermann Trapet, Bonn*	7.—	3.75
22	1902	Berncasteler Doktor, *Wachstum: Wwe. Dr. Thanisch*	8.—	—
23	1900	Maximin Grünhäuser Herrenberg, *Wachstum: Freiherr von Stumm* .	12.—	—
		Rheinweine		
27	1908	Laubenheimer, *Joseph Falck, Mainz*	2.25	1.20
28	1907	Eltviller, *Manskopf-Sarasin, Frankfurt a. M.*	2.50	—
29	1905	Niersteiner Galgenberg, *P. J. Valkenberg, Worms a. Rh.*	3.—	1.60
30	1907	Rüdesheimer Bischofsberger, *Wachstum: Joh. Bapt. Sturm, Rüdesheim*	3.—	—
31	1908	Kreuznacher Kahlenberger, *Wachstum: Zehender & Co., Kreuznach* .	3.—	—
32	1905	Oppenheimer Goldberg, *P. J. Valkenberg, Worms a. Rh.*	4.—	2.20
33	1904	Liebfraumilch Stiftswein, *Wachstum: Wilhelm Mahler, Worms a. Rh.*	5.—	2.75
34	1904	Johannisberger Riesling, *Wachstum: Joh. Bapt. Sturm, Rüdesheim* .	6.—	—
35	1905	Marcobrunner, *Originalabfüllung der Kgl. Preußischen Domäne* . . .	8.—	—

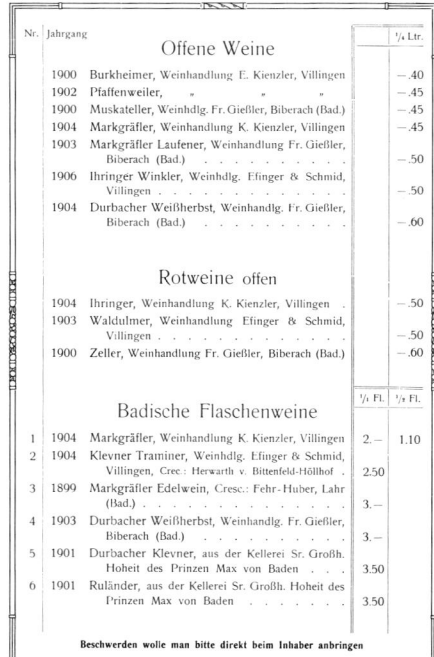

Nr.	Jahrgang	**Offene Weine**	¹/₄ Ltr.
	1900	Burkheimer, Weinhandlung E. Kienzler, Villingen	—.40
	1902	Pfaffenweiler, „ „ „ „	—.45
	1900	Muskateller, Weinhdlg. Fr. Gießler, Biberach (Bad.)	—.45
	1904	Markgräfler, Weinhandlung K. Kienzler, Villingen	—.45
	1903	Markgräfler Laufener, Weinhandlung Fr. Gießler, Biberach (Bad.)	—.50
	1906	Ihringer Winkler, Weinhdlg. Efinger & Schmid, Villingen	—.50
	1904	Durbacher Weißherbst, Weinhandlg. Fr. Gießler, Biberach (Bad.)	—.60

		Rotweine offen	
	1904	Ihringer, Weinhandlung K. Kienzler, Villingen .	—.50
	1903	Waldulmer, Weinhandlung Efinger & Schmid, Villingen	—.50
	1900	Zeller, Weinhandlung Fr. Gießler, Biberach (Bad.)	—.60

Nr.	Jahrgang	**Badische Flaschenweine**	¹/₁ Fl.	¹/₂ Fl.
1	1904	Markgräfler, Weinhandlung K. Kienzler, Villingen	2.—	1.10
2	1904	Klevner Traminer, Weinhdlg. Efinger & Schmid, Villingen, Crec.: Herwarth v. Bittenfeld-Höllhof .	2.50	
3	1899	Markgräfler Edelwein, Cresc.: Fehr-Huber, Lahr (Bad.)	3.—	
4	1903	Durbacher Weißherbst, Weinhandlg. Fr. Gießler, Biberach (Bad.)	3.—	
5	1901	Durbacher Klevner, aus der Kellerei Sr. Großh. Hoheit des Prinzen Max von Baden . . .	3.50	
6	1901	Ruländer, aus der Kellerei Sr. Großh. Hoheit des Prinzen Max von Baden	3.50	

Beschwerden wolle man bitte direkt beim Inhaber anbringen

Nr.	Jahrgang	**Badische Rotweine**	¹/₁ Fl.	¹/₂ Fl.
7	1900	Zeller, Cresc.: Fehr-Huber, Lahr (Bad.) . . .	3.—	
8	1900	Affentaler, Weinhandlung A. Axtmann, Karlsruhe	3.50	

		Pfälzer Weine		
9	1904	Wachenheimer, Cresc.: Albert Bürklin Wolf, Wachenheim	2.—	
10	1901	Königsbacher, Cresc.: F. P. Buhl, Deidesheim .	2.50	
11	1903	Deidesheimer Weiß-Kreuz, Cresc.: F. P. Buhl, Deidesheim	3.—	
12	1903	Deidesheimer Gewürz-Tramin, Cresc.: F. P. Buhl, Deidesheim	5.—	

		Rhein- und Moselweine		
13	1905	Rehlinger, Weinhandlung A. Axtmann, Karlsruhe	2.—	1.10
14	1904	Zeltinger, Weinhandlung E. Kienzler, Villingen .	2.20	
15	1904	Valwigberger Auslese, Cresc.: Lönartz	3.50	
16	1904	Laubenheimer, Weinhandlg. E. Kienzler, Villingen Cresc.: A. Schwibinger in Nierstein	2.50	
17	1904	Liebfrauenmilch, Cresc.: Fritz Seitz, Worms . .	4.—	
18	1903	Rüdesheimer Burgweg, Cresc.: Vereinigte Wein-gutsbesitzer, Rüdesheim	5.—	

Beschwerden wolle man bitte direkt beim Inhaber anbringen

Die obere Weinkarte galt 1910 bei Carl Schanz in Freiburg, die untere vier Jahre vorher im Hotel „Zähringer Hof" in Villingen. Die Weinpreise waren in dieser Zeit stabil geblieben. Man legte auch bei den Weinen zum Essen sehr viel Wert auf ältere Jahrgänge. Das Angebot offener Weine oder halber Flaschen war schon recht umfangreich.

Das Gütezeichen des Badischen Weinbauverbandes ist durch viele Millionen Flaschen (nur 0,75 l und kleiner) in Deutschland bekannt geworden. Es wird nur solchen Weinen verliehen, die in der Prüfung bestimmte Mindestpunktzahlen erreichen – wesentlich mehr, als in der amtlichen Prüfung gefordert.

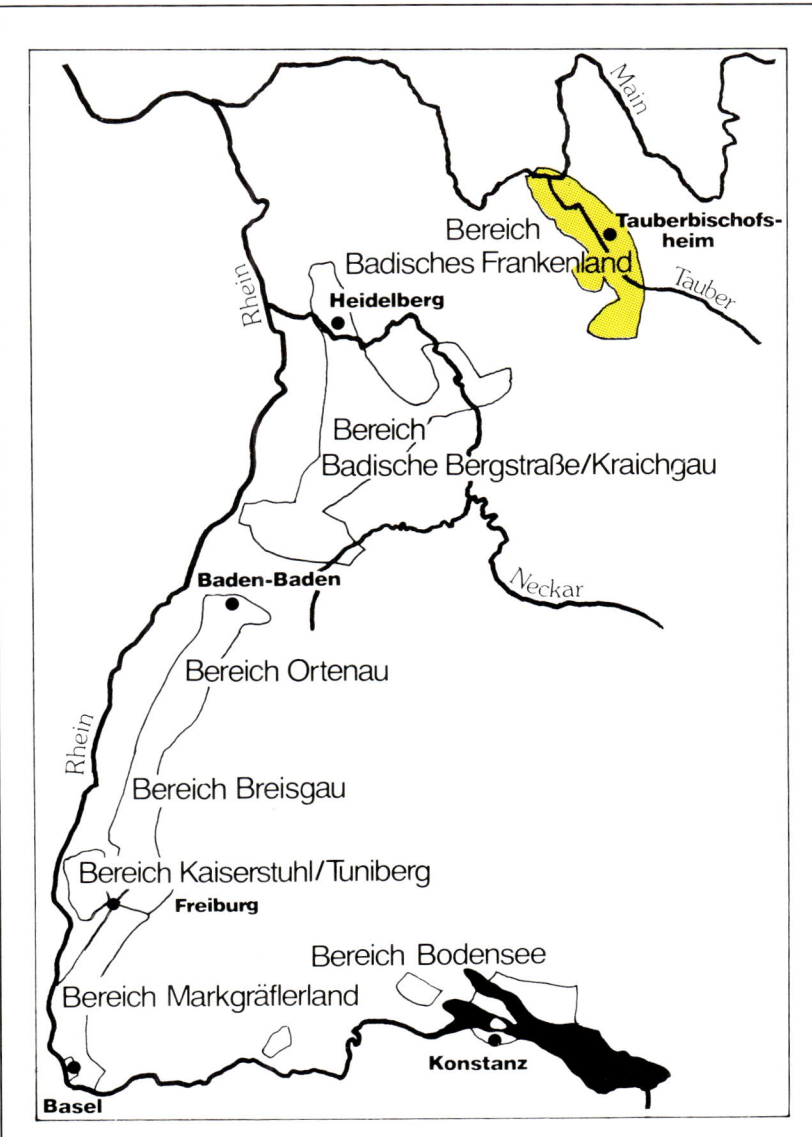

Das Weinbaugebiet Baden hat sieben Bereiche. Zur besseren Einordnung ist dem Text über jeden Bereich eine solche Karte vorangestellt. Die gelb markierte Bereichsflasche erleichtert die regionale Zuordnung.

Badisches Frankenland

"Sanft", "idyllisch", "freundlich", "lieblich" ... "Landschaft zum Wandern", "wie aus dem Bilderbuch" ... Man steht oder geht oder fährt im Taubertal, und dann kommen beim Betrachten solche Begriffe in den Sinn. Beim einen dieser, beim anderen jener, aber irgendein Wort aus dieser Auswahl gewiß, denn sie alle erscheinen typisch für dieses kleine Tal im Norden des badischen Weinbaugebietes. Der große Bach oder kleine Fluß fließt in gestreckten Windungen mal auf dieser und mal auf jener Seite des "gepflegt" wirkenden Tälchens zwischen Bergen, die gelegentlich nur große Hügel sind, fließt zum Main und ist dort in Wertheim vor seiner Mündung schon ein Fluß.

Flaschen und Gläser im Wertheimer Glasmuseum. Unten: Wertvolle alte Weine in Bocksbeuteln heutiger Form abgefüllt.

In diesem Tal mit seinen bescheidenen bis bürgerstolz-soliden Dörfern und Städtchen liegt der größte Teil des 700 Hektar großen Weinbaus im Bereich Badisches Frankenland. Er liegt an den Südhängen, erreicht deshalb nirgendwo große, geschlossene Flächen, endet meist wegen der Frostgefahr zwei dutzend Meter über der Talsohle und aus dem gleichen klimatischen Grund ein Stück unterhalb der windigen Bergkante.

Der Frost, besonders der Strahlungsfrost des Frühjahres, ist hier ein häufiger Begleiter und ausgeprägter Weinbaufeind. Andererseits bringen die Sommer bei viel blauem Himmel und hoher Strahlungsintensität der Sonne einen guten Wachstumsfortschritt. Dabei gilt natürlich auch für den Menschen, und insbesondere für seine touristische Spielart, daß es zwar häufig warm wird, selten aber zu heiß. Damit rundet sich das Bild weiterhin zu den eingangs erwähnten Begriffen wie "lieblich" oder "mild".

In dieser Landschaft gedeiht auf meist dünner Krume und weitgehend in Hang- und Steilhanglagen zu rund 70 Prozent Müller-Thurgau, der den bis zum Zweiten Weltkrieg vor-

Ein großer Teil des Weines im Badischen Frankenland wird durch die beiden Genossenschaften erfaßt. Wegen dieser Tatsache sind die Weinorte der Region, abweichend von der sonstigen Regelung, nicht in alphabetischer Reihenfolge, sondern im Zusammenhang ihrer Genossenschaften erfaßt.

Rechte Seite: Typisches – liebliches – Bild der Region. Typischer Stein: Muschelkalk. Edler Kristall: Weinstein (vergrößert).

herrschenden Silvaner abgelöst hat. Er wächst auf dem oberen Muschelkalk - regional gelegentlich als "des Teufels Hirnschale" benannt - und kommt mit wenig Niederschlag aus (um 600 mm/Jahr).

Die Weine werden gern als blumig und erdig bezeichnet; es sind fränkische Weine wie jene, die nahebei in den Reblandschaften Frankens und Württembergs wachsen. Klima, Bodenarten, Frostgefährdung und Regenarmut, all das gilt hier für das Weinbaudreieck Baden, Franken und Württemberg gleichermaßen, und bis 1806 waren Main- und Taubertal eine politische Einheit unter der Herrschaft der Würzburger Bischöfe. Dann wurde es Baden zugeschlagen, wobei die Natur diese regionale Frage jedoch weiterhin anders sieht. Die "badischen Franken" haben aus jener Zeit allerdings noch das Bocksbeutelrecht behalten, was ihnen die Vermarktung ihrer Weine durchaus erleichtert.

Zur Zeit dieses Landeswechsels war das Taubertal mit dem angrenzenden Schüpfergrund noch ein großes Weinbaugebiet. Die bestockte Rebfläche erreichte im Mittelalter 6 000 Hektar. Im Gegensatz zu heute wurden damals nicht nur die

besten Parzellen mit dem günstigsten Kleinklima bepflanzt, sondern selbst Nordhänge. Durch ein System wärmeregulierender Steinmauern versuchten die fleißigen Winzer - "Häkker" -, der Natur in Sachen Wärme ein wenig auf die Beine zu helfen. Einige dieser Mauern stehen heute noch.

Viele Häcker und einige, wenige Patrizierfamilien (Apotheker zum Beispiel), die den Weinbau und Weinhandel der Region weitgehend kontrollierten; das war die soziale Struktur des Badischen Frankenlandes, die bis etwa 1850 galt. Die Häcker hatten meist nur wenig eigenen Weinbau und verdienten sich ihr täglich Brot als Tagelöhner bei den großen Gütern. Sie hatten zwar eine traditionsreiche Zunft (das Zunfthaus in Tauberbischofsheim existierte bis in die fünfziger Jahre unseres Jahrhunderts), aber nur geringen Einfluß.

Man maß noch in Badischen Morgen zu 36 Ar, als in den Jahren nach 1820 mit einem ersten Vermessungsnetz - und einer Flächenaufteilung begonnen wurde. In besten Lagen entstanden "handtuchgroße" Parzellen bis zur Minigröße von 250 Quadratmetern. Es war aber nicht die Erb- und allgemeine Aufteilung der napoleonischen und nach-napoleonischen Zeit, die den Weinbau des Taubertales ab 1850 fast gänzlich zum Erliegen brachte.

Es waren weltwirtschaftliche, regionale und klimatische Einflüsse, die schließlich von 6 000 nur noch 180 Hektar übrigließen. Viele Häcker wanderten nach Amerika aus, um der Armut und dem Hunger zu entgehen, und viele verpfändeten ihre letzten Weinberge, um das nötige Reisegeld aufzutreiben. Wertheim, der ehemals bedeutende Umschlaghafen für tauberfränkischen Wein, erlitt einen großen wirtschaftlichen Verlust, und im Taubertal wurden wieder mehr Ackerfrüchte angebaut, um den unmittelbaren Hunger zu stillen. Das edle Getränk für den gehobenen Durst kam erst wieder mit der Aufbruchstimmung nach dem Grauen des Zweiten Weltkrieges so recht zum Zuge. Die Freude am feineren Genuß brachte dem Badischen Frankenland eine neue Wein-Blüte. Sie hält unvermindert an, soweit es den Reblandzuwachs angeht, heute aber vernünftigerweise in den besten Lagen.

Beckstein · Dainbach · Tauberbischofsheim

Beckstein
Stadtteil von Lauda-Königshofen

Bestockte Rebfläche: 100 Hektar in den Lagen "Kirchberg" und "Nonnenberg" (Großlage "Tauberklinge")
Haupt-Rebsorten: Vorwiegend Müller-Thurgau, Silvaner und Kerner
Vermarktung: WG Beckstein, 1 Selbstmarkter

Da liegt das Dorf zwischen wohlgerundeten Bergen inmitten seiner Reben. Liegt "eingebettet" - hier stimmt das Wort - und strahlt Wohlstand aus. Heiter wie die umgebende Landschaft und sehr gepflegt wirken Häuser, Straßen und Vorgärten. Romantik ist hier zu Hause und gleichermaßen der Erfolg des "Aufwärtsgehens".

Genau dieses Dorf aber, das mehrfach für seine Schönheit prämiert wurde und 1981 die staatliche Anerkennung als Erholungsort erhielt, dieses wohlhabende Dorf war vor nicht allzu langer Zeit noch bettelarm - und das seit vielen Jahrhunderten. Es war so arm, daß der Spruch ging: "In Beckscht verreckscht."

Die Becksteiner hatten schon früh mit dem Weinbau begonnen - und sich darauf spezialisiert. Sie liebten den Wein, waren fleißig, hatten aber so geringen Ertrag, daß sie nicht davon leben konnten. Als Häkker und Schnitter, die sie waren, verdingten sie sich zur Lohnarbeit in den Nachbardörfern, um ihr tägliches Brot zu haben. Es ist beurkundet, daß der letzte Ritter von Beckstein, Philipp Hartmann von Merlaune, so bettelarm war, daß er zeitweise von den Bürgern reihum beköstigt wurde. Und es ist ebenso beurkundet, daß 1687 Simon Rückert als "reichster" Becksteiner Weinbauer nur eine Kuh und eine Ziege besaß, und sich die meisten Familien im Dorf zu zweit Keller und Scheune teilen mußten.

Es lag wohl am Muschelkalk, diesem schwer bebaubaren Bo-

Beckstein im typischen Detail und in der Totale.

den, der in einer Zeit, als der Weinbau auf Menge statt auf Qualität ausgerichtet war, nicht die rechten Erträge liefern konnte. Dabei hatten die Becksteiner überall Mauern aus diesem Verwitterungsboden aufgeschichtet und sogar ganze Halden davon aufgetürmt, damit die Wärme besser in den Weinbergen verblieb, um so dem Hauptfeind Frost nicht hilflos ausgeliefert zu sein. Damals mußten sogar die Nordhänge bebaut werden, und das machte den Teufelskreis ihres alljährlich vergeblichen Kampfes nur noch schlimmer.

Der Weinbau ging in Beckstein, wie in der ganzen Region, stark zurück. 1839 und 1952 schrieben zwei Weinbuchautoren nahezu das gleiche über den Beck-

steiner Weinbau: Daß der Wein in diesem Ort nämlich keine Chance mehr habe. 1839 waren von den mittelalterlichen Riesenflächen immerhin noch 102 Hektar geblieben, 1952 zählte man nur noch ganze 26 Hektar. Und heute sind es wieder 100, und der Ort blüht und gedeiht.

Den Wandel hat nicht die Eingemeindung nach Lauda gebracht und auch kein Klimawechsel und kein Rebsortenwunder, sondern - die in der Winzergenossenschaft gebündelte Selbsthilfe. Mit der größten Beregnungsanlage Europas, die Frostschäden weitgehend verhindert, mit einer Flurbereinigung, die auf die Natur Rücksicht nahm, mit mühseligem Wiederaufbau uralter Trockenmauern in den Weinbergen,

mit freiwilliger, qualitätsfördernder Beschränkung der Ertragsmengen - und natürlich mit dem ständigen Bemühen um ein schöneres Dorf schafften die Becksteiner den Schritt von der Armut zum bescheidenen Wohlstand.

Die Einbeziehung des Fremdenverkehrs gehörte ebenso dazu wie der Bau von zwei künstlichen Seen für das notwendige Berieselungswasser der Weinberge, die Anlage von Wanderwegen ebenso wie das Neuanpflanzen von 3 000 Bäumen im Tal, der Bau eines repräsentativen Gebäudes für die Winzergenossenschaft ebenso wie das Bemühen um die Verbesserung der Gastronomie. Zweimal jährlich gibt es Weinseminare mit der Attraktion eines "Fränkischen Hochzeitsessens", und die Saison dauert heute vom zeitigen Frühjahr bis in den späten November. Zu den Medaillen in den Wettbewerben um die Dorfverschönerung kamen viele Goldmedaillen bei den Weinprämierungen. Offenbar konnten die Prüfer den Wein-Wahlspruch der erfolgsstolzen Becksteiner häufig bestätigen: "Erdig und blumig, vollmundig rein, das ist der echte Becksteiner Wein."

Dainbach
Stadtteil von Bad Mergentheim

Einwohner: 330
Bestockte Rebfläche: 3 Hektar in der Lage "Alte Burg" (Großlage "Tauberklinge")
Haupt-Rebsorte: Müller-Thurgau
Vermarktung: WG Beckstein

Das Dorf hatte vor anderthalb Jahrhunderten eine Rebfläche von 75 Hektar. Heute ist die "Dainbacher Alte Burg" mit etwa drei Hektar Fläche ausgewiesen und auch nur zum Teil bestockt. Immerhin liefern die Dainbacher Winzer aber über die WG in Beckstein den einzigen Bocksbeutelwein der Kurstadt Bad Mergentheim. Müller-Thurgau, Kerner und Gutedel werden angebaut.

Tauberbischofsheim

Einwohner: 12 226
Bestockte Rebfläche: 8 Hektar in der Lage "Edelberg" (Großlage "Tauberklinge")
Haupt-Rebsorten: Über die Hälfte Müller-Thurgau, dazu Silvaner, Weißburgunder, Ker-ner, Ruländer und Scheurebe
Vermarktung: WG Beckstein

Eine rechte Weinstadt ist Tauberbischofsheim als Kernstadt heute nicht mehr, aber die Geschichte der traditionsreichen Stadt ist mit dem Wein verbunden, und vor einem Jahrhundert standen auf der Gemarkung 150 Hektar Reben im Ertrag. 1918 waren nur kümmerliche Reste von weniger als einem Hektar übriggeblieben. Rechnet man die eingemeindeten Stadtteile ein, so sind es heute immerhin 60 Hektar. Die Rebfläche der Kerngemarkung wird vom städtischen Weingut bewirtschaftet, das inzwischen die Becksteiner Genossenschaft übernommen hat.

Die Geschichtsschreibung über Tauberbischofsheim ist sehr reichhaltig, und man weiß zahllose Einzelheiten, seit der englische Missionar Bonifatius hier um 730 gewirkt hat. Der spätere Heilige hat im Ort ein Frauenkloster gegründet, als dessen erste Äbtissin er eine englische Verwandte bestellte. Sie hieß Lioba, wurde später ebenfalls in den Stand der Heiligkeit versetzt und wird heute noch als Stadtpatronin geehrt.

Seit 1305 haben es die "Bischemer", wie sie sich selbst nennen, schriftlich, daß ihre Stadt rings von Reben umgeben war. Es könnte sein, daß dies schon Jahrhunderte vorher galt. Als sicher ist aber anzunehmen, daß Weinbau in irgendeiner Form schon einige Jahrhunderte vorher begonnen haben muß. Damals gab es diese riesigen Erdbearbeitungsmaschinen noch nicht, die einen ganzen Weinberg aus Brachland in wenigen Monaten pflanzbereit machen.

Winzergenossenschaft Beckstein

1894 ließen sich 18 Becksteiner Winzer in das Genossenschaftsregister eintragen und gründeten damit die nach Hagnau und Meersburg (Bodensee) drittälteste Winzergenossenschaft des Anbaugebietes. Ein eigener Weinkeller entstand zehn Jahre später. Noch siebenmal mußte an- und ausgebaut werden, bis die heutige Kapazität erreicht war: 12 500 000 Liter. Im ehemaligen Kellereigebäude ist heute die "Weinbaugenossenschaft Beckstein" untergebracht. 1957 gegründet, befaßt sie sich u.a. mit der Fremdenverkehrswerbung, vermittelt Kellereibesichtigungen und Weinproben und ist für Weinstube, Restaurant und den geplanten Hotelbetrieb verantwortlich.

Jeder vierte Einwohner des Ortes ist heute Mitglied der Winzergenossenschaft. Die 520 Winzer kommen aus 18 Nachbargemeinden und bewirtschaften eine Rebfläche von 320 Hektar. Müller-Thurgau ist die Nummer eins - 75 Prozent der Reb-

fläche sind ihm vorbehalten. Kerner (10 %), Bacchus (5 %), Silvaner (5 %) und Schwarzriesling (3 %) folgen mit bescheideneren Anteilen. Alle Becksteiner Weine werden seit 1950 nach Lagen und Sorten getrennt eingelagert, ausgebaut und in Flaschen (auch in den Bocksbeutel) abgefüllt. Zu den besten Lagen im "Mittleren Taubertal" zählt der "Becksteiner Nonnenberg". Hier wurde 1956 die größte geschlossene Beregnungsanlage Europas installiert. Sie soll Trockenheitsschäden vorbeugen und das Erfrieren der Trauben verhindern.

Die Weine werden über Verkaufsvermittler dem Groß- und

Einzelhandel und der Gastronomie angeboten. Der private Kunde kann im "Weinparadies", dem Verkaufsraum mit Selbstbedienung, vor Ort einkaufen.

Distelhausen · Dittigheim · Dittwar · Impfingen

Einige Jahrzehnte vor dieser stolzen Weinbauurkunde erhielt Tauberbischofsheim Stadt- und Marktrecht. Damit kamen auch die Mauern und Türme, die dann in späteren Zeiten zahlreiche Gegner zum Berennen reizten. Das letzte negative Großereignis dieser Art war die Schlacht von Tauberbischofsheim im Jahre 1866. Die Preußen kämpften gegen die Allianz des süddeutschen Raumes mit Österreichern und Württembergern an der Spitze, wobei die Württemberger die Hauptlast des Krieges zu tragen hatten, und die Preußen siegten. Letztere haben sich als Sieger sehr korrekt benommen, was in den Jahrhunderten vorher keineswegs üblich war, wie grauenvolle Augenzeugenberichte in überlieferten Schriften nachweisen.

Heute wird in der blühenden Kreisstadt Tauberbischofsheim immer noch gefochten - aber nur um Titel und Medaillen. Die "Fechterhochburg" ist weltweit berühmt, und die sportlichen Erfolge helfen dem Fremdenverkehr an diesem Teil der "Romantischen Straße".

Distelhausen
Stadtteil von Tauberbischofsheim

Bestockte Rebfläche: 8 Hektar in der Lage "Kreuzberg" (Großlage "Tauberklinge")
Rebsorten: Müller-Thurgau und etwa 20 Prozent Bacchus
Vermarktung: WG Beckstein

Merian berichtete vor einigen hundert Jahren vom "herrlichen Wein", der in Distelhausen wächst. Tatsächlich war der "Distelhäuser" auch in späteren Zeitläufen weit im Lande berühmt, ein erfolgreicher Weinhändler namens Johann Simon Abendantz sorgte dafür. Er baute einen so prachtvollen Hof mitten in das Dorf. Das war 1758, und man nannte den Hof später allgemein das "Alte Schloß". Das "Neue Schloß"

wurde 1840 als Sommersitz der Freiherrn von Zobel errichtet. Die dritte große bauliche Dorfattraktion stand zu jener Zeit schon: die 1738 fertiggestellte barocke Pfarrkirche St. Markus.

Sie ist nach wie vor nicht nur durch ihre Pracht berühmt, sondern auch durch die Pferdeprozession alljährlich am Pfingstmontag. Der "St. Wolfgangsritt" erinnert an ein Gelübde der Vorfahren in schlimmer Zeit.

Das Backhäuschen von Lindelbach ist noch gut erhalten. Ebenso wie Wein- und Brenn-Tradition werden hier auch Eß-Traditionen gepflegt.

Dittigheim
Stadtteil von Tauberbischofsheim

Bestockte Rebfläche: 14 Hektar in der Lage "Steinschmetzer" (Großlage "Tauberklinge")
Rebsorten: Weitgehend Müller-Thurgau und etwa ein Zehntel

Ein anderes großes Ereignis im Dorfgeschehen ist aus jüngerer Zeit. Das Weinfest nach dem Herbst knüpft jedoch genauso wie der Weinbau an die alten Traditionen an: Nach Jahrhunderten erfolgreichen Weinbaus brachte der erste Weltkrieg ein vorläufiges Aus, und erst in jüngster Zeit wurde wieder neu angepflanzt: rund acht Hektar Bacchus, Müller-Thurgau und Kerner, die über die WG in Beckstein vermarktet werden.

Bacchus
Vermarktung: WG Beckstein

Die Rebseuchen der vergangenen Jahrhundertwende ließen den Weinbau in Dittigheim schnell zurückgehen, und nach dem ersten Weltkrieg vermerkt die Statistik, daß gerade noch ein Gelände in der Größe eines

Kleingartens bestockt war. Die Dittigheimer haben jedoch den Weinbau nicht ganz aufgegeben - weder nach der großen Choleraepedemie 1866 noch nach der verheerenden Feuersbrunst 1914. Heute stehen wieder rund 15 Hektar Reben in der Lage "Steinschmetzer" im Anbau: Müller-Thurgau, Bacchus und Kerner, die über die WG Beckstein vermarktet werden.

Dittwar
Stadtteil von Tauberbischofsheim

Bestockte Rebfläche: 11 Hektar in der Lage "Ölkuchen" (Großlage "Tauberklinge")
Rebsorten: Etwa zwei Drittel Müller-Thurgau und ein Drittel Schwarzriesling
Vermarktung: WG Beckstein

Schwarzriesling aus dem Dittwarer "Ölkuchen" - ungewöhnliche Namen in ungewöhnlichem Zusammenhang: Der seltene Schwarzriesling wird in Dittwar neben dem auch hier weit verbreiteten Müller-Thurgau auf etwa einem Drittel der Rebfläche angebaut. Da die bestockte Rebfläche nur etwa zehn Hektar groß ist, kann dieser über die WG Beckstein vermarktete Rotwein als eine der außergewöhnlichen - und seltenen Spezialitäten des Badischen Frankenlandes gelten.

Das im freundlichen Muckbachtal gut anzusehende Dorf führt eine Traube im Ortswappen, und damit den Beweis für eine lange Weinbautradition, die erst in jüngerer Zeit durch erneutes Bestocken der hängigen und steilen Parzellen im "Ölkuchen" wiederaufgenommen wurde.

Impfingen
Stadtteil von Tauberbischofsheim

Bestockte Rebfläche: 10 Hektar in der Lage "Silberquell",

"Weinstuben Beckstein"
Weinstraße 30
6970 Lauda-Königshofen
Karl Müller
09343/8200

Fränkische Hochzeitsuppe

Für die Markklößchen:
4 Markknochen, 1/2 feinge-hackte Zwiebel, 1 1 Rinder-kraftbrühe, 1 EL Petersilie, 2-3 Eier, 100 g Paniermehl, Mus-kat, Salz

Das Mark auslassen und mit Zwiebel, Petersilie, Salz und Muskat schaumig rühren. Die Eier und das Paniermehl nach und nach dazugeben, bis eine feste Masse entstanden ist. Dar-aus kleine Klößchen formen und in siedender Rinderkraft-brühe garen, bis sie aufsteigen.

Für den Eierstich und den Grünkern:
50 g gemahlenen Grünkern, 2 Eier, gleiche Menge Milch, wei-ßer Pfeffer, Muskat, Salz

Die Eier zusammen mit Milch, Muskat, Salz und Pfeffer gut verquirlen und im heißen Was-serbad 15 Minuten indirekt po-chieren. Den Grünkern in kal-tem Wasser aufquellen lassen und danach in die kochende Rinderkraftbrühe geben. Das Ganze 20 Minuten sieden las-sen.

Grünkern (oben) ist eine Getreideart (besondere Zuberei-tung), die jetzt auch außerhalb Badens wieder zu erhalten ist. Siehe auch „Rezepte".

Der Bacchusknabe ist inzwischen ein gestandener Mann: Heinz-Peter Vetter vom gleichnamigen Weingut in Lauda-Königshofen.

Klepsau · Gerlachsheim · Königshofen · Lauda

(Großlage "Tauberklinge")
Haupt-Rebsorten: Müller-Thurgau, Silvaner und Bacchus
Vermarktung: WG Beckstein, WG Badisches Frankenland, 1 Selbstmarkter

Die Kirche fällt auf mit ihren originellen Ecktürmen außen und ihren feinen Altären drinnen. Ein Segelflugplatz paßt mit den leisen Flugzeugen gut in diese beschauliche Landschaft. Urlaub auf dem Bauernhof wird angeboten. Einige der Bauern haben in den Jahren nach 1953 den im Ort fast vergessenen Weinbau wieder aufgenommen, und heute gibt es Ende Oktober alljährlich sogar ein richtiges Weinfest, bei dem das edle Naß des "Silberquells" (so heißt die Steillage des Ortes) reichlich fließt.

Klepsau
Stadtteil von Krautheim

Einwohner: 400
Bestockte Rebfläche: 36 Hektar in der Lage Heiligenberg (Großlage "Tauberklinge")
Rebsorten: Vorwiegend Müller-

Thurgau und Kerner (etwa 25 %)
Vermarktung: WG Beckstein

Im Tal fließt die Jagst, der Nordhang ist bewaldet, und auf den sonnigen und sanften Hängen der Südseite stehen Rebstöcke. "Idyllisch", ist eines der Worte, die dem Betrachter einfallen, "Kleinod" vielleicht ein anderes, wenn er das Dörfchen selbst meint.

Bei weinbaupolitischer oder politischer Betrachtung dürften eher Begriffe wie "ungewöhnlich" oder "kurios" gelten: Unter Napoleon wurde Klepsau badisch, 1971 entschieden sich die Klepsauer demokratisch und ganz freiwillig für die Eingemeindung in die Stadt Krautheim, die unter anderem dadurch bekannt wurde, daß Götz von Berlichingen hier seinen bekannten Kraftspruch tat. 1973 aber wurde dieses Krautheim im Zuge der Kreisreform württembergisch, die Jagst gilt ja auch als württembergisch. Der Stadtteil Klepsau blieb mit seiner langen Weinbautradition jedoch badisch.

Das war auch eine praktische Frage aus der Weinbauentwick-

lung der jüngsten Zeit: Die Klepsauer hatten sich vorher zwar auch der 1950 gegründeten Bezirkskellerei des Jagsttales angeschlossen, als diese jedoch wegen der damals bescheidenen Anbaufläche von insgesamt 15 Hektar keine wirtschaftliche Grundlage mehr hatte, entschloß man sich 1969 zum Anschluß an die badischen Becksteiner. Die eigene Kelterstation blieb aber erhalten, und so liefern die Klepsauer Winzer ihrer Genossenschaft Most statt Trauben. Und noch eine Besonderheit: Der herb-trockene Klepsauer Wein wird in Schlegelflaschen abgefüllt, nicht im Bocksbeutel.

Gerlachsheim
Stadtteil von Lauda-Königshofen

Bestockte Rebfläche: 45 Hektar in der Lage "Herrenberg" (Großlage "Tauberklinge")
Rebsorten: vorwiegend Müller-Thurgau, daneben Silvaner und Kerner
Vermarktung: WG Beckstein, 1 Selbstmarkter

Das große Dorf ist heute Stadtteil, früher war es jedoch selbst Unterzentrum für zahlreiche Gemeinden der Umgebung, Sitz verschiedener Ämter - und eines bedeutenden Weinhandelshauses. Hans David Buchler wurde 1672 Bürger von Gerlachsheim. Er war mit seinem Vater nach dem Dreißigjährigen Krieg aus dem Odenwald gekommen und ließ sich als Büttner, als Hersteller von Holzgefäßen, in Gerlachsheim nieder. Wie sich herausstellte, war dies ein Glücksfall für den Ort, denn die Buchler-Nachkommen mehrerer Generationen waren als Weinhändler so außerordentlich tüchtig, daß ihr Gerlachsheimer Stammhaus schließlich Niederlassungen in Köln, Frankfurt, Augsburg und Amsterdam unterhielt.

Der "Herrenberg" galt als eine der feinsten Lagen im Taubergrund, und sein Wein war so beliebt, daß der Ort um 1900 mehr als 130 Hektar Reben im Ertrag stehen hatte. Nach dem Ersten Weltkrieg war ziemlich genau ein Prozent dieser Menge übriggeblieben. Rebkrankheiten, unsichere Ernten und der Krieg hatten für diese ungeheure Reduzierung gesorgt. Nach dem Zweiten Weltkrieg vermerkt die Statistik zehn Prozent des Rebflächenrekordes der Jahrhundertwende. Die von 1970 bis 1972 durchgeführte Rebflurbereinigung brachte dann zusammen mit dem neuen, gewaltigen Speicherbecken für die Beregnungsanlagen (Frostschutz) die endgültige Wende zum Guten: Heute kann sich Gerlachsheim mit über 50 Winzern und fast ebensoviel Hektar Rebland als Weinbaugemeinde wieder "sehen lassen". Das Weinfest im Herbst ist äußeres Zeichen dieses Erfolges.

Baulich war der Ort immer schon attraktiv. Dafür hatten die Prämonstratenser mit ihrem Kloster und der prachtvollsten Barockkirche im Taubergrund schon im Mittelalter gesorgt. Nicht zu vergessen die Buchlers, die ihr stattliches Winzerhaus mitten in den Ort gebaut hatten.

Königshofen
Stadtteil von Lauda-Königshofen

Bestockte Rebfläche: 42 Hektar in den Lagen "Turmberg", "Kirchberg" und "Walterstal" (Großlage "Tauberklinge")
Rebsorten: Müller-Thurgau, Silvaner und Kerner mit größeren Anteilen
Vermarktung: WG Beckstein, 2 Selbstmarkter

"Es liegt dieser Fläck an einem sehr lustigen und gutem Ort, das aller dinge genüge tregt zu auffenthaltung Menschlich Geschlechts, als nemlich Korn, Wein, Holtz und andere ding - und wird der Wein, der da wechßt, für andere sehr weit geführt." - Sebastian Münzer hat diese Zeilen in seiner berühmten Weltbeschreibung Königshofen gewidmet. Das war im 16. Jahrhundert, und Königshofen muß zu jener Zeit von seinen fleißigen Einwohnern wieder einmal fein hergerichtet worden sein. Wieder einmal, denn dieser traditionsreiche Ort hat soviel Leid erfahren, soviel Zerstörung, daß es ihn eigentlich garnicht mehr geben dürfte.

"Phönix 1980" nennt sich der

Die Kirche von Königshofen und die Keller des Versuchsgutes Lauda (links) und der Winzergenossenschaft Beckstein.

Heimat- und Kulturverein, und wie jener "Phönix aus der Asche", so ist Königshofen aus allen Beinahe-Untergängen wieder auferstanden und aufgestiegen. "Chunigashuoba" hieß der Ort um 722, zu der Zeit als Bonifatius hier die erste Kirche zu Ehren des Heiligen St. Martin errichtet haben soll. 832 dann erscheint der spätere Name zum erstenmal - in lateinischer Sprache: "villa regia" ("königlicher Hof").

In späteren Jahrhunderten wurde der Ort immer wieder böse heimgesucht. Eine Pest im 15. Jahrhundert, die nur sieben Einwohner überlebten, ist dafür ebenso Beispiel wie der 3. Juni 1525. An diesem Tag besiegte ein bündisches Ritterheer am Turmberg vor dem Ort die aufständischen Bauern. Georg Truchsess von Waldburg, der als "Bauernschlächter" in die Geschichte einging, metzelte über 4 000 Bauern nieder. Alle waffenfähigen Männer aus Königshofen wurden dabei getötet. Es waren rund 300, und nur 15

greise und kranke Männer, die zu Hause geblieben waren, überlebten das Massaker.

Der Turmberg war immer wieder "Schicksalsberg" des Ortes - zuletzt noch kurz vor Friedensschluß des vergangenen Weltkrieges, als dort 60 deutsche und 300 amerikanische Soldaten ihr Leben lassen mußten. Heute aber ist er ein Berg friedlichen Weinanbaus - gewissermaßen symbolisch mit der milden und als neutral geltenden Silvanerrebe bestanden. - Daß die Bevölkerung einen nicht zu brechenden Lebenswillen hat, konnte sie in den vergangenen Jahrhunderten hinlänglich beweisen. Daß sich dieser Lebenswillen auch beim fröhlichen Feiern äußert, können Besucher alljährlich im September erleben, wenn die "Königshöfer Messe" gefeiert wird, das größte fränkische Volksfest.

Lauda
Stadtteil von Lauda-Königshofen

Einwohner: 14 553 (einschl. Königshofen und Stadtteile)
Bestockte Rebfläche: 14 Hektar in den Lagen "Altenberg",

Marbach · Oberlauda · Sachsenflur

"Nonnenberg" und "Frankenberg" (Großlage "Tauberklinge")
Haupt-Rebsorten: Vorwiegend Müller-Thurgau, daneben Silvaner, Kerner, Bacchus
Vermarktung: Staatliches Versuchsgut, Verbundkellerei, WG Beckstein, 2 Selbstmarkter

Lauda gehörte in seiner frühen Geschichte den Edlen von Luden. Die haben sich bis in die 13. Jahrhundert hinein in die Stadtgeschichte eingeschrieben, und natürlich hieß Lauda damals wie seine Besitzer: Luden. Aus dem Luden wurde Ludin, Luten, Lauden, und um 1500 taucht zum erstenmal der sicherlich schönste Name dieser Reihe auf: Lauda. Zu jener Zeit war Lauda schon seit anderthalb Jahrhunderten Stadt.

Die Mauern und Türme aus jener und späterer Zeit sind heute in Resten zu sehen, zum großen Teil aber unter dem Putz von Wohnhäusern und Scheunen verschwunden. Die "Laudemer" haben ihre alte Stadtbefestigung im vergangenen Jahrhundert fleißig als Steinbruch benutzt. Viel genutzt hat sie ohnehin nicht. Lauda wurde von Kriegsverwüstungen ähnlich heimgesucht wie das heute in der Doppelstadt verbundene Königshofen. Die Altstadt ist jedoch gut erhalten - und alljährlich am ersten Juni-Wochenende eine herrliche Kulisse der "Taubergründer Weintage" mit dem romantischen Straßenweinfest.

Auch prachtvolle Kirchen sind gut erhalten - und zahlreiche großräumige Weinkeller, die von der früheren Bedeutung des "Laudemer" Weins zeugen, genauso wie von der Menge, die solche Keller nötig machte. Laudas Wein war nicht nur am Würzburger Fürstenhof außerordentlich beliebt, sondern auch im weiten deutschen Land. Daß Lauda nach dem Weinbau-Niedergang Ende des vergangenen Jahrhunderts heute noch Weinstadt ist, verdankt die Stadt zum guten Teil ihrem staatlichen Versuchsgut - und damit letztlich dem Dr. Josef

Schmitt, der hier geboren wurde, seine berufliche Karriere als letzter badischer Staatspräsident abschloß und seiner Heimatstadt 1930 das Versuchsgut bescherte.

Wenn das Versuchsgut gewissermaßen lebendiges Denkmal für den Dr. Schmitt ist, dann kann man das gut bestückte Heimatmuseum gleichermaßen als Denkmal des fränkischen Landwirtschaftsreformers Prof. Dr. Philipp Adam Ulrich (1696-1748) sehen. Das Museum ist nämlich in seinem Geburtshaus eingerichtet. Selbstverständlich berichtet es auch viel über die Geschichte des Weins. Der dritte berühmte "Laudemer" lebte etwa zur gleichen Zeit wie Professor Ulrich und ist in zahllosen Schriften dokumentiert: Reichsabt Benedikt Knittel wurde durch seine "Knittelverse" berühmt. Ein Beispiel: "Wenn 's etwa mangeln sollt an Brot/ So gibt es Gott uns in der Not/ Maria darf nur winken/ so folgt auch Wein zum Trinken."

Das in den Zeitläufen ebenso geschlagene wie zwischenzeitlich in Friedenszeiten sehr reiche Städtchen hat sich heute mit seinen zwölf Stadtteilen breit in die meist sanften Hänge des mittleren Taubertals ausgedehnt. Das liegt einerseits an der Tatsache, daß Lauda Ende des vergangenen Jahrhunderts zum Eisenbahn-Knotenpunkt wurde und zeitweise die Hälfte der Einwohner aus Eisenbahnern bestand, andererseits aber auch schlicht an der Gemeindereform in jüngster Zeit, die Lauda-Königshofen so viele Stadtteile bescherte. So hat die Gesamtstadt heute eine ansehnliche (bestockte) Rebfläche von zusammengenommen rund 250 Hektar aufzuweisen.

Marbach
Stadtteil von Lauda-Königshofen

Bestockte Rebfläche: 27 Hektar in der Lage "Frankenberg"

(Großlage "Tauberklinge")
Haupt-Rebsorten: Weitgehend Müller-Thurgau, ein wenig Bacchus
Vermarktung: WG Beckstein, 1 Selbstmarkter

Marbach hat mit seinem "Frankenberg" eine der typischen, recht steilen Südlagen, und doch ist auch diese ideale Weinlage im Seitental der Tauber durch die leidigen Fröste dieser Region gefährdet. Die Marbacher haben deshalb eine sehr aufwendige Frostschutzanlage gebaut, die nicht mit Wasser arbeitet, wie fast alle anderen des Gebietes, sondern mit Feuer aus zahlreichen Ölbrennern.

Dieser sehr entschiedene Einsatz für das Überleben der Reben kann symbolisch für den Weinbau Marbachs schlechthin stehen: Als in fast allen Gemeinden rundum der Weinbau durch Krisenjahre ganz oder fast ganz verschwand, erhielten die Winzer hier immer ihre rund 25 Hektar Rebland. Wahrscheinlich hat die örtliche Winzergenossenschaft dabei eine wesentliche Rolle gespielt. Sie war auch die erste, die sich 1954 kooperativ der größeren Genossenschaft des Nachbarortes Beckstein anschloß.

Oberlauda
Stadtteil von Lauda-Königshofen

Bestockte Rebfläche: 8 Hektar in den Lagen "Altenberg" und "Steinklinge" (Großlage "Tauberklinge")
Haupt-Rebsorten: Müller-Thurgau und kleinerer Silvaner-Anteil
Vermarktung: WG Beckstein, WG Badisches Frankenland, 1 Selbstmarkter

Die Gemeinde hat das größte Mühlrad Süddeutschlands - und wahrscheinlich die kleinsten Rebparzellen weit und breit. Über 60 Winzer teilen sich eine Rebfläche, die normalerweise Existenzgrundlage eines mittle-

ren Familienbetriebes wäre. Diese besondere Situation erklärt sich aus der Eisenbahn-Vergangenheit des Knotenpunktes Lauda. Viele Eisenbahner bewirtschafteten (und bewirtschaften noch) mit viel Liebe und Intensität ihre Mini-Parzellen. Auch Postbedienstete gehören zu den "Feierabendwinzern". - Insgesamt müssen das sehr fröhliche und sehr musische Menschen sein, denn Musik und Feiern werden in diesem Ort besonders gepflegt - beim neuen Weinfest im Oktober und beim älteren Karnevalstreiben im Februar, für das der Ort schon lange berühmt ist.

Sachsenflur
Stadtteil von Lauda-Königshofen

Bestockte Rebfläche: 26 Hektar in den Lagen "Kailberg" und "Walterstal" (Großlage "Tauberklinge")
Haupt-Rebsorten: Müller-Thurgau und ein kleiner Anteil Bacchus
Vermarktung: WG Beckstein, 1 Selbstmarkter

Ein Bach in einem weiten Wiesen- und Feldertal; ein spitzes, rotgedecktes Türmchen, daneben der rechteckige dunkle Turm der Kirche, Wahrzeichen eines kleinen Bauern- und Winzerdorfes, idyllisch gelegen im Wald über den Reben und Feldern, Kühe und Pferde, die auf Wiesen grasen, die wie geputzt wirken. Liebevoll gepflegte Kleingärten, Obstbäume in Reih' und Glied, und die Hauptstraße schlängelt sich zwischen den Fachwerkhäusern hindurch. Es gibt noch die Dorflinde mit der Bank davor, 100 Meter weiter eine zweite. Auch die Scheunentore, Rundbogen und die Wein- und Obstspaliere an den Häusern gibt es noch.

Karl der Große ließ hier am Ausgang des Umpfertales um das Jahr 800 herum die nach harten Kämpfen besiegten und vertriebenen Sachsen ansiedeln. Daher der Name, der bis heute

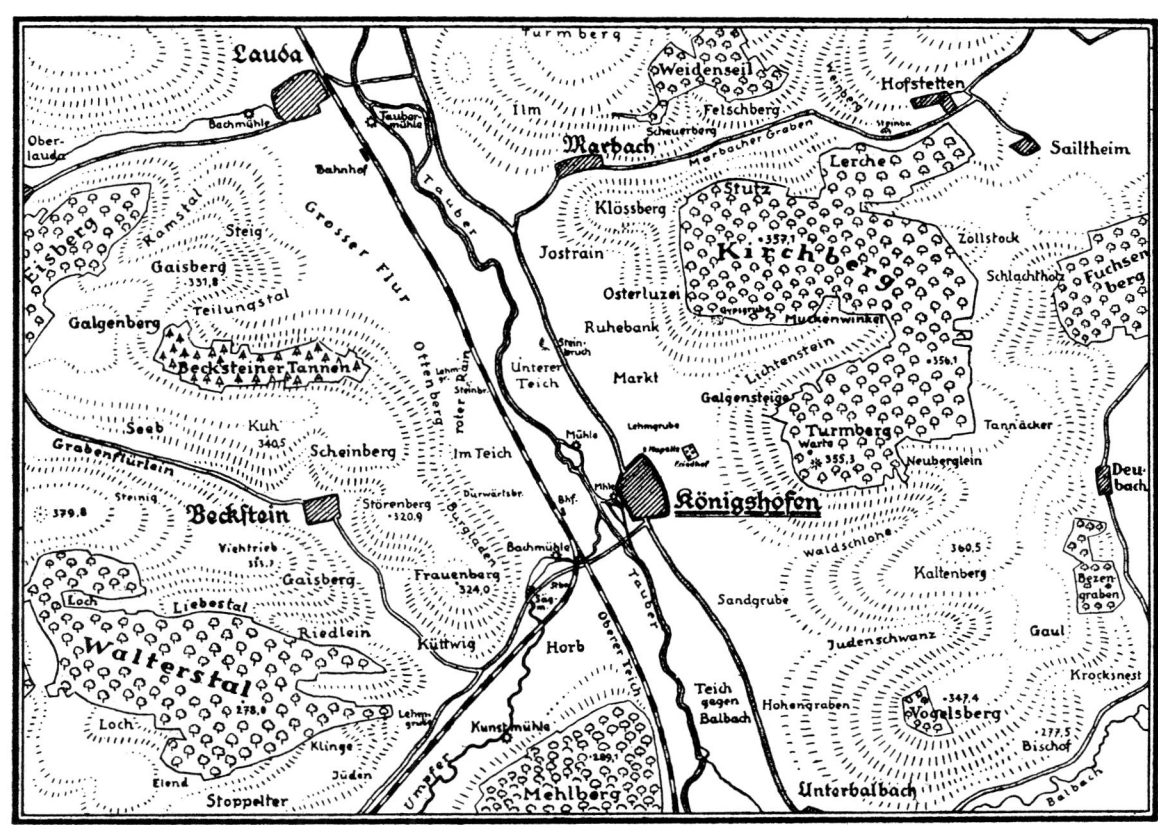

Die Karte von Tauberbischofsheim (unten) entstand im Jahre 1790. Die obere Karte zeigt drei wichtige Orte des Taubertales: Lauda, Königshofen und Beckstein. Tauberabwärts ist dann Wertheim an der Mündung der Tauber in den Main zu finden.

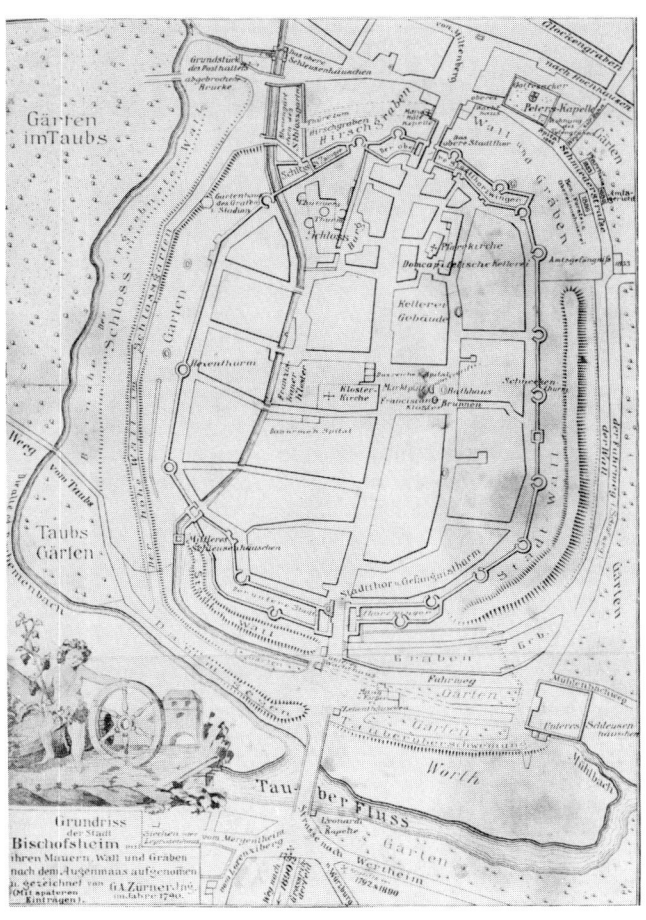

Unterschüpf und Oberschüpf · Werbach

geblieben ist. Die von den Nachkommen dieser Sachsen im Mittelalter gebauten Mauern und Türme sind bis auf bescheidene Reste verschwunden, das Schlößchen in der Dorfmitte ist jedoch geblieben. Bevor es schon 1719 in bürgerlichen Besitz kam, wohnten hier zahlreiche Adelsfamilien.

Der Weinbau wich zwischenzeitlich dem Obstbau, ist aber seit einigen Jahren mit größeren Neuanlagen im "Kailberg" wieder beliebter geworden.

Unterschüpf und Oberschüpf
Stadtteile von Boxberg

Einwohner: 1150
Bestockte Rebfläche: 70 Hektar in den Lagen "Mühlberg", "Altenberg" und "Herrenberg" (Großlage "Tauberklinge")
Haupt-Rebsorten: Müller-Thurgau (mehr als die Hälfte), Silvaner, Weißburgunder, Kerner und einige andere Neuzüchtungen
Vermarktung: WG Badisches Frankenland, WG Beckstein

Wald und Wiesen, kleine Baumgruppen und ein Bach, Gärten, Felder, eine saftige, ertragsreiche Landschaft, der die verstreuten Weinparzellen einen besonderen Akzent in der Richtung eines kleinen Paradieses geben. Das ist der "Schüpfergrund", das freundliche Seitental der Umpfer, in dem in der Zeit frühester Urkunden (12. Jahrhundert) die Schenken von Schüpf regierten. Die beiden "Schüpfs" sind geschichtlich eng verbunden, erst in jüngerer Zeit wird nach Ober- und Unterschüpf deutlich unterschieden. Nicht jedoch bei den "Schüpfer Weintagen", deren Höhepunkt der bekannte "Büttenlauf" ist.

Oberschüpf hat zwar zwei Lagen, Unterschüpf in seiner einzigen Lage jedoch die weitaus größere Rebfläche. Sein Ortsbild sei hier als typisch für diese Landschaft kurz beschrieben.

Wertheim hat zahlreiche romantische Winkel – und einige Bauten, die heute noch beweisen, wie sehr die Wertheimer den erreichten Wohlstand durch Verteidigungsanlagen zu bewahren trachteten. Die Wehrkirche St. Jakob und drei Türme der Stadtbefestigung gehören dazu. Hier hat der Fotograf Trutziges romantisch festgehalten.

In der Mitte des Dorfes stehen auf einem Hügel einige große Fichten, daneben ein Zwiebeltürmchen, dahinter ein weiterer Turm, dessen Haube aussieht, als sei sie nach dem Vorbild eines Gardehelms entworfen worden, und ein dritter Turm, der ebenfalls diese Helmform hat. Sie prägen das Ortsbild ebenso freundlich, wie das Baumgrün, das reichlich zwischen den Häusern verteilt ist, und die beiden links und rechts aufragenden Berge, mit ihren sanften Hängen und kleinem Nadelwald als "Hütchen" obenauf.

Deutlich sind noch früher genutzte Rebhänge in den ungünstigeren Lagen zu sehen, heute konzentriert sich auch hier der Weinanbau auf die besten Parzellen mit der günstigsten Ausrichtung zur Sonne und dem besten Schutz gegen Fröste. Früher haben die Winzer schon deswegen wesentlich mehr Wein anbauen müssen, weil einerseits der Ertrag wesentlich geringer war, andererseits der Alkoholgehalt der Weine niedriger und dritterseits die Einwohner viel mehr getrunken haben. Dorfpfarrer Leutwein vermerkte 1753 in seiner "Schüpfer Historie": "Im Schüpfergrund trinket man kein Wasser." Er selbst verbrauchte alljährlich im eigenen Haushalt 2000 bis 3000 Liter Wein und beklagte sich sehr, daß sein Vorgänger aufgrund eines besseren Weinzehnten wesentlich mehr zur Verfügung hatte.

Ober- und Unterschüpf sind heute Stadtteile von Boxberg, das mit seiner Zwiebelturm-Kirche, seinen Fachwerkhäusern und seiner engen Hauptstraße selbst ein wenig Dorfcharakter hat. Dieses Städtchen ist das Zentrum der fränkischen "Grünkern"-Erzeuger. Das ist eine Weizenart ("Dinkel" oder "Spelz"), die bei beginnender Teigreife geerntet und dann bei etwa 120 Grad gedörrt wird. Sie ist heute wieder recht beliebt und wird besonders gern in der Regionalküche verarbeitet (siehe dazu auch unsere Grünkern-Rezepte in diesem Buch).

Werbach

Einwohner: 3 363
Bestockte Rebfläche: 27 Hektar in den Lagen "Hirschberg" und "Beilberg" (Großlage "Tauberklinge")
Haupt-Rebsorten: Müller-Thurgau, Silvaner, Weißburgunder, Kerner

Das Abtswappen ziert heute die Winzergenossenschaft in Wertheim-Reicholzheim. Es war früher an einem Gebäude angebracht, das an gleicher Stelle stand. Der Scherenschnitt zeigt eine Darstellung des "Pfeifers von Niklashausen", der lange vor den Bauernkriegen Gedankengut verbreitete, für dessen Durchsetzung die Bauern im "Bauernkrieg" kämpften.

Winzergenossenschaft Badisches Frankenland

Die Winzergenossenschaft Badisches Frankenland, Sitz in Wertheim-Reichholzheim, wurde 1951 als Gebietswinzergenossenschaft gegründet. 700 Mitglieder mit einer Ertragsrebfläche von 336 Hektar erzeugen pro Jahr über zwei Millionen Liter Wein.

Im "Tauberfränkischen" gelegen, zu dem die Weinorte tauberabwärts ab Oberschüpf bis zur Mündung der Tauber in den Main gehören, erfaßt die Genossenschaft 16 Winzergemeinden mit zwei Großlagen ("Dertinger Tauberklinge" und "Wertheimer Tauberklinge") und 14 Einzellagen - 50 Prozent der im Badischen Frankenland eingetragenen Einzellagen.

Das Taubertal ist ein Weißwein-gebiet. Hier wachsen Müller-Thurgau und Silvaner, deren Anteil am Gesamtaufkommen bei 90 Prozent liegt. Andere Rebsorten wie Riesling, Kerner, Freisamer, Ruländer, Bacchus, Ortega, Gutedel, Morio-Muskat, Scheurebe und Weiß-Burgunder werden in geringeren Mengen angebaut. Rotweine der Rebsorten Schwarzriesling und Portugieser dienen lediglich als Abrundung des Verkaufsprogramms.

Vermarktung: WG Badisches Frankenland, WG Beckstein, 2 Selbstmarkter

Daß Werbach auch dabei war, als im Mittelalter große Weingeschichte gemacht wurde, beweisen einige stattliche Winzerhöfe im Ort. Noch im vergangenen Jahrhundert standen mehr als 200 Hektar Rebfläche im Ertrag. Heute sind rund 30 davon geblieben, aber es sind die besten Parzellen.

In die "große Geschichte" hat sich Werbach noch intensiver eingeschrieben: Sein vor einigen Jahren eingemeindeter Stadtteil Niklashausen hat mit dem Johann Böhm, dem "Pfeiferhänsle" oder "Pauker von Niklashausen" einen der ersten Sozialrevolutionäre gehabt - lange bevor 1525 die Bauernaufstände ausbrachen. Schon 1476 predigte der Johann Böhm gegen die Willkür von Fürsten und Geistlichen und brachte an

Wertheim · Dertingen · Dietenhan · Kembach Lindelbach · Reicholzheim

manchen Tagen bis zu 30 000 Zuhörer in das kleine Dorf. Zusammengerechnet muß es ein Millionenpublikum gewesen sein, das den Worten dieses Mannes lauschte, und die Chronik berichtet, daß die Zuhörer sogar aus dem Elsaß und der Schweiz kamen. Der Fürstbischof ließ den Mann, der die Massen so faszinierte, nächtens festnehmen und verbrennen.

Neben dem blutrünstigen auf Papier ist friedliches Mittelalter in Stein überliefert, so Burg und alte Tauberbrücke in Gamburg - und die evangelische Kirche in Niklashausen, die 1518 gebaut wurde.

Wertheim

Einwohner: 19 828
Bestockte Rebfläche der Kerngemarkung: 3 Hektar in der Lage "Schloßberg", (Großlage "Tauberklinge)
Haupt-Rebsorten: Müller-Thurgau, Kerner und Bacchus
Vermarktung: WG Badisches Frankenland, 2 Selbstmarkter

Wer ein Beispiel steingewordener Muße sucht, findet es in Wertheim. Diese bürgerstolze Stadt strahlt mit ihren beiden friedvoll gemächlichen Flüssen Tauber und Main, mit ihren gleichermaßen schönen und gediegenen Häuserfassaden und natürlich mit ihrem verkehrsarmen Kern soviel Gemütlichkeit aus, wie kaum eine andere in deutschen Landen. Da gibt es einen Platz mit Brunnen und schönem Pflaster - und rundum kein Haus, das mit Beton oder schmucklos-nüchterner Fassade das perfekte Bild von Kleinstadt-Schönheit stört.

Wein hat diese wohlgelegene Heimstatt den Bürgern so wert gemacht, hat Werte gebracht, die sich in Bauten umsetzten, hat die Bürger zeitweise so wohlhabend werden lassen, daß sie es mit der Repräsentation übertrieben und sich von Buß-

predigern "Hoffart" vorhalten lassen mußten. Das aber war eine kurze Ausnahmezeit, wesentlich anhaltender war die Periode des gediegenen Weinhandels. Über Jahrhunderte blieb Wertheim Umschlagplatz für die Weine des Taubertales und Schüpfergrundes. Die Stadt lag eben ideal für den damals beliebten Transport zu Wasser.

Es gehörte in den Kreisen der Wertheimer Patrizier zur guten Lebensart, sich im Weinbau zu engagieren, und einige von ihnen, zwei Apotheker vor allem, brachten es zu erklecklichem

Früher waren die Urkunden verschwenderischer in ihren Gestaltungsmitteln. Daß man sich schon 1878 Qualitätsvergleichen stellte, beweist dieses Prachtexemplar.

Dertingen
Stadtteil von Wertheim

Bestockte Rebfläche: 63 Hektar in der Lage "Mandelberg", (Großlage "Tauberklinge)

Weinbergsbesitz. Der lag nur zum kleinen Teil in Wertheim selbst - Wertheims Wein wuchs immer weitgehend in der Umgebung. Erst die Gemeindereform unserer Zeit brachte da wesentliche Änderung: Durch die Eingemeindung von einigen Weinorten ist Wertheim nun mit etwa 150 Hektar bestocktem Rebland zu einer Weinstadt geworden. Die Winzergenossenschaft im Ortsteil Reicholzheim hat mit ihren vielfältigen Aktivitäten zu dieser Entwicklung wesentlich beigetragen.

Haupt-Rebsorten: Müller-Thurgau und Silvaner
Vermarktung: WG Badisches Frankenland, 1 Selbstmarkter

Die Dertinger gehörten zu den ersten und besonders aktiven

Mitgliedern der Genossenschaft Badisches Frankenland. Sie brachten gleich rund 20 Hektar Rebland ein und begannen sofort, neue Flächen für den Weinbau zu gewinnen. Das Dorf nahm in den folgenden Jahren mit seinem erstarkenden Weinbau einen solchen Aufschwung, daß es schließlich mit einer Medaille in dem Wettbewerb "Unser Dorf soll schöner werden" ausgezeichnet werden konnte. Ein Kleinod aus dem Mittelalter hatte die Gemeinde schon vorher aufzuweisen gehabt: In der alten Wehrkirche, die allein schon kulturhistorisch interessant ist, steht ein wundervoller Schnitzaltar aus der Zeit Tilmann Riemenschneiders. Man weiß nicht so recht, wie das kleine Dorf an diese Kostbarkeit gekommen ist - möglicherweise aber durch die gleiche Aktivität und den gleichen Fleiß, den die Bewohner in den vergangenen Jahrzehnten gezeigt haben ...

Dietenhan
Stadtteil von Wertheim

Bestockte Rebfläche: 7 Hektar in der Lage "Sonnenberg", (Großlage "Tauberklinge")
Haupt-Rebsorte: Müller-Thurgau
Vermarktung: WG Badisches Frankenland

Dietenhan und Kembach teilen sich in die Lage "Sonnenberg". Gemeinsam las man die Trauben für den ersten Wein aus dieser Lage. Später wurden dann noch andere Parzellen bepflanzt. Das Gewann "Im Berg" war darunter, ein altes Rebgelände, in dem noch um 1960 die letzten Reben als Zeugen früheren Dietenhaner Weinbaus gesehen wurden. Aus dieser Lage hat schon der Sänger und Dichter Wolfram von Eschenbach seinen Wein bezogen. Er besaß hier einen Landsitz und ist dadurch bis heute der berühmteste Einwohner des Dorfes.

Tauber-Fränkische Wein-Freuden

Das Badische Frankenland hält für seine Weinfreunde kleine Bücher bereit, die von Winzern geschrieben wurden und die Eigenarten der Region erklären. Die „Tauberfränkischen Weinfreuden" gehören dazu.

Vermarktung: WG Badisches Frankenland

Als die Genossenschafter 1967 in Reicholzheim ihren neuen Keller bauten, fanden sie beim Ausschachten das steinerne Abtswappen des Ambrosius Balbus (1752-1783), der den örtlichen Zehntkeller und die Zehntscheune umbauen ließ, während er das Reicholzheimer (Bronnbacher) Kloster der Zisterzienser leitete. Mit diesem Wappen, das nun das neue Genossenschaftsgebäude ziert, schließt sich ein weiter geschichtlicher Bogen zum Thema Wein. Napoleon war es, der den klösterlichen Weinbau in adelige Hände legte; später wurde dieses Gebäude durch Kauf Gemeindeeigentum, und heute steht dort die Genossenschaft. Sie knüpft so - durch das Wappen ersichtlich - an den Qualitätsweinbau der Mönche, die dem Ort übrigens auch durch Schafzucht, eine Ziegelei, eine Brennerei, durch Sägewerk, Mühle, Schmiede, Krankenhaus und Gasthaus - und auch durch eine Brauerei zu Ansehen und Wohlstand verhalfen.

Sowohl die barocke Dorfkirche als auch die beeindruckende, wesentlich ältere Pfeilerbasilika des Klosters Bronnbach sind Stein gewordener Ausdruck dieses Wohlstandes. Die Anfänge dieser Klosterkirche reichen übrigens in das Jahr 1157 zurück, ihr Stil liegt zwischen Romanik und Gotik, und Fachleute erkennen auch provençalische und burgundische Stileinflüsse. In diesem Rahmen des Entdeckenswerten sind auch 14 wuchtige Kreuze aus Rotsandstein zu nennen, die in der Flur verteilt stehen - ebenso wie einige der typischen, fränkischen "Träubelesbildstöcke". Bemerkenswert ist dabei, daß es nirgendwo in Deutschland eine ähnlich große Ansammlung solcher Steinkreuze gibt.

Heute sorgt die Winzergenossenschaft unter dem Zeichen ihres ebenso barocken wie zeitnah-koketten Weinengelchen für Besonderheiten - nicht nur beim Wein selbst, sondern auch im Geschehen rund um den Wein. Da gibt es zahlreiche Veranstaltungen informativen oder unterhaltenden Charakters und als alljährlichen Höhepunkt die "Reicholzheimer Faßweintage" Anfang Juli. Da gilt es für die Besucher auch zu wandern, denn jährlich wechselnd werden Weinlagen von den Winzern "vor Ort" vorgestellt. Für kräftigende Speisen

Kembach
Stadtteil von Wertheim

Bestockte Rebfläche: 30 Hektar in der Lage "Sonnenberg", (Großlage "Tauberklinge")
Haupt-Rebsorten: Müller-Thurgau, Kerner und Bacchus
Vermarktung: WG Badisches Frankenland, 1 Selbstmarkter

Mit dem neuen Weingesetz kam in Kembach auch der Wein wieder zu Ehren - und mit dem 71er Jahrgang als "Jungfernwein" gleich zu einem guten Erfolg. 32 Kembacher und sechs Dietenhaner Winzer, Landwirte zumeist, hatten als Sonderkultur die ersten 20 Hektar Rebland mit Müller-Thurgau bestockt. Später wurden zehn Hektar mit Bacchus und Kerner zusätzlich kultiviert.

Lindelbach
Stadtteil von Wertheim

Bestockte Rebfläche: 30 Hektar in der Lage "Ebenrain" (Großlage "Tauberklinge")
Haupt-Rebsorten: Müller-Thurgau und Silvaner
Vermarktung: WG Badisches Frankenland

Die Geschicke Lindelbachs waren schon in alter Zeit mit denen von Wertheim verknüpft - sicherlich auch die Weingeschicke. Sicher ist, daß Lindelbach seit vielen Jahrhunderten Weinbau betreibt. 1951, als die Winzergenossenschaft in Reicholzheim gegründet wurde, waren noch sieben Hektar bestockt. 1967 und 1971 bauten Lindelbacher und einige Landwirte aus dem Nachbarort Urphar die bestockte Fläche im Gewann "Ebenrain" aus und zeigten sich dabei recht experimentierfreudig. Neben dem Müller-Thurgau als Standardsorte und Silvaner wurden auch so ungewöhnliche Reben wie Freisamer, Auxerrois und sogar ein kleiner Teil der roten St. Laurent-Rebe angepflanzt. Bei den "Lindelbacher Wein-Wandertagen" im Juli können sie alle probiert werden.

Reicholzheim
Stadtteil von Wertheim

Bestockte Rebfläche: 25 Hektar in den Lagen "First", "Satzenberg", "Kemelrain" und "Bronnbacher Josefsberg", (Großlage "Tauberklinge")
Haupt-Rebsorten: Müller-Thurgau und Silvaner

Großrinderfeld · Königheim · Gissigheim · Külsheim Uissigheim

ist dabei gesorgt, und den tauberfränkischen Schoppen gibt es unmittelbar vom Faß.

Die Faßweintage haben schon Tradition, das jüngste Kind der Genossenschaft muß diese noch gewinnen: Unter dem Genossenschaftsnamen gibt es jetzt auch tauberfränkische Sekte, die 1983 erstmals und mit gutem Erfolg präsentiert wurden.

Großrinderfeld

Einwohner: 3 349
Bestockte Rebfläche: 4 Hektar in der Lage "Beilberg", (Großlage "Tauberklinge")
Haupt-Rebsorte: Müller-Thurgau
Vermarktung: WG Badisches Frankenland

Auch in Großrinderfeld gab es einige Jahrzehnte lang keinen Weinbau mehr. Erst 1955 begannen rund 30 Landwirte des Dorfes, im besten Teil der ehemals großen Weinbergsfläche wieder Reben anzupflanzen.

Königheim

Einwohner: 3 388
Bestockte Rebfläche: 70 Hektar in der Lage "Kirchberg", (Großlage "Tauberklinge")
Haupt-Rebsorten: Müller-Thurgau und Silvaner, Weißburgunder, Ortega, Kerner, Portugieser
Vermarktung: WG Badisches Frankenland, 2 Selbstmarkter

Der Brehmbach fließt mitten durch den Ort - und hat ihm eine zwar keineswegs sensationelle doch dörflich-schöne architektonische Besonderheit gebracht: 20 kleine Steinbrücken führen hinüber und herüber. Großartiger ist daneben sicherlich die imponierende barocke Kirche, deren Bau die Handschrift des architektonischen Lehrers Balthasar Neumann, und deren Ölberggruppe an der

"Hotel Restaurant Kette"
Lindenstraße 14
6980 Wertheim
Wolfgang Schneider
09342/1001

Grünkern-Apfelauflauf

Zutaten/Zubereitung:
125 g Butter oder Margarine, 150 g Zucker, 4 Eigelb, abgeriebene Schale einer Zitrone, 200 g Grünkerngrieß, 2 TL Backpulver, 500 g vorbereitete Äpfel, 50 g gehackte Haselnußkerne, 4 Eiweiß, 1 TL Zimt, 1

großzügigen Freitreppe die der Schule Tilmann Riemenschneiders verrät.

Der Weinbau hat sich in diesem Ort mit seinen stattlichen Weinberggehöften und seinem Fachwerkrathaus ohne Unterbrechung bis in unsere Zeit gehalten - und in den vergangenen Jahren eine kräftige Neubelebung erfahren.

So sehr die Königheimer durch ihre Weinspezialitäten bekannt geworden sind, so sehr sind sie auch durch ihre besonderen - und besonders seltenen Blumen bekannt: In Königheim gibt es das größte zusammenhängende Orchideennest Europas. Wer jedoch eher der Weinblumen wegen kommen möchte, der hat alljährlich Anfang Oktober einen besonderen Anlaß. Die örtlichen Winzer laden dann zu

Messerspitze gemahlene Nelken, Puderzucker

Weiches Fett in eine Schüssel geben. Zucker, Eigelb, Zitronenschale, Zimt, Nelken, Grünkerngrieß und Backpulver darauf geben und alles mit einem Handrührgerät auf höchster Stufe etwa 2 Minuten gut verrühren. In kleine Scheibchen geschnittene Äpfel, Haselnüsse und steifgeschlagenes Eiweiß darunterheben, in eine gefettete Auflaufform geben und bei 200 °C im vorgeheizten Ofen etwa 50 Minuten backen (evtl. Puderzucker darüberstäuben).

den "Brehmbachtaler Weintagen" ein.

Gissigheim
Ortsteil von Königheim

Bestockte Rebfläche: 4 Hektar in der Lage "Gützenberg", (Großlage "Tauberklinge")
Haupt-Rebsorte: Müller-Thurgau
Vermarktung: WG Badisches Frankenland

Nach einigen "rebenlosen" Jahrzehnten hat Gissigheim seit 1975 wieder Wein. Der von den Nebenerwerbswinzern erzeugte kräftige Müller-Thurgau galt schon kurz nach seinem ersten Auftauchen in der Bocksbeutelflasche der Winzergenossenschaft als unverwechselbar.

Külsheim

Einwohner: 5 922
Bestockte Rebfläche: 30 Hektar in der Lage "Hoher Herrgott", (Großlage "Tauberklinge")
Rebsorte: Müller-Thurgau
Vermarktung: WG Badisches Frankenland

Die "Stadt der Brunnen" ist auch eine Stadt des Weines, und das gut erhaltene fränkische Fachwerkrathaus hat ebenso wie die umliegenden Weinbauernhäuser schon eine lange Weintradition erlebt. Und durch die Neubelebung des örtlichen Weinbaus, die im Jahr 1951 begann, hat Külsheim heute wieder soviel Rebfläche wie vor 150 Jahren - und ein Weinfest, das in den Reben der Weinberglage "Hoher Herrgott" gefeiert wird. Das geschieht Anfang August, und die Külsheimer haben meist schönes Wetter dazu.

Uissigheim
Stadtteil von Külsheim

Bestockte Rebfläche: 10 Hektar in der Lage "Stahlberg", (Großlage "Tauberklinge")
Haupt-Rebsorte: Müller-Thurgau
Vermarktung: WG Badisches Frankenland

Der Name klingt nach frühem Mittelalter. Tatsächlich unterscheidet sich der erste schriftlich erwähnte Dorfname kaum vom heutigen Klangbild: Ussinchheim aus dem Jahre 1165. Vom Weinbau ist in jener Urkunde noch nichts gesagt, dafür ist aber aus dem Jahre 1711 nachzulesen, daß damals ein Großteil der Gemarkung mit Reben bestanden war. Heute wächst im "Stahlberg" zwar viel weniger Wein als damals, jedoch mit Sicherheit eine viel bessere Qualität. Die hier erzeugten Gewächse sind ebenso würzig wie kernig - "stahlig", diese Charakterisierung bietet sich durch den Lagennamen ja an.

TAUBER-
BISCHOFSHEIM

d. 28ten April 1814

Hr. Brozler Weinhändler von
Königheim bej Anton Vetter
alten Wein abgefaßt d. p. 10f 15 xr
So halten die Faß in der ...

Eim		Maß
7	~ ~ ~	5
4	~ ~ ~	5
3	~ ~ ~	23
6½	~ ~ ~	11
6½	~ ~ ~	8
3	~ ~ ~	22
3	~ ~ ~	20
		94
		64

34 Eim — 30 maß in Faß
2 Mayn

Anton Vetter
hat gerechnet 34½ Eimer

1814 stellte der Winzer Anton Vetter seinem Weinhändler Brozler in Königheim diese Rechnung aus.

107

Die Geschichte vom Bocksbeutel, und wie er zu seinem Namen kam

Der Bocksbeutel ist ein ausgefallener Repräsentant aus der Familie der Weinbehältnisse. Niemand würde sagen, er sei sehr elegant oder übermäßig schön. Eher drängt sich einem der Vergleich mit einem vollschlanken Herren auf, der es längst aufgegeben hat, auf seine Körperformen zu achten und sich lieber den Genüssen dieser Welt widmet. Wie kam dieser Bocksbeutel, der so prall und fest auf seinem breiten Boden im Leben zu stehen scheint, nun zu seinem Namen?

Darüber kursieren seit langen Zeiten zwei Versionen: Die eine kann man getrost auch in vornehmer Runde erzählen, die andere ist sehr volksnah und etwas derb - aber ebenso glaubhaft.

Wein war zu allen Zeiten Volksgetränk, und die kirchlichen Würdenträger machten da keine Ausnahme. Auch sie wußten schon immer, einen guten Tropfen zu würdigen. Also steckten sie sich neben dem Gebetbuch auch ein weingefülltes Behältnis in ihren Buchbeutel oder Booksbeutel. Damit ließ es sich allemal besser meditieren, und der Entwurf der Predigt fiel ebenfalls leichter.

Nach dieser Überlieferung wäre der Name schon geklärt, doch sie gibt keinen Aufschluß über die eigenwillige Form des Bocksbeutel. Hier also die zweite Version: Im Mittelalter war man nicht zimperlich, wenn es darum ging, den Dingen des täglichen Lebens einen passenden Namen zu geben. Das Wort "vulgär" hatte noch nicht sein heutiges Gepräge und große Umschweife wurden nicht gemacht. Da die damals gebräuchliche Weinflasche stark an die Form des Hodensacks eines Ziegenbocks erinnert, stand der Name schnell fest - eben Bocksbeutel.

Welche Geschichte Sie, lieber Leser, Ihren Gästen erzählen möchten, überlassen wir Ihnen. Eines sollten Sie allerdings bei der Gelegenheit nicht vergessen, nämlich vorher einen guten Tropfen im Bocksbeutel zu öffnen.

Die freundlichen Hänge des Odenwaldes, Hügel und Mulden im Kraichgau, Burgen, Blüten, Wälder, Felder, grüne Reben, rote Dächer und dann noch mitten drin Heidelberg - wo hätte die Welle der Romantik besser ihre ersten Kreise ziehen können! Und die Liselotte von der Pfalz gehört genauso zu diesem Lande wie der Kurfürst Karl Philipp, jener Unmäßige, der das sieben Meter hohe und noch etwas längere "Heidelberger Faß" zum greifbaren Symbol seines ungeheuren Weindurstes machte. "Heute wieder voll gewest ...", sagt der berühmte Refrain eines Studentenliedes über ihn.

Und da wir gerade beim Weine und beim Bechern sind: Selbst der zwergenwüchsige Hofnarr "Perkeo", jenes kurfürstlichen Saufgiganten Italienimport, war für seinen ungewöhnlichen Weinkonsum bekannt. Josef Viktor von Scheffel hielt das in Versen fest: "Das war der Zwerg Perkeo im Heidelberger Schloß/ an Wuchse klein und winzig, an Durste riesengroß/ Man schalt ihn einen Narren/ er dachte: Liebe Leut' wärt ihr, wie ich, doch alle/ feuchtfröhlich und gescheut." Ja, und dann gibt es noch die Einwohner von Zeutern, die schlicht "Weinschläuche" genannt wurden - und werden. Und die Bruchsaler mit ihrem Graf vom Kraichgauland: "... denn der Dorscht, ja der Dorscht/ ja, der alte Brusler Dorscht/ war die Leidenschaft des Grafen/ alles andre war ihm Worscht."

Zurück zu den Dichtern: Hölderlin mit seinem Loblied auf Heidelberg wäre zu erwähnen, noch mehr vielleicht "Des Knaben Wunderhorn", jene romantisch-rührende Sammlung von Dichterempfindungen, die zum guten Teil von dieser Landschaft ausgelöst wurden. Kleist hat in seinem "Kätchen von Heilbronn" die Strahlenburg über Schriesheim bekannt gemacht. Die Schriesheimer selbst sorgen mit ihrem über 400 Jahre alten "Mathaisemarkt" dafür, daß sie bekannt bleiben. Es ist das früheste Weinfest des Jahres - alljährlich im März.

Franz von Sickingen gehört zu dieser Landschaft, der Ritter, für viele der Inbegriff des kühnen, edlen Ritters schlechthin, für andere der ewig martialische, aggressive Unruhegeist, der ohne Schwert und Pferd nicht recht zufrieden sein konnte. Aber auch der unumstritten friedliche und aufbauende Johann Philipp Bronner, Ökono-

Badische Bergstraße/ Kraichgau

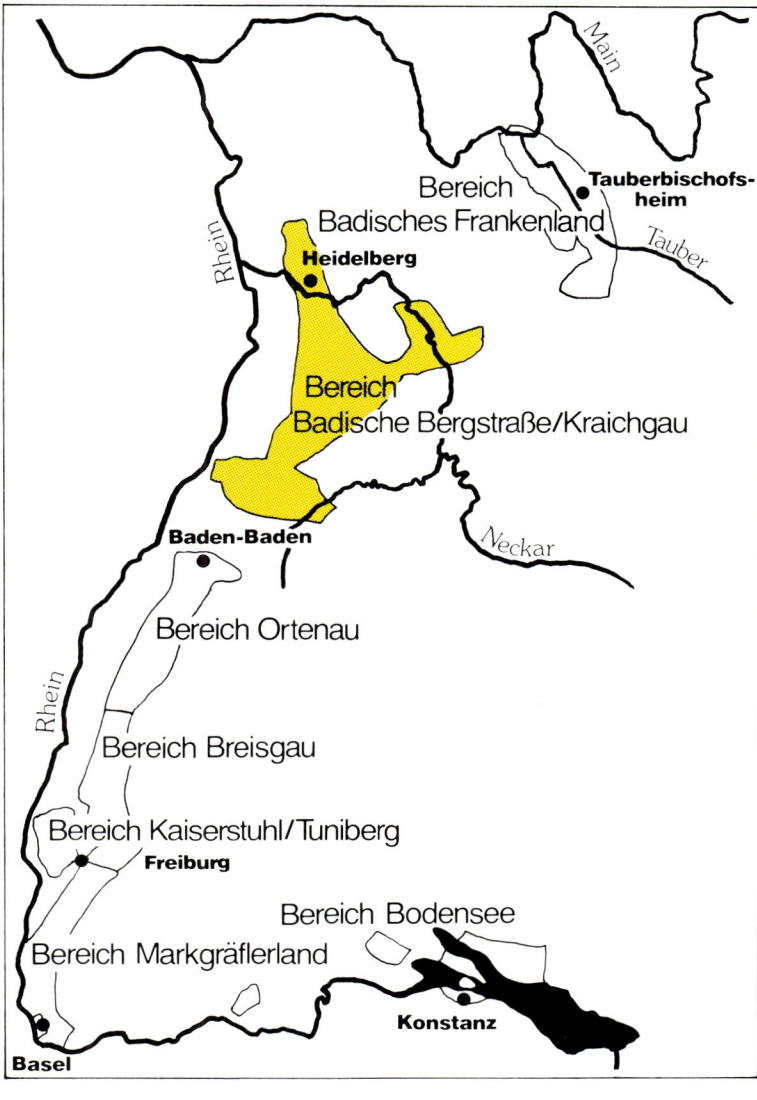

mierat und Apotheker, Weingutsbesitzer, Rebenzüchter, Weinhändler und Autor einiger Werke über den Wein gehört ebenso zu dieser Landschaft wie Friedrich Samuel Sauter, der Verseschmied, das "arme Dorfschulmeisterlein". Über den Umweg eines Pseudonyms eines Nachdichters in seinem Stil gab er einer Epoche ihren Namen: "Biedermeier", so hieß das Pseudonym unter den Gedichten in den "Fliegenden Blättern".

Badische Bergstraße und Kraichgau bieten viel für das Auge und viel für die Erinnerung, viel geistigen Hintergrund, der zu einem guten Teil über die Schönheit dieser Landschaft - und durch ihren Wein

gewachsen ist. Der gedeiht an der Badischen Bergstraße fast ausschließlich in den sonnenzugewandten Hanglagen des Odenwaldes, im Kraichgau auf Lößland und Lehmland in großzügig angelegten Parzellen. Die Einzelgenossenschaften und natürlich der große, zusammenfassende "Winzerkeller Wiesloch" haben dafür gesorgt, daß die Mini-Parzellierung der Vorfahren ein Ende fand, daß man seine Weinberge nun auskömmlicher bearbeiten kann.

Bei den Rebsorten sind die Winzer von Badischer Bergstraße und Kraichgau eher konservativ geblieben. Sie pflanzen vor allem den bewährten Müller-Thurgau an, der hier fast die Hälfte der Rebfläche bedeckt.

Daneben gibt es so gut wie ausschließlich Traditionsrebsorten. Der Riesling ist mit etwa einem Viertel der Fläche im Rebsortenspiegel vertreten, Silvaner, Weißburgunder, Spätburgunder, Portugieser und Schwarzriesling haben Anteile von jeweils drei bis sieben Prozent, und auch der anspruchsvolle Traminer/ Gewürztraminer wird auf 20 der insgesamt rund 2 200 Hektar gepflegt. Sie alle gelten, verglichen mit ihren badischen Bruder- oder Schwesterweinen, als "kerniger" oder "frischer".

Was nun nicht heißt, daß sie nicht badentypisch voll und rund sein mögen, es geht hier um Geschmacksnuancen. Derer bietet dieser Bereich allein recht viele, und die Weintrinker außerhalb der Region lernen sie mehr und mehr kennen. Die Einwohner hier trinken zwar immer noch recht viel von ihrem edelsten Produkt im eigenen Lande, aber es scheint nun doch einiges für die Genießer außerhalb übrigzubleiben, nachdem kein Kurfürst Karl Philipp dem Volke das wahre Maß oder Unmaß aller Weindinge vorlebt.

Hinweis: "Weinbau-Ortsteile" von größeren Gemeinden werden in der alphabetischen Reihenfolge unter dem Namen der Kernstadt eingeordnet.

Hinweis: Die "bestockte" Rebfläche ist zwar im Bereich "Kaiserstuhl-Tuniberg" weitgehend mit der "ausgewiesenen" Rebfläche identisch, weil in diesem Bereich normalerweise jedes Stück Land, das mit Reben bebaut werden darf mit diesen bestockt ist. In anderen Bereichen ist die "ausgewiesene" Fläche jedoch häufig nur zu einem Teil, gelegentlich auch nur zu einem sehr kleinen Teil für den Weinbau genutzt, weil zum Beispiel andere Kulturen dort mehr Erfolg bringen. Wir haben deshalb in allen Fällen die "bestockte" Fläche genannt, die wesentlich mehr über das tatsächliche Weinbaupotential einer Gemeinde aussagt.

Angelbachtal · Michelfeld · Eichtersheim · Bad Rappenau Heinsheim · Bad Schönborn · Langenbrücken · Mingolsheim Bruchsal · Heidelsheim · Helmsheim

Angelbachtal
Ortsteile Michelfeld und Eichtersheim

Einwohner: 3 558
Bestockte Rebfläche: 41 Hektar in den Lagen "Himmelberg" (Ortsteil Michelfeld) und "Sonnenberg" (Ortsteile Michelfeld und Eichtersheim), (Großlage "Stiftsberg")
Haupt-Rebsorten: Müller-Thurgau und Riesling
Vermarktung: Winzerkeller Wiesloch, 1 Selbstmarkter

Bad Rappenau
Ortsteil Heinsheim

Bestockte Rebfläche: 6 Hektar in der Lage "Burg Ehrenberg" (Großlage "Stiftsberg")
Haupt-Rebsorte: Müller-Thurgau
Vermarktung: WG Heinsheim über Winzerkeller Wiesloch

Bad Schönborn
mit den Ortsteilen Langenbrücken und Mingolsheim

Bestockte Rebfläche: siehe Statistiken der Ortsteile

Bad Schönborn ist erst durch den Zusammenschluß der Bädergemeinden Mingolsheim und Langenbrücken entstanden. Die Kurstadt liegt zwischen Heidelberg und Bruchsal. Das Stadtbild wird zu einem großen Teil von den Kurbauten geprägt. Auch die Atmosphäre ist "kurstädtisch".

Deutlich hebt sich das Sigel-Haus, die eigentliche Wiege des Bad Schönborner Kurbetriebs, von der Architektur der moderneren Kurstätten ab. Dieses Haus liegt im 200 Jahre alten Weinbrenner-Park, und sein Name geht auf den Kaufmann Franz Peter Sigel zurück, der

Schloß Eichtersheim im Spiegel seines Weihers.

der Kurstadt eine zweite Blüte bescherte.

Schon Kardinal von Hutten ließ 1766 eine Schwefelquelle erbohren und kümmerte sich auch um den Bau eines Sud- und Gästehauses. Zu dieser Zeit hatte Langenbrücken eine größere Bedeutung als Baden-Baden, doch von Huttens Nachfolger vernachlässigten die aufstrebende Kurstadt, bis eben jener Franz Peter Sigel die Schwefelquelle und das umliegende Areal kaufte.

Doch erst mit dem Bau des modernen Thermal-Bades war der Grundstein für die stürmische Aufwärtsentwicklung der Kurstadt gelegt worden. Hier findet der Kurgast alle erdenklichen therapeutischen Einrichtungen, dazu sorgen Boutiquen und ein Cafe für einen angenehmen Aufenthalt.

Bei dieser Konstellation spielt der Weinbau in Bad Schönborn zwar wirtschaftlich gesehen nur eine untergeordnete Rolle, doch ist er einer der Faktoren, die ausschlaggebend waren für den Erfolg als Kurstadt.

Langenbrücken
Ortsteil von Bad Schönborn

Bestockte Rebfläche: 30 Hektar in der Lage "Goldberg" (Großlage "Mannaberg")
Haupt-Rebsorten: Müller-Thurgau und Riesling
Vermarktung: WG Ubstadt-Weiher über die ZBW

Mingolsheim
Ortsteil von Bad Schönborn

Bestockte Rebfläche: 18 Hektar in der Lage "Goldberg" (Großlage "Mannaberg")
Haupt-Rebsorten: Müller-Thurgau und Riesling
Vermarktung: WG Ubstadt-Weiher über die ZBW

Bruchsal
mit den Ortsteilen Hei-

delsheim, Helmsheim, Obergrombach und Untergrombach

Einwohner: 37 215
Bestockte Rebfläche der Kerngemarkung: 60 Hektar in den Lagen "Klosterberg" und "Weinhecke" (Großlage "Mannaberg"), (Statistik der Ortsteile siehe nachfolgend unter den entsprechenden Kopfzeilen.)
Haupt-Rebsorten: Riesling, Müller-Thurgau und Ruländer
Vermarktung: WG Bruchsal über Winzerkeller Wiesloch

Bruchsal ist ein Phönix aus der Asche des Zweiten Weltkrieges. Anders als andere Unterzentren ist es von häßlicher Industrialisierung weitgehend verschont geblieben. Die Bomben haben viel zerstört, das nicht wieder aufgebaut werden konnte - aber das wunderbare Barockschloß wurde großartig restauriert - und wird nun mit sehr lebendigem Kulturgeschehen sinnvoll genutzt. Balthasar Neumann, das Baugenie des Barock, hat an diesem Schloß ebenso mitgearbeitet wie an der Peterskirche, die den Weltkrieg als einzige überstand.

Ihr Doppelturm beherrscht das Stadtbild, und wer als Betrachter günstig steht, hat auch die Hofkirche und die Stadtkirche im Blickfeld, und sie alle drei tragen - mehr oder weniger ausgeprägt - jene charakteristischen Dächer, die man gern als Zwiebeltürme bezeichnet.

Bruchsal kann sich sehen lassen mit seinen Kirchen und seinem Schloß, seinem Schloßpark und dem hübschen Haus namens "Belvedere" darin. Das ist aus fürstbischöflichen Zeiten geblieben. Lange vor diesen muß die Stadt bereits Hochadel beherbergt haben: Im 10. Jahrhundert gab es hier einen Königshof, der per Sprachverschiebung schließlich für den Stadtnamen sorgte: aus "Königshof im Sumpf" wurde Bruchsal.

Vom Sumpf ist nichts mehr zu sehen. Rund um die Stadt wachsen Tabak und Spargel in der Ebene. Bruchsal ist zum größten deutschen Spargelzentrum geworden, und daß sich hier - erst in jüngerer Zeit - der Weinbau verbreitet hat, paßt

gut ins Bild. Die Winzer haben sich in der Kerngemarkung stark auf den Riesling konzentriert, im "Klosterberg" steht er ausschließlich, in der "Weinhecke" gibt es auch Anteile von Müller-Thurgau und Weißburgunder. Alle Reben stehen im Hang, die Ebene ist, wie gesagt, anderen Kulturen vorbehalten.

Es gibt Weinstädte mit längerer Tradition, aber Bruchsal hat mit seinem regen kulturellen Leben längst auch den Wein entdeckt, und die eingemeindeten dörflichen Weinorte haben wesentlich zu diesem Weinbewußtsein beigetragen. Gesamt-Bruchsal verfügt heute über eine bestockte Rebfläche von rund 250 Hektar. Die Reben wachsen in der Kernstadt und den vier Weinbau-Ortsteilen fast durchweg in Hanglagen, wobei sich Helmsheim und Obergrombach in den "Burgwingert" teilen, aber unterschiedliche Rebsorten-Schwerpunkte haben. Helmsheim ist ein "Weißburgunder-Ort", während im Obergrombacher Teil der Lage vor allem Müller-Thurgau und Ruländer gepflanzt sind. Früher hatten hier übrigens die Fürstbischöfe von Speyer ihren Sommersitz. Er ist noch erhal-

ten, wie es auch noch eine Burgruine aus dem Mittelalter gibt.

Untergrombach wartet mit dem ältesten Haus des Kraichgaus auf - und mit einer ungewöhnlichen Rebsorten-Vielfalt. Einige Rotweinsorten sind genauso darunter, wie die sonst selten gepflanzte Weißburgunder-Spielart "Auxerrois". Die über 200 Winzer Untergrombachs haben auch Weinbesitz in anderen Gemarkungsteilen und liefern ihr Traubengut an die Genossenschaften von Obergrombach und Weingarten.

Die Helmsheimer Weinbaubetriebe sind der Winzergenossenschaft Obergrombach angeschlossen. Diese wiederum ist Vollablieferer an den Winzerkeller Wiesloch. Die Heidelsheimer sind dieser regionalen Gemeinschaft unmittelbar angeschlossen. Die Bruchsaler wiederum haben zwar eine eigene Genossenschaft, aber die gleiche Verbindung zum "Winzerkeller" wie die Obergrombacher.

Die Besucher dieser weinbaulich vielgestaltigen Stadt (400 Gästebetten) können nun entscheiden, ob sie mit dem

Herbst die typische Weinsaison wählen oder die Spargelzeit. Im letzteren Fall sind die zwei landwirtschaftlichen Hauptprodukte Bruchsals natürlich zusammen zu genießen.

Heidelsheim
Ortsteil von Bruchsal

Bestockte Rebfläche: 51 Hektar in der Lage "Altenberg" (Großlage "Mannaberg")
Haupt-Rebsorten: Ruländer und Müller-Thurgau
Vermarktung: Winzerkeller Wiesloch

Helmsheim
Ortsteil von Bruchsal

Bestockte Rebfläche: 18 Hektar in der Lage "Burgwingert" (Großlage "Mannaberg")
Haupt-Rebsorten: Weißburgunder und Müller-Thurgau
Vermarktung: WG Obergrombach über Winzerkeller Wiesloch

Bruchsal – das Schloß im Glanz seiner Lichter.

Obergrombach · Untergrombach · Dielheim · Dossenheim Eisingen · Eppingen · Elsenz · Rohrbach · Haßmersheim Neckarmühlbach · Heidelberg

Obergrombach
Ortsteil von Bruchsal

Bestockte Rebfläche: 95 Hektar in der Lage "Burgwingert" (Großlage "Mannaberg")
Haupt-Rebsorten: Müller-Thurgau, Ruländer und Weißburgunder
Vermarktung: WG Obergrombach über Winzerkeller Wiesloch

Untergrombach
Ortsteil von Bruchsal

Bestockte Rebfläche: 20 Hektar in der Lage "Michaelsberg" (Großlage "Mannaberg")
Haupt-Rebsorten: Müller-Thurgau, Auxerrois, Riesling und Ruländer
Vermarktung: WG Obergrombach über Winzerkeller Wiesloch und WG Weingarten

Dielheim

Einwohner: 7 329
Bestockte Rebfläche: 54 Hektar in der Lage "Teufelskopf" (Großlage "Mannaberg")
Haupt-Rebsorten: Ruländer, Müller-Thurgau, Weißburgunder und Riesling
Vermarktung: WG Dielheim über Winzerkeller Wiesloch

Inmitten des Kraichgauer Hügellandes liegt Dielheim unweit von Wiesloch. Immer schon war die Geschichte Dielheims eng mit der Geschichte der größeren Stadt Wiesloch verbunden, nicht erst seitdem viele Wieslocher und auch Heidelberger die ruhige Lage Dielheims zu schätzen gelernt haben und hier ihre "Zelte" aufgeschlagen haben.

Die Zugereisten haben das Bild der Gemeinde verändert. Es ist nicht mehr die Landwirtschaft, die die Gemeinde prägt, wenngleich der Weinbau immer

noch eine große Rolle spielt. Heute präsentiert sich Dielheim als attraktive Wohngemeinde.

Dielheim kann zusammen mit den Ortsteilen Horrenberg, Balzfeld, Unterhof und Oberhof auf eine lange Geschichte zurückblicken. Schon die Alemannen haben hier gesiedelt, wie durch Ausgrabungen bewiesen werden konnte. Ebenso wechselvoll wie die Geschichte, die Dielheim mit den meisten Gemeinden des Kraichgaus teilen mußte, waren auch die Namen, die die Herren ihrer Gemeinde gaben: Diuuelenheim - Duwelheim - Tuwelnheim - Duelheym - Dhülhaim - Duelheim finden sich in den Chroniken.

Dossenheim

Einwohner: 9 328
Bestockte Rebfläche: 28 Hektar in der Lage "Ölberg" (Großlage "Rittersberg")
Haupt-Rebsorten: Müller-Thurgau, Riesling und Silvaner
Vermarktung: WG Schriesheim über die ZBW

Dossenheim liegt an der Badischen Bergstraße bei Heidelberg. Hier, wie in allen Ortschaften der Umgebung, spielte der Weinbau über viele Jahrhunderte hinweg eine sehr bedeutende Rolle. Doch viele Faktoren ließen auch den Weinbau in diesem traditionellen Rebland stark zurückgehen. Abhilfe kam erst in Sicht, als man daranging, die alten Massenträger wie die Hybridenreben, die sogenannten "Amerikaner", durch Qualitätssorten zu ersetzen und nach modernsten Erziehungsarten Rebbau zu betreiben. Ein weiterer, ganz wichtiger Schritt in Richtung Qualitäts- und Quantitätssteigerung war der Beitritt einiger Dossenheimer Winzer zu der 1930 gegründeten Winzergenossenschaft Schriesheim. Heute befindet sich der Dossenheimer Weinbau wieder in allerbester Gesellschaft, und die Zeiten, in denen man die Dossenheimer Tropfen ungeachtet zusammen

mit allen anderen Weinen der Bergstraße in das Riesenfaß zu Heidelberg füllte, gehören ein für alle Mal der Vergangenheit an.

Eisingen

Einwohner: 4 018
Bestockte Rebfläche: 14 Hektar in den Lagen "Klepberg" und "Steig" (Großlage "Hohenberg")
Haupt-Rebsorten: Müller-Thurgau und Ruländer
Vermarktung: WG Dietlingen über die ZBW

Eppingen
Ortsteil Elsenz

Bestockte Rebfläche: 40 Hektar in der Lage "Spiegelberg" (Großlage "Stiftsberg")
Haupt-Rebsorten: Riesling und Müller-Thurgau
Vermarktung: WG Tiefenbach über Winzerkeller Wiesloch

Der Ortsteil Elsenz ist die badische "Weinkammer" der nahegelegenen Stadt Eppingen, die mit Kleingartach auch noch einen württembergischen Weinort hat. Elsenz liegt eingebettet in einer Talsohle und ist umgeben von Wäldern und Feldern, die sich bis zu den steilen Rebhängen hin ausweiten. Besonders der Elsenzer See und die Freizeitanlagen, die zu den schönsten der ganzen Stadt gehören, laden zum Verweilen ein. Von Elsenz aus lassen sich herrliche Wanderungen in das Naherholungsgebiet Kraichgau machen.

Eppingen
Ortsteil Rohrbach

Bestockte Rebfläche: 2,5 Hektar in der Lage "Lerchenberg" (Großlage "Stiftsberg")

Haupt-Rebsorten: Müller-Thurgau, Ruländer und Riesling
Vermarktung: WG Sulzfeld über Winzerkeller Wiesloch

Haßmersheim
Ortsteil Neckarmühlbach

Bestockte Rebfläche: 9 Hektar in den Lagen "Hohberg" und "Kirchweinberg" (Großlage "Stiftsberg")
Haupt-Rebsorten: Müller-Thurgau, Riesling, Ruländer, Weißburgunder und Trollinger
Vermarktung: 1 Selbstmarkter

Der Weinbau spielt in Haßmersheim eine eher untergeordnete Rolle. Viel größere Bedeutung hat der Binnenschiffverkehr. Haßmersheim ist nämlich der größte Binnenschifferstandort des Landes Baden-Württemberg. Auf den ersten Blick verwundert diese Tatsache, aber der Grund dafür liegt schon weit in der Vergangenheit zurück.

Haßmersheim war neckaraufwärts in Richtung der Handelsstadt Heilbronn die letzte kurpfälzische Enklave, und die Schiffer, die den kurpfälzischen Teil des Neckars durchfahren wollten - der reichte von Haßmersheim bis zur Mündung in den Rhein -, die mußten auch auf kurpfälzischem Gebiet wohnen. Damit der Weg in die geschäftige Metropole aber nicht zu lang wurde, nahmen viele Schiffer ihren Wohnsitz hier an der Grenze zu Württemberg in Haßmersheim. So kam es auch, daß Haßmersheim bis Anfang des 19. Jahrhunderts eine der größten Ansiedlungen im jetzigen Neckar-Odenwald-Kreis war.

Heidelberg

Einwohner: 134 575
Bestockte Rebfläche: 58 Hektar in den Lagen "Herrenberg", "Dachsbuckel", "Burg", "Son-

Heidelberg, im Ausland der Inbegriff der deutschen Romantik, ist Tag und Nacht schön.

nenseite ob der Bruck" und "Heiligenberg" (Großlage "Mannaberg" und "Rittersberg")
Haupt-Rebsorten: Müller-Thurgau, Silvaner, Scheurebe, Riesling und Ruländer
Vermarktung: Winzerkeller Wiesloch, Erzeugergemeinschaft "Winzergilde" in Leimen, 2 Selbstmarkter

Heidelberg liegt beiderseits des Neckars, genau dort, wo der Fluß zwischen dem Königsstuhl auf der linken und dem Heiligenberg auf der rechten Seite den Odenwald in Richtung Rheinebene verläßt.

An diesem ebenso schönen wie geschichtsreichen Platz steht eine der ältesten deutschen Universitäten. Mit dieser Universität und anderen Hochschulen, Akademien, wissenschaftlichen Instituten und schulischen Einrichtungen erhält die Stadt ihre besondere Atmosphäre: 20 000 Studenten können das Leben in einem so überschaubaren Gemeinwesen stark mitbestimmen.

Ebenso prägen natürlich auch die drei Millionen Besucher pro

Jahr, und so ist Heidelberg "die Feine" sowohl "Studenten"- als auch "Touristenstadt". - Weinstadt ist sie außerdem, und das paßt natürlich gut ins Bild - bei den Studenten wie bei den Touristen.

Auch einen Superlativ im Bezug auf Wein hat Heidelberg vorzuweisen: Im Schloß, der größten touristischen Attraktion der Stadt, liegt das größte Weinfaß der Welt: neun Meter lang, acht Meter hoch und mit 221 726 Liter Inhalt. Dieses Faß ist noch heute Ausdruck der gigantomanischen Weinwirtschaft des Mittelalters. In ihm wurde der "Zehntwein" der Heidelberger Kurfürsten gelagert.

Aber das Schloß war nicht nur Stätte rauschender Feste und weinseliger Fröhlichkeit. Hier wurde auch handfeste Machtpolitik betrieben. Allerdings hatten die Schloßherren dabei nicht immer eine glückliche Hand. Des öfteren hatte die Heidelberger Bevölkerung unter fremder Herrschaft zu leiden. So im Dreißigjährigen Krieg, als die Stadt vom kaiserlichen Feldherrn Tilly und später von den Schweden besetzt

und zerstört wurde. Anschließend baute sie der Kurfürst Karl-Ludwig wieder auf.

Er wähnte sich besonders schlau, als er seine Tochter mit dem Sohn des Sonnenkönigs Ludwig XIV vermählte. Doch durch diese Hochzeit fiel nach dem Aussterben der Pfalz-Simmerschen Linie französischer Erbanspruch auch auf Heidelberg. 1688 wurde die Stadt von der französischen Armee besetzt und ein Jahr darauf zerstört. Nur vier Jahre später pochten die Franzosen das zweite Mal an Heidelbergs Tore und brachten noch größere Verwüstung für die Stadt und das Schloß.

War das Schloß als kurfürstliche Residenz steingewordenes Symbol politischer Macht, so verkörpert die alte Universität die Machtstellung Heidelbergs auf geisteswissenschaftlichem Gebiet. Die Tatsache, daß sie die älteste Universität auf deutschem Boden ist, verwundert, wenn man erfährt, daß in Heidelberg an keine geistige Tradition angeknüpft werden konnte. Ja noch nicht einmal eine mittelalterliche Schule gab es hier. Dennoch reifte die Anstalt

in kurzer Zeit zu einem berühmten Geisteszentrum heran. Diese Universität war und ist noch immer die Keimzelle der freiheitlichen Gesinnung, die in Heidelberg zu Hause ist.

Hätten die Zerstörungen des Dreißigjährigen Krieges und der Erbfolgekriege nicht stattgefunden, wäre Heidelberg heute eine fast stilreine Renaissance-Stadt. Doch so taucht häufig Barock im Stadtbild auf. Aber keiner der zahlreichen Stilbegriffe will so richtig auf Heidelberg zutreffen, am ehesten paßt noch "romantisch".

Von Heidelberg aus erhielt die romantische Bewegung zu Beginn des 19. Jahrhunderts viele Impulse. Doch ausschlaggebend war sicherlich Clemens von Brentano. Unter seiner Führung entfaltete sich die Bewegung der Romantik von 1804 an. Die Schloßruine wurde Symbol des nationalen Erneuerungswillens, und 1815 war Heidelberg Sitz des Hauptquartiers der Verbündeten in den Befreiungskriegen. Auch in späteren Tagen - so bei der Revolution von 1848 - taucht Heidelberg immer wieder als Hochburg demokratischen Denkens auf.

Hemsbach · Hirschberg · Großsachsen · Leutershausen Kämpfelbach · Ersingen · Karlsruhe · Durlach · Grötzingen Hohenwettersbach · Keltern · Dietlingen

Das Inferno der beiden Weltkriege überstand die Stadt nahezu unversehrt. Doch kamen nach 1945 andere Probleme auf sie zu: Unzählige Flüchtlinge und nicht zuletzt die Angehörigen der amerikanischen Streitkräfte, die hier ihr "Headquarter" einrichteten, machten Heidelberg unvorbereitet zur Großstadt. Bald wurde die Wohn-, Versorgungs- und Verkehrssituation unerträglich. Der einzige Ausweg war die Aussiedlung besonders der Industriebetriebe in die umliegenden Ortschaften und Gewanne. Aus diesem Grund wurden einige Vororte eingemeindet.

Auch die alte Universität war dem Nachkriegsansturm nicht gewachsen. Die Naturwissenschaften wurden in den neuerbauten Trakt auf dem Neuenheimer Feld im Neckarbogen verlegt. Nur die Geisteswissenschaften behielten ihren angestammten Platz.

Hemsbach

Einwohner: 12 889
Bestockte Rebfläche: 30 Hektar in der Lage "Herrnwingert" (Großlage "Rittersberg")
Haupt-Rebsorten: Müller-Thurgau und Spätburgunder
Vermarktung: WG "Bergstraße" über Winzerkeller Wiesloch

Das Kloster Lorsch ist ganz in der Nähe, und dort in den berühmten Aufzeichnungen des Klosters wird "Hemingisbach" zum erstenmal genannt. Weinort war es damals schon, und ein Weinzentrum für die nähere Umgebung ist es mit seiner Winzergenossenschaft auch heute noch.

Es gibt ein kleines, privates Weinbaumuseum im Ort, und die Mitarbeiter der Gemeindeverwaltung, die in einem alten Schloß residieren, können aus ihren Fenstern Weinhistorie in Form großer, alter Fässer sehen. Zur Historie der Gemeinde gehört auch das alte Rathaus in der Bachgasse, das 1490

schon für diese Stelle erwähnt wurde und seinen Uhrturm über die Wirren der Zeit bis heute erhalten hat.

Aktuelles Weinleben in fröhlicher Form geschieht alljährlich zur Baumblüte beim Wein- und Blütenfest, wenn die Gäste kommen, um hier vor dem Hang des Odenwaldes den ersten Frühling - und den ersten jungen Wein zu genießen.

Hirschberg
Ortsteil Großsachsen

Bestockte Rebfläche: 20 Hektar in der Lage "Sandrocken" (Großlage "Rittersberg")
Haupt-Rebsorte: Müller-Thurgau
Vermarktung: WG Hemsbach über Winzerkeller Wiesloch und WG Schriesheim über die ZBW

Hirschberg
Ortsteil Leutershausen

Bestockte Rebfläche: 30 Hektar in den Lagen "Staudenberg" und "Kahlberg" (Großlage "Rittersberg")
Haupt-Rebsorten: Müller-Thurgau, Silvaner und Riesling
Vermarktung: WG Schriesheim über die ZBW, 1 Selbstmarkter

Ebenfalls an der Badischen Bergstraße gelegen ist Leutershausen, heute ein Ortsteil von Hirschberg. Wie bei vielen Orten der Region reicht die Weinbautradition schon weit zurück. Bereits vor der Jahrtausendwende taucht Leutershausen als Weinort in den Chroniken auf. Die Gemeinde liegt an den letzten Ausläufern des Odenwaldes, der sich im Osten erhebt. Im Westen öffnet sich die riesige Rheinebene mit der Metropole Mannheim. Auch eine Sehenswürdigkeit hat die kleine Winzergemeinde vorzuweisen: das Schloß Wiser. Es wurde zu Beginn des 18. Jahrhunderts

von Johann Jakob Rischer erbaut.

Kämpfelbach
Ortsteil Ersingen

Bestockte Rebfläche: 5 Hektar in der Lage "Klepberg" (Großlage "Hohenberg")
Haupt-Rebsorten: Müller-Thurgau, Silvaner und Ruländer
Vermarktung: WG Dietlingen über die ZBW

Karlsruhe
mit den Ortsteilen Durlach, Grötzingen und Hohenwettersbach

Einwohner: 271 236
Bestockte Rebfläche: siehe Statistiken der Ortsteile

Karlsruhe ist immer noch die "heimliche Residenz" des ehemaligen Landes Baden. Sie ist gleichzeitig das steingewordene Erbe eines Mannes und seines "barocken" Lebensgefühls. Dieser Mann war Markgraf Carl Wilhelm von Baden Durlach. Er gab der jungen Stadt auch ihren Namen - "Carols-Ruh".

Allerdings geht die Stadtgründung nicht, wie in einem Gemälde von Moritz von Schwind festgehalten, auf einen schwelgerischen Traum des Grafen zurück, den er während einer Jagdpause geträumt haben soll. Vielmehr war er wohl nicht mehr gewillt, seinen Lebensabend in seiner alten, ziemlich zerstörten Residenz in Durlach zu fristen.

Ihm erging es wie vielen Fürsten jener Zeit: Er wollte sich ein Denkmal setzen, und es sollte etwas Großartiges, Einzigartiges sein, das die Welt noch nie gesehen hatte. Was sollte dieser Vision eher entsprechen als gleich eine ganze Stadt zu bauen? Und diese Idee ließ den Grafen nicht mehr ruhen.

Er hatte genaue Vorstellungen, wie sein "Carols-Ruh" aussehen sollte. Da war zuerst einmal die Lage: Den Markgrafen zog es von Durlach hinaus in die Weite der Rheinebene. Hier in den Gründen des Hardtwaldes - seinem Jagdrevier - fand er den Raum, der seinen Vorstellungen entsprach.

Dann folgte die eigentliche Planung der Stadt: Es sollte eine "Fächerstadt" sein, mit einem Schloß und seinem Turm als Mittelpunkt und Prunkstraßen und Alleen, die auf dieses Zentrum sternförmig zulaufen sollten.

Hier tritt der "Barockmensch" Carl Wilhelm deutlich hervor - auch seine Bewunderung für den "Roi de soleil" Louis XIV. Beide vereinte die gleiche Mentalität. Denn es ist nichts anderes als die "Gnadensonne", die der Stadtplan des Zentrums widerspiegelt. Ausgehend vom Schloß durchdringt sie die Straßen und Bürgerhäuser und bringt sie symbolisch zum Blühen.

Was den Markgrafen allerdings von seinem Vorbild unterscheidet, ist die überaus liberale Haltung den Bewohnern seiner Stadt gegenüber. Er wollte keine untertänigen Vasallen um sich scharen, sondern es sollten freie Bürger sein, die in den prächtigen Häusern leben sollten. Ziel seiner Träume war, daß diese Bürger dann aus sich heraus loyal zu ihm aufschauen würden.

Der naturverbundene Graf räumte auch dem Grün im Stadtbild von vornherein einen großen Platz ein. Es sollten Anlagen entstehen und Parks, in denen Tulpen blühen, und jedes Haus sollte einen eigenen Garten besitzen.

Beeindruckend ist die Zielstrebigkeit und Konsequenz, mit der er sein Vorhaben verwirklichte und Karlsruhe zu "seiner" Stadt machte.

Bis heute hat die Stadt ihre Großzügigkeit und Wohnlichkeit erhalten, obwohl sie häufi-

ger mit "stehendem Verkehr" in
den Verkehrslageberichten auftaucht. Das liegt daran, daß
Karlsruhe heute eine wichtige
Industrie-Metropole mit exzel-
lenter Infra-Struktur ist - und
da staut es sich eben manchmal. Doch im Zentrum sieht es
wesentlich besser aus. Auch das
liegt mit am Aufbau der Stadt
und ihrer klaren Gliederung:
Karlsruhe hat es geschafft, attraktive Arbeitsstadt und gemütliche Wohnstadt zugleich
zu sein.

Gutes Essen und Trinken haben in dieser Stadt Tradition.
Auf diesem Gebiet vereinigen
sich der grenzüberschreitende
Einfluß des westlichen Nach-
bars und die nicht zu überbie-
tende Geschmacksvielfalt der
badischen Weinlande. Und es
soll auch schon französische
Gourmets geben, die - sozusagen im kleinen Grenzverkehr -
gerne in die Kochtöpfe und
Weingläser auf der deutschen
Rheinseite schnuppern. Daß
Karlsruhe durch Vororte auch
Weinstadt ist, ergänzt das
freundliche und positive Gesamtbild.

Durlach
Ortsteil von Karlsruhe

**Bestockte Rebfläche: 12 Hektar
in der Lage "Turmberg" (Großlage "Hohenberg")
Haupt-Rebsorten: Riesling, Auxerrois, Weißburgunder und
Ruländer
Vermarktung: 1 Selbstmarkter**

Grötzingen
Ortsteil von Karlsruhe

**Bestockte Rebfläche: 7 Hektar
in den Lagen "Turmberg" und
"Lichtenberg" (Großlage "Ho-
henberg")
Haupt-Rebsorten: Riesling,
Scheurebe, Ruländer, Müller-
Thurgau und Kerner
Vermarktung: WG Weingarten**

Hohenwettersbach
Ortsteil von Karlsruhe

**Bestockte Rebfläche: 30 Hektar
in der Lage "Rosengarten"
(Großlage "Hohenberg")
Haupt-Rebsorten: Riesling,
Müller-Thurgau und Scheurebe
Vermarktung: 1 Selbstmarkter**

*Karlsruhe – das Schloß, von dem aus die Straßen sternförmig in die Stadt gehen und das für diese
Stadt Keimzelle und Mittelpunkt war.*

Keltern
Ortsteil Dietlingen

**Bestockte Rebfläche: 70 Hektar
in den Lagen "Klepberg" und
"Keulebuckel" (Großlage "Hohenberg")
Haupt-Rebsorten: Müller-Thurgau und Schwarzriesling
Vermarktung: WG Dietlingen
über die ZBW, 1 Selbstmarkter**

Dietlingen liegt am äußersten
südlichen Rand des Kraichgaus
zwischen Karlsruhe und Pforzheim - etwas abseits des großen
Verkehrswegs. Dietlingen ist zusammen mit Emmendingen sozusagen der südliche Eckpfeiler
des Weinbaugebietes Kraichgau. Ab hier klafft eine "Wein-
baulücke", bevor sich weiter im
Süden die Ortenau anschließt.
Auffallend im Rebsortenspiegel
ist der hohe Anteil des

Schwarzrieslings, dem es auf
den steinigen und recht kalkhaltigen Lehmböden zu gefallen scheint.

Ein Ausflug nach Dietlingen
lohnt sich - nicht nur des Weines wegen. Die guterhaltene Be-
festigungsanlage und die sehr
alte Wehrkirche laden ebenso
zu einem Besichtigungsspazier-
gang ein wie ein aus dem Mittelalter stammendes Kelterhaus.

Ellmendingen · Kirchardt · Berwangen · Kraichtal · Bahnbrücken · Gochsheim Landshausen · Menzingen · Münzesheim · Neuenbürg · Oberöwisheim Unteröwisheim · Kürnbach · Laudenbach · Leimen · Malsch

Keltern
Ortsteil Ellmendingen

Bestockte Rebfläche: 25 Hektar in der Lage "Keulebuckel" (Großlage "Hohenberg") Haupt-Rebsorten: Schwarzriesling und Spätburgunder Vermarktung: WG Ellmendingen über die ZBW

Kirchardt
Ortsteil Berwangen

Bestockte Rebfläche: 2,5 Hektar in der Lage "Vogelsang" (Großlage "Stiftsberg") Haupt-Rebsorten: Müller-Thurgau, Weißburgunder, Riesling und Portugieser Vermarktung: WG Eichelberg über Winzerkeller Wiesloch

Kraichtal
mit den Ortsteilen Bahnbrücken, Gochsheim, Landshausen, Menzingen, Münzesheim, Neuenbürg, Oberöwisheim und Unteröwisheim

Bestockte Rebfläche: siehe Statistiken der Ortsteile

Kraichtal ist eine "politische" Gemeinde, der Zusammenschluß von neun Ortschaften. Wald und Weinberge prägen die Umgebung: In acht Dörfern pflanzen die Winzer Wein an. Müller-Thurgau und Riesling sind die bevorzugten Sorten, nur im Ortsteil Oberöwisheim nimmt der Ruländer im Rebsortenspiegel den ersten Platz ein. Zwei Gemeinden führen Weintrauben im Ortswappen - ein Zeichen ihrer engen Beziehung zum Wein. Und das historische Kelterhaus bezeugt, daß der Weinbau hier Tradition hat.

Im dritten Jahrtausend vor Christus war das heutige Stadtgebiet bewohnt: Keramikfunde in Oberöwisheim, Grabhügel mit Skelettresten, Tonscherben, Bronzeringen, Dolchklingen und steinzeitliche Wohnstätten in Menzingen bezeugen dies. Wesentlich später haben Römer, Franken und Alemannen ihre Spuren hinterlassen. Römische Grundmauern, der Torso einer weiblichen Figur und ein Merkur-Altärchen wurden in Bahnbrücken ausgegraben, Fundamente einer römischen Villa aus gehauenen Sandsteinquadern und Platten hat man in Gochsheim freigelegt.

Wechselhaft verlief in der Folgezeit die Geschichte der Dörfer, geblieben sind der Wein und Bauwerke, die an die Vergangenheit erinnern und das Ortsbild prägen: die Schwanenburg und die Ruine des Wasserschlosses in Menzingen, dem ältesten Stadtteil, der ehemalige Maulbronner Pfleghof in Unteröwisheim, der achteckige Dorfbrunnen mit dem barocken Unterstock in Bahnbrücken.

In der weitläufigen Schloßanlage der Grafen von Eberstein befindet sich heute ein Heimatmuseum; hier steht auch das Scharfrichterhaus, ein Fachwerkgebäude, vom Bild eines Scharfrichters "verziert". Als "Rothenburg des Kraichgaus" ist dieser Ortsteil bekannt - malerische Fachwerkhäuser finden sich aber in allen Stadtteilen. Das wohl schönste des Kraichgaus steht in Münzesheim: die "alte Schmiede", errichtet 1684, mit der charakteristischen "Kanzel" und vielen Holzschnitzereien.

Selbst in alten Kulturlandschaften bleibt - manchmal - Platz für Natur im Urzustand: Der Ritterbruch bei Oberacker und Vogelschutzgebiete bei Landshausen und zwischen Unteröwisheim und Münzesheim sind Reservate für Pflanzen und Tiere.

Bahnbrücken
Ortsteil von Kraichtal

Bestockte Rebfläche: 18 Hektar in der Lage "Lerchenberg" (Großlage "Stiftsberg") Haupt-Rebsorte: Müller-Thurgau, Riesling und Ruländer Vermarktung: WG Kürnbach über Winzerkeller Wiesloch

Gochsheim
Ortsteil von Kraichtal

Bestockte Rebfläche: 16 Hektar in der Lage "Lerchenberg" (Großlage "Stiftsberg") Haupt-Rebsorten: Müller-Thurgau und Riesling Vermarktung: WG Sulzfeld über Winzerkeller Wiesloch

Landshausen
Ortsteil von Kraichtal

Bestockte Rebfläche: 61 Hektar in der Lage "Spiegelberg" (Großlage "Stiftsberg") Haupt-Rebsorten: Müller-Thurgau und Riesling Vermarktung: WG Eichelberg über Winzerkeller Wiesloch

Menzingen
Ortsteil von Kraichtal

Bestockte Rebfläche: 24 Hektar in den Lagen "Silberberg" und "Spiegelberg" (Großlage "Stiftsberg") Haupt-Rebsorte: Müller-Thurgau und Riesling Vermarktung: WG Tiefenbach über Winzerkeller Wiesloch

Münzesheim
Ortsteil von Kraichtal

Bestockte Rebfläche: 12 Hektar in der Lage "Silberberg" (Großlage "Stiftsberg") Haupt-Rebsorte: Müller-Thurgau Vermarktung: WG Neuenbürg über Winzerkeller Wiesloch

Neuenbürg
Ortsteil von Kraichtal

Bestockte Rebfläche: 13 Hektar in der Lage "Silberberg" (Großlage "Stiftsberg") Haupt-Rebsorten: Riesling, Müller-Thurgau, Spätburgunder und Ruländer Vermarktung: WG Neuenbürg über Winzerkeller Wiesloch

Oberöwisheim
Ortsteil von Kraichtal

Bestockte Rebfläche: 48 Hektar in der Lage "Kirchberg" (Großlage "Mannaberg") Haupt-Rebsorten: Ruländer und Müller-Thurgau Vermarktung: WG Oberöwisheim über Winzerkeller Wiesloch

Unteröwisheim
Ortsteil von Kraichtal

Bestockte Rebfläche: 45 Hektar in der Lage "Kirchberg" (Großlage "Mannaberg") Haupt-Rebsorten: Müller-Thurgau, Ruländer, Riesling und Weißburgunder Vermarktung: WG Unteröwisheim über Winzerkeller Wiesloch

Kürnbach

Einwohner: 2 375 Bestockte Rebfläche: 110 Hektar in der Lage "Lerchenberg" (Großlage "Stiftsberg") Haupt-Rebsorten: Riesling, Müller-Thurgau, Schwarzriesling und Ruländer Vermarktung: WG Kürnbach über Winzerkeller Wiesloch

Zwischen den Hügeln des Kraichgaus und den steilen Hängen des Stromberg liegt - in einem Tal des Humsterbaches -

Dorfszene in Mühlhausen mit dem 500 Jahre alten Kirchturm.

Kürnbach. Der Boden im Kraichgau, der "Toscana Germaniens", ist sehr fruchtbar, das Klima sonnig und mild.

Die strategisch wichtige Lage des Dorfes erkannten bereits die Römer und bauten eine Straße in der Gemarkung. Schon früh haben die Bewohner ihr Dorf mit einer Mauer umgeben. Das Ober-, Grein- und Katzenhöfertor führten in den Ort. Außerhalb der schützenden Mauern baute in den unsicheren Zeiten niemand - das erklärt die Enge der Kürnbacher Gassen.

Vor Zerstörungen und Plünderungen konnten die Mauern das Dorf nicht bewahren. Besonders unter dem Dreißigjährigen Krieg und dem Orleanischen Erbfolgekrieg hatten die Menschen zu leiden: Im Jahre 1632 raubten kaiserliche Truppen aus dem Zehntkeller 320 000 (!) Liter Wein - Wein, den zuvor die Bauern an die Obrigkeit hatten abgeben müssen.

Die ältesten Kürnbacher Urkunden sprechen vom Wein. So schenkte die Freifrau Adelheid von Liebenstein dem Kloster Itzingen im Jahre 1278 in "Qurinbach" 14 Morgen Weinberge. "Qurinbach" so hieß früher einmal Kürnbach.

Damals - so erzählt man sich - schätzten besonders die Kürnbacher Steinhauer - das waren um die Jahrhundertwende ungefähr 200 - den "Kürnbacher":

Oft brauchten die Arbeiter eine Gießkanne voll Wein, um die durch die Arbeit trockenen Kehlen wieder "anzufeuchten".

Der Weinbau ist nicht mehr so bedeutend wie früher, aber es gibt ihn noch, genauso, wie ein guter Teil des schönen Dorfbildes erhalten ist: überwiegend eingeschossig, auf einem hohen Kellersockel - das ist durch die kleinbäuerliche Erwerbsstruktur bedingt. Überdachte Treppenaufgänge, Sockel aus Natursteinen und Rundbögen sind typisch für das Dorf; Fachwerkhäuser im alemannischen und fränkischen Stil prägen das Bild. Ein Dorf wie aus dem Bilderbuch mit altem Wasserschloß und fast ebenso alter Kirche.

Laudenbach

Einwohner: 5 176
Bestockte Rebfläche: 28 Hektar in der Lage "Sonnberg" (Großlage "Rittersberg")
Haupt-Rebsorten: Müller-Thurgau und Riesling
Vermarktung: Bergsträßer Gebietswinzergenossenschaft in Heppenheim

Leimen

Einwohner: 17 111
Bestockte Rebfläche: 34 Hektar
in den Lagen "Herrenberg" und "Kreuzweg" (Großlage "Mannaberg")
Haupt-Rebsorten: Müller-Thurgau, Ruländer, Weißburgunder und Silvaner
Vermarktung: Erzeugergemeinschaft "Winzergilde", Weinkellerei Adam Müller, 1 Selbstmarkter

Seit der Römerzeit ist der Weinbau einer der bestimmenden Faktoren der Stadt. Schon die erste urkundliche Erwähnung beinhaltet die Übertragung eines Weinberges in Leimen an das Kloster Lorsch. Im Mittelalter waren Leimener Weine geschätzt, besonders am Heidelberger Hof. Überhaupt könnte man einen guten Teil der Leimener Geschichte unter der Überschrift "Abgabenordnung für Zehntwein und Pachtwein" abhandeln, so begehrt war der Leimener Wein bei Fürsten, Bischöfen und "gemeinen" Leuten. Ebenso große Bedeutung wie der Wein erreichte der Tabakanbau in der Mitte des 19. Jahrhunderts.

Wie eng die Leimener mit ihrer "Scholle", der Erde, der sie das tägliche Brot abringen, verbunden waren, geht schon aus dem Namen ihrer Stadt hervor: Er läßt sich nämlich von dem hier verbreiteten Lehmboden ableiten. Erst durch die zunehmende Industrialisierung, die durch die günstige Lage Leimens in der Nähe der Metropolen Heidelberg und Mannheim mög-

lich war, verlor die Landwirtschaft ihren hohen Stellenwert.

Heute ist Leimen eine moderne Wohn- und Arbeitsstadt mit vielfältigen Freizeitmöglichkeiten, unter denen das moderne "Park-Schwimmbad" einen besonderen Platz einnimmt. Es gehört sicher zu den schönsten Bädern im "Ländle". Daß man in Leimen trotz moderner Architektur und zeitgemäßer Betriebsamkeit der Bürger im Stadtkern auch noch auf die Zeugen vergangener Jahrhunderte stößt, spricht für die freundliche Stadt an der südlichen Bergstraße und am Odenwald.

Malsch

Einwohner: 2 561
Bestockte Rebfläche: 188 Hektar in den Lagen "Ölbaum" und "Rotsteig" (Großlage "Mannaberg")
Haupt-Rebsorten: Müller-Thurgau, Weißburgunder, Portugieser, Ruländer, Spätburgunder
Vermarktung: WG "Letzenberg" über Winzerkeller Wiesloch

Die rotgedeckten Häuser, die die Hauptstraße säumen und sich um die Kirche in der Dorfmitte scharen, liegen am Fuße des Letzenbergs. Diese Erhebung ist eigentlich gar kein richtiger Berg, eher ein Hügel. Wohlgerundet wie viele Hügel an der südlichen Bergstraße liegt er da. Seine nördliche Seite ist bewaldet, nach Süden zum Ort hin ist er rebenbestanden und seine Kuppe krönt eine Kapelle, die Letzenberg-Kapelle.

Wer Malsch besuchen will oder es verläßt, der muß durch die Reben. Und der Weinbau bestimmte und bestimmt immer noch einen wesentlichen Teil der Malscher Geschichte. Hier nahmen die Bauernkriege im Bistum Speyer, in denen die Malscher Winzer eine nicht unbedeutende Rolle spielten, ihren Anfang. In der Osterwoche 1523 erbrachen die Aufrührer den Zehntkeller und leerten die Fässer. Die gegnerischen Truppen des Bischofs wurden vom "Bletzenberg" aus zurückgewiesen und mußten unverrichteter Dinge abziehen. Die Schlacht hatten die Bauern gewonnen, doch der Krieg ging verloren: Als Vergeltung für die Beteiligung an diesem Aufstand mußten die Malscher harte Strafen in Kauf nehmen.

Mühlhausen · Rettigheim · Tairnbach · Neckarzimmern · Nußloch · Oberderdingen
Flehingen · Ölbronn · Dürrn · Östringen · Eichelberg · Odenheim · Tiefenbach
Pfinztal · Söllingen

Doch diese Zeiten gehören endgültig der Vergangenheit an. Nach einem stetigen Auf- und Abschwung, den unerträglichen Abgabelasten des Mittelalters und den verheerenden Rebkrankheiten der Neuzeit, haben die Malscher Rebleute heute eine leistungsfähige Winzergenossenschaft zur Verfügung, die nach modernsten Methoden die Weine keltert. Danach geht der Most zum weiteren Ausbau und auch zum Verkauf an den Winzerkeller nach Wiesloch.

Das Dorfbild wird heute noch sehr von der bäuerlichen Lebensart geprägt. In Malsch fehlen die prunkvollen Patrizierhäuser, die man in anderen Orten der Region finden kann. Lediglich ein paar stattliche Fachwerkbauten zeugen von einem eher bescheidenen Wohlstand in früheren Zeiten. Diese Fachwerkhäuser stehen um die weiße Dorfkirche, die 1972 fast vollständig niederbrannte und anschließend nach dem altem Vorbild wieder aufgebaut wurde. Am Ortsrand haben sich einige kleinere Neubausiedlungen gebildet, woran man erkennen kann, daß die Malscher ihrem Dorf treu bleiben.

**Mühlhausen
mit den Ortsteilen Rettigheim und Tairnbach**

**Einwohner: 6 226
Bestockte Rebfläche der Kerngemarkung: 42 Hektar in der Lage "Heiligenstein" (Großlage "Mannaberg")
Haupt-Rebsorten: Riesling, Müller-Thurgau und Weißburgunder
Vermarktung: WG Mühlhausen über Winzerkeller Wiesloch**

Aus einer alten Mühlenansiedlung ist der Ort im Waldangelbachtal entstanden. In der Lorscher Chronik wird er im Jahre 783 erstmals erwähnt. Früher stand die Kirche noch mitten im Dorf - heute liegt sie mit dem 500 Jahre alten, unter Denkmalschutz stehenden

Tairnbach bietet seinen Besuchern diesen „gemäldeschönen" Hohlweg.

Turm im neuen Mühlhausen eher am Ortsrand. In ihrer Nähe erinnert das 1576 erbaute, ehemals bischöfliche Kelterhaus daran, daß der Weinbau in Mühlhausen - wie in vielen Gemeinden des Kraichgaus - nicht unbedeutend war. Von den Weinbergen im "Heiligenstein" bis zum Kelterhaus hatten es die Winzer damals nicht weit.

Im Ortskern von Rettigheim, das wie Tairnbach nach Mühlhausen eingemeindet wurde, sind noch einige schöne Fachwerkbauten, Häuser und Scheunen, aus dem 17. und 18. Jahrhundert erhalten geblieben; geblieben ist auch der Weinbau.

Der hatte in Tairnbach immer nur lokale Bedeutung - Reben wachsen hier, in dem in einem ruhigen Seitental des Waldangelbachtales liegenden Ort, auf einer Fläche von ungefähr zehn Hektar, meist in Steillagen. Schönstes Gebäude und Mittelpunkt des Dorfes ist das aus dem Jahr 1736 stammende Barockschloß. Erbaut vom Freiherrn Überbrück zu Rodenstein, dessen Wappen über dem Rundbogenportal zu sehen ist, dient es heute als Sitz der Gemeindeverwaltung.

Rettigheim
Ortsteil von Mühlhausen

Bestockte Rebfläche: 23 Hektar in der Lage "Ölbaum" (Großlage "Mannaberg")
Haupt-Rebsorte: Müller-Thurgau, Weißburgunder und Ruländer
Vermarktung: WG Malsch und WG Mühlhausen über Winzerkeller Wiesloch

Tairnbach
Ortsteil von Mühlhausen

Bestockte Rebfläche: 8 Hektar in der Lage "Rosenberg" (Großlage "Mannaberg")
Haupt-Rebsorte: Müller-Thurgau
Vermarktung: WG Mühlhausen über Winzerkeller Wiesloch

Neckarzimmern

Einwohner: 1 764
Bestockte Rebfläche: 8 Hektar in den Lagen "Götzhalde" und "Wallmauer" (Großlage "Stiftsberg")

Haupt-Rebsorten: Müller-Thurgau, Riesling und Silvaner
Vermarktung: 1 Selbstmarkter

An der "Burgenstraße" zwischen Heidelberg und Heilbronn liegt Neckarzimmern an Wald und Fluß entlang den Rebhängen des Hornbergs, der den Ort überragt. Hoch über Neckarzimmern thront Burg Hornberg, ehemals Alterssitz des Ritters Godfried von Berlichingen, der unter dem Namen Götz auch zu sprichwörtlichem Ruhm gelangte. Im Jahre 1517 wurde die Burg für 6 500 rheinische Gulden von Götz erworben; auch die Gemarkungen Zimmern, Steinbach, Hornberg und Stockbronn gingen damals in seinen Besitz über.

Daß dem Wein und seinen "Wingerten" das besondere Interesse des Ritters galt, verwundert kaum angesichts der Trinkfreudigkeit der damaligen Zeit. Und so brachte - rückblickend - sicherlich auch die nach dem verlorenen Bauernkrieg gegen Götz von Berlichingen verhängte Reichsacht Vorteile: In dieser Zeit ließ der Burgherr soviele Weinberge anlegen, daß er einen Zusatz-Keller mieten mußte. Sicherlich hat der Ritter einiges zum guten Ruf des Hornberger Weines beigetragen.

Unterhalb der Burgmauer breiten sich auch heute noch Weinberge aus: In den Lagen "Götzhalde" und "Wallmauer" werden viele Rebsorten angepflanzt. Die Traditionsreben Riesling, Müller-Thurgau, Silvaner und Spätburgunder sind darunter.

Die Flußnähe und der wärmehaltende Muschelkalkboden wirken sich positiv auf die Qualität der hier wachsenden Weine aus. Sie sind kräftig, voll Frucht und Würze und erinnern an die Weine der südlichen Bergstraße.

In Neckarzimmern bieten alte Fachwerkhäuser ein romantisches Bild. Hier befindet sich auch das Rathaus mit seiner interessanten Giebelfront und das alte Rentamt der Burgherrschaft von Gemmingen-Hornberg, in dessen Kellern die bekannten Hornberger Weine lagern.

Nußloch

Einwohner: 9 278
Bestockte Rebfläche: 12 Hektar

in der Lage "Wilhelmsberg" (Großlage "Mannaberg")
Haupt-Rebsorte: Müller-Thurgau
Vermarktung: 2 Selbstmarkter

Oberderdingen
Ortsteil Flehingen

Bestockte Rebfläche: 4 Hektar in der Lage "Lerchenberg" (Großlage "Stiftsberg")
Haupt-Rebsorten: Riesling und Müller-Thurgau
Vermarktung: WG Wiesloch über Winzerkeller Wiesloch

Ölbronn
Ortsteil Dürrn

Bestockte Rebfläche: 12 Hektar in der Lage "Eichelberg" (Großlage "Hohenberg")
Haupt-Rebsorten: Spätburgunder und Riesling
Vermarktung: WG Dürrn über die ZBW

Östringen
mit den Ortsteilen Eichelberg, Odenheim und Tiefenbach

Einwohner: 10 500
Bestockte Rebfläche der Kerngemarkung: 90 Hektar in den Lagen "Rosenkranzweg", "Hummelberg" und "Ulrichsberg" (Großlage "Mannaberg")
Haupt-Rebsorten: Müller-Thurgau und Riesling
Vermarktung: WG Weingarten, 1 Selbstmarkter

Östringen ist die Kernstadt der Gemeinde. Während die Ortsteile Odenheim, Tiefenbach und Eichelberg bäuerlich-dörflich geblieben sind, hat sich Östringen selbst zu einem urbanen Mittelzentrum gemausert.

Der Ausbau der öffentlichen Einrichtungen, die Ansiedlung von Gewerbe- und Industriebetrieben, die Erschließung von weiteren Industriegebieten und die Stadtkernsanierung haben die Bevölkerungsstruktur verändert.

Heute präsentiert sich Östringen "städtisch" - und zwar als eine recht junge Stadt, denn erst ab 1. März 1981 wurden ihr die Stadtrechte verliehen.

Weinbau hat für Östringen keine so große Bedeutung mehr wie in früheren Jahren, doch in den Ortsteilen ergibt sich ein ganz anderes Bild. Besonders Tiefenbach wird noch stark vom Rebbau geprägt. Dieser Ortsteil allein bringt rund 90 Hektar im Ertrag stehendes Rebland als Mitgift mit in die "Ehe". Zusammen mit den anderen Ortsteilen besitzt Östringen 230 Hektar Reben und ist somit eine der größten Weinbaugemeinden in Nordbaden. Und auch der Weinbau war es, der den früheren guten Ruf der Gemeinde Östringen begründete. Einige stattliche Fachwerkhäuser aus dem 18. Jahrhundert beweisen, daß es den Östringern schon damals recht gut ergangen sein muß.

Eichelberg
Ortsteil von Östringen

Bestockte Rebfläche: 20 Hektar in der Lage "Kapellenberg" (Großlage "Stiftsberg")
Haupt-Rebsorte: Riesling
Vermarktung: WG Eichelberg über Winzerkeller Wiesloch

Odenheim
Ortsteil von Östringen

Bestockte Rebfläche: 30 Hektar in der Lage "Königsbecher" (Großlage "Stiftsberg")
Haupt-Rebsorten: Müller-Thurgau und Weißburgunder
Vermarktung: WG Odenheim über Winzerkeller Wiesloch

Tiefenbach
Ortsteil von Östringen

Bestockte Rebfläche: 90 Hektar in den Lagen "Spiegelberg" und "Schellenbrunnen" (Großlage "Stiftsberg")
Haupt-Rebsorten: Riesling und Müller-Thurgau
Vermarktung: WG Tiefenbach über Winzerkeller Wiesloch, 1 Selbstmarkter

Pfinztal
Ortsteil Söllingen

Bestockte Rebfläche: 6 Hektar in der Lage "Rotenbusch" (Großlage "Hohenberg")

Wöschbach · Rauenberg · Malschenberg · Rotenberg

Malschenberg liegt im Hintergrund dieser Arbeitsszene – Neuanpflanzung mit Hilfe eines Setzeisens.

Haupt-Rebsorten: Müller-Thurgau und Ruländer
Vermarktung: WG Weingarten

Pfinztal
Ortsteil Wöschbach

Bestockte Rebfläche: 7,5 Hektar in der Lage "Steinwengert" (Großlage "Hohenberg")
Haupt-Rebsorten: **Ruländer und Müller-Thurgau**
Vermarktung: WG Weingarten

Rauenberg
mit den Ortsteilen Malschenberg und Rotenberg

Einwohner: 5 939
Bestockte Rebfläche der Kern-

gemarkung: 170 Hektar in der Lage "Burggraf" (Großlage "Mannaberg")
Haupt-Rebsorten: Müller-Thurgau, Ruländer und Riesling
Vermarktung: WG Rauenberg über Winzerkeller Wiesloch, 5 Selbstmarkter

Die Weinstadt Rauenberg mit den Ortsteilen Malschenberg und Rotenberg besitzt mit 250 Hektar Weinbergen die größte Rebfläche im Regierungsbezirk Karlsruhe. Logischerweise ist es auch Rauenbergs "Hausberg", der "Mannaberg", der den Namen für die Großlage des gesamten Gebietes liefert.

Die Gemeinde Rauenberg liegt in dem sanften, aus eiszeitlichen Schottern und tertiären Ablagerungen aufgebauten Hügelland des Kraichgaus im Tale des Waldangelbachs. Der ty-

pisch haufendorfartige Ortskern rund um den ehemals ummauerten, alten Kirchplatz zeugt von einer weit in die Vergangenheit zurückreichenden Geschichte. Hier hatten verschiedene weltliche Herren und auch die Bischöfe von Speyer schon Besitztümer, ehe die Gemeinde 1810 zum Amt Wiesloch und in unserem Jahrhundert dann nach Heidelberg kam.

Der Ortsteil Malschenberg ist ein alter Teilort der auf der anderen Seite des Letzenbergs liegenden Gemeinde Malsch, eine sogenannte Ausbausiedlung. Daher hat Malschenberg bis in das frühe 19. Jahrhundert den gleichen Werdegang wie die Stadt Malsch. Erst 1813 wurde die Gemarkung geteilt.

Der schönste Ortsteil ist Rotenberg. Sein Bild ist immer noch

stark ländlich ausgebildet, und im Ortskern finden sich einige der ansehnlichsten Fachwerkbauten in der gesamten Umgebung. Auch die historische Burg in Rotenberg ist einen Ausflug wert - genauso wie der Wein, der hier wächst. Alle drei Ortsteile veranstalten alljährlich ein eigenes Weinfest. In Malschenberg ist es das Portugieser-Fest jeweils am ersten Oktober-Wochenende. Am darauffolgenden Wochenende findet in Rauenberg die "Winzerkerwe" statt, und in Rotenberg feiert man in jedem Jahr die "Martini-Kerwe".

Rotenberg
Ortsteil von Rauenberg

Bestockte Rebfläche: 42 Hektar in der Lage "Schloßberg"

Die Geschichte von der durchgestrichenen "Null", oder wie die Malscher ihre Traube verloren

Der Fürstbischof Damian August Philipp Karl von Limburg-Styrum, der von 1770 bis 1797 in Speyer residierte, wollte anläßlich einer Visite des Kraichgaus auch den Ort Malsch durchqueren. Doch die Malscher Bürger, die nicht gut auf ihren Herren zu sprechen waren, verriegelten das Tor am westlichen Ortseingang und riefen: "Bischof Styrum fahr' hinten rum."

Diese Unbotmäßigkeit ließ der Bischof natürlich nicht auf sich sitzen und untersagte den Malschern daraufhin, die Traube, Symbol der reichen Weinbaugemeinde, weiter in ihrem Wappen zu tragen. An ihre Stelle sollte eine waagrecht durchgestrichene "Null" treten, als Ausdruck dafür, daß die Malscher noch weniger wert seien als "Nullen" - so jedenfalls erzählen sich die Malscher die Entstehung ihres Wappens auch heute noch. Diese Anekdote ist so schön, daß man nur sehr leise hinzufügen möchte: Erstens war es nicht der Bischof von Limburg-Styrum, der den Malschern die Insignien entzog, sondern der Bischof Georg, Pfalzgraf bei Rhein und Herzog von Bayern und dessen Bruder Ludwig V., Kurfürst von der Pfalz. Und zweitens begab sich diese Maßnahme im Anschluß an die Aufstände der Bauern schon im Jahre 1525. Es war eine Strafe gegen die Ortschaften, die sich an dem Aufruhr beteiligt hatten.

Aber wie gesagt, angesichts dieser netten Anekdote kann man das "Geschichts-Auge" getrost einmal zudrücken.

Malerische Neckarlandschaft mit Weinberg bei Heinsheim (Bad Rappenau).

Schriesheim · Sinsheim · Eschelbach · Hilsbach · Weiler Sulzfeld · Ubstadt-Weiher

(Großlage "Mannaberg")
Haupt-Rebsorten: Müller-Thurgau, Ruländer und Riesling
Vermarktung: WG Rotenberg über Winzerkeller Wiesloch

Schriesheim

Einwohner: 13 693
Bestockte Rebfläche: 95 Hektar in den Lagen "Kuhberg", "Schloßberg", "Madonnenberg" und "Staudenberg" (Großlage "Rittersberg")
Haupt-Rebsorten: Müller-Thurgau, Silvaner und Riesling
Vermarktung: WG Schriesheim über die ZBW, 5 Selbstmarkter

Die selbstbewußte Stadt an der Bergstraße zwischen Heidelberg und Weinheim hat zweifellos den größten Reiz, wenn im Frühjahr "die Bergstraße blüht". Dann ist die Wein- und Obstgemeinde umgeben von einem breiten Gürtel duftender Blüten - mal weiß, mal pfirsichrot.

Doch auch die anderen Jahreszeiten haben ihre Vorzüge. Nahezu das gesamte Sommerhalbjahr über ist in Schriesheim Erntezeit. Das beginnt im Mai mit den Kirschen und endet spät im Herbst mit der Weinlese, zu der dann auch die Edelkastanien reif sind. Zudem gehört der Schriesheimer Wald mit über 1 800 Hektar zu den größten in Baden.

Die überaus günstige Lage Schriesheims an den Hängen der letzten Ausläufer des Odenwaldes und gleichzeitig am Rande der Rheinebene wußten schon die Römer und Franken zu nutzen. 764 wird der Ort zum ersten Mal erwähnt und im Jahr 1270 zur Stadt erhoben. 200 Jahre lang blieb das so, bis in der "Weißenburger Fehde" die Stadt belagert, eingenommen und die Strahlenburg, unter deren Schutz die Schriesheimer standen, zerstört wurde. Durch diesen Streit gingen auch die Stadtrechte verloren. Schriesheim mußte mehrere Jahrhunderte warten, bis dieses verlorene Recht erneut verliehen wurde - bis 1964 genau.

Schriesheim präsentiert mit diesem Foto typisch Mittelalterliches der Region: Uraltes Fachwerk, Biberschwanz-Eindeckung und eine Burgruine.

Zweimal wurde der Ort zerstört: 1632 während des Dreißigjährigen Krieges und nur 42 Jahre später durch die Franzosen. Dagegen überstand man die beiden Weltkriege nahezu unbeschadet. So blieben Schriesheim wundervolle alte Fachwerkhäuser erhalten, unter denen das im Jahre 1684 erbaute Rathaus besonders auffällt: Eine "junge" Stadt mit schönem altem Kern.

Sinsheim
mit den Ortsteilen Eschelbach, Hilsbach, Steinsfurt, Waldangelloch und Weiler

Einwohner: 27 076
Bestockte Rebfläche: siehe Statistiken der Ortsteile

Heiteres Landstädtchen - so nennt Goethe in "Dichtung und Wahrheit" Sinsheim. Inzwischen ist das Städtchen durch die Eingemeindung von zwölf Orten - darunter auch die weinbautreibenden Gemeinden Eschelbach, Hilsbach und Weiler - auf rund 27 000 Einwohner angewachsen - ihre Heiterkeit hat die Stadt bewahrt.

Die Große Kreisstadt Sinsheim, wie sie nun heißt, ist das Zentrum des Kraichgaus. Die Grundlagen für diese Entwicklung wurden schon früh gelegt: Bereits im 11. Jahrhundert erhielt der ehemalige Gaugraf Zeisolf das Markt- und Münzrecht.

Mit dem schönen Rathaus und seinem vielbewunderten Fachwerkoberbau, mit malerischen Altstadtwinkeln und wohnlichen Häusern präsentiert sich die hübsche "Fachwerkstadt" heute.

Älter als das Sinsheimer Rathaus ist das von Eschelbach. Der 1593 errichtete Fachwerkbau ist das einzige Gebäude, das den Dorfbrand im Jahre 1791 überstanden hat; alles andere wurde zerstört.

Heute gehört Hilsbach - oder "Hillersbach", wie der Lorscher Codex den Ort nennt - zur Stadt Sinsheim; Stadtrechte erhielt Hilsbach jedoch bereits um 1310. Damals ist der Ort "umgezogen": Man verlegte das ursprünglich im Tal gelegene Dorf auf den Berg und umgab es - dem neugewonnenen Stadtrecht entsprechend - mit einer bis zu 20 Meter hohen Festungsmauer. Ungefähr 200 Jahre später ließ Kurfürst Ludwig V in Hilsbach eine Kellerei bauen; die Zehntkellerei läßt vermuten, daß der Weinbau in Hilsbach nicht unbedeutend war.

Zu Weiler, dem dritten "Weinbauortsteil" Sinsheims gehört die Ruine Steinsberg, "sonsten der Compaß auff den Kraichgaw genannt". Unübersehbar ist der achteckige, knapp 30 Meter hohe Bergfried. Zugänglich war der ursprünglich sechsgeschossige Turm früher durch zwei Türen in elf (!) Meter Höhe; das Erdgeschoß war nur von oben, durch das sogenannte "Angstloch" zu erreichen.

Eschelbach
Ortsteil von Sinsheim

Bestockte Rebfläche: 18 Hektar in der Lage "Sonnenberg" (Großlage "Stiftsberg")
Haupt-Rebsorten: Müller-Thurgau, Ruländer und Weißburgunder
Vermarktung: WG Wiesloch über Winzerkeller Wiesloch

Hilsbach
Ortsteil von Sinsheim

Bestockte Rebfläche: 16 Hektar in der Lage "Eichelberg" (Großlage "Stiftsberg")
Haupt-Rebsorten: Riesling, Silvaner, Müller-Thurgau, Weißburgunder und Ruländer
Vermarktung: WG Wiesloch über Winzerkeller Wiesloch

Weiler
Ortsteil von Sinsheim

Bestockte Rebfläche: 20 Hektar in den Lagen "Steinsberg" und "Goldberg" (Großlage "Stiftsberg")
Haupt-Rebsorten: Riesling und Müller-Thurgau
Vermarktung: 1 Selbstmarkter

Sulzfeld

Einwohner: 3 871
Bestockte Rebfläche: 90 Hektar in den Lagen "Burg Ravensburger Löchle", "Burg Ravensburger Dicker Franz", "Burg Ravensburger Husarenkappe" und "Lerchenberg "Stiftsberg") (Großlage
Haupt-Rebsorten: Riesling, Müller-Thurgau, Silvaner, Schwarzriesling, Portugieser, Weißburgunder, Lemberger und Ruländer
Vermarktung: WG Sulzfeld über Winzerkeller Wiesloch, 1 Selbstmarkter

Mit 90 Hektar Rebland ist Sulzfeld eine der größten Weinbaugemeinden Nordbadens. Sie liegt eingebettet in die sanften, wohlgerundeten Hügel, die herrlichen Wälder und Wiesen des Kraichgaus. Doch eigentlich wendet der Ort nur sein Gesicht dem Kraichgau, mit dem Rücken lehnt er sich an die Ausläufer des Heuchelberges und des Stromberges.

"Sulzvelt" ist im Jahr 1075 erstmals erwähnt, und nur knapp zweihundert Jahre später wird auch schon vom Weinbau berichtet. Die um 1220 errichtete Burg bestimmt die frühe Geschichte des Ortes. Von hier aus entscheiden sich Wohl und Weh' für die Gemeinde.

Berühmt wurde das Dorf in erster Linie nicht durch den Weinbau, sondern durch die vielen Steinmetze, die in Sulzfeld lebten und dem Ort den Ruf als "Steinhauerdorf" einbrachten. Nach dem Bau der Kraichgaubahn, die von Karlsruhe nach Heilbronn führt, erlebte dieser Berufszweig seine größte Blüte.

Heute ist Sulzfeld als Weinbaugemeinde bekannter denn je. Gerade auf den fruchtbaren Böden unterhalb der trutzigen Ravensburg wachsen die edelsten Sorten und sorgen für den guten Ruf des Sulzfelder Weins.

Ubstadt-Weiher
mit den Ortsteilen Stettfeld, Ubstadt und Zeutern

Bestockte Rebfläche: siehe Statistiken der Ortsteile

Zwischen Bruchsal und Heidelberg, am Übergang von der Rheinebene in den Kraichgau, liegt Ubstadt-Weiher, ein Zusammenschluß der Orte Ubstadt, Weiher, Stettfeld und Zeutern.

Ubstadt, Weiher und Zeutern wurden im achten und frühen neunten Jahrhundert erstmals urkundlich erwähnt. Menschen haben aber schon früher hier gelebt - dies beweisen Funde in Zeutern, die aus der Jungsteinzeit stammen. Stettfeld, die vierte der Gemeinden, ist die wohl älteste Ortschaft: Das Dorf war als Knotenpunkt im römischen Straßennetz von Bedeutung. Heute noch werden hier wichtige Funde gemacht. Ein 1951 freigelegter Keller eines römischen Hauses gilt als Anschauungsobjekt für provinzielle römische Bauweise; aus dem zweiten Jahrhundert nach Christus stammt ein 1977 gefundener Herkules-Torso.

Berühmt war das Solbad in Stettfeld: Schon die Römer kannten die heilende Kraft von Quellen - heute ist das "Salzbad" in Ubstadt-Weiher ein modernes Behandlungszentrum. Die Römer schätzten aber nicht nur das Heilwasser, sondern auch - oder besonders - den Wein. Und sie gaben ihre Kenntnisse weiter. Weinbau hat also in Ubstadt-Weiher Tradition und wird in Ubstadt, Stettfeld und Zeutern noch heute betrieben. In Weiher liegt der Schwerpunkt inzwischen auf dem Spargelanbau.

Das milde Klima, der große Wasserreichtum, die Fruchtbarkeit der Landschaft - das alles hat Menschen bewegt, das Land zu bebauen. Und trotzdem gibt es auch im Kraichgau noch "unberührte" Natur - und Gegensätze nah beieinander. Ein Sumpfgebiet bei Stettfeld und ein Naturreservat bei Zeutern sind Gebiete, in denen sich Pflanzen und Tiere unbeeinträchtigt vom Menschen entwickeln dürfen. Daneben – umgeben von Weinbergen und Wald - die Dörfer. Die barocke St. Andreas Pfarrkirche in Ubstadt überragt die Stadt mit ihren malerischen Winkeln und Fachwerkpartien. Neuer und alter Ortsmittelpunkt in Stettfeld ist der Marcellusplatz; spätgotisch ist die Marcelluskirche, die dem Platz seinen Namen gab. Noch aus dem Mittelalter stammt das Haus, das man als Ausstellungsplatz für die römischen Funde ausgewählt hat.

Ubstadt
Ortsteil von Ubstadt-Weiher

Einwohner: 10 054
Bestockte Rebfläche: 27 Hektar in der Lage "Weinhecke" (Großlage "Mannaberg")

Hohensachsen · Lützelsachsen · Sulzbach · Wiesloch

Tränenkiefern aus dem Himalaja. Besonders beeindruckt aber ein Bestand von Mammutbäumen, Baumriesen, mitten in Deutschland, nahe beim gut erhaltenen Mittelalter. Und nicht weit davon nutzen die Weinheimer einen kleinen Badesee mit Sandstrand neben einem jener "Miramar"-Wasser-Spielzentren für Erwachsene, die alles bieten, was in und am Wasser Spaß macht.

Weinheim hat sich zu einem Touristenort entwickelt, einem Ausflugsziel für das nördlich gelegene Ballungszentrum. Der Name paßt natürlich ausgezeichnet dazu, und es gibt ja auch noch Wein in den Stadtgrenzen, nicht so viel wie im Mittelalter, aber es reicht doch, um allen Besucherdurst zu stillen - vor allem seit Hohensachsen und Lützelsachsen und Sulzbach mit ihren Weinlagen eingemeindet sind.

Hohensachsen
Ortsteil von Weinheim

**Bestockte Rebfläche: 6 Hektar in der Lage "Stephansberg" (Großlage "Rittersberg")
Haupt-Rebsorten: Müller-Thurgau und Spätburgunder
Vermarktung: WG "Bergstraße" in Hemsbach über Winzerkeller Wiesloch und WG Schriesheim über die ZBW**

Lützelsachsen
Ortsteil von Weinheim

**Bestockte Rebfläche: 12 Hektar in der Lage "Stephansberg" (Großlage "Rittersberg")
Haupt-Rebsorten: Müller-Thurgau, Spätburgunder und Riesling
Vermarktung: WG "Bergstraße" in Hemsbach über Winzerkeller Wiesloch**

Sulzbach
Ortsteil von Weinheim

Bestockte Rebfläche: 5 Hektar in der Lage "Herrenwingert"

**(Großlage "Rittersberg")
Haupt-Rebsorten: Müller-Thurgau, Silvaner und Riesling
Vermarktung: Winzerkeller Wiesloch**

Wiesloch

**Einwohner: 22 171
Bestockte Rebfläche: 52 Hektar in den Lagen "Spitzenberg",** "Bergwäldle" und "Hägenich" **(Großlage "Mannaberg")
Haupt-Rebsorten: Riesling, Müller-Thurgau und Ruländer
Vermarktung: Winzerkeller Südliche Bergstraße/Kraichgau und WG Wiesloch über Winzerkeller Wiesloch**

Wiesloch liegt da, wo der bergige Odenwald in das Hügelland des Kraichgaus übergeht, am Zusammenfluß zweier Bäche.

Es ist eine sehr alte Stadt. Schon im Jahre 801 wird die "uilla Uueszenloh" urkundlich im Kloster Lorsch erwähnt. Auch heute noch präsentiert sich Wiesloch in seiner mittelalterlichen Pracht. Die Stadt blieb nämlich im Zweiten Weltkrieg nahezu von der Zerstörung verschont. Auch bei der

(Fortsetzung Seite 128)

"Langen's Turmstuben"
Höllgasse 32
6908 Wiesloch
Klaus Langen
06222/1000

Badische Pfannkuchen mit Waldbeeren

Zutaten/Zubereitung:
1/2 l Milch, 1/4 l Sahne, 200 g Mehl, 4 Eier, 100 g grober Zukker, etwas saurer Sprudel, Salz

Milch und Sahne, Mehl und Eier gut verquirlen und mit etwas saurem Sprudel und Salz abschmecken. In der heißen Pfanne mit Schweineschmalz oder Öl ausbacken. Die Waldbeeren (Heidelbeeren, Waldhimbeeren, Wacholderbeeren, Walderdbeeren und Waldbrombeeren) kann man in einer Honigmelone reichen. Das Ganze zuckern und mit Grand Marnier und Sahne garnieren. Den Pfannkuchen mit Puderzucker bestäuben.

Gut essen und trinken – nicht nur in den guten Restaurants, sondern auch bei der Lese in einem Wieslocher Weinberg. – Links der „Herr von Wissenlo" in einer Darstellung der „Manessischen Handschrift", für die dieser Ritter aus Wiesloch schöne Liebeslieder geschrieben hat.

"Gasthof Zur Krone"
Marktplatz 6
7504 Weingarten
Peter Lohmann
07244/2316

Schwäbische Maultaschen in der Brühe

Zutaten/Zubereitung:
Nudelteig, 150 g Hackfleisch, 20 g Pilze, 20 g beliebiges Gemüse, 50 g Butter, 1 Prise Schnittlauch, 1 Prise Petersilie, 1 Messerspitze Muskat, Rinderbrühe, 1 Zwiebel, Pfeffer, Salz

Für die Füllung das Hackfleisch, die Pilze, das feingehackte Gemüse mit den Gewürzen vermischen. Den Nudelteig dünn ausrollen, in 7 Zentimeter große Vierecke schneiden, und die Ränder gut mit verquirltem Ei bestreichen.

In die Mitte eines Teigviereckes einen Eßlöffel Füllung geben, ein anderes Teigviereck auflegen und die Ränder fest andrücken. In siedender Rinderbrühe kochen, auf einem Sieb abtropfen lassen und in Butter kurz anschwenken. In eine Terrine legen, mit Rinderbrühe auffüllen und mit in Butter gedünsteten Zwiebeln bestreuen. Mit Schnittlauch garnieren.

Für den Kartoffelsalat als Beilage Salatkartoffeln kochen, heiß schälen und schneiden. Feingehackte Zwiebel, heiße Rinderbrühe, Salz und Pfeffer zugeben. Essig mit Wasser verquirlen und unter den Salat heben. Reichlich Öl dazugeben. Mit Tomate und Schnittlauch garnieren.

Winzerkeller Südliche Bergstraße/Kraichgau

Daß die Bezeichnung "Winzerkeller" für eine der größten badischen Winzervereinigungen steht, verblüfft zunächst, verbindet man doch mit diesem Begriff etwa die Vorstellung eines romantischen Gewölbekellers oder gar einer beschaulichen Weinstube. Es geht hier aber um die genossenschaftliche Bezirkskellerei für den badischen Weinbaubereich "Badische Bergstraße/Kraichgau".

1935 als zentrale Kellerei und Verkaufsorganisation gegründet, sind 21 Winzergenossenschaften (zusammen 4 500 Winzer), die das Erfassungs- und Keltergeschäft betreiben, dem "Winzerkeller" angeschlossen.

Dieser hat Ausbau und Verkauf der Weine übernommen. Bei einer Rebfläche von 1 500 Hektar erbringt eine durchschnittliche Ernte zwischen zehn und zwölf Millionen Liter, was bei einer Gesamtkapazität von 14,5 Millionen Liter keinerlei Probleme bereitet. Ein Teil der

Der Winzerkeller in Wiesloch ist einer der bedeutendsten deutschen Genossenschafts-Zusammenschlüsse. Er setzt auf zeitgemäße Kellertechnik, die sich, wie man sieht, fotographisch durchaus ansehnlich präsentieren kann.

Ernte geht direkt an die Zentralkellerei Badischer Winzergenossenschaften in Breisach.

Die Mitglieder der Bezirkskellerei bevorzugen den Anbau von Weißwein (auf 95 Prozent der gesamten Rebfläche) - in den Sorten Müller-Thurgau (45 %), Riesling (20 %), Ruländer (12 %) und Weißburgunder (12 %). Die verbleibenden fünf Prozent Rotwein verteilen sich je zur Hälfte auf die Sorten Blauer Spätburgunder und Schwarzriesling (ausschließlich in Kürnbach und Sulzfeld, an der Grenze zum Schwäbischen). Verkauft werden die selbstausgebauten Weine vornehmlich im betriebsnahen Verbrauchergebiet an alle Abnehmergruppen.

nachfolgenden "Modernisierung" ihrer Gemeinde - die Einwohnerzahl war von 8 000 auf nahezu 23 000 gestiegen - gingen die Stadtväter schonend mit der vorhandenen Bausubstanz um.

Wiesloch ist eine "Wohlfühl-Stadt" mit romantischen Winkeln, alten Fachwerkbauten, in die sich auch moderne Architektur harmonisch einfügt.

"Hier läßt es sich leben", denken viele, die Wiesloch besuchen. Und zu dieser Lebensfreude, die die Wieslocher ihren Gästen sofort zu vermitteln scheinen, trägt der Weinbau einen guten Teil bei.

Auch der Weinbau hat eine uralte Tradition in dieser Gegend. Alte Funde, Urkunden und Wappen beweisen das. Doch wie alle Gemeinden, die schon im Mittelalter Weinbau betrieben, hatte auch Wiesloch unter den feudalen Verhältnissen jener Zeit stark zu leiden. Besser wurde es nach der Abschaffung des Weinzehnts im Jahre 1833. Doch dann folgte wieder eine Zeit des Niedergangs. Die Rebfläche nahm beträchtlich ab. Das lag zum einen an den Billigweinen aus anderen Weinbaugebieten, zum anderen an den verstärkt auftretenden Re-

benkrankheiten. Erst das 20. Jahrhundert brachte den Durchbruch: Nach dem absoluten Tiefpunkt im Jahre 1930 gründeten die Wieslocher Winzer sechs Jahre später ihre Winzergenossenschaft. Heute umfaßt diese Genossenschaft 22 Gemeinden des Anbaugebietes mit insgesamt rund 1 400 Mitgliedern. Man kann mit Fug und Recht behaupten, daß Wiesloch heute der Mittelpunkt des unterbadischen Weinbaus ist.

Unterstrichen wird der Stellenwert der Weinstadt Wiesloch durch das jährlich stattfindende Winzerfest. Dieses "Kurpfälzische Winzerfest" ist das größte Weinfest in Baden-Württemberg und wird von einem riesigen Begleitprogramm umrahmt. 1981 war die neue Winzerfesthalle erstmals Austragungsort dieses Festes. In ihr finden 4000 Menschen Platz, und drei große Wirtestände, zwei Wurstbratereien und ein Kaffeeausschank sorgen für das leibliche Wohl der Gäste. Natürlich darf der Weinstand des Winzerkellers nicht vergessen werden. Neun Tage lang wird in diesen festlichen Hallen gefeiert, gelacht und getrunken, so wie es eben nur die Wieslocher verstehen.

Ebenso hochkarätig wie das Programm in der Halle ist das Begleitprogramm zu diesem Fest, das außerhalb stattfindet:

Da ist einmal der große Vergnügungspark auf dem Festgelände. Alljährlich sind hier die neuesten und spektakulärsten "Vergnügungsmaschinerien" zu bestaunen. Hier kommt auch der zurückhaltendste Besucher sprichwörtlich "in Fahrt". Zahlreiche Musikgruppen verbreiten neun Tage lang gute Laune.

Während des großen Trachtenfestzuges sind wunderschöne Trachten aus vergangener Zeit zu bewundern. In den Straßen und Gassen der Stadt finden weinfrohe Märkte und Konzerte statt.

Auch der Sport kommt nicht zu kurz. Sozusagen als Ausgleich wird Fußball gespielt, die Tischtennis-Spieler müssen am Ende der ersten Woche immer noch Reaktionen zeigen ebenso wie die Badminton-Cracks. Das bundesoffene Handballturnier auf dem Kleinfeld ist - wie könnte es bei einem solchen Fest der Superlative anders sein - das größte seiner Art in der Bundesrepublik. Eine weitere Besonderheit ist das Boule-Turnier. Hierbei sind regelmäßig die Spieler aus der französischen Partnerstadt Fontenay-aux-Roses klar favorisiert. Und auch das Schachturnier, das den sportlichen Teil beschließt, ist etwas Besonderes; es wird nämlich im Freien mit großen Figuren gespielt.

Eine Kunstausstellung im Kulturhaus der Stadt, um die sich der Wieslocher Kunstkreis kümmert, begleitet das Fest an allen Tagen. Wie gesagt, die Wieslocher lassen sich in jedem Jahr etwas einfallen, um "Ihrem" Fest ein ganz besonderes Gepräge zu geben. Weder mit Pauken noch mit Trompeten - die haben vorher den Ton angegeben - geht das rauschende Fest zu Ende, Blitz und Donner des großen Feuerwerks bilden das Finale, bevor auf dem Festplatz der letzte "Kehraus-Schluck" zur Brust genommen wird ... Und im nächsten Jahr gibt es ja wieder ein Winzerfest in Wiesloch.

Zaisenhausen

Einwohner: 1 403
Bestockte Rebfläche: 20 Hektar in der Lage "Lerchenberg" (Großlage "Stiftsberg")
Haupt-Rebsorten: Müller-Thurgau, Ruländer und Riesling
Vermarktung: WG Kürnbach und WG Sulzfeld über Winzerkeller Wiesloch

Die Geschichte von "S'ou z'oach", der in die Bütte fiel, und dabei seinen Wein nicht verschüttete

Spritzmittelversammlung in Beckstein. Nachher bleibt man noch ein wenig zusammen, und Günter Deppisch von der Winzergenossenschaft schlägt vor, eine der 22 Brennereien des Ortes zu einem guten Glas Wein aufzusuchen. Zehn Winzer gehen mit - darunter auch ein aus dem Nachbarort Heckfeld zugezogener Becksteiner, der eine Vorliebe für ganz bestimmte Redewendungen hat. Eine davon ist "So zu sagen". Das klingt bei ihm abgekürzt in Platt wie "S'ou z'oach". Das wird schnell gesprochen und ohne Betonung der einzelnen Vokale - es ist sein Spitzname geworden.

Die andere Redewendung ist "Im Leeben nit". Und genau die benützt er, als man ihm zu vorgerückter Stunde vorschlägt, sich in den Stadtrat wählen zu lassen. Dabei sitzt er auf dem Rand einer Golte (großer Bottich), in der Flaschen zum Reinigen im Wasser liegen. Und ein Glas Wein hält er in der Hand. Und hebt abwehrend beide Arme und beugt sich zurück, verliert das Gleichgewicht ...

Im nächsten Moment ist er im Wasser verschwunden, einige leere Flaschen schlagen buchstäblich über ihm zusammen - aber die Hand mit dem Weinglas ragt heraus. Als sich die anderen von ihrem ersten Lachanfall erholt haben und "S'ou z'oach" wieder vor ihnen steht, stellen sie zweierlei fest: Dem Mann läuft das Wasser aus allen Taschen - aber kein Tropfen davon ist in's Glas gekommen und kein Tropfen Wein verschüttet.

Die Geschichte vom trinkfreudigen Scheur Hans

Aus alten Überlieferungen geht hervor, daß die Behörden und Gerichte schon im 15. und 16. Jahrhundert alle Hände voll zu tun hatten, der Trinksucht Einhalt zu gebieten.

In Ortenberg lebte damals der Bürger Hans Scheur, der sich 1561 vor Gericht zitiert sah: Übermäßiges und fortgesetztes Trinken, lautete die Anklage. Den Richtern mußte er versprechen - nachdem er schon öfters durch Trinken, Fluchen und einige andere Untaten aufgefallen war -, dies alles zu bereuen.

Doch schlimmer als die Reue war das Versprechen, ein Jahr nüchtern zu bleiben. In keinem Wirtshaus sollte er mehr Trank oder Speise zu sich nehmen dürfen, auch kein Gewehr mehr tragen und gehorsam leben, wie es einem ehrlichen Gesellen gebührt. Andernfalls hatten der Vogt und die Gerichtsleute das Recht, volle Gewalt anzuwenden - auch dann, wenn der Verurteilte sich irgendwie und irgendwo unerbietig über das Trinken der Richter und Beisitzer äußern sollte.

Eine wahrlich harte Strafe für einen freudigen Zecher, wie es der Scheur Hans nun einmal war. Aber der wußte sich zu helfen und dachte nicht im Traum daran, ein Jahr lang Abstinenz zu üben. Wenn er Durst hatte, machte er sich auf den Weg in die Freie Stadt Offenburg, die nur eine halbe Stunde Fußmarsch entfernt lag. Innerhalb der Stadtmauern konnte er nun zechen soviel und solange er Lust hatte. Hier hatte der Ortenberger Landvogt nichts zu sagen, denn die Gerichtsbarkeit lag in den Händen des Stadtrates.

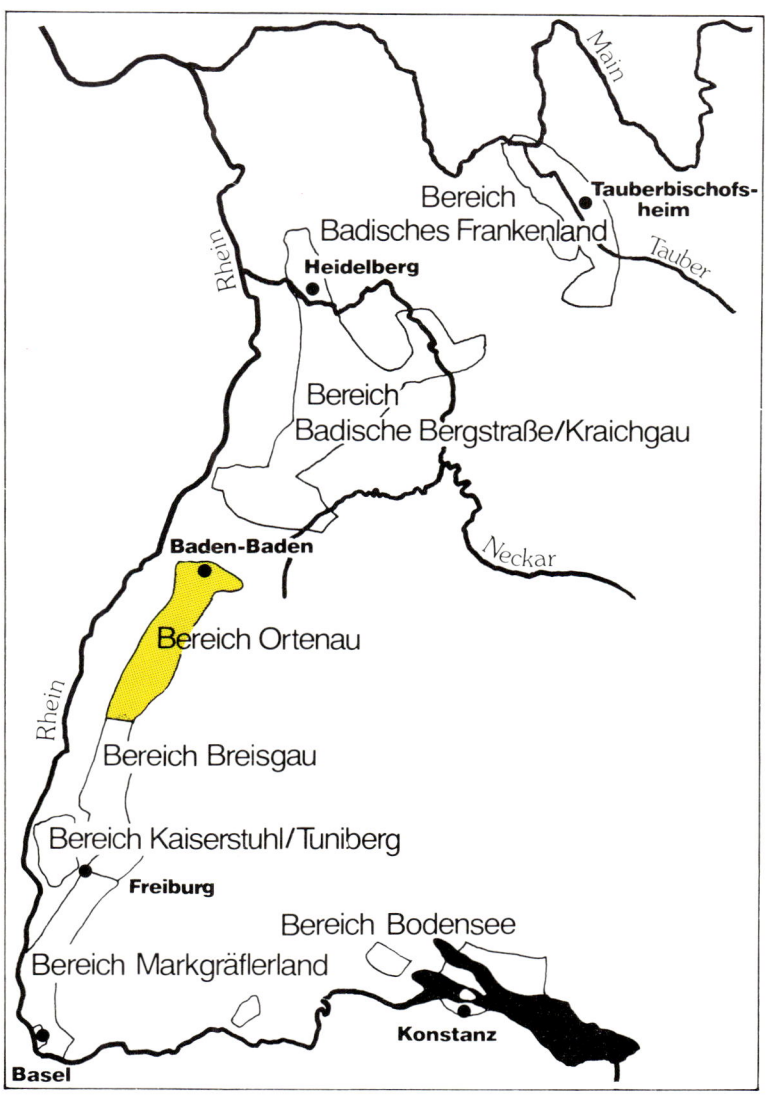

Ortenau

Vorberge mit Obstgärten und Reben, das Schwarzwaldgebirge mit seinen dunklen Wäldern und dem freundlichen Rebengrün der Taleinschnitte, gute Luft, ein weiter Himmel über der vorgelagerten Ebene bis Straßburg hinüber und viele, dicht beieinander liegende kleine Orte, die umso aufgeräumter, frisch geputzter wirken, je näher man dem Hang des Schwarzwaldes kommt. - Die Ortenau zwischen Baden-Baden und Offenburg ist angenehm einfach zu skizzieren: Ein liebliches Land, in dem die Weine ebenso gut gedeihen wie das Obst. Die "Bühler Zwetschgen" sind deutschlandweit bekannt, die Weine der Region zum Teil weltweit.

Bewußt ist hier der Begriff "Weine" statt "Wein" gewählt worden. Riesling und Müller-Thurgau, Ruländer und Spätburgunder haben jeweils etwas mehr oder etwas weniger als ein Viertel Anteil an der etwa 2000 Hektar großen Rebfläche. Vom Riesling und Spätburgunder werden hier Qualitäten erzielt, die zu den besten Badens gehören. Daß einige dieser Rieslinge zudem in Bocksbeutelflaschen abgefüllt werden, ist ein für die Vermarktung hilfreicher Zufall: Freiherr von Knebel, seines Zeichens Bischof im Frankenland, war auch stolzer Besitzer des Schlosses Neuweier, und die Weine rundum aus Steinbach, Umweg, Varnhalt und Neuweier ließ er, wie die zu Hause, in Bocksbeutel abfüllen. Dieser Brauch wurde beibehalten und ist heute auch als "Bocksbeutel-Privileg" bekannt. Seit diese Gemeinden zur Stadt Baden-Baden gehören, heißt dieses Riesling-Gebiet an Yberg und Fremersberg "Baden-Badener Rebland".

In Eisental und Affental, Waldulm, Kappelrodeck und Sasbachwalden gedeiht der Spätburgunder besonders gut - und der Fremdenverkehr, was vor allem für den Bilderbuchort Sasbachwalden gilt. - Und einige Kilometer weiter in den Schwarzwald hinein beginnt das Wintersportgebiet.

Es ist ein schönes Land, diese "goldene Au" des Mittelalters, und seit die Deutschen und Franzosen nicht mehr aufeinander einschlagen, ist es auch ein friedliches Land, in dem sich Wein- und Eßkultur mit einem gediegenen Fremdenverkehr hervorragend entwickeln konnten.

131

Winzergenossenschaft Fessenbach

"Ob sich überhaupt ein Herbsterträgnis einstellt" fragten sich einige Wochen später 16 Fessenbacher Winzer, die 1930 das Gründungsdokument der Winzergenossenschaft unterschrieben hatten. Es sollte - und die Holzfässer im Rathauskeller blieben nicht leer. Ganz anders im Herbst 1956: Magere 100 Hektoliter "gemischter Wein"

war das Ergebnis der Weinernte - mit "närrischen" Folgen:

Fastnachtsveranstaltungen der ortsansässigen Vereine mußten wegen Weinmangel abgesagt werden. Dies blieb jedoch ein Einzelfall, wie die weitere Entwicklung der Winzergenossenschaft beweist: Das 1952 bezogene neue Kellereigebäude mußte ständig erweitert werden, um bei wachsender Mitgliederzahl ausreichende Lagermöglichkeiten zu bieten.

Heute können die 175 Mitglieder (meist im Nebenerwerb tä-

tig) eine Million Liter Wein und Most einlagern.

Auf der 65 Hektar großen Rebfläche, an der auch Winzer aus Önsbach, Ringsheim, Zunsweier und Ohlsbach beteiligt sind, wachsen Müller-Thurgau (40 %), Ruländer (25 %) und Spätburgunder (15 %). Riesling wird in kleineren Mengen (5 %) angebaut. Geringere Sortenanteile haben Gewürztraminer, Traminer und Silvaner. Die angegliederte "Weinbau- und Vertriebsgenossenschaft" hat die

zentrale Schädlingsbekämpfung übernommen.

In den 1978 neu gestalteten Verkaufsräumen werden im Durchschnitt 75 verschiedene Weine angeboten. Wer ältere Weine bevorzugt, findet im "Wein-Archiv" eine Auswahl sortentypischer Gewächse fast aller Jahrgänge. Verkauft wird überwiegend an die Gastronomie (50 %) zwischen Main und Bodensee. Die Privatkunden nehmen 30 Prozent der Fessenbacher Weine ab. Die übrigen 20 Prozent gehen an den Fachhandel und in den Export.

Gutes Essen...

Guter Wein...

"Café Bergblick"
Winzerstraße 1
7600 Offenburg-Fessenbach
Walter Köhler
0781/35309

Rindfleischsalat

Zutaten/Zubereitung:
800 g Rindfleisch zum Kochen, Champignons, rote Paprika,

Zwiebeln, Essig, Öl, Knoblauch, Pfeffer, Salz

Gekochtes Rindfleisch und Paprika in feine Streifen schneiden, Champignons putzen und in Scheiben schneiden. In Würfel geschnittene Zwiebeln dazugeben und mit einer Marinade aus Essig, Öl, Knoblauch, Pfeffer und Salz übergießen. Auf grünem Salatblatt anrichten und garnieren.

"Gasthaus Sonne"
Obertal 1
7600 Offenburg-Zell-Weierbach
Walter Wisser-Busam
0781/32024

Kalbsbriesle in Gemüsesahne mit Blattspinat und Schupfnudeln

Für das Kalbsbries:
1 000 g Kalbsbries, 2 mittelgroße Karotten, 1 Stange Lauch, 1 kleiner Sellerie, 2 große Zwiebeln, 1 Knoblauchzehe, 300 g Crème fraîche, 300 g Sahne, 50 g Butter, 2 EL trockener Weißwein, 2 EL Schnittlauch, Pfeffer, Salz

Das Kalbsbries putzen, enthäuten, wässern, blanchieren, abschütten und im kalten Wasser wieder ansetzen. Die Karotten- und Sellerieschalen und Lauchabschnitte waschen und im Ansatz mitkochen. 1/2 Zwiebel, mit 1 Lorbeerblatt und 2 Nelken gespickt, dazugeben. Das Bries ganz durchgaren.

Karotten, Sellerie, Zwiebeln, Lauch in feine Würfel schneiden und mit der durchgedrückten Knoblauchzehe in der Butter anschwitzen. Crème fraîche und Sahne dazugeben, den Schnittlauch unterziehen und reduzieren lassen. Mit Salz und Pfeffer abschmecken. Das Bries in Scheiben schneiden und mit der Gemüsahne überziehen.

Für die Schupfnudeln:
800 g Kartoffeln, 200 g Mehl, 2 Eier, 50 g Butter, Muskat, Petersilie, Pfeffer, Salz

Die Kartoffeln schälen, kochen, abschütten und etwas erkalten lassen. Die noch warmen Kartoffeln durch eine Presse, ein Sieb oder einen Wolf geben. Mit Eiern und Mehl zu einer Masse verarbeiten. Die gehackte Petersilie zugeben und mit Salz und Muskat abschmecken. In der Hand zu kleinen Röllchen formen, in Salzwasser garen, abtropfen lassen und in Butter anschwitzen.

Für den Blattspinat:
500 g Blattspinat, 50 g Butter, 1/2 Zwiebel, Muskat, Pfeffer, Salz

Den Spinat putzen, Stiele entfernen und in Salzwasser ganz kurz blanchieren. Die Zwiebel in Butter anschwitzen, den Spinat zugeben und mit Salz, Pfeffer und Muskat abschmecken.

Gutes Essen…

Guter Wein…

Winzergenossenschaft Zell-Weierbach

Die WG Zell-Weierbach wurde 1923 gegründet und ist damit die älteste Winzergenossenschaft des Landkreises Ortenau.

Schon im 12. Jahrhundert wurde im "Zeller Abtsberg" von den umliegenden Klöstern Wein angebaut. Auf der 104 Hektar großen Rebanlage wachsen heute Müller-Thurgau (35 %), Riesling (10 %), Ruländer (5 %) und verschiedene Muskatsorten (5 %). Blauer Spätburgunder (45 %) überwiegt bei der 285 Mitglieder starken Genossenschaft. Verkauft wird besonders "ins Südwestdeutsche" - im Dreieck Konstanz, Stuttgart und Karlsruhe.

Winzergenossenschaft Varnhalt

Auf der Gemarkung Varnhalt bauten bereits im frühen Mittelalter die Mönche des Klosters Lichtental ihren Wein an.

Heute gehört dieses Gebiet den Varnhalter Winzern, die sich 1933 zu einer Genossenschaft zusammenfanden. 343 Mitglieder bewirtschaften die 120 Hektar große Rebfläche ("Varnhalter Klosterbergfelsen").

Der Riesling überwiegt eindeutig mit 80 Prozent der Anbaufläche. Es folgen Müller-Thurgau (10 %), Blauer Spätburgunder (8 %), Bacchus (1 %) und einige andere Sorten (1 %). Eine Besonderheit der Winzergenossenschaft ist die Füllung auf Bocksbeutel.

"Restaurant Adler"
Klosterbergstraße 15
7570 Baden-Baden-Varnhalt
Bernhard Kohler
07223/57241

Schweinelendchen "Rebland"

Zutaten/Zubereitung:
400 g Schweinelende, etwas Mehl, 1 EL Butterschmalz, 1 Scheibe gekochter Schinken, 1 Tasse Rotwein, 200 g Weintrauben, 2 EL geschnittene Champignons, 1 Gläschen Cognac, Pfeffer, Salz

Die Schweinelende enthäuten und alles Fett wegschneiden. Das Fleisch in 8 gleich große Stücke schneiden, etwas klopfen, mit Salz und Pfeffer bestreuen und in Mehl wenden.

Butterschmalz in der Pfanne erhitzen, die Lendchen darin 7 bis 8 Minuten braten, in feuerfestes Geschirr legen und warmstellen.

Die gewürfelte Schinkenscheibe in die Pfanne geben und gut anrösten. Mit Rotwein löschen, und die Sauce kurz kochen lassen. Die Trauben entkernen, mit den Champignons in die Sauce geben, aufkochen lassen und den Cognac hinzufügen.

Die Sauce abschmecken, über die Lendchen geben und mit Spätzle oder Salzkartoffeln servieren.

"Restaurant Zum Alde Gott"
Weinstraße 10
7570 Baden-Baden-Neuweier
Wilfried Serr
07223/5513

Wildentensalat mit Tobinambur und Löwenzahn

Zutaten/Zubereitung:
2 Wildenten, 12 Tobinambur (Kartoffeln), 2 Schalotten, 1 Messerspitze Senf, 1/4 l Brühe, Distelöl, Sherryessig, 20 Löwenzahnblättle, 4 Scheiben Entenstopfleber, 1/8 l Rotwein, Lorbeer, Wacholder, Nelke, 8 Majoranzweigle, Glutamat (Gewürzsalz), Salz

Die Wildente ausbeinen (die Keulen können für ein anderes Gericht verwendet werden). Von den Knochen einen Fond ziehen. Dazu diese kleinhakken, anbraten und mit Rotwein begießen. Nach dem Reduzieren mit Brühe auffüllen und mit Lorbeer, Nelke und Wacholder 1/2 Stunde kochen lassen.

Die Tobinambur in der Schale kochen, in Scheiben schneiden und mit Essig, Salz, Distelöl, Pfeffer und Schalotten marinieren. Die Löwenzahnblättle auf die gleiche Weise marinieren. Die Wildentenbrust nach Geschmack würzen, blutig braten und 5 Minuten auf der Wärmeplatte ruhen lassen.

Zum Anrichten die Entenbrust in Scheiben schneiden und zusammen mit Tobinambur und dem Löwenzahn anrichten. Den reduzierten Fond mit Salz und Glutamat würzen und über das Fleisch gießen. Eine Scheibe Entenstopfleber darauflegen.

Winzergenossenschaft Neuweier-Bühlertal

"Aus zwei, mach eins"! 1970 fusionierten die ehemals eigenständigen Genossenschaften der Gemeinden Neuweier (gegründet 1922) und Bühlertal (gegründet 1907), und liegen heute, was die Zahl der Mitglieder (800) angeht, mit an der Spitze im Weinland Baden.

Riesling ist Trumpf! Die zu Neuweier gehörenden Lagen "Gänsberg", "Altenberg", "Mauerberg" (und der "Klotzberg" in Bühlertal) - das sind 60 Prozent der 270 Hektar großen Rebfläche - sind fast "reine Rieslinglagen", wobei der "Mauerberg-Riesling" ausschließlich in den "Bocksbeutel" abgefüllt wird (erhältlich auch in der Drei-Literflasche). Mit jeweils 20 Prozent folgen Blauer Spätburgunder und Müller-Thurgau. Auf kleineren Versuchsparzellen ("Engelsfelsen") wachsen Traminer, Kerner, Bacchus und Ehrenfelser.

Im großen Verkaufs- und Empfangsraum werden dem Kunden auch trockene Weine angeboten. Neben dem bekannten "Affentaler" Rotwein aus den Rebstöcken am Schartenberg (erkenntlich an dem übergroßen Affen auf der Flasche) ist auch ein "Riesling Sekt" in den Geschmacksstufen "brut" (3 g/l Restzucker) und "trocken" (18 g/l Restzucker) erhältlich. Wer ältere Weine bevorzugt, findet im "Raritätenkeller" ein reichhaltiges Angebot. Der Verkauf erfolgt über den Fachhandel und an den privaten Kunden.

"Gasthaus zum Landprinzen"
Steinbacher Straße 76
7570 Baden-Baden-Steinbach
Rudi Eckerle
07223/57269

Steinbacher Käsespätzle

Zutaten/Zubereitung:
Spätzle, gekochter Schinken, Käse, Zwiebeln, Butter, Pfeffer, Salz

Gekochten Schinken und Zwiebeln schneiden und in Butter glacieren. Spätzle dazugeben, erwärmen, schichtweise auf einen Teller legen. 2 bis 3 Scheiben Käse dazwischen geben und überbakken. Je nach Geschmack würzen.

Winzergenossenschaft Durbach

1928 kamen zur Gründungsversammlung der Genossenschaft 98 Winzer. Gemietete Kellerräume, geliehene Fässer ... - aber eine gute Erntequalität im ersten Jahr entschädigte für vieles. Bis 1950 blieb man in dem 1929 erworbenen "Stammhaus" der Winzergenossenschaft. Heute arbeiten die 310 Mitglieder mit modernster Kellereitechnik im neuen Betriebs- und Kellereigebäude. 1978, im Jubiläumsjahr, war eine Lagerkapazität von 5,5 Millionen Litern erreicht - 1,5 Millionen Flaschen allein in der vollklimatisierten Lagerhalle.

Auf der 320 Hektar großen Rebfläche der Lagen "Kochberg", "Plauelrain" und "Ölberg" (Steillagen) werden Spätburgunder (30 %), Müller-Thurgau (28 %), Klingelberger (16 %), Ruländer (11 %), Scheurebe (0,7 %) und Bacchus (0,5 %) angebaut. Der Traminer (er heißt in Durbach "Clevner") ist ebenfalls vertreten: Mit einem Sechstel der gesamten Anbaufläche in der Bundesrepublik ist Durbach das größte deutsche "Clevner-Dorf". Spätburgunder Rotwein, Weißherbst und Badisch Rotgold (Wein aus Trauben- oder Maischemischung von Ruländer und Spätburgunder) ergänzen das Angebot.

Alle Weine können im neugestalteten Probier- und Vortragsraum verkostet werden. Für den "kleinen Durst" wurde eine Flasche in Traubenform gestaltet (0,2 Liter). Weitere Spezialitäten sind ein "Raritätenkeller", ein Trester-Branntwein "Marc vom Riesling" (aus Spät- und Auslesen hergestellt) und ein Sekt b.A. "Durbacher Plauelrain Riesling Brut de Brut". Ein Tochterunternehmen, die 1969 gegründete "Weinbau und Vertriebsgenossenschaft", vermarktet die Produkte im gesamten Bundesgebiet.

Winzergenossenschaft Steinbach und Umweg

14 Winzer aus Umweg schlossen sich 1934 zu der gleichnamigen Winzergenossenschaft zusammen. Drei Jahre später folgten die Steinbacher Winzer dem Beispiel der Nachbargemeinde. Nach mehreren vergeblichen Anläufen kam man 1976 überein, die beiden Genossenschaften unter einem gemeinsamen Dach weiterzuführen.

Heute bewirtschaften 400 Mitglieder aus Steinbach, Umweg und Neusatz-Waldmatt ("Wolfhag") eine 105 Hektar große Rebfläche. Vor allem Riesling (82 %) wird angebaut. Müller-Thurgau (12 %) und Blauer Spätburgunder (6 %) folgen "auf den Plätzen".

Weine der Lage "Yburg" (Riesling) und ein Müller-Thurgau (mit der "Pique Dame" auf dem Etikett) werden ebenfalls im Bocksbeutel vermarktet. Spätburgunder-Rotwein wird unter der Bezeichnung "Affentaler" angeboten. Großhandel, Gastronomie und Endverbraucher gehören zum Kundenstamm der Winzergenossenschaft.

Rieslingwein der Lage "Stich den Buben" wird ausschließlich in den Bocksbeutel abgefüllt (und in eine drei Liter fassende "Magnum"-Bocksbeutelflasche).

"Hotel Ritter"
Talstraße 85
7601 Durbach
Wilhelm Brunner
0781/42653

Zanderröllchen in Ruländerschaum

Zutaten/Zubereitung:
600 g Flußzanderfilet, 1 kg Fischgräten, 4 große Krebse, 24 große Spinatblätter, 1/2 l trockener Ruländer, 200 g Sauerrahm, 2 Eier, 3/10 l Schlagsahne, 60 g Butter, Saft einer kleinen Zitrone, frische Basilikumblätter, Schalotten, 1 kleiner Lauchstengel, 4 Petersilienwurzeln, 1/2 TL Pfefferkörner

Für die Sauce Schalotten, Lauch, Petersilienwurzeln und Pfefferkörner in wenig Butter andämpfen und mit Ruländer ablöschen.

Fischgräten beigeben, mit Wasser gerade bedecken, etwa 30 Minuten durchkochen, danach passieren. Diesen Fischsud stark reduzieren (bis auf 1/8 l), Sauerrahm beigeben und mit 2 Eigelb und der restlichen Butter aufmontie-

ren. Mit Zitronensaft und Salz abschmecken, zuletzt 2/10 l fest geschlagene Sahne und Basilikumblätter unterziehen.

Spinatblätter kurz in heißes Wasser tauchen, Krebse kochen, ausbrechen und Krebsfleisch in kleine Würfel schneiden.

Vom Zanderfilet 8 dünne Scheiben à 50 g schneiden, restlichen Zander salzen, pfeffern, durch den Fleischwolf geben, mit 1 Ei-

weiß vermischen und gut durchkühlen. In der Küchenmaschine mit 1/10 l Rahm kurz mixen und Krebsfleisch beigeben.

Je 3 Spinatblätter auslegen, 1 Scheibe Zanderfilet daraufgeben, mit Fischfarce bestreichen, einrollen und in gebutterte Alufolie einwickeln. Ungefähr 15 Minuten in gesalzenem Wasser ziehen lassen. Als Beilagen werden Butternudeln, Reis oder Brokkoli empfohlen.

Affentaler Winzergenossenschaft Bühl

Dem Zisterzienserkloster im heutigen Baden-Badener Stadtteil Lichtental ist es zu verdanken, daß die Hänge des Nordschwarzwaldes mit Reben bepflanzt wurden; darunter auch Blauer Spätburgunder, der über Arbois (ein kleiner Weinort im französischen Jura) nach Affental eingeführt wurde, und den älteren Winzern noch heute unter der Bezeichnung "Arbste" geläufig ist.

Die Affentaler Winzergenossenschaft wurde 1908 gegründet. Winzer aus Bühl, Eisental, Altschweier, Kappelwindeck und Neusatz kamen 1973 hinzu. Einige Lagenbezeichnungen ("Eisentaler Betschgräbler", "Eisentaler Sommerhalde", "Altschweierer Sternenberg", "Bühler Wolfhag") sind von den vormals eigenständigen Betrieben noch erhalten. Die Lagennamen "Huber Althof" (ein Weinbaubetrieb des Landkreises Rastatt, 11 Hektar), "Bühler Burg Windeck Kastanienhalde" (Weingut Burg Windeck) und "Staufenberger Großenberg" (Weinbaubetrieb Rainer Iselin) sind den angeschlossenen privaten Betrieben entlehnt.

920 Mitglieder (darunter auch 50 Winzer aus Weisenbach im Murgtal) bewirtschaften die 320 Hektar große Rebfläche. Es wird vor allem Riesling (60 %) angepflanzt, aber auch Müller-Thurgau (12 %), Ruländer, Kerner, Traminer und Gewürztraminer (zusammen 3 %). Blauer Spätburgunder ist mit 25 Prozent vertreten. Die besten Qualitäten aller Traubensorten werden in der warenrechtlich geschützten "Buddel-Flasche" angeboten.

Weinfachhandel (45 %), Gaststättenbetriebe (12 %), Großhandel (18 %) und der private Kunde (25 %) gehören zum Abnehmerkreis.

"Hotel Talmühle"
Talstraße 36
7595 Sasbachwalden
Hans Fallert
07841/1001

Röschele

Zutaten/Zubereitung:
1 Kalbslunge, 1 Kalbsherz, 1 Kalbsmilz, 200 g Kalbsleber, 1 Kalbshirn, evtl. Kalbsniere und Briesle, 1 gespickte Zwiebel, 1/2 l brauner Kalbsfond, 1/4 l

"Restaurant Affentaler Weinstube"
Winzerkellerstraße 5
7580 Bühl-Altschweier
Josef Quaden
07223/23625

Badisches Schneckensüpple mit Stangenbrot

Zutaten/Zubereitung:
32 Weinbergschnecken, 2 EL Butter, 3 EL Mehl, 3/8 l Fleischbrühe, 3/8 l Weißwein, 2 EL saure Sahne, 1 Eigelb, 50 g Karotten, 50 g Sellerie, 40 g Lauch, 1 Messerspitze Muskat, 1 TL Zitronensaft, Salz

Die Schnecken abtropfen lassen. Das Gemüse waschen, in

ganz kleine Würfel schneiden und in der Butter anschwitzen. Mehl hineinstäuben und unter Rühren hellgelb darin anbraten. Nach und nach mit Fleischbrühe auffüllen und einige Minuten kochen lassen. Den Weißwein dazugießen, und die Suppe mit Salz, Muskat und Zitronensaft abschmecken.

Die saure Sahne mit dem Eigelb verrühren, und einige Eßlöffel Suppe in das Eigelb-Sahne-Gemisch geben. Die Suppe vom Herd ziehen und mit dem Gemisch legieren. Die Schnecken in dünne Scheiben schneiden, in die Suppe geben und darin erwärmen, aber nicht kochen lassen.

trockener Weißwein, 4 kleine Cornichons, 12 gehackte Kapern, 2 EL Dijon-Senf, 4 Wachtel-Eier, Sherryessig, Weißbrotwürfel, 1 Ei, 1 Knoblauchzehe, 80 g Butter, 2 große feingeschnittene Zwiebeln, Gewürzbeutel (Mulltuch mit 2 Lorbeerblättern, 2 Nelken, 5 Pimentkörnern, 10 Wacholderbeeren. Thymianzweig, Rosmarin, Majoranblätter, Prise Kümmel), Pfeffer, Salz

Die Lunge einige Stunden wässern (dabei mit Gewicht beschweren). In gut gesäuertem Wasser mit der gespickten Zwiebel und dem Gewürzbeutel 1 Stunde kochen und im Sud erkalten lassen. Im gleichen Sud das Herz und die Milz kalt aufsetzen, zum Kochen bringen, 5 Minuten ziehen und dann erkalten lassen. Lunge, Milz und Herz (vorher Knorpel, Röhren und Haut entfernen) möglichst mit Aufschnitt- oder Brotmaschine in feine Platten (2 mm) schneiden und mit dem Messer in kleine Streifen zerlegen.

In einem großen Topf die Zwiebeln und den Knoblauch goldgelb anschwitzen. Mit Weiß-

wein ablöschen und um die Hälfte einkochen lassen. Mit dem Kalbsfond und 1/2 Liter Kochsud auffüllen und zu einem Drittel einkochen lassen (Gewürzbeutel dazutun). Mit der Mehlbutter binden, die Streifen dazugeben und 1/2 Stunde köcheln lassen. Cornichons, Kapern und Senf dazugeben und mit Salz und Pfeffer abschmecken.

Das Kalbshirn pochieren (in gesäuertem Salzwasser mit

Winzergenossenschaft Sasbachwalden

Die Winzer des "Blumen und Weindorfes" im Schwarzwald schlossen sich 1948 zu einer Genossenschaft zusammen. 410 Mitglieder (auch aus den Nachbargemeinden Oberachern, Obersasbach und Lauf) bewirtschaften heute eine 210 Hektar große Rebfläche der Lagen "Bienenberg" und "Eichwäldele". Vor allem Blauer Spätburgunder (50 %), Müller-Thurgau (20 %), Riesling (20 %), und Ruländer (8 %) werden angebaut. 1982 konnte eine Rekordernte von 2,1 Millionen Litern in das vier Millionen Liter fassende Tank- und Flaschenlager eingebracht werden.

Die Winzergenossenschaft Sasbachwalden vermarktet ihre Weine zu 40 Prozent über den Fach- und Großhandel. Jeweils 30 Prozent werden an die Gastronomie und den Endverbraucher verkauft. Ein eigenes Weinfachgeschäft mitten im Ort bietet auch Obst- und Schwarzwälder Kirschwasser an - ein Erzeugnis der Schwestergenossenschaft "Edelbranntwein-Erzeugergenossenschaft Ortenau EG. Sasbachwalden".

Speckzwiebel), 12 Minuten erkalten lassen und mit Ei und Brösel paniert in Fett und Butter ausbacken. Die Kalbsleber in 4 Scheiben schneiden und rosa braten (evtl. Kalbsbries und Niere in Scheiben geschnitten leicht braten).

Das Röschele anrichten, mit den anderen Innereien und den als Spiegel-Eier zubereiteten Wachtel-Eiern garnieren und mit Petersilie oder Schnittlauch bestreuen.

Winzergenossenschaft Ortenberg

41 Gründungsmitglieder konnten die Ortenberger 1937 bereits verzeichnen. Lediglich ein zu kleiner - privater - Weinkeller war damals der Hinderungsgrund für eine noch ausgedehntere Mitgliederzahl. Das änderte sich erst, als 1953 mit dem Bau einer neuen Kellerei begonnen werden konnte. 1965 wurde modernisiert und die Lagerkapazität auf heute 1,2 Millionen Liter gesteigert.

Die Winzergenossenschaft hat 215 Mitglieder, die neben Spätburgunder (20 %), Ruländer (13 %), Riesling (8 %) und Silvaner (7 %) auch Traminer, Kerner und Scheurebe (zusammen 6 %) anbauen. Einen Spitzenplatz nimmt in Ortenberg der Müller-Thurgau ein (46 %), wenn auch als Spezialität des Hauses ein "Freudental Gewürztraminer" angegeben wird. Ein kleines privates Weinmuseum ist im Probierraum der Winzergenossenschaft eingerichtet.

90 Prozent der Ortenberger Weine bleiben im Badischen, zehn Prozent werden überregional vermarktet. Fast ein Drittel geht direkt an den Endverbraucher, den Rest teilen sich Handel und Gastronomie.

"Glattfelder"
Hotel-Restaurant
Kinzigtalstraße 20
7601 Ortenberg
Xaver Glattfelder
0781/31219

Kaninchenbraten in Rahmsauce mit selbstgemachten Knöpfle

Für den Kaninchenbraten:
1 junges Kaninchen (1,5 kg), 100 g Speck, 3 EL Butter, zerkleinertes Suppengrün, 1/2 l Fleischbrühe, 1/8 l saure Sahne, 8 EL Apfelmost, 1 Zweig Thymian, 6 zerdrückte Wacholderbeeren, Stärkemehl, Pfeffer, Salz

Das vorbereitete Kaninchen mit Salz, Pfeffer und den Wacholderbeeren einreiben. Den Thymianzweig in das Innere des Kaninchens legen. Mit dünnen Speckscheiben umwickeln und in heißer Butter auf allen Seiten anbraten. Das Suppengrün dazugeben und mitbraten. Mit Most ablöschen und mit Fleischbrühe aufgießen.

"Hotel Gasthof zum Prinzen"
Hauptstraße 86
7594 Kappelrodeck
Hans-Jörg Schmälzle
07842/2088

Abgeschmelzte Erdäpfelsuppe mit Kracherle

Zutaten/Zubereitung:
50 g Butter, 1 1/2 feingehackte Zwiebeln, 1 gelbe Rübe, 1 Stück Sellerie, 1 Sträußchen Petersilie, 1 500 g Kartoffeln, 2 l Fleischbrühe, 1 1/2 Brötchen, 50 g Speck, 1/8 l Sahne, Salz

Die Kartoffeln und die Rübe waschen, schälen und in Blätt-

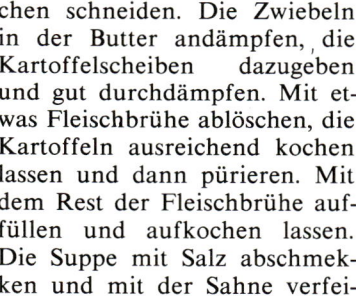

chen schneiden. Die Zwiebeln in der Butter andämpfen, die Kartoffelscheiben dazugeben und gut durchdämpfen. Mit etwas Fleischbrühe ablöschen, die Kartoffeln ausreichend kochen lassen und dann pürieren. Mit dem Rest der Fleischbrühe auffüllen und aufkochen lassen. Die Suppe mit Salz abschmecken und mit der Sahne verfeinern.

Zum Abschmelzen die halbe Zwiebel mit dem in kleine Würfel geschnittenen Speck in der Butter braun werden lassen. Brötchen in kleine Würfel schneiden und in der Butter gleichmäßig goldbraun rösten (Kracherle). Beides vor dem Servieren auf die Suppe geben.

Im vorgeheizten Backofen 1 Stunde braten. Das Kaninchen mit dem Bratensaft häufig übergießen. Die Speckscheiben lösen, kurz weiterbraten, dann herausnehmen und auf einer vorgewärmten Platte warmstellen.

Winzergenossenschaft Kappelrodeck

51 Winzer aus Kappelrodeck trafen sich 1934 im Gasthaus zum Rebstock und gründeten eine Genossenschaft. Der erste Wein wurde in angemieteten Räumen gelagert. Der Bau des eigenen Winzerkellers war 1948 abgeschlossen. Heute, nach acht Bauabschnitten, haben die 250 Mitglieder die Möglichkeit, 2,7 Millionen Liter Wein und Most in Holzfässern (150 000 Liter), Edelstahltanks (1,15 Millionen Liter) und Drucktanks (400 000 Liter) einzubringen. Das Flaschenlager kann eine Million Flaschen aufnehmen.

Blauer Spätburgunder der Lage "Hex' von Dasenstein" hat mit 70 Prozent den größten Anteil an der 110 Hektar großen Rebfläche. Den Rebsorten Müller-Thurgau (18 %), Ruländer (8 %), Riesling, Traminer, Gewürztraminer, Kerner und Scheurebe (zusammen 4 %) gleicher Lage verbleiben weniger als ein Drittel der Rebfläche. 22 Prozent der Weine werden trocken ausgebaut.

Die Weine der WG Kappelrodeck werden zu 90 Prozent in Baden-Württemberg vermarktet. Fachhandel und Verbrauchermärkte (50 %), Gastronomie (20 %) und der private Kunde (30 %) werden beliefert.

Den Bratensaft aufkochen und durch ein Sieb passieren. Kurz simmern lassen, abschmecken und mit Sahne verfeinern. Wenn nötig mit etwas Stärkemehl binden. Vor dem Servieren den Thymianzweig entfernen. Die Sauce getrennt reichen.

Für die Knöpfle:
500 g Mehl, 6 Eier, 1/8 l Wasser, 4 Scheiben Weißbrot, 2 EL Butter, Petersilie, Muskatnuß, Salz

Mehl, Eier, Wasser, Salz und Muskat vermischen und zu einem festen Teig schlagen. Einen Knöpfleschieber damit füllen und die Masse in kochendes Salzwasser tropfen lassen. Etwas ziehen lassen und mit einem Schaumlöffel herausheben. Mit kaltem Wasser abschrecken und trocknen lassen.

Die Weißbrotscheiben in kleine Würfel schneiden und in Butter knusprig rösten. Dann die Knöpfle in heißer Butter wenden, mit Weißbrotwürfeln und gehackter Petersilie garnieren und sofort heiß servieren.

"Zur Oberen Linde"
Romantikhotel und Restaurant
Hauptstraße 25-27
7602 Oberkirch
Werner Dilger
07802/3038-40

Schweinecarree mit Renchtäler Pflaumen, Apfelrotkraut und Semmelknödeln

Für das Schweinecarree:
2-3 Pfund ausgebeinte Schweinekoteletts, in Weißwein eingelegte Dörrzwetschgen, Ulmer Maibock, Oregano, Thymian

Die Schweinekoteletts mit etwas Fleischfarce bestreichen und mit den in Weißwein eingelegten Dörrzwetschgen belegen. Das Ganze einrollen und fest zusammenbinden. Bei mäßiger Hitze 1 Stunde in der Röhre garen. Dann mit dem Oregano und Thymian bestreuen und mit Ulmer Maibock glacieren.

Für das Apfelrotkraut:
1 Kopf Rotkraut, 1 dl Spätburgunder, Apfelessig, 2 Äpfel, 1 Zwiebel, Zimt, Zucker, Wacholderbeeren, Lorbeerblatt, Pfeffer, Salz

Das Rotkraut in feine Streifen schneiden und etwas Rotwein, Apfelessig und die geschälten, in Scheiben geschnittenen Äpfeln dazugeben. Das Ganze zusammen mit den in Scheiben geschnittenen Zwiebeln, Zimt, Zucker, Salz, Wacholderbeeren, Lorbeerblätter und Pfeffer einen Tag marinieren.

Dann das Rotkraut in Schweineschmalz, einem Schuß Rotwein und etwas Brühe ansetzen und garen lassen. Das Rotkraut kann zum Schluß mit geriebenen Kartoffeln oder mit wenig Mondamin, das in einer Kaffeetasse mit etwas Rotwein verrührt wird, gebunden werden.

Auf diesen Seiten: Typische Gerichte der Region und alle selbstmarktenden Winzergenossenschaften

---

Für die Semmelknödel:
5 Brötchen, 1 l Milch, 3 Eier, Speck, 1 Zwiebel, gehackte Petersilie, Muskat, Pfeffer, Salz

Die Brötchen in kleine Würfel schneiden und in warmer Milch einweichen. Etwas Speck, Zwiebeln, Petersilie, Salz, Muskat und Pfeffer hinzugeben, und die aufgeschlagenen Eier untermengen. Danach die Knödel formen und in siedendem Salzwasser kochen.

Renchtäler Winzergenossenschaft Oberkirch

22 Winzer aus verschiedenen Orten des Vorderen Renchtales schlossen sich 1951 zu einer Winzergenossenschaft zusammen. Ein Jahr danach wurde in Oberkirch ein Brauereigebäude angekauft und zu einem Winzerkeller umgebaut. Nach fünf Bauabschnitten war 1982 ein Fassungsvermögen von acht Millionen Liter Wein (incl. Flaschenlager) erreicht. Heute kommen die Mitglieder aus den Weinorten Ulm, Lautenbach, Nesselried, Ringelbach, Tiergarten, Haslach, Nußbach, Butschbach, Oberkirch, Erlach, Ödsbach, Bottenau und Stadelhofen.

550 Mitglieder bewirtschaften eine 380 Hektar große Rebfläche. Blauer Spätburgunder (34 %), Müller-Thurgau (26 %), Ruländer (13 %), Gewürztraminer (5 %) und Traminer (2 %) werden angebaut. Riesling, im Offenburger Bereich auch "Klingelberger" genannt, ist mit 20 Prozent vertreten. Granitverwitterungsböden begünstigen den Anbau dieser Rebsorte.

Die Genossenschaftsweine werden unter der Lagenbezeichnung "Renchtäler" über Gastronomie (42 %) und Weingroßhandel (28 %), aber auch an den Endverbraucher (30 %) abgesetzt.

Winzergenossenschaft Vorderes Kinzigtal

44 Winzer beteiligten sich an der Generalversammlung der 1951 gegründeten Winzergenossenschaft. In Gengenbach, mit seinen Stadtteilen Bermersbach, Reichenbach und Schwaibach, erwarben die Gründungsmitglieder eine leerstehende Apfelweinkelterei. Die Diersburger Winzer kamen 1952 hinzu, später auch Winzer aus Berghaupten und Ohlsbach. Der Flaschenkeller wurde vergrößert und eine Winzerstube eingerichtet. Mehrere Erweiterungsphasen folgten, bis 1980 den 330 Mitgliedern das neue Betriebs- und Verwaltungsgebäude (2,5 Millionen Liter Tank- und Lagerraum) übergeben werden konnte.

Auf der 140 Hektar großen Rebfläche der Lage "Gengenbach-Kinzigtäler" gedeihen mit Vorliebe Müller-Thurgau (45 %), Blauer Spätburgunder (27 %) und Ruländer (16 %). Aber auch Riesling (10 %), Gewürztraminer und Scheurebe (zusammen 2 %) wachsen an den sonnigen Südhängen der Kinzig.

Die Weine der Gengenbacher Winzergenossenschaft erreichen den Handel, die Gastronomie und den Endverbraucher im ganzen Bundesgebiet.

Winzergenossenschaft Waldulm

1928 gründete der Dorfpfarrer die WG Waldulm. Nach sechs Bauabschnitten stehen heute 2,2 Millionen Liter Tank- und Lagerraum zur Verfügung. 195 Mitglieder bearbeiten eine 125 Hektar große Rebfläche, die zu 85 Prozent mit der Sorte Blauer Spätburgunder bepflanzt ist.

Die Restfläche teilen sich Müller-Thurgau (10 %) und Ruländer (5 %).

1971 wurden die früheren Lagenbezeichnungen "Russhalde", "Sommerhalde", "Oberberg", "Hasenkopf" und "Vogelsang" unter dem Namen "Pfarrberg" zusammengefaßt. Die Weinberge der Nachbargemeinde Mösbach (Achern) tragen die Lagenbezeichnung "Kreuzberg". Der bekannte Waldulmer Spätburgunder Rotwein und Weißherbst machte den Weinort zum "Rotweindorf". Verkauft wird an Großabnehmer und Fachhandel (35 %), an Endverbraucher (35 %) und Gastronomie (30 %).

"Winzerstube"
Gasthof-Pension
Weinstraße 148
7600 Offenburg-Rammersweier
Alexander Schäck
0781/32676

Badisches Schäufele mit Wein-sauerkraut

Zutaten/Zubereitung:
1 Schweineschulter (1,5-2 kg), 500-600 g Sauerkraut, 80 g Zwiebelstreifen, 80 g Apfel-scheibchen, 40 g Schweine-schmalz, 30-50 g Zucker, 1/4 l Weißwein (Riesling), 4-5 Nel-ken, 3 Knoblauchzehen, 2 Lor-beerblätter, Wacholderbeeren, Pfeffer, Salz

Die Schweineschulter in 85 bis 90 °C heißem Wasser 2 bis 2 1/2 Stunden garen. In der Zwi-schenzeit die Zwiebeln mit den Äpfeln in Schweineschmalz an-dünsten und mit dem Weiß-wein ablöschen.

Das aufgelockerte Sauerkraut mit den Gewürzen dazugeben, zur Hälfte mit kochendem Was-ser auffüllen (kalt aufgefüllt verliert das Kraut die appetit-lich-helle Farbe) und rasch zum Kochen bringen. Mit Salz und Pfeffer abschmecken und warm servieren.

Winzergenossenschaft Rammersweier

Die WG Rammersweier wurde vom späteren Ortsbürgermei-ster 1926 gegründet. Anfangs la-gerten die 29 Mitglieder ihren Wein in vier Privatkellern.

Sechs Jahre später wurde der ei-gene Winzerkeller in Betrieb genommen. 1955 um die Hälfte vergrößert, entstand Tankraum (überwiegend aus Edelstahl) für 350 000 Liter Wein. Zwei Fla-schenlagerräume für zusammen 150 000 Flaschen kamen hinzu.

100 Winzer aus dem heutigen Offenburger Stadtteil Rammers-weier bewirtschaften die 40 Hektar große Rebfläche der La-ge "Kreuzberg". Sie ist zu 65 Prozent mit Müller-Thurgau be-pflanzt. Es folgen Riesling (13 %), Spätburgunder (19 %) und Traminer (3 %). Zwei Drittel der Weine gehen an die Gastro-nomie, ein Drittel an den priva-ten Kunden.

Die Geschichte von der Ziege, die Heimweh hatte

Angesichts der Massentierhaltung, wie wir sie heute kennen, wo in betonierten Ställen Geschöpfe gezüchtet werden, die nur noch im entferntesten an Tiere erinnern, kann es einem bei nachfolgender Geschichte schon schwer um's Herz werden. Sie zeigt auch, daß früher andere Maßstäbe galten, ja daß man sogar Rücksicht auf die Gefühle einer ganz "normalen" Ziege nahm.

Kilian Braun erzählt in dieser Geschichte von einer Ziege, die sein Vater vom Dorfpfarrer erstanden hatte. Er und seine beiden Brüder mußten das Tier abholen. Doch schon auf dem Weg zeigte sich die Ziege sehr bockig und wollte wohl nicht so recht in das neue Heim. In der ungewohnten Umgebung fühlte sich die Ziege völlig unwohl: Sie fraß nichts und gab auch keinen Tropfen Milch. Offensichtlich wollte sie wieder heim, und so brachten die Brüder sie wieder in den Stall des Pfarrers zurück. Wieder im trauten Heim angekommen, begann sie sogleich zu fressen und gab auch wieder ihre Milch, als ob nichts passiert wäre.

Achern · Mösbach · Oberachern · Önsbach · Appenweier · Nesselried
Baden-Baden · Lichtental · Oos · Neuweier

Achern
Ortsteil Mösbach

Bestockte Rebfläche: 14 Hektar
in der Lage "Kreuzberg" (Großlage "Schloß Rodeck")
Haupt-Rebsorte: Spätburgunder
Vermarktung: WG Waldulm

Achern
Ortsteil Oberachern

Bestockte Rebfläche: 26 Hektar
in den Lagen "Alde Gott" und
"Bienenberg" (Großlage
"Schloß Rodeck")
Haupt-Rebsorten: Spätburgun-
der und Ruländer
Vermarktung: WG Sasbachwal-
den

Önsbach
Ortsteil von Achern

Bestockte Rebfläche: 4 Hektar
in der Lage "Pulverberg" (Großlage "Schloß Rodeck")
Haupt-Rebsorte: Müller-Thurgau
Vermarktung: WG Fessenbach

Appenweier
Ortsteil Nesselried

Bestockte Rebfläche: 18 Hektar
in den Lagen "Renchtäler" und
"Schloßberg" (Großlage "Fürsteneck")
Haupt-Rebsorten: Spätburgunder, Ruländer und Müller-Thurgau

**Vermarktung: Renchtäler Win-
zergenossenschaft Oberkirch**

Baden-Baden
mit den Stadtteilen Lich-
tental und Oos

Einwohner: 48 886
**Bestockte Rebfläche: siehe Sta-
tistiken der Stadtteile**

Baden-Baden hat mit seinen
eingemeindeten Weinbau-Ortsteilen rund 350 Hektar Rebland
und ist vor allem mit den Orten Neuweier, Steinbach-Umweg und Varnhalt im "Baden-
Badener Rebland" eine bedeutende Weinstadt. Vor allem ist
Baden-Baden natürlich die deutsche Bäderstadt schlechthin.

Da gibt es das neue Schloß und
das alte Schloß, prachtvolle
Bürgerhäuser, große Plätze,
großzügige Straßen und großar-
tige Parks. Baden-Baden ist elegant und weltoffen, gediegen
und verschwenderisch. Letzteres natürlich auch in der Spiel-
bank, die wiederum der Inbegriff deutscher Spielbanken ist.
Und ein Pferderennen, das diesen Titel ähnlich in Anspruch
nehmen kann, gibt es außerdem. Und einen Golfplatz,
zahlreiche andere Sportmöglichkeiten, hervorragende Restaurants - und ein angenehmes Klima, das frühen Frühling und
milden, langen Herbst beschert.

*Links: Familie Rössler auf
Schloß Neuweier mit den
Töchtern Jacoba und Maria
und – Einquartierung im Jahre
1917. Oben und rechts Baden-
Baden gestern und heute.*

Für das Klima haben die Römer nicht gesorgt, das gab es schon so, als sie 80 nach Christus hierherkamen, eine Stadt gründeten, um die dort gefundenen Thermalquellen Bäder bauten, Weinreben pflanzten und es sich wohl sein ließen. Ansonsten haben sie hier sehr viel getan, um aus Baden-Baden etwas Besonderes zu machen. 1507 knüpfte man an die Glanzzeit der Römer wieder an, indem man einen Kurdirektor bestellte und per Kurtaxe Geld für die nötigen Investitionen beschaffte. Der ganz große Aufschwung kam jedoch erst

nach dem "Rastatter Kongreß" im Jahre 1796, mit dem der europäische Adel die Kurstadt vom nahen Rastatt aus für sich entdeckte - und zum Modebad machte.

So kam ein Glanz nach Baden-Baden, der heute noch erhalten - und durch große Investitionen unserer Tage gewissermaßen neu poliert ist. Die Eingemeindung der bekannten Weindörfer setzte dieser ohnehin attraktiven Stadt sicherlich ein zusätzliches - und besonders freundliches Glanzlicht auf: seit Römerzeiten kultivierte große und

berühmte Weinquellen neben der ebenfalls von Römern begründeten Brunnen-Kultur.

Lichtental
Stadtteil von Baden-Baden

Bestockte Rebfläche: 8 Hektar in der Lage "Eckberg" (Großlage "Schloß Rodeck")
Haupt-Rebsorten: Spätburgunder, Riesling, Müller-Thurgau, Scheurebe, Gewürztraminer, Ruländer und Weißburgunder
Vermarktung: 1 Selbstmarkter

Oos
Stadtteil von Baden-Baden

Bestockte Rebfläche: 15 Hektar in der Lage "Sätzler" (Großlage "Schloß Rodeck")
Haupt-Rebsorten: Riesling und Spätburgunder
Vermarktung: WG Sinzheim über die ZBW

Neuweier
Ortsteil von Baden-Baden

Bestockte Rebfläche: 165 Hektar in den Lagen "Mauerberg", "Altenberg", "Gänsberg", "Schloßberg" und "Heiligenstein" (Großlage "Schloß Rodeck")
Haupt-Rebsorten: Riesling, Müller-Thurgau und Spätburgunder
Vermarktung: WG Neuweier-Bühlertal, 3 Selbstmarkter

Da gibt es ein Schloß, in dessen Innenhof unter Linden der Friede und die Muße einer anderen Zeit sind. Da gibt es Holzschuppen aus in Jahrzehnten oder Jahrhunderten alt gewordenem Stangenholz. Da gibt es Rosen, die sich an Bruchsteinmauern hochranken und Treppenaufgänge, die in die Wohnungen im ersten Stock über den Stallungen und über den Lagerräumen führen. Die Giebelfronten der Häuser, repräsentativ und häufig auch bemalt, sind mit ihren typischen Klappläden der Straße zugewandt. Mit der Rückseite stoßen sie zum Teil an den steilen, terrassierten Weinberg, und dazwischen blühen Blumen, Blumen und wieder Blumen.

Die Yburg reizt als Wanderziel im Wald hoch über dem Ort. Der Wanderer erhält dort genauso Speis' und Trank, wie diese ganze Gemeinde überhaupt dem Essen und Trinken, den leiblichen Genüssen sehr zugewandt ist.

Neuweier hat gleich mehrere grünbestandene und blumenverzierte Bäche. Diese Bäche kommen aus dem Schwarzwald, der hier zum Greifen nah ist. Überall im Ort stehen die für Baden so typischen Hinweisschilder mit den eingravierten Wanderzielen oder den Hinweisen auf Hotels und Pensionen.

Eines der prachtvollsten Schilder, ein großer Holzblock, sagt am Ortseingang: "Baden-Bade-

Steinbach · Umweg

Hauptstraße des Dorfes fließt. Von dieser Hauptstraße zweigen zahlreiche Gassen und Höfe ab, an denen wiederum Höfe liegen, die sich noch einmal um Höfe gruppieren. Die Häuser zeigen ihre Schmalseiten zur Straße hin, zwischen ihnen ist Abstand, der für Kleingärten oder Einfahrten ausreichend Platz läßt.

Die Gasthäuser heißen nach Bäumen oder Tieren, und die Dächer sind noch zum Teil mit Biberschwanz bedeckt, zum anderen Teil mit fröhlich rot-braunen Keramikplatten. Ebenso prächtig wie die Dächer sind die sehr schönen, farbigen, schmiedeeisernen Wirtshausschilder.

Steinbach hat das Glück, die Südbadische Sportschule zu beherbergen, und das heißt in diesem Falle auch, ein attraktives Freibad zu besitzen.

Umweg:

So berühmt der Ort durch seinen Wein ist, so klein ist er auch. Die Häuseransammlung ist eine Unterbrechung im Weinberg, der sich von der bewaldeten Höhe bis zur Straße hinunterzieht und dann unter-

ner Rebland", und dann folgen die Orte, die zu diesem Rebland gehören: Neuweier, Umweg, Steinbach und Varnhalt. Gekrönt wird das Schild durch mächtige geschnitzte Trauben und einen Bocksbeutel, der die Aufschrift Riesling Auslese trägt. Damit ist schon ein Teil des Programmes gesagt: Man ist hier stolz auf den Riesling und seine lange Tradition. Man ist auch sehr froh darüber, daß man aufgrund eines früheren Erlasses in diesen vier Gemeinden den Bocksbeutel als Weinflasche führen und natürlich mit großem Erfolg vertreiben darf. Und es bleibt als Besonderheit anzumerken, daß im berühmten "Mauerberg" nur Riesling steht und im nicht ganz so berühmten "Heiligenstein" nur Spätburgunder.

Steinbach und Umweg Ortsteile von Baden-Baden

Bestockte Rebfläche: 70 Hektar in den Lagen "Stich den Buben" und "Yburgberg" (Großlage "Schloß Rodeck")

**Haupt-Rebsorten: Riesling, Müller-Thurgau und Spätburgunder
Vermarktung: WG Steinbach-Umweg**

Der schlanke Kirchturm steht vor dem Hintergrund hoher

Schwarzwaldberge, wird illustriert durch die Rebhänge, die im ersten Teil diese Berge bedecken, und ist umgeben von einem Dorf, dessen Solidität recht badisch ist, genauso badisch wie der blumenkästengesäumte Bach, der neben der

Die Ortenau – das Baden-Badener Rebland in vier typischen Bildern. Oben: Blick von Varnhalt in Richtung Baden-Baden. Unten: Varnhalter Weinberge. Links oben: Umweg. Links unten: Klostergut Fremersberg.

Varnhalt · Berghaupten · Bühl · Altschweier · Eisental Neusatz · Bühlertal · Durbach

halb der Häuser zum Teil als Weinberg, zum Teil als Obstgarten weitergeführt wird. Umweg ist ein Vorort von Baden-Baden, und wie ein feiner Wohnvorort einer Großstadt, so wirkt das Dorf tatsächlich. Ein Weg, eine Straße um den Berg herum, Umweg, ein Ort, der mit seinem Wein jeden Umweg lohnt.

Varnhalt
Ortsteil von Baden-Baden

Bestockte Rebfläche: 90 Hektar in den Lagen "Klosterbergfelsen", "Steingrübler" und "Sonnenberg" (Großlage "Schloß Rodeck")
Haupt-Rebsorten: Riesling und Müller-Thurgau
Vermarktung: WG Varnhalt

Varnhalt, ist der größte der vier Orte des Baden-Badener Reblandes, näher als Neuweier, Umweg und Steinbach und in engerer Verbindung zum Zentrum, zur Mutterstadt Baden-Baden. Die Großstädter fahren gern auf einen Schoppen hier hinaus oder auch übers Wochenende oder zum guten Essen oder eben zum Weineinkauf, und viele wohnen hier schon, haben ihren Arbeitsplatz in der Stadt und ihr Haus in einem der kleinen Täler Varnhalts oder auf einem der Hügelrücken dieses Ortes, der sich aus der Rheinebene in die Berge hineinzieht.

Umgekehrt greifen Reben und Wald von den Bergen in den Ort hinein und setzen sich dort noch als kleine Rebparzellen oder als Baumanpflanzungen zwischen den Häusern fort: Der Ort ist durch und durch grün im wahrsten Sinne des Wortes.

Die Kirchturmuhr schlägt die Viertelstunden in einem melodischen Dreiklang, der noch weit in den Bergen und hoch auf der Yburg zu hören ist. Für den Tourismus, für die Wanderer, für die Weingäste ist besonders wichtig, daß hier Ausflugsgaststätten in "Fußgängerentfernung" zu finden sind; eine

Berghaupten vor der Kulisse seiner Schwarzwaldberge.

Schutzhütte steht außerdem mitten in den Weingärten, und Wanderpfade sind zahlreich rund um den Ort ausgezeichnet.

Über dem Ort liegt das Klostergut Fremersberg, ehemals eine Abtei. Bis 1824 haben hier noch Mönche gelebt, zuletzt waren es zwei, die sich so zerstritten hatten, so unchristlich entzweit waren, daß von der Obrigkeit die Auflösung des Klosters verfügt wurde. Später baute hier die Familie Brand ihre schloßähnliche Villa Brand. Aus der gleichen Familie kamen dann die Benckisers, die das dazugehörige Weingut zur Blüte brachten. Heute sind die Weinberge verpachtet, und der gesamte Ertrag wird von der Winzergenossenschaft vermarktet.

Berghaupten

Einwohner: 2 191
Bestockte Rebfläche: 23 Hektar
in der Lage "Kinzigtäler" (Großlage "Fürsteneck")
Haupt-Rebsorten: Müller-Thurgau, Ruländer, Traminer und Riesling
Vermarktung: WG Vorderes Kinzigtal/Gengenbach

An der Badischen Weinstraße, in einem Seitental der Kinzig liegt Berghaupten. Durch die Ausläufer des Schwarzwalds geschützt, gedeiht an den Steilhängen Wein: Müller-Thurgau, Ruländer, Traminer und Riesling werden auf Gneisverwitterungsböden angebaut. Weinberge, Laub- und Nadelwälder umgeben den Ferien- und Erholungsort.

Das Ortsbild wird durch die Kirche und das Rathaus geprägt. In letzterem haben früher die Freiherren von Schleiß residiert, die das Dorf im Jahre 1699 erwarben mit allem, was der Ort damals wie heute zu bieten hatte: mit Spezialitäten wie Schwarzwälder Speck, Bauernbrot, Forellen, Kirschwasser und seinem Wein. Der fließt alljährlich Ende September, beim großen Weinfest in Strömen.

Bühl
mit den Ortsteilen Altschweier, Eisental und Neusatz

Einwohner: 22 461
Bestockte Rebfläche: siehe Statistiken der Ortsteile

"Große Kreisstadt Bühl" steht auf den Ortsschildern. Großflächig gebaut und im alten Kern doch "gemütlich" präsentiert sich die Stadt mit viel Grün in Anlagen und Gärten vor der Kulisse des Schwarzwaldes. Sie liegt noch ganz in der Rheinebene, die ersten Berge beginnen an der Gemarkungsgrenze der Kernstadt, und dort beginnt auch der Weinbau. Den aber überläßt die Stadt ihren bekannten Ortsteilen, die dafür bessere Voraussetzungen haben. Nimmt man alles in allem, so ist Bühl eine rechte Weinstadt - mit insgesamt 200 Hektar Rebland und ungewöhnlich hohem Anteil der beiden Edelsorten Riesling und Spätburgunder.

Altschweier
Ortsteil von Bühl

Bestockte Rebfläche: 67 Hektar in der Lage "Sternenberg" (Großlage "Schloß Rodeck")
Haupt-Rebsorten: Spätburgunder und Riesling
Vermarktung: Affentaler Winzergenossenschaft, 1 Selbstmarkter

Schon das Wappen zeigt deutlich, daß die Gemeinde und der Weinbau unzertrennlich sind: Eine üppige Rebpflanze, die zwei vollreife, pralle Trauben trägt, rankt sich an einem Weinstock empor. Urkundlich belegt ist der Weinbau schon um das Jahr 1000, man darf aber mit Recht annehmen, daß schon viel früher in dieser Gegend und auch in Altschweier selbst Weinbau betrieben wurde.

Heute ist Altschweier ein Stadtteil von Bühl. Aber allzu traurig werden die meisten Bürger der Gemeinde über diesen Zusammenschluß nicht sein, denn die alten Wege führten immer schon in das nahe gelegene Bühl. Und die Eigenständigkeit der Altschweierer läßt eine völlige Vereinnahmung unmöglich erscheinen.

Heute präsentiert sich Altschweier als adretter Ort: herrlich blumengeschmückt meist die Häuser, die den Dorfbach säumen. Die Altschweierer genießen zusammen mit den anderen Orten des Bühlertales die

Annehmlichkeiten, die die Nähe zu Offenburg im Süden und Baden-Baden im Norden zu bieten hat. Ruhe und Erholung finden sie gleich vor der Haustür im Schwarzwald.

Eisental
Ortsteil von Bühl

Bestockte Rebfläche: 107 Hektar in den Lagen "Sommerhalde" und "Betschgräbler" (Großlage "Schloß Rodeck")
Haupt-Rebsorten: Spätburgunder, Riesling und Müller-Thurgau
Vermarktung: Affentaler Winzergenossenschaft, 1 Selbstmarkter

Eisental liegt im schönen - "Affental", wie es die Winzer genannt haben, und die Winzer haben hier durchaus etwas zu sagen - es gibt einige Hundert im Ort. Wie immer der Name entstanden ist, für die Vermarktung der Weine gibt es keinen besseren. Die Winzergenossenschaft des ganzen Bühler Reblandes, die hier bei Eisental ihren Neubau hat, ließ sich zum publikumswirksamen Namen auch noch eine originelle "Buddel-Flasche" schützen.

Berühmt ist der "Affentaler Spätburgunder", der zu einem guten Teil aus Eisental kommt. Er wächst hier in der Lage "Sommerhalde", während im "Betschgräbler" bis auf einen kleinen Anteil Müller-Thurgau

Riesling angebaut wird. - Zwei edle Weine aus einem schön gelegenen Ort unter einem bekannten Namen: Die "Affentaler Winzer" haben mit diesem "Dreiklang" guten Erfolg.

Neusatz
Ortsteil von Bühl

Bestockte Rebfläche: 24 Hektar in den Lagen "Wolfhag", "Sternenberg", "Burg-Windeck", "Kastanienhalde" (Großlage "Schloß Rodeck")
Haupt-Rebsorten: Riesling, Spätburgunder und Müller-Thurgau
Vermarktung: Affentaler Winzergenossenschaft, WG Neuweier-Bühlertal

Neusatz ist der kleinste der Weinbauortsteile Bühls und gleichzeitig derjenige mit dem größten Steillagen-Anteil: Etwa 50 Prozent der drei, nur zu einem geringen Teil bestockten, Einzellagen sind steil, die andere Hälfte ist Hanglage. Die Winzer des Ortes haben sich auf drei Rebsorten spezialisiert, wobei Riesling und Spätburgunder mit über 40 Prozent die großen Anteile haben und der Müller-Thurgau mit 15 Prozent einen kleineren. Die Trauben gehen zum Teil in die - gewissermaßen "von Orts wegen" zuständige - WG Affental, zu einem anderen Teil aber nach Neuweier.

Besucher des kleinen Dorfes, die etwa von der nahen Burg Windeck herunterkommen, genießen seine Abgeschiedenheit, sein "hier ist die Welt noch in Ordnung". Der Verkehr fließt außen vorbei, die Bauernhöfe stehen in lockerem Abstand, Obstgärten und Wiesen reichen bis an die Dorfmitte heran.

Bühlertal

Einwohner: 7 755
Bestockte Rebfläche: 62 Hektar in den Lagen "Klotzberg" und "Engelsfelsen" (Großlage "Schloß Rodeck")
Haupt-Rebsorten: Riesling und Spätburgunder
Vermarktung: WG Neuweier-Bühlertal

Zwischen Baden-Baden und der Schwarzwaldhochstraße liegt der Ort eingebettet in seinem "Tal", von dem er auch den Namen hat. Das enge Tal erstreckt sich längs der Bühlot mit ihren vielen Nebentälern. Die Umgebung von Bühlertal ist gebirgig. Will man vom tiefstgelegenen zum höchsten Punkt der Ortschaft, muß man über 800 Höhenmeter überwinden. Dieser äußerst schwierigen topographischen Lage ist es zu "verdanken", daß die Industrie nur sehr zögernd Einzug in den romantischen Ort hält. Nur ein Betrieb ist hier erwähnenswert.

Größere Bedeutung hat der Weinbau für Bühlertal. Besonders der "Affentaler" (Spätburgunder) fühlt sich auf den Granitverwitterungsböden recht wohl, aber auch Riesling, Silvaner und neuerdings auch Traminer bringen ansehnliche Ernten auf den Steilhängen ein. Auch als Fremdenverkehrsort hat Bühlertal einen guten Namen. Die Umgebung lädt, wie gesagt, zum Wandern und Klettern ein, der Wein sorgt für gute Stimmung, und im Winter heißt es "Ski und Rodel gut."

Durbach

Einwohner: 3 639
Bestockte Rebfläche: 314 Hektar in den Lagen "Plauelrain", "Kochberg", "Ölberg", "Schloßberg", "Steinberg", "Josephsberg", "Kapellenberg", "Bienengarten", "Schloß Grohl" und "Kasselberg" (Großlage "Fürsteneck")

Bühlertal mit „Dachwerbung früherer Art".

Durbach · Gengenbach

lich und in hervorragender Qualität zu bieten hat: die Schönheit der Landschaft und natürlich der Wein.

Zu ihrem Namen kam die Gemeinde Durbach, zu der seit 1973 auch die Ortschaft Ebersweier gehört, durch den Bach, der durch das 17 Kilometer lange Tal fließt. 40 Seitentäler zählen zu seinem Einzugsbereich, und dennoch leitet sich der Name von dem althochdeutschen Wort "durri" ab - was soviel bedeutet wie "dürr" oder "trokken".

Die landschaftliche Schönheit, der gute Wein und die freundlichen Menschen wirken hier gut zusammen. Durbach ist der Paradeweinort schlechthin: Rund um das Dorf wohlgerundete bis steile Berge, die vom Tal bis zur Höhe Reben tragen, überragt noch vom bewaldeten Gebirge im Hintergrund. Wald auch in kleinen Taleinschnitten, die in den Ort hineinreichen.

Hier gedeiht der Riesling in Lagen, die zum Teil mit Weinbergsmauern terrassiert sind, und auf recht unterschiedlichen Böden. Die Durbacher Winzer sind zu Recht stolz auf ihre

Haupt-Rebsorten: Klingelberger (Riesling), Clevner (Traminer), Spätburgunder, Ruländer und Müller-Thurgau
Vermarktung: WG Durbach, 11 Selbstmarkter

"Durbach ist ein unnachahmlicher Akkord aus Wäldern und Weinbergen, aus Obstgärten und Wiesen, aus Hügeln und Tälern." So wurde weltweit auf der Deutschen Welle gesendet, und auch sonst ist über den kleinen Weinort viel Positives zu hören und zu lesen. "Nun ja", denkt man, "klappern gehört eben zum Geschäft, und ohne Werbung geht's nun mal nicht." Aber auch bei etwas nüchterner Betrachtung bleibt: In einem malerischen Bachtal gelegen, eingerahmt in sonnenverwöhnte Rebhänge, überragt von einer trutzigen Burgfestung aus dem frühen Mittelalter, dazu noch das Wander- und Anglerparadies Schwarzwald im Westen und die verkehrsgünstige Rheinebene im Osten gleich vor der Tür ...

Daß der Tourismus aber in Durbach nicht die gleichen beängstigenden Dimensionen annimmt wie in anderen, zum

Teil weniger reich ausgestatteten Gemeinden, dafür sorgen die Durbacher schon selbst. Der Charakter des Ortes ist "dörflich" geblieben. Dies wird auch durch die Zahl von über 100 Hofgütern belegt. Hier sind die Bauern noch Bauern und

die Winzer noch Winzer geblieben, hier gibt es noch die "Originale", die "kleinen Könige" auf der eigenen Scholle.

Geworben wird nicht mit billigem Souvenir-Ramsch, sondern mit dem, was Durbach reich-

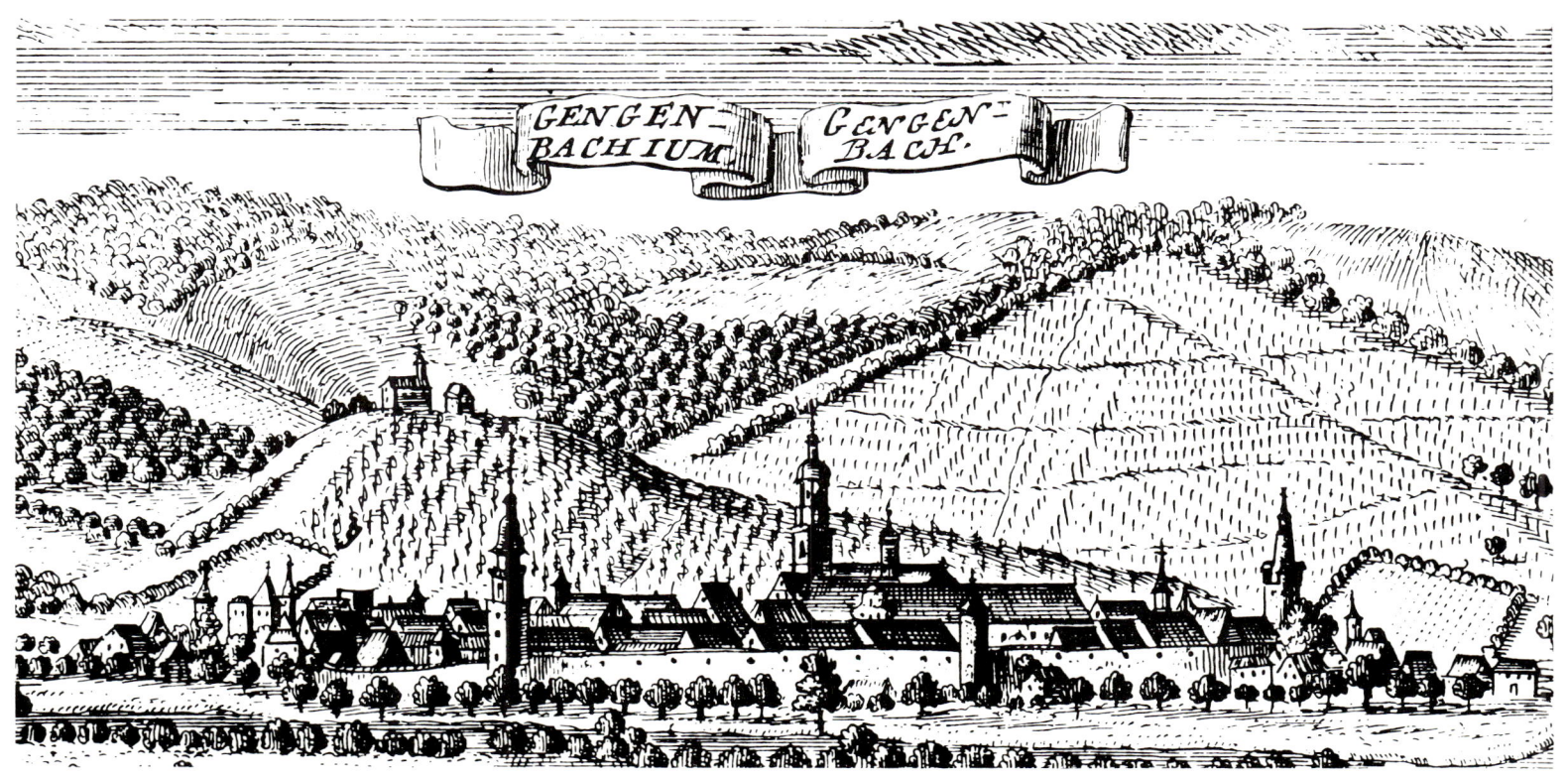

außergewöhnlichen Erfolge bei den Prämierungen. Sie erhalten alljährlich soviele Medaillen und DLG-Auszeichnungen, daß sie regelmäßig zur Spitzengruppe der prämierten Orte gehören. Neben der Winzergenossenschaft gibt es in Durbach einen für Baden ungewöhnlich hohen Anteil an Selbstmarktern.

Nicht nur Wein, Wald und Wiesen machen Durbach für den Touristen interessant, sondern das Ortsbild selbst in gleichem Maße: Hunderte von Blumenkästen zieren die Geländer, die am Dorfbach angebracht sind. Da fließt auch der für Baden so typische Bach durch die Gemeinde. Da stehen die Linden, die Walnuß- und anderen Bäume im Dorf an den Plätzen, und da gibt es gemütliche Winkel, in denen man beim Wein zusammensitzen kann.

Gengenbach
mit den Ortsteilen Bermersbach und Reichenbach

Einwohner: 10 651
Bestockte Rebfläche der Kerngemarkung: 10 Hektar in den Lagen "Kinzigtäler" und "Nollenköpfle" (Großlage "Fürsteneck")
Haupt-Rebsorten: Spätburgunder, Müller-Thurgau, Ruländer und Gewürztraminer
Vermarktung: WG Vorderes Kinzigtal/Gengenbach, 1 Selbstmarkter

Gengenbach oben und unten und oben links – Mittelalter gut erhalten. Auch Durbach bietet noch Mittelalterliches – vor allem aber gesunden Weinbau (unten links im Blick von Schloß Staufenberg). Es ist Weinort „durch und durch".

In Gengenbach findet die "Badische Weinstraße", die die Ortenau durchquert, ihren Abschluß. Der waldreichen Vorbergzone des Schwarzwaldes ist es zu verdanken, daß man in Gengenbach trotz der relativ hohen Lage noch Wein anbauen kann. Die Wälder auf den Höhenzügen halten die kalten, weinbauschädlichen Winde ab. Im Norden der Stadt ziehen sich diese Höhenzüge hinauf bis in das "Moos", das "Hausgebirge" Gengenbachs. Nach Süden öffnet sich der Blick zum "Kinzigtal".

Die ehemalige freie Reichsstadt Gengenbach ist eine "Bilderbuchstadt" mit zwei trutzigen Stadttoren am nördlichen und südlichen Ausgang, einer barocken Ratskanzlei, einem repräsentativen Marktbrunnen und etlichen wunderschön restaurierten Fachwerkhäusern innerhalb der noch gut erhaltenen Befestigungsanlagen.

Die Mischung zwischen Kleinstadt und Dorf, zusammen mit dem gesunden Klima und der reizvollen Umgebung, dazu noch die Sehenswürdigkeiten, die die Stadt zu bieten hat, das alles hat Gengenbach zu einer vielbesuchten Gemeinde gemacht, in der gemütliche Gastfreundlichkeit zu Hause ist. Ein breites Angebot an Sportmöglichkeiten rundet das Bild einer anheimelnden kleinen Stadt, die mit viel Fachwerk, alten Stadttoren und Brunnen, viel Pflaster und viel Grün dem Auge sehr viel bietet, aber ebenso auf den Schwarzwaldurlauber eingestellt ist, der aktiv sein möchte.

Bermersbach · Reichenbach · Gernsbach · Obertsrot · Hohberg · Diersburg
Hofweier · Niederschopfheim · Kappelrodeck · Waldulm · Lauf

Schnitzarbeiten sind eine Spezialität der Ortenau. Fast jeder Ort hat handwerklich und künstlerisch Schönes dieser Art aufzuweisen – meist weit weg vom ansonsten leider verbreiteten Werbungs-Kitsch.

Natürlich kommen alle Urlauber auch oder vor allem des Weines wegen hierher, und wer Weingenuß und die Muße ländlicher Abgeschiedenheit verbinden möchte, ist im Ortsteil Bermersbach gut aufgehoben. Das ist eigentlich kein Dorf in dem Sinne, daß Häuser um ein Zentrum zusammenstehen, sondern ein zusammenfassender Name für mehrere Weiler, die in vier Tälern liegen. Die Namen der Täler enden sämtlich auf "bach" und sind wein-, wald- und wiesenreich.

Bermersbach
Ortsteil von Gengenbach

Bestockte Rebfläche: 31 Hektar
in der Lage "Kinzigtäler" (Großlage "Fürsteneck")
Haupt-Rebsorten: Spätburgunder, Ruländer und Müller-Thurgau
Vermarktung: WG Vorderes Kinzigtal/Gengenbach

Reichenbach
Ortsteil von Gengenbach

Bestockte Rebfläche: 20 Hektar
in den Lagen "Amselberg" und "Kinzigtäler" (Großlage "Fürsteneck")
Haupt-Rebsorten: Spätburgunder, Ruländer und Müller-Thurgau

Vermarktung: WG Vorderes Kinzigtal/Gengenbach

Gernsbach
Ortsteil Obertsrot

Bestockte Rebfläche: 11 Hektar
in der Lage "Grafensprung" (Großlage "Schloß Rodeck")
Haupt-Rebsorten: Müller-Thurgau und Spätburgunder
Vermarktung: 1 Selbstmarkter

Hohberg
Ortsteil Diersburg

Bestockte Rebfläche: 29 Hektar
in den Lagen "Kinzigtäler" und "Schloßberg" (Großlage "Fürsteneck")
Haupt-Rebsorten: Müller-Thurgau, Riesling, Ruländer und Spätburgunder
Vermarktung: WG Vorderes Kinzigtal/Gengenbach, WG Hohberg über die ZBW, 1 Selbstmarkter

Abseits der großen Verkehrswege liegt Diersburg in einem verträumten Seitental an der Badischen Weinstraße. Das Dorf ist eingebettet in wohlgerundete Berghänge, die meist Reben tragen. Diersburg ist, wenn man von Süden her kommt, der Eingang zu den Kinzigtälern und somit das Tor zu einer der berühmtesten Weinregionen, nicht nur in Baden. Das Dorf präsentiert sich sehr gepflegt und erweckt den Eindruck ländlicher Zufriedenheit. Eine Sehenswürdigkeit gibt es im Weingut des Freiherrn Roeder von Diersburg zu besuchen. Er hat ein kleines Weinmuseum eingerichtet, in dem man neben alten Ackergeräten und Rebwerkzeugen auch die handgebastelten und maßstabsgetreuen Nachbildungen mittelalterlicher Trotten und Keltern bewundern kann.

Hoberg
Ortsteile Hofweier und Niederschopfheim

Bestockte Rebfläche: 29 Hektar in der Lage "Kinzigtäler"
(Großlage "Fürsteneck")
Haupt-Rebsorten: Müller-Thurgau, Ruländer und Spätburgunder
Vermarktung: WG Hohberg über die ZBW

Kappelrodeck

Einwohner: 5 495
Bestockte Rebfläche: 105 Hektar in der Lage "Hex' vom Dasenstein" (Großlage "Schloß Rodeck")
Haupt-Rebsorten: Spätburgunder und Müller-Thurgau
Vermarktung: WG Kappelrodeck

Die Burg "Rodeck" gibt nicht nur der Gemeinde ihren Namen, sondern auch der Großlage, die bis nach Baden-Baden im Norden reicht. Damit ist der Weinort in der Ortenau auch weit über seine Grenzen hinaus bekannt. Berühmt aber ist er wegen seiner typischen Spätburgunderweine, die zu den Spitzenrotweinen schlechthin gehören.

Kappelrodeck liegt im Achertal, eingebettet - hier sei der Ausdruck erlaubt - in die Weinhänge und Felder der Umgebung.

Nebenan ist der Ortsteil Waldulm (siehe auch gesonderte, nachfolgende Statistik) ebenso schön gelegen. Über beiden erhebt sich stolz auf ihrem Berg die Burg Rodeck. Ein Platz für Wanderer mit einem weiten Blick in das schöne Land. -

Kappelrodeck und Waldulm haben einen intensiven aber ruhigen Fremdenverkehr. Die schönen Orte sind ebenso beliebt wie die Landschaft der Vorgebirgszone. Das Hochgebirge ist zudem in der Nähe: Nur 20 Kilometer entfernt erhebt sich die Hornisgrinde, mit 1 164 Meter der höchste Berg der Region.

Schuld an der so überaus positiven Entwicklung des Kappelrodecker Weinbaus ist eigentlich die Frostkatastrophe des Jahres 1956. Nachdem man schon fast den gesamten Rebbestand hatte aushauen müssen, wurde gleichzeitig ein beträchtlicher Teil der Rebfläche flurbereinigt. So kann der einzelne Winzer heute größere Flächen bestellen, und zudem erleichtert ein ausgezeichnetes Wegenetz die Arbeit beträchtlich.

Kappelrodeck ist einer der am schönsten gelegenen Orte der Ortenau – und wenn der Tag richtig endet, bietet er Romantik dieser Art.

Waldulm
Ortsteil von Kappelrodeck

Bestockte Rebfläche: 80 Hektar in den Lagen "Pfarrberg" und "Kreuzberg" (Großlage "Schloß Rodeck")
Haupt-Rebsorten: Spätburgunder und Müller-Thurgau
Vermarktung: WG Waldulm

"In einem Seitentale der Acher liegt, von prächtigen Waldungen und Rebbergen umrahmt, der Ort Waldulm in friedlicher Abgeschiedenheit", so charakterisiert ein Schreiber des vergangenen Jahrhunderts die Lage des "Rotweinortes" in der Nähe Kappelrodecks.

Der Weinbau spielt hier eine große Rolle - früher wie heute. Mittelalterliche Urkunden erwähnen den Waldulmer Weinbau; mit St. Albin wurde ein Schutzpatron der Winzer und des Weinbaus zum Patron der im frühen Mittelalter gebauten Kirche.

Auch das Gemeindewappen unterstreicht, wie eng Wein und Waldulm miteinander verbunden sind: Eine blaue Traube wird von zwei grünen Weinblättern umrankt; daneben hält ein goldbekleideter, halb sichtbarer Arm ein silbernes Winzermesser; unten, in einem dritten, goldenen Feld der Großbuchstabe "W" für Waldulm.

Das Waldulmer Obst gedeiht so hervorragend wie der Waldulmer Wein - und auch dieses gibt es in flüssiger Form: Nicht weniger als 140 Hausbrennereien arbeiten im Ort, und sie brennen nicht nur das bekannte Zwetschgen- und Kirschwasser, sondern auch Rossler, Waldhimbeergeist, Obstler, Mirabell... Gebrannt wird alles, was aus Beeren, Kern- und Steinobst durch Destillation herzustellen ist.

Lauf

Einwohner: 3 670
Bestockte Rebfläche: 32 Hektar

in den Lagen "Alde Gott" und "Gut Alsenhof" (Großlage "Schloß Rodeck")
Haupt-Rebsorten: Spätburgunder, Müller-Thurgau, Riesling und Ruländer
Vermarktung: WG Sasbachwalden

Lauf oder früher auch Löffe, Louffe oder Louff, verdankt seinen Namen dem Bach mit seinen kleinen Wasserfällen und Stromschnellen, an dessen Ufern der Ort liegt: "loufo" ist die althochdeutsche Bezeichnung für Stromschnelle oder Wasserfall. An der mittelbadischen Weinstraße gelegen, gehört es seit jeher zur Ortenau. Seiner geschützten Lage ver-

Lautenbach · Oberkirch · Bottenau · Haslach · Nußbach · Ödsbach · Ringelbach
Stadelhofen · Tiergarten · Offenburg

dankt der Ort, daß er von Kriegen weit weniger in Mitleidenschaft gezogen wurde als die nahegelegenen Orte in der Rheinebene: So fanden im Dreißigjährigen Krieg Menschen aus den zerstörten Dörfern der Ebene im Gebiet von Lauf Zuflucht. Die Gemeinde überstand sowohl den Krieg als auch die wechselnden Verhältnisse im Zeitalter der französischen und napoleonischen Kriege ziemlich unangetastet.

Die älteste Laufer Urkunde stammt aus dem Jahre 1304, auch der Weinbau in Lauf ist in jener Zeit erstmals urkundlich nachgewiesen. Kurze Zeit später wurde auch das Laufer Schloß "Neuwindeck" errichtet, Sitz der Herren von Mendelbach.

Auch das Trotthaus (Kelterhaus) im Alsenhof, in dem eine alte Weintrotte von hohem handwerklichen und kulturhistorischen Wert aufbewahrt wird, erinnert an vergangene Zeiten - an Zeiten, in denen der Weinbau von größter Bedeutung war. Dafür spricht auch die alte Trotte des Ortes: Sie ist die größte in der Bundesrepublik. Die eichene Traubenpres-

se wiegt fast 300 Zentner, der Preßbalken ist mehr als acht Meter lang, die Spindel 3,85 Meter hoch. Täglich konnten damit 2 500 Kilogramm Trauben gekeltert, 1 800 Liter Most gewonnen werden.

Lautenbach

Einwohner: 1 924
Bestockte Rebfläche: 14 Hektar in der Lage "Renchtäler" (Großlage "Fürsteneck")
Haupt-Rebsorten: Spätburgunder, Müller-Thurgau, Klingelberger (Riesling) und Ruländer
Vermarktung: Renchtäler Winzergenossenschaft Oberkirch

Oberkirch
mit den Ortsteilen Bottenau, Haslach, Nußbach, Ödsbach, Ringelbach, Stadelhofen und Tiergarten

Einwohner: 16 589
Bestockte Rebfläche: 38 Hektar

in der Lage "Renchtäler" (Großlage "Fürsteneck")
Haupt-Rebsorten: Spätburgunder, Müller-Thurgau, Klingelberger (Riesling) und Ruländer
Vermarktung: Renchtäler Winzergenossenschaft Oberkirch, 1 Selbstmarkter

An der badischen Weinstraße liegt Oberkirch, die "Stadt des Weines" wie die Gemeindewerbung sagt. Mit insgesamt neun eingemeindeten Dörfern - davon sieben weinbautreibenden - zählt sie heute fast 17 000 Einwohner. Weit weniger waren es im Jahre 1326, als Oberkirch das Stadtrecht erhielt und Mittelpunkt der bischöflich-straßburgischen Herrschaft Oberkirch wurde.

Mild ist das Klima an der Sonnenseite des Schwarzwaldes - kein Wunder, daß hier schon lange Wein angepflanzt wird. Bereits im 12. Jahrhundert wuchsen in den Weinbergen des Klosters Allerheiligen Reben. Der Wein daraus schmeckte auch den Bauern des "Oberkircher Haufen", die 1525 im Bauernkrieg in die Kellerei des Klosters eindrangen und die Fässer leerten, weil sie meinten,

daß ihnen der Wein zustehe: Das meiste davon hatten ja die frommen Männer von ihnen über den Zehnten und andere Abgaben erhalten.

Vom Kloster über den Allerheiligen-Wasserfällen stehen heute nur noch Ruinen. Zerstört wurde auch die Schauenburg, das Wahrzeichen der Stadt, einst als eine der mächtigsten Burgen Mittelbadens zum Schutz des Renchtals errichtet. Hier lebte im 17. Jahrhundert Grimmelshausen als Burgvogt und Schaffner; später betrieb er in Geisbach, einem Stadtteil Oberkirchs, die Wirtschaft "Zum silbernen Sternen". In Oberkirch entstand sein Roman "Simplicius - Simplicissimus", in dem er auch die Landschaft um die Gemeinde beschreibt. Nicht mehr erlebt hat Grimmelshausen die fast völlige Zerstörung der Stadt durch die Franzosen 1689.

Übrig blieb damals nur wenig - unter anderem das heutige Gasthaus "Zur Sonne", damals der Hof des Geschlechts von Neuenstein. Das heutige Amtsgericht stammt aus der Zeit nach der Zerstörung: Johann von Bodeck ließ es 1704 als Amtshaus errichten.

Die alten Bauwerke werden - wie auch die Traditionen - in Oberkirch gepflegt; malerische Fachwerkhäuser und Altstadtwinkel schaffen Atmosphäre. Gemütlich, romantisch, fast ein wenig verträumt - so erscheint Oberkirch. Die Landschaft trägt sicherlich viel dazu bei: Täler mit Obstplantagen, an den Hängen Weinberge und viel Wald.

Verträumt ist Oberkirch aber keineswegs. Die Landwirte haben sich seit dem vorigen Jahrhundert immer stärker auf

Waldulm links (Weinberge können auch außerhalb der "Saison" schön sein!) und ein Blick in die Landschaft von Kappelrodeck.

Wein- und Obstbau spezialisiert. Der größte Erdbeermarkt Deutschlands befindet sich in Oberkirch, ebenso die größte Winzergenossenschaft Mittelbadens. Hochprozentig geht es in den zahlreichen bäuerlichen Brennereien zu: Nicht nur überschüssiges Obst, sondern auch spezielles Brennobst wird hier in flüssige Form gebracht.

Das wichtigste Getränk und damit die große Spezialität des Gebietes ist zwar weniger hochprozentig, aber nach wie vor besonders bedeutend: der Oberkircher Wein.

Bottenau
Ortsteil von Oberkirch

Bestockte Rebfläche: 64 Hektar in der Lage "Renchtäler" (Großlage "Fürsteneck") Haupt-Rebsorten: Spätburgunder, Müller-Thurgau, Riesling und Ruländer Vermarktung: Renchtäler Winzergenossenschaft Oberkirch

Haslach
Ortsteil von Oberkirch

Bestockte Rebfläche: 12 Hektar in der Lage "Renchtäler" (Großlage "Fürsteneck") Haupt-Rebsorte: Klingelberger (Riesling) Vermarktung: Renchtäler Winzergenossenschaft Oberkirch

Nußbach
Ortsteil von Oberkirch

Bestockte Rebfläche: 7 Hektar in der Lage "Renchtäler" (Großlage "Fürsteneck") Haupt-Rebsorten: Spätburgunder, Müller-Thurgau, Riesling und Ruländer Vermarktung: Renchtäler Winzergenossenschaft Oberkirch

Ödsbach
Ortsteil von Oberkirch

Bestockte Rebfläche: 13 Hektar in der Lage "Renchtäler" (Großlage "Fürsteneck") Haupt-Rebsorten: Spätburgunder, Riesling und Müller-Thurgau Vermarktung: Renchtäler Winzergenossenschaft Oberkirch

Ringelbach
Ortsteil von Oberkirch

Bestockte Rebfläche: 18 Hektar in der Lage "Renchtäler" (Großlage "Fürsteneck") Haupt-Rebsorten: Spätburgunder, Müller-Thurgau, Riesling und Ruländer Vermarktung: Renchtäler Winzergenossenschaft Oberkirch

Stadelhofen
Ortsteil von Oberkirch

Bestockte Rebfläche: 10 Hektar in der Lage "Renchtäler" (Großlage "Fürsteneck") Haupt-Rebsorten: Riesling, Müller-Thurgau und Spätburgunder Vermarktung: Renchtäler Winzergenossenschaft Oberkirch

Tiergarten
Ortsteil von Oberkirch

Bestockte Rebfläche: 43 Hektar in der Lage "Renchtäler" (Großlage "Fürsteneck")

Haupt-Rebsorten: Spätburgunder, Müller-Thurgau und Riesling Vermarktung: Renchtäler Winzergenossenschaft Oberkirch

Offenburg
mit den Ortsteilen Fessenbach, Rammersweier, Zell-Weierbach und Zunsweier

Einwohner: 50 050 Bestockte Rebfläche: siehe Statistiken der Ortsteile

Offenburg ist ein wichtiges Zentrum für eine große und sehr schöne Weinregion. Offenburg ist auch einer der wichtigsten Veranstaltungsorte im Weingeschehen Badens. Der "Offenburger Weinmarkt" im Juni ist nicht nur Anlaß fröhlichen Weinkonsums, sondern auch Preisbarometer für die Weinpreise ganz Badens. Ebenso hat der "Gütezeichen-Weinmarkt" im November eine landesweit wichtige Funktion.

Die schöne und lebendige "Drucker-Stadt" in der Rheinebene mit ihren zahlreichen

Fessenbach · Rammersweier · Zell-Weierbach

stolzen Patrizierhäusern früherer Bauepochen, mit ihren großen Baudenkmälern und ihrer erfolgreichen Industrie ist also sicherlich auch eine "Weinstadt". - Wein gibt es in der Kerngemarkung jedoch nicht. Der wird heute, anders als im mengenorientierten Mittelalter, nach Qualitäts-Gesichtspunkten an den Hängen des Schwarzwaldes angebaut. Dort liegen Offenburgs vier oben genannte Weinbau-Ortsteile.

Fessenbach
Ortsteil von Offenburg

Bestockte Rebfläche: 40 Hektar in den Lagen "Bergle" und "Franzensberg" (Großlage "Fürsteneck")
Haupt-Rebsorten: Müller-Thurgau, Ruländer und Spätburgunder
Vermarktung: WG Fessenbach, 2 Selbstmarkter

Ein barockes Schloß und alte Fachwerkhäuser tragen genauso zu Fessenbachs schönem Ortsbild bei wie die Lage im Südosten der "Mutterstadt" Offenburg. Die wenigen Kilometer Abstand sind hier der Weg von einer Welt in die andere - nicht nur, was die Größenordnung von Zentrum und Ortsteil betrifft. Fessenbach, das ist Schwarzwald- und Erholungswelt. Hier gibt es in beiden Lagen des Dorfes mit jeweils 80 Prozent den größten Steillagen-Anteil der Offenburger Weinbau-Ortsteile, und in beiden Lagen ist auch der Müller-Thurgau die vorherrschende Rebsorte.

Rammersweier
Ortsteil von Offenburg

Bestockte Rebfläche: 33 Hektar in der Lage "Kreuzberg" (Großlage "Fürsteneck")
Haupt-Rebsorten: Müller-Thurgau, Riesling, Spätburgunder und Ruländer
Vermarktung: WG Rammersweier

Ringelbach, Ortsteil von Oberkirch, an der Nord-Süd Wanderstrecke.

Das Schul- und Rathaus mit seinen zwei Eingängen ist aus den Baujahren 1846 und 1926. Ein wuchtiger Bürgerbau mit Sandsteinblöcken rund um die Fenster, mit Blumen vor den Fenstern und - mit einem Gemüse- und Beerengarten nebendran.

Gegenüber liegt die Genossenschaft, die Front mit Lüftelmalerei und ebenfalls mit Blumen verziert. Nebenan wiederum die Volksbank. Und die Dächer sind rot und braun gedeckt, vor den meisten Häusern steht eine mächtige Linde oder ein Obstbaum oder ein Walnußbaum - zumindest sind einige Büsche und Sträucher davor. Das alles wirkt zusammen mit den Fachwerkhäusern und den Weingärten im Hintergrund und dem

Wald noch weiter zurück wie Urlaub und Sonne und fröhliches, glückliches Baden.

Zell-Weierbach
Ortsteil von Offenburg

Bestockte Rebfläche: 89 Hektar in der Lage "Abtsberg" (Großlage "Fürsteneck")
Haupt-Rebsorten: Spätburgunder und Müller-Thurgau
Vermarktung: WG Zell-Weierbach

Zell-Weierbach hat alle Voraussetzungen eines Kurortes: Die Gemeinde wirkt mit allen ihren

Häusern, ihren Vorgärten, ihren Walnußbäumen, ihren Anlagen ständig wie "frisch gewaschen". Die Reben wachsen von mehreren Seiten bis an das Dorf heran. Der Wald beginnt gleich am Ortsrand, und die Straßen führen sternförmig in verschiedene Täler - Zell-Weierbach liegt auf kleinen Hügeln.

Daß die Zell-Weierbacher zusammenhalten und einer Meinung sind, beweist schon die Tatsache, daß es eine Genossenschaft gibt, in der fast alle Winzer erfaßt sind, und nur einen Selbstmarkter, der unter eigenem Etikett verkauft. Der Fremdenverkehr ist gerade so, daß die Einwohner ihn als zusätzlichen Wirtschaftszweig angenehm vermerken, aber nicht so, daß dadurch Rummel oder Lärm entstehen könnte. Man kommt zum Wandern und zum Weintrinken, und viele Weinfreunde holen sich ihr Lieblingsgetränk hier gleich von der Winzergenossenschaft oder vom Hof des einzigen Weingutes.

Die Ausnahmestellung Zell-Weierbachs in der engeren Ortenau erkennt man daran, daß die Hälfte der Weine, die zudem meist noch hoch prämiert werden, Rotweine sind. Zum Beispiel zog die Winzergenossenschaft 1960 mit 131 Weinen in die landesweite Ausscheidung und errang 131 Medaillen, nämlich 61 goldene, 47 silberne und 23 bronzene; 69 der dekorierten Gewächse waren Rotweine.

So gesehen ist die Gemeinde Zell-Weierbach - weinbaulich betrachtet - eine "rote Gemeinde", doch führen die angebauten Weißweine keineswegs ein Schattendasein. Auch der Müller-Thurgau, der Riesling, der Ruländer oder der Freisamer haben zahlreiche Liebhaber gefunden. Heute müssen sich die Freunde der Zell-Weierbacher Gewächse früh eindecken, um überhaupt noch einen Tropfen abzubekommen. Das steht im krassen Gegensatz zu der Zeit, als die Genossenschaft gegründet wurde: Damals hatte man Wein genug, aber keine Käufer.

Tiergarten ist ein Ortsteil von Oberkirch – auf diesem Foto mit den schönsten Attributen der Region vertreten: Weinreben und Wald.

Die Geschichte von der Gemeinde Affental, die endlich Licht in das Dunkel der Namensbedeutung bringt

Es soll Leute geben, die immer noch glauben, der Name Affental habe doch irgendetwas mit dem bekannten Affentier gemeinsam - wenn schon die archäologisch so bedeutsame Frage, ob hier etwa die Vorfahren der Neandertaler ihre Affenkinder zur Welt gebracht haben, wenig hergibt.

Eher schon könnte man den Leuten Glauben schenken, die meinen, ein der kirchlichen Seite wenig gewogener weltlicher Würdenträger hätte - wann auch immer - ein gewisses Pfaffental um seine ersten beiden Buchstaben betrogen, um den Ortsgeistlichen zu verunglimpfen (hinlänglich bekannt seit den Zeiten eines Don Camillo und Peppone).

Auch soll es tatsächlich noch einige Namensforscher geben, die behaupten, nur weil sich die Bewohner dieses Schwarzwaldtales öfter als andere Leute zum Ave-Maria-Gebet versammelten, seien Neider auf die Idee gekommen, die Gegend "Ave-Tal" zu nennen. Daraus soll sich dann "Afenthal" entwickelt haben, wovon wiederum der heutige Name "Affental" abgeleitet worden sei.

Eines ist jedenfalls sicher: Affen sind hier sicherlich des öfteren vorgekommen - jene nämlich, die man zwar nicht sieht, aber spätestens dann bemerkt, wenn man zu tief ins Weinglas geschaut hat.

Offenburg · Zell-Weierbach

Blick vom Schwarzwald auf Offenburg und die Rheinebene bis Straßburg. Rechts: Zell-Weierbach in seinen Weinbergen.

Die Geschichte vom Gewürztraminer-Hund

Bei einem Besuch im Weingut Laible in Durbach erzählte der Hausherr diese durchaus wahre Geschichte:

Weinfreunde aus dem Sauerland trafen sich zu einer geselligen Weinprobe. 60 Flaschen Wein wurden geleert: Pfälzer, Rheingauer, Mosel und Badener Weine. Die geleerten Flaschen stellte man einfach auf den Boden, um dem Hund des Gastgebers entgegenzukommen.

Und der machte sich gleich auf die Suche: nach seinem Lieblingstropfen, einem Plauelrain Gewürztraminer aus dem Hause Laible. Mit seiner Weinnase fand er jedesmal die Laibelsche Flasche, zwängte die Zunge in den engen Flaschenhals und saugte solange, bis auch der letzte Tropfen den Hundegaumen passiert hatte.

Eine Aufnahme des Gastgebers bezeugt den Wahrheitsgehalt dieser Geschichte und zeigt den Gewürztraminer-Dackel mit seinem Lieblingswein.

Die Geschichte von den Rammersweier "Wölfen"

Schon immer hatten die Katholiken von Rammersweier, Zell-Weierbach und Fessenbach eine gemeinsame Pfarrkirche. Auch als die Reformation ihre Anhänger bis in die südliche Ortenau führte, blieb alles beim alten, zunächst jedenfalls: Ein Kaplan hielt die Stellung und verteidigte in der unruhigen Zeit tapfer sein angestammtes Gotteshaus gegen den Druck der schließlich zahlreich reformierten Gläubigen.

Besonders die Rammersweier Bürger wollten das nicht länger hinnehmen. Eines Tages zogen sie los, mit Knüppeln, Dreschflegeln, Sensen und anderem ländlichen Gerät bewaffnet, um ihre Sache selbst in die Hand zu nehmen. Der Kaplan nahm Reißaus angesichts der bedrohlichen Übermacht und überließ den "Protestanten" das Feld.

Ob dieser "verruchten" Tat nannte man die wehrhaften Rammersweier Bürger fortan die "Wölfe". Und so stolz waren die darauf, daß sie sogleich dem Tier zu neuen Ehren verhalfen. Ein eigenes Wappen mußte her, das später von der Winzergenossenschaft übernommen wurde.

Es zeigt einen Wolf mit erhobener "Rute" - und erinnert heute noch an dieses "weltbewegende" Ereignis.

Zunsweier · Ohlsbach · Ortenberg · Ottersweier · Hub
Renchen · Erlach

Rammersweier.

Zunsweier
Ortsteil von Offenburg

Bestockte Rebfläche: 12 Hektar in der Lage "Kinzigtäler" (Großlage "Fürsteneck")
Haupt-Rebsorten: Spätburgunder, Müller-Thurgau, Riesling und Ruländer
Vermarktung: WG Vorderes Kinzigtal/Gengenbach

Ohlsbach

Einwohner: 2 311
Bestockte Rebfläche: 22 Hektar in der Lage "Kinzigtäler" (Großlage "Fürsteneck")
Haupt-Rebsorten: Spätburgunder, Ruländer, Müller-Thurgau
und Riesling
Vermarktung: WG Vorderes Kinzigtal/Gengenbach und Ortenauer Weinkellerei in Offenburg

Ohlsbach liegt am Eingang zum romantischen Kinzigtal. Es ist ein schönes Dorf, dieses Ohlsbach, in seinem Blumenschmuck und mit den vielen guterhaltenen Fachwerkhäusern, das meinen auch immer wieder die Juroren der verschiedenen Dorfverschönerungs-Wettbewerbe. 1977 wurde Ohlsbach im Landeswettbewerb "Unser Dorf soll schöner werden" mit einer Goldplakette ausgezeichnet, und auf Bundesebene wurde eine Silberplakette errungen.

Die Geschichte des Ortes ist eng mit der Abtei Gengenbach

und dem ehemaligen Machtzentrum der Ortenau, der Burg Ortenberg, verbunden. An diese beiden Institutionen hatte Ohlsbach seine Zinsen und Abgaben zu richten. Zwei Mönche der Abtei Gengenbach stammten aus Ohlsbach und sorgten so in ihrer Amtszeit für eine milde Regelung der Abgaben.

Der Weinbau im Einzugsbereich der Abtei Gengenbach geht schon in die Zeit der Karolinger zurück und hatte im gesamten Mittelalter wesentlich größere Ausmaße als in heutiger Zeit. Aber Kriege und Rebkrankheiten setzten dem Weinbau in Ohlsbach ein Ende, und der einträglichere Obstanbau, besonders die Pflaume, trat an seine Stelle. Erst 1952 wurden wieder Reben in der Gemeinde zu Erwerbszwecken angepflanzt.

Ortenberg

Einwohner: 2 717
Bestockte Rebfläche: 80 Hektar in den Lagen "Franzensberger", "Freudental", "Andreasberg", "Schloßberg" (Großlage „Fürsteneck")
Haupt-Rebsorten: Müller-Thurgau, Riesling, Ruländer, Spätburgunder und Kerner
Vermarktung: WG Ortenberg, 3 Selbstmarkter

Drei Winzerbetriebe gibt es noch in Ortenberg, aber alle drei sind etwas Besonderes: Die Winzergenossenschaft, das Weinbauversuchsgut Schloß Ortenberg und das St. Andreas-Weingut. Von ihnen stammen Weine der unterschiedlichsten Rebsorten, die Ortenberg auch überregionale Bedeutung als Weinbaugemeinde verschafft haben.

Die Ortenberger legten 1970 den ersten badischen Wein- und Waldlehrpfad an und unterstrichen so die prägende Bedeutung des Weines für ihre Gemeinde, obwohl der Rebbau nur ein "Bein" darstellt, auf dem das Dorf wirtschaftlich steht.

Ortenberg liegt inmitten der Ortenau am Eingang des Kinzigtales, unterhalb des wunderschönen mittelalterlichen Schlosses Ortenberg. Das Schloß ist heute eine der reizvollsten Jugendherbergen der Bundesrepublik. Es ist ein freundliches Dorf, dieses Ortenberg. Bei Dorfverschönerungs-Wettbewerben ist Ortenberg immer hervorragend plaziert - wer einmal durch den Ort spaziert ist, versteht warum. Die Ortenberger sind stolz auf ihre Vergangenheit und den Namen ihrer Gemeinde. Das stellten sie anschaulich unter Beweis, als sie sich in den 70er Jahren erfolgreich gegen eine Eingemeindung durch die nahegelegene Stadt Offenburg wehrten.

Ottersweier
mit dem Ortsteil Hub

Einwohner: 5 580
Bestockte Rebfläche: 13 Hektar in den Lagen "Wolfhag" und "Althof" (Großlage "Schloß Rodeck")
Haupt-Rebsorten: Spätburgunder und Riesling
Vermarktung: Affentaler Winzergenossenschaft/Bühl

Renchen
mit den Ortsteilen Erlach und Ulm

Einwohner: 5 971
Bestockte Rebfläche der Gesamtgemarkung: 56 Hektar in der Lage "Kreuzberg" (Großlage "Schloß Rodeck")
Haupt-Rebsorten: Spätburgunder und Müller-Thurgau
Vermarktung: Renchtäler Winzergenossenschaft Oberkirch, 1 Selbstmarkter

In Renchen selbst und in Erlach wird der Wein nur in Hanglage angebaut, in Ulm ausschließlich in Steillage. In Ren-

Zunsweier

chen und Ulm steht der Spätburgunder an erster Stelle im Rebsortenspiegel, in Erlach haben sich die 16 Winzer nur auf den Müller-Thurgau spezialisiert. - Wenn man will, mag man auch darin den Schritt zur individuellen Freiheit sehen. Es würde zu Renchen passen, dessen Name mit der Tradition freien Geistes verbunden ist.

Um die romanische Kirche ducken sich die rotgedeckten Häuser und machen aus der Ferne betrachtet eher den Eindruck dörflicher Abgeschiedenheit. Doch der Schein trügt. Renchen ist die Stadt des Amand Goegg, des Reichstagsabgeordneten, der vor 1848 die Gedanken der Bürgerfreiheit formulierte. Und Renchen ist die Stadt, in welcher der Dichter des "Simplizissimus", Johann Jakob Christoph von Grimmelshausen, als Schultheiß wirkte.

Erlach
Ortsteil von Renchen

Bestockte Rebfläche: 12 Hektar in der Lage "Renchtäler" (Großlage "Fürsteneck")
Haupt-Rebsorte: Müller-Thurgau
Vermarktung: Renchtäler Winzergenossenschaft Oberkirch

Ulm · Sasbach · Obersasbach · Sasbachwalden

Blick nach oben, Blick nach unten: Das Schloß Ortenberg über dem gleichnamigen Ort und Ottersweier über die Rebberge am Schwarzwaldhang gesehen.

Ulm
Ortsteil von Renchen

Bestockte Rebfläche: 34 Hektar in der Lage "Renchtäler" (Großlage "Fürsteneck")
Haupt-Rebsorten: Spätburgunder, Müller-Thurgau und Riesling
Vermarktung: Renchtäler Winzergenossenschaft Oberkirch

Sasbach
Ortsteil Obersasbach

Bestockte Rebfläche: 29 Hektar in den Lagen "Alde Gott" und "Eichwäldele" (Großlage "Schloß Rodeck")
Haupt-Rebsorten: Spätburgunder, Müller-Thurgau, Riesling und Gewürztraminer
Vermarktung: WG Sasbachwalden

Sasbachwalden

Einwohner: 2 107
Bestocktes Rebland: 84 Hektar in den Lagen "Alde Gott" und "Klostergut Schelzberg" (Großlage "Schloß Rodeck")
Haupt-Rebsorten: Spätburgun- **der, Müller-Thurgau, Riesling und Gewürztraminer**
Vermarktung: WG Sasbachwalden, 2 Selbstmarkter

Sasbachwalden ist das sehenswerte "Schwarzwalddorf" schlechthin. Ob im Winter oder im Sommer, in Sasbachwalden findet zu jeder Jahreszeit der Erholungssuchende, was er möchte. Im Winter ist Sasbachwalden - an der Hornisgrinde gelegen - mit seinen Skigebieten Unterstmatt und Ochsenstall einer der bekanntesten Wintersportplätze. Im Sommer präsentiert sich das bei Dorfverschönerungs-Wettbewerben mehr-

Die Geschichte von der Hex' vom Dasenstein

Auf der Suche nach einem zugkräftigen Namen für ihren Wein, ersannen die Winzer aus Kappelrodeck die Lagebezeichnung "Hex' vom Dasenstein" für ihren so typisch-eigenen Spätburgunder-Rotwein. Und den Liebhabern ihres Tropfens, die sich über den eigenartigen Namen wundern, geben sie auf jeder Verkaufstüte ein kleines Gedicht mit, das die Namensgeschichte klären soll. Darin ist von einem jungen Burgfräulein die Rede, die vor langer Zeit an Liebeskummer litt, weil sie einen Bauernknaben in ihr Herz geschlossen hatte. Dies kam dem Burgherren zu Ohren, der das Fräulein daraufhin verstieß. Von da an hauste das Burgfräulein der Sage nach im Dasenstein, einem mächtigen Felsbrocken, und pflanzte Wein an. Als sie nun alt und häßlich geworden war, wurde sie Hexe genannt. Dies machte sie natürlich böse, und sie trachte danach, es den Menschen am Dasenstein heimzuzahlen. Manchen bösen Streich soll sie sich ausgedacht haben, um die Kappler zu erzürnen.

Soweit also die Geschichte von der sagenumwobenen "Hex' vom Dasenstein". Doch die wahre Entstehungsgeschichte des Lagennamens ist längst nicht so alt wie die Sage vom hinterlistigen Burgfräulein. Sie geht in die Anfangsjahre der Winzergenossenschaft Kappelrodeck zurück. Die Idee lieferte der damalige Vorsitzende Hermann Jülg, der bei besonders gut gelungenen Weinproben dem Kellermeister das Kompliment machte: "In diesem Wein steckt die Hex'!" An diesen Ausruf muß er sich wieder erinnert haben, als man nach einem geeigneten Namen für den Kappelrodecker Wein suchte. Er brachte den anderen Mitgliedern die alte Sage wieder in Erinnerung, und sein Vorschlag wurde anläßlich einer feucht-fröhlichen Kellerrunde einstimmig angenommen.

Somit erfährt die alte Sage eine neuzeitige Fortsetzung, denn die "Hex'" wird sicher noch so manchem Genießer des Dasensteiner Roten einen mehr oder weniger "bösen" Streich spielen - je nachdem wie tief dieser ins Glas geschaut hat.

Sinzheim · Weisenbach

Die Lesemannschaft des Klostergutes Fremersberg in früherer Zeit und Winterlandschaften um Sasbachwalden, das auch als „Winter-frische" einigen Erfolg hat. „Sommerfrische" ist der schöne Ort schon seit langem. Folgende Doppelseite: „Winter im Detail".

fach ausgezeichnete Sasbachwalden in seinem einzigartigen Blumenschmuck: Nahezu jedes Haus macht blumengeschmückt dem Ruf der Gemeinde als "Blumendorf" alle Ehre. 1967 war Sasbachwalden die schönste Gemeinde Baden-Württembergs und wurde auch auf Bundesebene mit einer Goldplakette ausgezeichnet.

Etwas ganz besonderes hat man sich für die Touristen einfallen lassen: Zusammen mit den im oberen Achertal gelegenen Gemeinden Ottenhöfen, Kappelrodeck und Seebach besteht eine "Fremdenverkehrsgemeinschaft". Sie ermöglicht dem Besucher einer dieser Gemeinden,

die touristischen Vergünstigungen der anderen Gemeinden ebenfalls in Anspruch zu nehmen - ein guter Dienst am "Kunden", der hier Gast ist.

Aber eigentlich brauchen die Gemeindeoberen von Sasbachwalden nicht lange nach Kniffen zu suchen, um die Gästebetten ihres Dorfes zu füllen. Sasbachwalden bietet mit der landschaftlichen Schönheit, mit seinen Weinen, seiner überdurchschnittlichen Gastronomie, seinem Klima, dem pittoresken Ortsbild und seinen gastfreundlichen Bewohnern soviel Attraktivität, daß es über mangelnde Gäste nicht zu klagen hat.

Sinzheim

Einwohner: 7 845
Bestockte Rebfläche: 110 Hektar in den Lagen "Frühmeßler", "Sätzler", "Klostergut Fremersberger Feigenwäldchen" und "Sonnenberg" (Großlage "Schloß Rodeck")
Haupt-Rebsorten: Riesling und Traminer
Vermarktung: WG Sinzheim über die ZBW

Sinzheim liegt mit Baden-Baden am nördlichen Ende der Ortenau. Da nicht nach Baden-Baden eingemeindet, gehört die Gemeinde zwar nicht zum "Baden-Badener Rebland", hat aber

wie dieses als Hauptrebsorte den Riesling. In den vier Einzellagen wächst er auf 80 bis 90 Prozent der Fläche und wird in dreien durch den Müller-Thurgau, im Klostergut Fremersberger Feigenwäldchen jedoch durch den Traminer ergänzt.

Weisenbach

Einwohner: 2 596
Bestockte Rebfläche: 6 Hektar in der Lage "Kestelberg" (Großlage "Schloß Rodeck")
Haupt-Rebsorten: Müller-Thurgau und Ruländer
Vermarktung: Affentaler Winzergenossenschaft/Bühl

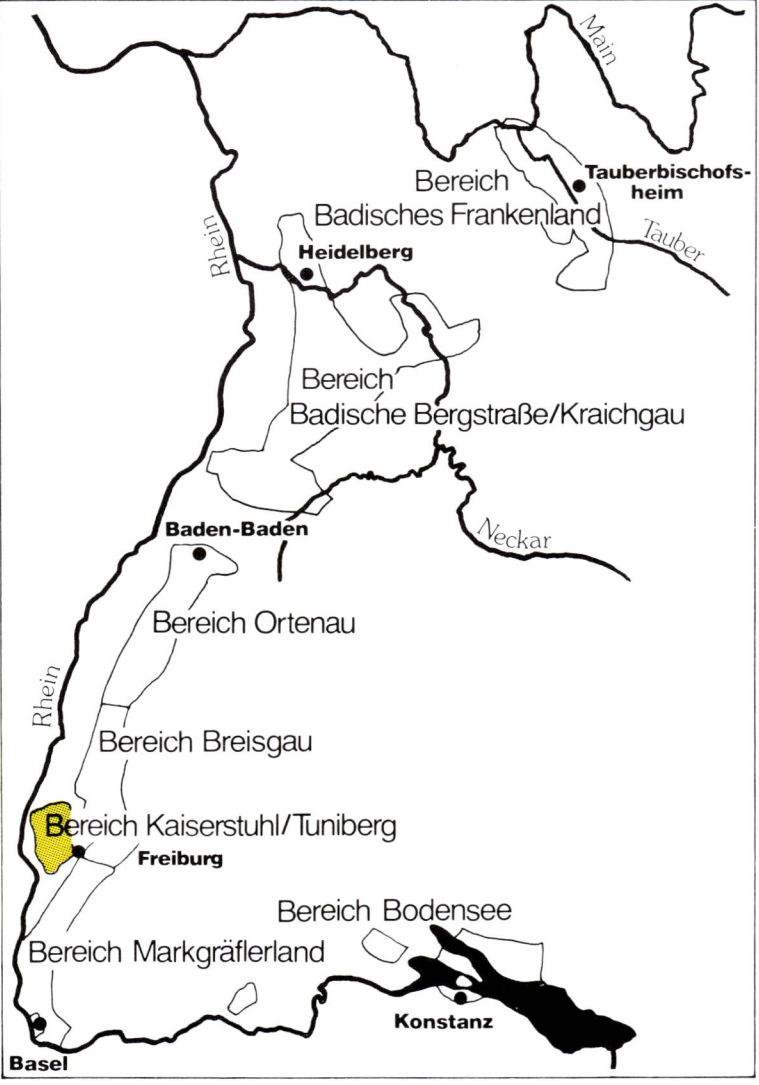

Bereich Kaiserstuhl-Tuniberg

Dieser Bereich ist der kleinste und größte zugleich: Klein, was die Ausdehnung angeht und groß als Reblandschaft. Ein Drittel des badischen Weins wächst hier, die größten Winzergenossenschaften liegen im Kaiserstuhl und die allergrößte, die Zentralkellerei, davor. An diesem Gebirgsstuhl ist vieles extrem. Er fordert heraus - zwingend zum Betrachten, zurückhaltend zum Essensgenuß, dionysisch zum Weintrinken - und offenbar unausweichlich zur Diskussion.

Der Kaiserstuhl ist unverwechselbar mit seiner Vier-Viertel-Mischung aus Müller-Thurgau, Ruländer, Spätburgunder und Silvaner plus "Sonstige", unverwechselbar mit seinem sonnenreichsten und wärmsten Klima Deutschlands, mit seiner ungewöhnlichen Vegetation, seiner bis zu 30 Meter dicken Löß-schicht, mit seiner Form, die

von der Natur geschaffen wurde und seinen Formen, für die Menschen verantwortlich zeichnen.

Mit der großen Formgebung begann die Erde vor rund 10 Millionen Jahren. Drei vulkanische Bewegungen warfen in der Ebene des Oberrheins ein Gebirge auf. Die Zeit, und ganz besonders die Eiszeiten, schliffen es niedriger und rundlicher, und der Wind lagerte einen solchen Lößmantel um das Vulkangestein herum, daß der feine gelbe Staub stellenweise heute noch an die große Wüste denken läßt - besonders im Hochsommer, wenn das Thermometer knapp über diesem Boden gelegentlich über 70 °C zeigt.

In dieser Landschaft - und das gilt für den daneben liegenden, kleineren und weniger dramatischen Tuniberg mit seinem ähnlichen Lößmantel genauso - in diesen Gebirgsstöcken also haben die Menschen seit vielen Jahrhunderten dem sandigen Boden auf kleinen Terrassen das Lebensnotwendige abgewonnen: ein wenig Korn, ein wenig Obst, Gemüse natürlich, und ein wenig Wein, gerade soviel, daß es in normalen Jahren für den Haustrunk reichte. In guten Jahren hoffte man auf freundliche Händler. Die kamen selten und zahlten schlecht, und man lebte wohl auch mehr schlecht als recht. Dann kamen die Genossenschaften, der ertragssichere Müller-Thurgau und besseres Pflanzmaterial auch bei Standardrebsorten, und da wurde alles anders. Besser wurde es.

Mit den Genossenschaften kam Geld in den Kaiserstuhl und Prosperität natürlich auch. Die Menschen gingen daran, die Eiszeit-Arbeit energisch in eigener Regie fortzusetzen. Sie formten den Kaiserstuhl durch neue Großterrassen so gründlich um, daß nicht nur die Naturschützer und Weinfreunde erschrocken waren, und der Autor dieser Zeilen steht nicht an zu sagen, daß es ihm anders erging. Nun sehen Baustellen ja nirgendwo schön aus, und der herrlichste Park beginnt einmal als häßliche Schrunde in ehemals gesunder Erdhaut.

Wer heute von Kiechlinsbergen aus die Bergeshöhe erreicht, der hält unweigerlich beim ersten Ausblick in Richtung Oberbergen die Luft an, nicht weil sich ihm idyllische Schönheit bietet, nicht weil ihn Romantik überwältigt sondern weil diese "totale Kulturlandschaft" mit der Dynamik ihrer häufig geschwungenen Formen überwältigt, weil sie Ungesehenes bietet, Menschen-Gestaltetes, das zuvor nur im Sandkasten-Format erlebbar war.

Die Raine der bis zu 30 Meter hohen Terrassen wachsen zu, werden grüner und wirken dann auch von unten nicht mehr gar so fremdartig. Von oben ist kaum festzustellen, daß die Terrassen aus Gründen der Wasserhaltung und wegen der Gefahr, daß Böschungen von Sturmregen fortgespült werden, gegen den Berg geneigt sind. Von oben bieten sich dem Auge nur diese unregelmäßigen Formen, dieses elegante Riesenspiel mit Löß und Reben.

Die Reben stehen gut, sagen die Winzer, und die Statistik spricht dafür. Die Zahlen sagen auch, daß durch die Umgestaltungen das Maß der Jahres-Arbeitsstunden pro Hektar von 2000 auf 800 zurückging. Und in Sachen Weinqualität darf der Weinautor feststellen, daß er an Kaiserstuhl und Tuniberg von unterschiedlichen Erzeugern qualitativ sehr unterschiedliche Gewächse probieren konnte - darunter auch ausgezeichnete

Weine von großen Terrassen. Sicher ist auch allemal, daß die Kaiserstühler Weine die Wucht, mit der sie berühmt wurden, behalten haben.

In einigen Orten sind auch die kleinen Terrassen der Vorfahren erhalten. In anderen Gemeinden hat man sich mit dem Ergebnis der ersten Nachkriegs-Flurbereinigungen zufrieden gegeben. Die wurden noch mit Pferd und Wagen ausgeführt und waren nur ein bescheidener Eingriff in die Landschaftsformen. Im Innern des Kaiserstuhls ist im Umkreis der ursprünglichen Vogtsburg-Gemarkung noch Ur-Landschaft erhalten. Da gibt es noch karstig-karge Bergrücken, die aussehen, wie Teile jugoslawischer oder griechischer Inseln, und da sind auch die Gebirgshöhen um 500 Meter mit ihrem typischen Waldbestand unberührt. Bei dem ein wenig südlich aus der Ebene buckelnden Tuniberg ist ohnehin alles sanfter, kleiner, weniger dramatisch. Da sehen die meisten Terrassen eher nach größeren Gartenanlagen aus, und zwischendurch gibt es mehr Büsche und sanfte Hänge und Felder.

Der Kaiserstuhl hat es deutlich wärmer als der Tuniberg, heißer im Sommer. Und im Dezember kann man hier noch blühende Unkrautarten sehen. Die ersten Frühjahrsblüten zeigen sich bereits drei Monate später. Küchenschelle, Arznei-Schlüsselblume, Moschus-Hyazinthe, 36 Orchideenarten und viele andere Blumen begeistern die Naturfreunde. Wanderer freuen sich darüber, daß viele Wege die Flurbereinigungen ungeteert überstanden haben. Mineralogen und Geologen begeistern sich an diesem Stück zutage liegender Erdgeschichte, Modell-Segelflieger treffen sich häufig an einem der nur grasbewachsenen runden Bergrücken, Obstfreunde genießen zum Beispiel den ungeheuren Reichtum der Frühkirschen, und die Feinschmecker begeistern sich an der weit überdurchschnittlichen Küche dieser Region. Bleiben die Weinfreunde. Für sie ist ja eigentlich diese Landschaft im Sinne des Wortes gemacht. Sie finden hier eine variationsreiche Weinauswahl. Das liegt an der Tatsache, daß die Genossenschaften von Ort zu Ort recht unterschiedliche Weine bereiten. Und eine Reihe von konkurrierenden Selbstmarktern gibt es außerdem in diesem großartigen Weinreich auf und um Kaiserstuhl und Tuniberg.

"Gasthaus zur Sonne"
Dorfstraße 26
7831 Sasbach-Jechtingen
Manfred Gass
07662/314

Beischunke mit Sürkrüt un Geschweldi

Zutaten/Zubereitung:
1 hinterer Schweineschinken, 1,25 kg Sauerkraut, 18 Kartoffeln, 250 g roher Meerrettich, 1 große Zwiebel, 125 g Butter, Schweineschmalz, Mehl, etwas Milch, Fleischbrühe, Zucker, Zitrone, Salz

Den Schinken 2 1/2 Stunden in der Brühe ziehen lassen. Die Zwiebel kleinschneiden und in Schweineschmalz dünsten. Das Sauerkraut dazugeben und bei mittlerer Hitze mit etwas Schinkensud eine 3/4 Stunde kochen lassen.

Die Kartoffeln waschen und eine halbe Stunde im Dampf kochen.

Für den Meerrettich die Butter zergehen lassen. Das Mehl darin goldgelb rösten, mit Milch und Fleischbrühe unter ständigem Rühren sämig werden lassen. Mit Salz, Zucker und Zitronensaft abschmecken. Danach den Meerrettich dazugeben und nochmals erhitzen. Heiß servieren.

Gutes Essen...

Guter Wein...

Winzergenossenschaft Jechtingen

1924 schlossen sich Jechtinger Winzer zu einer Genossenschaft zusammen. Bis 1959 war der Mitgliederzustrom nicht gerade ermutigend. Ein Jahr später, unter neuer Leitung, entschloß man sich, den kleinen Verkaufs- und Lagerbetrieb in der Ortsmitte aufzugeben. Nahe der Dorfgrenze der heute zu Sasbach gehörenden Gemeinde, wurde 1963 der neue Winzerkeller fertiggestellt. Eine ständig wachsende Mitgliederzahl machte mehrere Erweiterungsbauten notwendig. Heute gilt die Aufbauphase der WG Jechtingen als abgeschlossen: Den jetzt 260 Mitgliedern bietet die Genossenschaft Lagerraum für 3,6 Millionen Liter Wein und Most.

Neuester und schönster Teil der Genossenschaftsgebäude ist der neue Flügel mit dem Verkaufsraum. Der hat Sandsteinbögen an den schönen Fenstern, Natursteinpflaster und eine repräsentative Sandsteintreppe, die über zwei Stockwerke in den "Burgunderkeller" (Spätburgunder, Weißburgunder, Grauburgunder oder Ruländer) führt. 17 prachtvolle Fässer mit jeweils 2 800 Liter Fassungsvermögen liegen da. Vier davon sind mit kräftigem Schnitzwerk auf den Faßböden versehen und stellen den Werdegang des Weines dar.

Einen neuen Probensaal mit ähnlich solider und sehr weingemäßer Ausstattung sowie eine Schatzkammer gibt es außerdem. In diese wird, seit Bernhard Ganter 1960 Geschäftsführer wurde, jedes Jahr eine gute Anzahl Flaschen besten Weines gelegt. - In dieser Schatzkammer ist zudem jedes Genossenschaftsmitglied mit einer eigenen, keramischen "Namens-Kachel" verewigt.

Auf der 185 Hektar großen Rebfläche werden neben neueren Rebsorten (1 %) Müller-Thurgau (38 %), Silvaner (6 %) und Gewürztraminer (2 %) angebaut. Die "Burgunderfamilie" mit den Rebsorten Blauer Spätburgunder (23 %), Ruländer (22 %) und Weißer Burgunder (8 %) ist mit mehr als 50 Prozent der Anbaufläche überdurchschnittlich gut vertreten.

Jechtinger Weine der Lagen "Eichert", "Hochberg" und "Steingrube" werden zu 85 Prozent über den Fachhandel vermarktet. Seit 1981 ist auch ein Jahrgangssekt mit Sortenangabe im Angebot.

Kaiserstühler Winzerverein Oberrotweil

"Gemeinsam geht es besser!" - das war und ist der Wahlspruch der Oberrotweiler Winzer, die 1935, nach zwei vergeblichen Anläufen, mit 66 eingeschriebenen Mitgliedern eine Winzergenossenschaft gründeten. In einer ehemaligen Brauerei wurden eine Kelterstation eingerichtet und gleichzeitig mehrere Kelleranlagen angemietet. 1951 konnte dann das eigene Betriebs- und Kellereigebäude bezogen werden, wo heute den 470 Mitgliedern 7,2 Millionen Liter Faß- und Tankraum sowie ein Flaschenlagerraum für 1,5 Millionen Liter Wein zur Verfügung stehen.

Auf der 370 Hektar großen Rebfläche der Lagen "Käsle-berg", "Eichberg" und "Henkenberg" werden die Sorten Müller-Thurgau (30 %), Blauer Spätburgunder (28 %), Ruländer (24 %) und Silvaner (14 %) angebaut. Vier Prozent der Rebfläche sind mit Gewürztraminer, Weißburgunder, Muskateller und Kerner bepflanzt.

Der "Henkenberg" Ruländer (erhältlich vom Kabinett bis zur Trockenbeerenauslese) und der "Henkenberg" Spätburgunder Rotwein gehören zu den Spezialitäten des Winzerverein Oberrotweil, die auch im "Landgasthof Winzerstube", dem hauseigenen Hotel und Restaurant, verkostet werden können. Trockene Weine aller Sorten sind ebenfalls im Angebot.

Geliefert wird in erster Linie nach Bayern und Baden-Württemberg, aber auch in alle anderen Bundesländer.

Gutes Essen...

Guter Wein...

"Landgasthof Winzerstube"
Hotel-Restaurant
Bahnhofstraße 47
7818 Vogtsburg-Oberrotweil
Jürgen Regelmann
07662/300

Badische Hechtklößchen

1 Hecht (1-1,5 kg), 3 Eier, 1/2 l Sahne, 1/4 l Weißwein, Lauch, Karotten, Zwiebeln, 500 g Champignons, Mehl, Butter, Zitronensaft, Lorbeerblatt, Nelken, Pfeffer, Salz

Für die Hechtmasse den Hecht filetieren und zweimal durch den Fleischwolf drehen.

Pfeffer, Eier und Sahne nach und nach unterarbeiten, kalt stellen und alle 10 Minuten durchschlagen.

In der Zwischenzeit für den Fischfond die Gräten mit Wasser, Wein, Gemüse und Gewürzen 20 Minuten ziehen lassen und abpassieren. Danach aus der Masse mit dem Eßlöffel kleine Klöße formen, abdrehen und im Fischfond pochieren.

Den Fischfond mit etwas Mehl und Butter binden und mit steifer Sahne und Eigelb aufschlagen. Mit Zitronensaft und Salz abschmecken. Nicht mehr aufkochen.

Zum Schluß die Champignons waschen, in Scheiben schneiden und mit Butter anschwenken. Mit Zitronensaft, Salz und etwas Weißwein abschmecken und zusammen mit der Weinsauce über die Hechtklößchen geben. Heiß servieren.

Winzergenossenschaft Bickensohl

In Bickensohl, dem jetzigen Stadtteil von Vogtsburg im Kaiserstuhl, schlossen sich 1924 die einheimischen Winzer zu einer Genossenschaft zusammen.

Heute bewirtschaften 210 Mitglieder eine 160 Hektar große Rebfläche. Zum Vergleich : Die 1681 ermittelte Ertragsfläche war mit 26 Juchert (1 J. = 36 ar) oder 9,4 Hektar nur etwa ein Siebzehntel der heutigen; neben der Reblandausdehnung seit dem Gründungsjahr ist auch dieser historische Rückblick in die Zeit großer deutscher Weinbauausdehnung ein Beweis für die effektive Arbeit der Genossenschaft.

Die bekannten Lagen "Bitzenberg", "Eichberg", "Käferhalde", "Scheibenbuck" und "Steinfelsen" sind heute unter den Bezeichnungen "Herrenstück" und "Steinfelsen" zusammengefaßt. Hier werden vor allem Müller-Thurgau (35 %), Ruländer (27 %), Spätburgunder (15 %), Weißburgunder (10 %) und Silvaner (8 %) angepflanzt.

Diese und die anderen Rebsorten wie Gewürztraminer (2 %), Muskateller, Riesling, Scheurebe (zusammen 2 %) und Kerner (1 %) dürfen nur "per Handlese" in die Bottiche gelangen. Der Bickensohler Weißburgunder gilt als Besonderheit.

Bickensohler Weine können bei Weinproben und Kellereiführungen (historischer Faßkeller und Weinlehrpfad) verkostet werden, aber auch im genossenschaftseigenen "Hotel Restaurant Rebstock". Die Genossenschaft beliefert die Weinfachgeschäfte, die Gastronomie und den privaten Käufer, dem ein besonders günstiger Versandservice angeboten wird.

"Gasthaus Krone"
Gottenheimerstraße 1
7805 Bötzingen
Horst Fischer
07663/1232

Winzertopf

Zutaten/Zubereitung:
4 Schweinefilets, 1 dl Weißwein, 2 gehackte Zwiebeln, 1 Stengel Weintrauben, 500 g Mischpilze (Pfifferlinge, Champignons, Steinpilze), 250 g geschälte Tomaten, 1/8 l Sahne, Butter, etwas Mehl, etwas Fleischbrühe, Pfeffer, Salz

Butter und Zwiebeln im Topf goldgelb werden lassen, mit etwas Mehl abstäuben, glattrühren und mit dem Weißwein und der Fleischbrühe ablöschen. Die Weintrauben, Mischpilze und Tomaten vorher andünsten, dazugeben und aufkochen lassen. Die Sauce mit der Sahne abschmecken und warmstellen.

Die Schweinefilets aufschneiden, würzen und in einer Pfanne anbraten. Das Fleisch in einen Topf geben, und die Sauce darübergießen. Als Beilagen gibt es Butterreis und Kopfsalat.

"Rebstock"
Hotel-Restaurant
Neunlindenstraße 23
7818 Vogtsburg-Bickensohl
Jochen Koch
07662/773

Gizzi-Braten mit Gemüsen

Für den Gizzi-Braten:
Keule einer jungen Ziege (1,5 kg), 300 g Röstgemüse, 1/4 l Rotwein, 2 EL Tomatenmark, Majoran, Petersilie, Pfeffer, Salz

Die Keule mit den Gewürzen einreiben und in einer Pfanne auf allen Seiten anbraten. Das Röstgemüse kurz mitbraten und mit Tomatenmark verrühren. Mit Wasser und Rotwein ablöschen und fertiggaren. Aus dem Fond eine Sauce ziehen.
Für die Gemüse:
100 g kleine rote Rüben, 200 g Blattspinat, 1/8 Zwiebel, Butter, Bouillon, Zucker, Pfeffer, Salz

Die Rübchen waschen, ganz lassen und in Wasser einmal aufkochen. Den Zucker in heißer Butter schmelzen, bräunen und mit Bouillon ablöschen. Die Rübchen 15 Minuten darin fertigdünsten, herausnehmen und mit dem eingekochten Fond glacieren.

Den Spinat putzen, waschen, blanchieren und abtropfen lassen. In geschäumter Butter schwenken und mit Salz und Pfeffer würzen. Dazu werden Schupfnudeln empfohlen.

Winzergenossenschaft Bötzingen

1935 gründeten 64 Winzer die Genossenschaft. In den letzten 30 Jahren wurden die Pflege und der Ausbau der Weine ständig verbessert und die gesamte Kellerei- und Betriebseinrichtung in mehreren Stufen erweitert. Freilufttanks und ein dreistöckiger Keller mit Stahl- und Betontanks, vollautomatischer Abfüllanlage und klimatisiertem Flaschenlagerraum sind neu dazugekommen. Insgesamt können die 550 Mitglieder acht Millionen Liter Most und Wein einlagern.

Auf der 450 Hektar großen Rebfläche der Lagen "Lasenberg" und "Eckberg" wachsen vor allem Müller-Thurgau (36 %), Spätburgunder (31 %), Ruländer (13 %) und Silvaner (10 %). Weißer Burgunder (7 %) und Gewürztraminer (1 %) sind neben Scheurebe (0,5), Muskateller (0,5 %), Riesling (0,5 %) und einigen Neuzüchtungen (0,5 %) auch im Angebot zu finden.

Die WG beliefert Einzelhandel, Gaststätten und private Kunden im gesamten Bundesgebiet.

Hauptabnehmer ist der Wein- und Lebensmittelhandel.

Winzergenossenschaft Oberbergen

Der Wein- und Ferienort Oberbergen liegt im Herzen des Kaiserstuhls und bietet seinen Besuchern eine für das Vulkangebiet typische Landschaft. Die Winzergenossenschaft besteht seit 1924. Ab 1952 wurden die Büroräume und Kellereianlagen stetig erweitert und modernisiert: 61 Holzfässer und 231 Tankgebinde können heute 4,9 Millionen Liter Wein aufnehmen.

303 Mitglieder bewirtschaften die 221 Hektar große Rebfläche der Lagen "Pulverbuck" und "Baßgeige". Auf vulkanischen Lößterrassen werden vorwiegend Müller-Thurgau (43 %), Ruländer (25 %) und Spätburgunder (23 %) angebaut. Silvaner (6 %), Weißburgunder (2 %), Gewürztraminer, Muskateller und Kerner (zusammen 1 %) ergänzen das Sortiment.

Die Weine der WG Oberbergen gehen an alle Abnehmergruppen in der Bundesrepublik.

"Gasthof Adler"
Hauptstraße 58
7801 Gottenheim
Konrad Hurter
07665/7274

Z'nüni

Das badische Z'nüni (Neun-Uhr-Vesper) hat eine lange Tradition. Für Winzer, Landwirte, Knechte und Mägde, die ihren Arbeitstag bereits vor Sonnenaufgang begannen, war das Z'nüni eine willkommene Arbeitsunterbrechung. Hausgemachte Wurstsachen wie Räucherschinken, Speck, Schwarz- und Leberwurst kamen auf den Tisch. Dazu gab es rote Rettiche, saure Gurken, ofenfrisches Brot, selbstgemachte Butter - und natürlich badischen Wein. Ein Viertele oder auch mehr wurde getrunken. Danach noch ein Chrisewässerli als "Magenputzer" (ein selbstgebrannter Kirschschnaps) - und weiter ging es mit der Arbeit - bis zur nächsten Vesper.

"Gasthaus zur Sonne"
Mitteldorf 5
7818 Vogtsburg-Schelingen
Otto Köpfer
07662/276

Barbara's Dampfnudeln mit Vanillesauce

Für die Dampfnudeln:
500 g Mehl, 30 g Zucker, 3 Eier, 30 g Hefe oder 8 g Trockenhefe, 2 cl Milch, 40 g Butter

Die Zutaten zu einem festen Teig verarbeiten. An einem warmen Ort (mit einem Tuch bedeckt) gehen lassen. Danach etwa 4 Zentimeter große Kugeln formen und auf einem mit Mehl bestreuten Holzbrett 20 bis 30 Minuten gehen lassen.

In einen Topf etwa 2 Zentimeter hoch Milch hineingeben und diese mit einer Prise Zucker und 30 Gramm Butter, gut verrührt, erwärmen. Die Teigkugeln hineingeben und bei mittlerer Temperatur 25 Minuten garen. Der Topf muß fest verschlossen sein.

Für die Vanillesauce:
80 g Zucker, 1 l Milch, 40 g Stärkemehl, 1/2 Stange Vanille, 2 Eier

3/4 Liter Milch, Zucker und Vanille aufkochen und etwas durchziehen lassen. 1/4 Liter Milch mit Stärkemehl anrühren, dazugeben und aufkochen. Die Vanillestange herausnehmen. Das Eigelb vom Eiweiß trennen, gut verquirlt mit der Sauce abziehen und unter langsamen Rühren erkalten lassen. Danach das Eiweiß zu Schnee schlagen und unter die Vanillesauce ziehen.

Winzergenossenschaft Wasenweiler

Ein verheerender Hagelschlag stand am Anfang der Genossenschaftsgeschichte. 1935, ein Jahr nach dem Unwetter, trafen sich 24 Wasenweiler Winzer im Gasthof "Zum Rebstock" und trugen sich in die Genossenschaftspapiere ein. Im alten Pfarrhaus, in der Schule und im Schloßkeller standen die Fässer; in der historischen Zehntscheune war die Kelter untergebracht.

Der neue Winzerkeller wurde 1954 fertiggestellt. Nach sieben Jahren mußten die Keller-, Büro- und Verkaufsräume vergrößert werden; es entstand ein Winzerkeller, in dem zum ersten Mal die Traubenernte ohne Maische- oder Mostpumpe "von oben nach unten" (Fallprinzip) verarbeitet werden konnte.

312 Mitglieder bewirtschaften die 105 Hektar große Rebfläche der Lagen "Lotberg" und "Kreuzhalde". Blauer Spätburgunder liegt mit 43 Prozent "ganz vorne". Müller-Thurgau (28 %), Silvaner (18 %) und Ruländer (10 %) gehören ebenfalls zur Spitzengruppe. Weißer Burgunder (2 %), Gewürztraminer (1 %) und Traminer (1 %) bilden das "Schlußlicht".

Spätburgunder-Rotwein und Weißherbst gelten als Spezialität der WG Wasenweiler und sind von Q.b.A. bis Eiswein im Angebot. Gastronomie (24 %), Endverbraucher (25 %) und besonders der Großhandel (51 %) gehören zum Kundenstamm der Winzergenossenschaft.

Winzergenossenschaft Königschaffhausen

1933 schlossen sich 31 Winzer zu der Genossenschaft zusammen. Ein kleiner Lagerraum für 20 000 Liter stand bereit. Mit dem Anwachsen der Mitgliederzahl auf 300 wurde der Kellerraum ständig erweitert und faßt heute vier Millionen Liter.

Auf der 130 Hektar großen Rebfläche mit den Lagen "Steingrüble" und "Hasenberg" wird vor allem Müller-Thurgau (40 %) angebaut. Ruländer (25 %), Spätburgunder (25 %) - wovon zwei Drittel zu Weißherbst gekeltert werden - Gewürztraminer, Weißer Burgunder, Silvaner und Riesling (zusammen 10 %) ergänzen das Angebot. Fachhandel und Gastronomie im ganzen Bundesgebiet werden beliefert.

"Gasthaus Adler"
Endinger Straße 35
7831 Königschaffhausen
Friedhelm Baptist
07642/212

Wildhasenrücken gespickt mit Mischpilzen

Zutaten/Zubereitung:
1 gespickter Hasenrücken (300 g/Person), 1/2 Zwiebel, 1 Karotte, 1/2 zerkleinerte Lauchstange, 1 EL Tomatenmark, 1 EL Mehl, 2 dl Rotwein, Fleischbrühe, Speckstreifen, Mischpilze, 1 EL Preiselbeeren, 1 Knoblauchzehe, 5 Wacholderbeeren, Lorbeerblatt, 5 Pfefferkörner, Salz

Den Hasenrücken abtupfen, mit Salz, zerriebenen Wacholderbeeren, Pfefferkörnern und Lorbeerblatt einreiben. Im Ofen bei 250 °C hellbraun anbraten und 15 bis 20 Minuten schmoren lassen (dabei ständig mit Bratensaft übergießen). Dann die ausgelösten Hasenfilets in der Pfanne mit Speckstreifen und Knoblauch braten lassen.

Für die Wildsauce den Bratensatz mit der Fleischbrühe ablöschen, das Gemüse dazugeben und nach dem Anrösten das Tomatenmark mit dem Mehl dazugeben. Mit der restlichen Brühe ablöschen, die Sauce mit Rotwein, Preiselbeeren und Salz abschmecken und durch ein Sieb passieren. Dann die Mischpilze in der Butterpfanne anschwenken und zusammen mit der Sauce über die Hasenfilets geben (die Hasenfilets schräg aufschneiden und die Stücke auf die Knochen setzen).

Winzergenossenschaft Bischoffingen

Mit 26 Mitgliedern begann 1924 der Einstieg in die genossenschaftliche Winzerarbeit. Bischoffinger Spätburgunder konnte günstig vermarktet werden und sicherte für's erste die Existenz der jungen Kaiserstühler Genossenschaft. 1932 wurde der Faßverkauf eingestellt und die Flaschenfüllung eingeführt.

Das Wagnis gelang. Damit war gleichzeitig die Grundlage für den Neubau eines Winzerkellers geschaffen. Vieles entstand in Eigenleistung. Besonders die Wasserversorgung bereitete Probleme. Ein Schweizer Wünschelrutengänger löste die Aufgabe in kurzer Zeit. Zwischen 1948 und 1974 mußte fünfmal erweitert werden. In Holzfässern, in Stahl- und Kunststofftanks können heute 4,8 Millionen Liter Wein und Most gelagert werden. Ein Lager-

raum für 1,2 Millionen Flaschen schließt sich an.

306 Mitglieder bewirtschaften die 255 Hektar große Rebfläche der Lagen "Steinbuck", "Rosenkranz" und "Enselberg". Neben Weißburgunder (3 %), Gewürztraminer (2 %), Muskateller, Kerner und Scheurebe (zusammen 2 %) werden hauptsächlich Müller-Thurgau (30 %), Ruländer (30 %), Spätburgunder (24 %) und Silvaner (9 %) angebaut. 75 Prozent der Weine bleiben in Baden-Württemberg. Das restliche Viertel geht in das übrige Bundesgebiet.

"Weinstube Steinbuck"
Hotel-Restaurant
Steinbuckstraße 20
7818 Vogtsburg-Bischoffingen
Gerhard Gutekunst
07662/771

Bischoffinger Schinkentörtchen

Für den Mürbeteig:
75 g Butter, 1 Ei, 150 g Mehl, 2 Prisen Zucker, 2 Prisen Salz
Für die Füllung:
100 g gekochter Schinken, 60 g Schweizer Käse, 60 g Kochspeck, 30 g Zwiebeln, 30 g Lauch, 1 dl Sahne, 2 Eier, 2 cl Ruländer, Muskat, Pfeffer, Salz

Aus Butter, Mehl, Ei, Salz und Zucker einen Mürbeteig bereiten und bei 200 °C im Ofen 10 Minuten backen. In der Zwischenzeit Schinken, Käse, Kochspeck, Zwiebeln und Lauch in kleine Würfel schneiden, mit der Sahne und den ganzen Eiern vermischen und mit dem Ruländer, Salz, Muskat und Pfeffer abschmecken. Die Masse auf den Teig geben und 15 Minuten im Ofen bei 180 °C backen. Heiß servieren.

Winzergenossenschaft Burkheim

Burkheim zählt zu den ältesten Weinbaugemeinden am Kaiserstuhl (778 n.Chr.). Nach jahrhundertealter Weinbautradition schlossen sich 1924 erste 44 Winzer zu einer Genossenschaft zusammen. Auf der 157 Hektar großen Rebfläche der Lagen "Feuerberg" und "Schloßgarten" wachsen Müller-Thurgau (36 %), Ruländer (26 %), Spätburgunder (23 %) und Silvaner (9 %). Sorten wie Gewürztraminer, Weißburgunder, Kerner, Scheurebe, Riesling und Muskateller runden das Angebot ab. Hohe Mostgewichte (259-290 Grad Öchsle) gehören zu den Besonderheiten der Winzergenossenschaft Burkheim.

Den jetzt 285 Mitgliedern steht heute ein moderner Winzerkeller mit einem Fassungsvermögen von 3,2 Millionen Litern zur Verfügung. Fachgroß- und Lebensmittelhandel, Gastronomie und Endverbraucher werden beliefert.

"Gasthof Kreuz-Post"
Landstraße 1
7818 Vogtsburg-Burkheim
Ernst Gehr
07662/596

Kaiserstühler Sauerkirschwasser-Parfait

Zutaten/Zubereitung (für 1,5 l Eismasse):
200 g Zucker, 6 Eigelb, 1/4 l Milch, 1 Vanilleschote, 350 g Sahne, 2 cl Sauerkirschwasser (Brennerei Gehr), 150 g gefrorene Sauerkirschen

Die Eigelb mit dem Zucker cremig verrühren und die heiße Milch mit der Vanille dazugeben. Die Creme kaltschlagen und die steife Sahne darunterziehen. Das Sauerkirschwasser und die grob gehackten Sauerkirschen dazugeben.

Die Masse in vorgefrostete Formen füllen (dünne Metallformen zuvor kurz in heißes Wasser tauchen).

Winzergenossenschaft Kiechlinsbergen

31 Winzer und vier Winzerinnen beschlossen 1930, in Kiechlinsbergen am Kaiserstuhl eine Genossenschaft aufzubauen. Der Ortsgeistliche verzichtete auf den Keller unter dem Pfarrhaus und auf die abgebrannte Pfarrscheune, die, wieder aufgebaut, als Kelterraum genutzt wurde. 1936 erlebten die Mitglieder eine wundersame Weinvermehrung: "Entweder haben die Trauben der Genossenschaftsmitglieder so unheimlich gemostet, oder die Trauben anderer sind uns durch dunkle Kanäle zugewandert", war die einhellige Meinung. Dem Ankauf des Pfarrhauses und der Erweiterung des Winzerkellers wurde zugestimmt. Hier im "Stammhaus" sind auch heute noch Tankkeller, Flaschenlager, Abfüllraum und Verwaltungsgebäude untergebracht.

290 Mitglieder bewirtschaften (zu einem Großteil im Nebenerwerb) die 160 Hektar große Rebfläche mit den Lagen "Ölberg" und "Teufelsburg". Müller-Thurgau (51 %), Spätburgunder (22 %) und Ruländer (10 %) "geben den Ton an". Silvaner (5 %), Weißburgunder (5 %), Gewürztraminer (2 %) und einige Neuzüchtungen (5 %) "spielen die zweite Geige". Badisch Rotgold und Weißherbst werden ebenfalls angeboten.

"Gasthaus zur Stube"
Winzerstraße 28
7833 Kiechlinsbergen
Herbert Dutter
07642/1786

Sulz mit Bratkartoffeln

Zutaten/Zubereitung:
750 g Sulz (Kutteln), 2 gehackte Zwiebeln, 500 g Kartoffeln, 50 g Speck, Butter, Pfeffer, Salz

Die Kutteln waschen und in feine Streifen schneiden. In einer Pfanne Zwiebeln, Sulzstreifen, Pfeffer und Salz mit dem Fett rösten lassen und heiß servieren. Die Kartoffeln kochen, in Scheiben schneiden und zusammen mit dem kleingewürfelten Speck in der Butter braten.

Kaiserstühler Winzergenossenschaft Ihringen

"Wir ziehen gemeinsam!" - Genossenschaftsgründung und 200 Winzer machten mit (1924). Zwei Schlagzeilen aus den Anfängen: 1927 - "Most in 34 gemieteten Kellern untergebracht" - "Zu einer Weinkostprobe mit 170 geladenen Wirten in Stuttgart erschienen drei - Verkauf Null". So nachzulesen im Protokoll des Vorstandes. Das kann schon entmutigen. Doch der Bau einer eigenen Kelleranlage (1936) mit Holzfässern und Betontanks verbesserte die Marktchancen. 1948 kamen 12 Tanks zur Rotweingärung hinzu, 1959 ein neuer Flaschen- und Tankkeller, der noch mehrmals erweitert und modernisiert werden sollte. Im Jubiläumsjahr (1974) wurde das neue Betriebs- und Verwaltungsgebäude bezogen und die Lagerkapazität auf 12 Millionen Liter Most und Wein ausgedehnt.

920 Winzer machen Ihringen heute zur "größten Ortsgenossenschaft der Bundesrepublik". Sie bewirtschaften eine 550 Hektar große Rebfläche mit den Lagen "Winklerberg" (sonnenreichste Einzellage der Bundesrepublik) und "Fohrenberg" (Neuanlage mit Breitterrassen), die zur Großlage "Vulkanfelsen" gehören. Angebaut werden die Sorten Silvaner (40 %), Müller-Thurgau (24 %), Spätburgunder (20 %) und Ruländer (14 %). Scheurebe, Riesling, Gewürztraminer, Freisamer und Zähringer (Traminer x Riesling) wachsen auf zusammen zwei Prozent der Rebfläche.

Im Gasthof "Winzerstube Ihringen", Restaurant, Hotel und Weinstube in einem, oder in der 1974 fertiggestellten Empfangs- und Verkaufshalle kann der Besucher der Genossenschaft die Ihringer Weine probieren. Auch Kunden in Europa und Übersee werden beliefert.

"Winzerstube Ihringen"
Hotel-Restaurant
Wasenweiler Straße
7817 Ihringen
Reiner Springmann
07668/5051

Schwarzwälder Tannenhonig Parfait

Zutaten/Zubereitung:
500 g Tannenhonig, 3/4 l Sahne, 8 Eier, Walnußkerne nach Belieben

350 Gramm Honig erwärmen und mit 8 ganzen Eiern über Wasserdampf cremig schlagen.

150 Gramm Honig mit der geschlagenen Sahne süßen. Beide Massen mischen und in Förmchen oder Eisbombenformen füllen und gefrieren.

Das Parfait sollte nicht zu hart sein.

Hinweis: Die Weinbaugemeinden Badens sind von Norden nach Süden bereichsweise erfaßt. Innerhalb der Bereiche ist die alphabetische Reihenfolge verwendet worden.

Hinweis: Die "bestockte" Rebfläche ist zwar im Bereich "Kaiserstuhl-Tuniberg" weitgehend mit der "ausgewiesenen" Rebfläche identisch, weil in diesem Bereich normalerweise jedes Stück Land, das mit Reben bebaut werden darf mit diesen bestockt ist. In anderen Bereichen ist die "ausgewiesene" Fläche jedoch häufig nur zu einem Teil, gelegentlich auch nur zu einem sehr kleinen Teil für den Weinbau genutzt, weil zum Beispiel andere Kulturen dort mehr Erfolg bringen. Wir haben deshalb in allen Fällen die "bestockte" Fläche genannt, die wesentlich mehr über das tatsächliche Weinbaupotential einer Gemeinde aussagt.

Auf dieser und den folgenden Seiten stellen wir typische Gerichte der Region vor. In ähnlicher Form geschieht das auch bei den anderen sechs Bereichen. Da die Verbindung Essen und Wein in Baden sehr eng ist, sind hier etwa 60 Rezepte mit Fotos abgebildet und erläutert.

Winzergenossenschaft Sasbach

45 Winzer und Landwirte beschlossen 1935, "gemeinsame Sache zu machen": Ausbau und Verkauf der Weine sollten in Zukunft von einer Genossenschaft getragen werden. Die erste Ernte - etwa 300 Hektoliter - wurde im Keller unter dem Sasbacher Pfarrhaus eingelagert. 1953 waren dann die eigenen Büro- und Kellereigebäude fertiggestellt. Der "Winzerkeller" war auf 2 000 Hektoliter angelegt. Heute können die 260 Mitglieder (zum größten Teil im Nebenerwerb tätig) 2,5 Millionen Liter Wein einlagern, fast die hundertfache Menge der Anfangszeit. Dieses Beispiel zeigt, daß auch "kleinere" Genossenschaften in ihrer Leistungsfähigkeit ganz "groß" einzuschätzen sind.

Sasbach ist für seine Spätburgunder-Weine bekannt, die ausnahmslos in Holzfässern ausgebaut werden. 34 Prozent der 100 Hektar großen Rebfläche der Lagen "Rote Halde", "Lützelberg", "Scheibenbuck" und "Limburg" (genannt nach der gleichnamigen Burgruine auf dem Limberg) sind mit Spätburgunder bepflanzt. Neben Weißburgunder (5 %), Muskateller (4 %) und Silvaner (3 %) werden vor allem Müller-Thurgau (37 %) und Ruländer (17 %) angebaut.

Sasbacher Weine werden in der ganzen Bundesrepublik an Weinfachhandel (39 %), Gastronomie (33 %) und Endverbraucher (28 %) ausgeliefert.

Die Geschichte von den Breitterrassen im Kaiserstuhl, die endgültig klärt, wie es sich damit verhält

Es ist schon spät. In der Stammtisch-Runde brodelt es. Am Kaiserstuhl geht's um die Weinberge, genauer gesagt, um die neuen Terrassen, die von der Flurbereinigung vorgesehen sind: 50 Meter breite Fluren sollen angelegt werden!

"Et isch en Schand", meint einer, "de schöne Landschaft!"

"Dämel, die ham mir doch früher selbscht verschandelt: die kleinen sin' von Hand gemacht worde, die große nu vom Bagger."

Nach längerer Pause.

"Na unn, mei Häusle muß aber weg!"

"Sei froh, dann haschte mehr Platz vorm neue!"

Winzergenossenschaft Achkarren

Nach mehreren vergeblichen Anläufen entschieden sich 1929 in Achkarren 14 Winzer für die Gründung einer Genossenschaft. Im Keller einer Spezereihandlung wurden die ersten Fässer untergebracht. 1931 halfen alle mit, als ein neuer Winzerkeller gebaut wurde. In sechs Bauabschnitten war 1976 eine Lagerkapazität von fünf Millionen Litern erreicht. Der moderne Kellereibetrieb legt großen Wert auf die Wiederverwertung aller Abfallprodukte.

Die Abwärme der Kühlbehälter und die Abwässer der Flaschenreinigungsanlage werden zum Beheizen der Büro- und Betriebsräume genutzt.

280 Winzer bearbeiten die 190 Hektar große Rebfläche der Lagen "Schloßberg" und "Castellberg". 45 Prozent der Rebfläche sind dem bekannten Achkarrener Ruländer vorbehalten. Weitere Rebsorten sind Müller-Thurgau (25 %), Spätburgunder (15 %), Silvaner (8 %), Gewürztraminer, Muskateller,

Weißburgunder, Riesling, Scheurebe und Kerner (zusammen 7 %). Die Rebstöcke stehen zu 50 Prozent auf vulkanischem Urgestein, eine Besonderheit, die einzig in Achkarren am Kaiserstuhl anzutreffen ist.

Im neuen Empfangs- und Verkaufsraum werden dem Kunden auch Badisch Rotgold, Weißherbst und eine Auswahl trockener Weine angeboten; und mit etwas Glück kann der Kunde auch "seinen" Wein aus dem Raritätenkeller, der "Vinothek", mit nach Hause nehmen. Achkarrener Weine werden im In- und Ausland vermarktet.

"Hotel-Weinstuben zur Krone"
Schloßbergstraße 15
7818 Vogtsburg-Achkarren
Christian Höfling
07662/742

Badischer Sauerbraten

Zutaten/Zubereitung:
1 kg Ochsenfleisch aus der Hüfte (Marinade für 1 kg Fleisch: 1/3 l

Essig, 2/3 l Wasser, 1 Zwiebel, 1 Möhre, 1 Thymianzweig, 1 Lorbeerblatt, 1 Knoblauchzehe, 4 Pfefferkörner)

Das Fleisch 3 Tage lang in der Marinade einlegen. Vor dem Anbraten das Fleisch gut abtropfen lassen und mit einem Tuch ab-

---

trocknen. Für den Saucenansatz sind die gewürfelten Gemüse aus der Marinade mitzuverwenden. Nach dem letzten Bratabschnitt löscht man mit 1/4 l der Marinade ab, läßt die Sauce nochmals einkochen und füllt anschließend mit brauner Brühe auf. Die Garzeit beträgt etwa 1 1/2 Stunden. Als Beilagen werden Klöße und Teigwaren sowie Sellerie-, Tomaten-, Gurken- oder Blattsalate empfohlen.

Bahlingen · Endingen · Amoltern · Kiechlinsbergen
Königschaffhausen · Bötzingen

Rechts: Der „Hoselips".
Oben: Winzer vor Ihrer Genos-
senschaft – ganz rechts deren
Verkaufsraum.

Bahlingen

Einwohner: 3 056
Bestockte Rebfläche: 301 Hek-
tar in der Lage "Silberberg"
(Großlage "Vulkanfelsen")
Haupt-Rebsorten: Müller-Thur-
gau und Spätburgunder
Vermarktung: WG Bahlingen
über die ZBW, 1 Selbstmarkter

In Bahlingen hat die Flurbereinigung der Weinberge zu einer
Zeit begonnen, als es noch keine großen Erdbearbeitungsmaschinen gab. Da wurde noch
viel mit Pferd und Wagen gearbeitet, die geformten Rebterrassen waren vergleichsweise
klein, die Veränderungen des
Landschaftsbildes unbedeutend,
so daß sich Bahlingens Weinberge heute freundlich präsentieren, und mit einigen erhaltenen Hohlwegen bieten sie noch
das für den alten Kaiserstuhl typische Bild.

Das Dorf liegt gemütlich vor
seinen Weinbergen, keine touristische Dorfschönheit, aber
ursprünglich und anheimelnd,
ohne die großen Bausünden unserer Zeit. Unter den erhaltenen Fachwerkhäusern ist das
1550 erbaute Rathaus mit seiner offenen Treppenanlage
wohl das ansehnlichste. Drinnen kann man im Ratssaal den
"Hoselips" besichtigen, eine

kleine geschnitzte, sehr lustige
Figur, Faßzierde und seit einiger Zeit auch unverwechselbares Zeichen auf allen Etiketten
der Genossenschaft.

Schon 862 muß Bahlingen etwas Besonderes gehabt haben.
Warum hätte es Ludwig der
Deutsche sonst seinem Sohn
Karl zu dessen Hochzeit schenken sollen? Das Dorf, das
bereits hundert Jahre früher in
den Annalen auftaucht, hat wie
fast alle Ortschaften am Kaiserstuhl eine sehr alte Weinbautradition. Heute wird diese Tradition zum großen Teil von den
600 (!) Mitgliedern der Winzergenossenschaft gepflegt, die
1935 gegründet wurde. Es wird
eine breite Palette an Rebsorten
angeboten. Als Lage ist sicherlich der Bahlinger "Silberberg"
herausragend.

Endingen
mit den Ortsteilen Amol-
tern, Königschaffhausen
und Kiechlinsbergen

Einwohner: 7 004
Bestocktes Rebland: 301 Hek-
tar in den Lagen "Engelsberg",
"Steingrube" und "Tannacker"
(Großlage "Vulkanfelsen")
Haupt-Rebsorten: Müller-Thur-
gau, Ruländer, Spätburgunder
und Gewürztraminer
Vermarktung: WG Endingen
über die ZBW, 5 Selbstmarkter

Durch die Eingemeindung von
Amoltern, Kiechlinsbergen und
Königschaffhausen ist Endin-
gen mit rund 600 Hektar Ge-
samtrebfläche eine der größten
Weinbaugemeinden Deutsch-

lands geworden. - Der Kaiserstuhl begrenzt die eine Seite der
Stadt, die andere öffnet sich
zur Rheinebene hin. Rebzeilen
wechseln sich mit Feldern und
ausgedehnten Obstgärten ab.
Die Produkte des Landes werden häufig am Straßenrand angeboten. Man lebt mit den
Früchten, die die Natur bringt
und den Reisenden, die sie kaufen.

Der Ort gehörte von 1379 bis
1806 zu Vorderösterreich, und
wenn man nur gut hinsieht,
empfindet man im Stadtbild
noch etwas vom österreichi-
schen Charme vergangener Zeiten. Am malerischen Marktplatz gibt es ein altes Kornhaus,
und das alte Rathaus bietet Renaissance und Barock in Fassade und Portal. Auch das "neue
Rathaus" kann sich sehen las-

sen - mit einer Rokokofassade. Spätgotisch sind Teile der Martinskirche und St. Peter ist wiederum barock.

Den Durchreisenden bietet Endingen eine schöne Hauptstraße mit Original-Blaubasalt-Kopfsteinpflaster und Häuser, die das mittelalterliche Bild gelegentlich noch verstärken. Eine Besonderheit dabei ist das Stadttor am Westende der Stadt, mittelalterlich auch dieses und eng, wie im Mittelalter üblich, läßt es nur eine einspurige Verkehrsführung zu. Die Endinger sind aber klug genug zu wissen, daß optimaler Verkehrsfluß nicht unbedingt das Beste für die Stadt ist.

Wein auf den Terrassen des Kaiserstuhls, Wein in der Ebene, Kirschen in der Ebene, Johannisbeeren und vielerlei anderes Obst und immer wieder Kirschen, Kirschen, Kirschen. Es ist eine fruchtbare Landschaft hier zwischen Kaiserstuhl und Rhein.

Amoltern
Ortsteil von Endingen

**Bestockte Rebfläche: 57 Hektar in der Lage "Steinhalde" (Großlage "Vulkanfelsen")
Haupt-Rebsorten: Müller-Thurgau und Ruländer
Vermarktung: WG Amoltern über die ZBW, 2 Selbstmarkter**

Vor den Toren Endingens liegt in einem Seitental das kleine Dorf Amoltern. Die Landwirtschaft und vor allem der Weinbau bestimmen das Gesicht dieser Gemeinde wie schon vor Hunderten von Jahren. Im Frühjahr ist das bescheidene Dorf besonders freundlich anzuschauen. Dann blühen dort tausend Kirschbäume, deren prachtvolle Früchte später allenthalben zu erwerben sind.

Kiechlinsbergen
Ortsteil von Endingen

**Bestockte Rebfläche: 152 Hektar in den Lagen "Teufelsburg" und "Ölberg" (Großlage "Vulkanfelsen")
Haupt-Rebsorten: Müller-Thurgau, Spätburgunder und Ruländer
Vermarktung: WG Kiechlinsbergen**

Hier führen alle Wege in den Kaiserstuhl. Der Gebirgszug umfaßt den Ort geradezu. Einige seiner Steilhänge stoßen an die ersten Gebäude. Die Kirche ragt hoch über den Häusern auf, wie auf einem Podest in den Kaiserstuhl hineingebaut, und die Fachwerkhäuser zeigen sich nebenan in den schönsten Farben, die ihnen eine sorgfältige Renovierung gegeben hat.

Es gibt ein Schloß zu besichtigen und ein Fachwerkhaus aus dem Jahre 1544, das älteste wohl im gesamten Kaiserstuhl. Im Dorf werden die Markttage noch mit Kreide an die Tafel geschrieben. Die Hunde lassen sich zum Sonnenbaden in den Nebenstraßen auf dem Pflaster nieder. Der Tourismus geht noch weitgehend am Ort vorbei, wenn sich auch die Hauptstraße mit vielen gemütlichen Kurven, die zum langsam fahren zwingen, durchschlängelt. Hier ist noch die Muße eines beschaulichen Winzer- und Bauernlebens in einem der am schönsten gelegenen Dörfer des Kaiserstuhls.

Kiechlinsbergen mit einem seiner typischen Torbogeneingänge.

Königschaffhausen
Ortsteil von Endingen

**Bestockte Rebfläche: 111 Hektar in den Lagen "Hasenberg" und "Steingrüble" (Großlage "Vulkanfelsen")
Haupt-Rebsorten: Müller-Thurgau und Ruländer
Vermarktung: WG Königschaffhausen**

Wenn man irgendwo sagen kann: Hier ist die Welt noch nicht zubetoniert, in Königschaffhausen gilt es. Da gibt es Wege, die nahe der Hauptstraße beginnen und wenige Meter weiter schon Feldwege sind, die noch an einzelnen Häusern vorbeiführen und links und rechts Gärten haben, Obstgärten, Gemüsegärten, Beerenobstgärten oder Weingärten. Die schwarzen Früchte der zahllosen Kirschbäume werden im Frühsommer an den Straßenrändern angeboten.

Königschaffhausen ist dörflich, die Hauptstraße jedoch wirkt wie die einer kleinen Landstadt: eine sehr lange Häuserfront mit südlichem Charakter. Viele Häuser stehen mit dem Giebel zur Straße hin und sind mit Blumen bewachsen. Auch die Winzergenossenschaft ist grün bewachsen. Der Kaiserstuhl im Hintergrund bestimmt das Stadtbild aus der Ferne, aus der Nähe sind es die Bäume, Büsche, Blumen und Sträucher.

Bötzingen

**Einwohner: 4 430
Bestockte Rebfläche: 205 Hektar in den Lagen "Eckberg" und "Lasenberg" (Großlage "Vulkanfelsen")
Haupt-Rebsorten: Müller-Thurgau, Spätburgunder und Ruländer
Vermarktung: WG Bötzingen, 6 Selbstmarkter**

"Mansen, Reben, Gebäude und drei hörige Leute", das schenkte der Grundbesitzer Odilrat aus Bötzingen im Jahre des Herrn 769 dem Kloster in Lorsch. Durch diese Schenkung ist Bötzingen der älteste urkundlich erwähnte Weinort Badens. Die Herzöge von Zähringen und die Grafen aus Freiburg herrschten in Bötzingen im Mittelalter. Im 14. Jahrhundert hatten die Schnewlins und Falkensteins die eine Hälfte des Ortes zu Lehen, die andere Hälfte war in der Hand der Freiburger Ritterfamilie Morser. Und auch der Markgraf Otto von Harchberg konnte sich später rühmen, Lehnsherr in Bötzingen zu sein. Die Herrscher wechselten häufig, was sich aber nicht änderte, war die Tradition des Weinbaus in Bötzingen.

Der Ort ist das "Tor zum inneren Kaiserstuhl", wenn man aus Südwesten von Freiburg her kommt. Es ist ein sehr weitläufiges Dorf. Den Mittelpunkt bildet die alte katholische Pfarrkirche mit ihrem mittelalterlichen Chor und Turm. Bötzingen war immer schon mehr Durchgangsstation als Herrensitz großer Geschlechter. Zu ungeschützt ist die Lage des Dorfes, um kriegerischen Überfällen zu widerstehen. Hervorragend liegt es aber, um Wein anzubauen.

Auch heute noch stellt der Weinbau einen erheblichen Einkommensfaktor dar. 30 Betriebe im Haupterwerb und

Breisach · Niederrimsingen

Bötzingen unten – und zwei Fotos von der Lese der Genossenschaftswinzer in früheren Jahren. Rechte Seite: Breisach und seine in Teilen gut erhaltene Stadtmauer.

über 300 Nebenerwerbsbetriebe bestellen rund 350 Hektar Rebland. Auffallend für die Gegend des Kaiserstuhls ist die große Waldfläche um Bötzingen. Auf einer Fläche von 145 Hektar finden Einwohner und Gäste Ruhe und Entspannung.

Bötzingens Schokoladenseiten liegen wieder abseits der Durchgangsstraße, da zeigt der Ort seinen kleinstädtisch gepflegten Charakter mit Grünanlagen und Bürgerhäusern, Vorgärten und einer Schule neben der Winzergenossenschaft, die aussieht wie ein repräsentatives Rathaus, das Anfang unseres Jahrhunderts gebaut wurde. Freiburg liegt in Sichtweite in der Ebene, und auf der anderen Seite des nach Südosten ausgerichteten Ortes ist im Rücken der Kaiserstuhl mit den Weinbergen, die auch von Bötzingen aus bewirtschaftet werden.

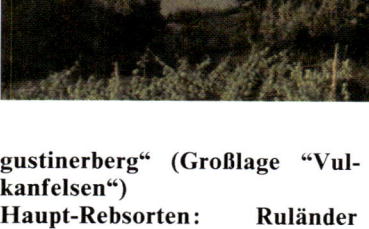

Breisach mit den Ortsteilen Niederrimsingen und Oberrimsingen

Einwohner: 9 786
Bestockte Rebfläche der Kerngemarkung: 9 Hektar in den Lagen "Eckartsberg" und "Augustinerberg" (Großlage "Vulkanfelsen")
Haupt-Rebsorten: Ruländer und Spätburgunder
Vermarktung: WG Breisach über die ZBW, 3 Selbstmarkter

Breisach, die Grenz-Stadt und Europa-Stadt, liegt zwischen Schwarzwald und Vogesen, am Oberrhein und am Kaiserstuhl-Tuniberg. Die Geschichte der Stadt wurde weitgehend durch ihre geographische Lage bestimmt. Schon in frühester Zeit besiedelt, waren Stadt und Umland oft nicht das, was sie im Mittelalter sein sollten - "des Heiligen Römischen Reiches Deutscher Nation Schlüssel und Ruhekissen". Als Schlüssel ist Breisach von Feldherren und Strategen oft betrachtet worden; zur Ruhe kam die Stadt dabei wohl nur selten.

Die Grundlage zur dennoch erreichten wirtschaftlichen Blüte wurde im Spätmittelalter gelegt: Unter Rudolf von Habsburg erhielt Breisach den begehrten Status der Freien Reichsstadt - und kurze Zeit später ein neues Stadtrecht. Ein weiterer Habsburger, Maximilian, ließ die Kaufmanns- und Gewerbestadt zu einer der stärksten Festungen ausbauen - in der Folgezeit wurde Breisach

zum ständigen Zankapfel zwischen Frankreich und dem Deutschen Reich. 1793 wurde die Stadt von französischen Revolutionstruppen fast völlig zerstört; ungefähr 150 Jahre später folgte die nächste Zerstörung Breisachs im Zweiten Weltkrieg.

Einiges aus der Vergangenheit ist noch erhalten, anderes wieder aufgebaut. Das romanische St. Stephans-Münster, erbaut um 1200, mit dem rund 100 Jahre später errichteten hochgotischen Chor und der spätgotischen Westhalle ist das Wahrzeichen Breisachs.

Im Münster befinden sich viele Kunstwerke: Der Hochaltar, den ein unbekannter Meister des 16. Jahrhunderts schuf, drei Wände im Innern der Westhalle wurden von 1488 bis 1491 von Martin Schongauer aus Colmar gestaltet; ein Meisterwerk spätgotischer Steinmetzkunst ist der um 1490 geschaffene Lettner aus gelbem Sandstein. Die Gebeine der Stadtpatrone Gervasius und Protasius werden in einem 1496 gefertigten Silberschrein aufbewahrt.

Sehenswert sind sicherlich auch das nach dem Zweiten Weltkrieg im alten Stil wiedererrichtete Rathaus, der Radbrunnen, der früher zur Wasserversorgung der Bewohner des Münsterberges diente und die Tore der Stadt: das mittelalterliche Kapftor und das im klassizistischen Stil erbaute Rheintor.

Weinbau gibt es in Breisach zwar nur in geringem Umfang, wohl aber die größte Weinmenge Badens. Dadurch ist die Stadt mit dem Wein stark verbunden und eben auch eine rechte Weinstadt: Für die Weindörfer am Kaiserstuhl ist Breisach Zentralort. Außerdem befindet sich hier die Winzergenossenschaft Breisach und Umgebung und, was sicherlich noch wichtiger ist, die Zentralkellerei Badischer Winzergenossenschaften.

In Breisach macht das Weintrinken einfach mehr Freude, als in manchen anderen Städten - nicht nur, weil man sich über die Zentralkellerei dem badischen Weinbau schlechthin besonders verbunden fühlt. Da steht auch noch das alte, weiterhin genutzte Gebäude der Zentralkellerei in der Stadt. Da gibt es in der Gastronomie gut sor-

tierte Weinkarten - eben weil die große Zentralkellerei durch bloßes Da-Sein schließlich auch auf diesem Gebiet qualitätsfördernde Wirkung hat. Es kommt die Lage am Rhein hinzu, die von der Gemeinde mit schönen Uferanlagen genutzt wird. Es kommt die Gelöstheit dieser weltoffenen Grenzstadt hinzu und auch die Muße, die von ihrem alten Teil ausgeht. Schließlich sollte nicht vergessen werden, daß die Zentralkellerei mit einem Restaurant auf dem die Stadt beherrschenden Berg selbst ein gutes Beispiel gegeben hat, und daß beim "Kaiserstühler Bezirksweinfest" am letzten Wochenende im August alljährlich viele tausend Gäste durch die Weinerzeuger der Region mit zahlreichen, sehr unterschiedlichen Gewächsen für das Weintrinken begeistert werden.

Niederrimsingen
Ortsteil von Breisach

Bestockte Rebfläche: 59 Hektar in der Lage "Rotgrund" (Großlage "Attilafelsen")
Haupt-Rebsorten: Müller-Thurgau, Spätburgunder und Ruländer
Vermarktung: WG Niederrimsingen über die ZBW

Auf der Westseite des Tunibergs liegt der Weinbauort Niederrimsingen, seit 1973 Ortsteil von Breisach. Es ist die kleinste der Tunibergemeinden und damit in der Großlage "Attilafelsen", die den Wein dieses Berges bekannt machte.

Verglichen mit zahlreichen Funden aus vor- und frühgeschichtlicher Zeit kann der Kirchturm mit den beiden Arkaden aus der Romantik fast als Zeugnis jüngerer Vergangenheit gelten - sein Ursprung reicht bis in die Mitte des 11. Jahrhunderts zurück. Er zählt damit zu den ältesten am Oberrhein. Ein Dorfbrand vernichtete diese erste Kirche. Die Nachfolgerin an gleicher Stelle wurde zwischen 1480 und 1500 im gotischen Stil errichtet. Dem Zeitgeschmack entsprechend erhielt sie 1735 barockes Aussehen. Nach einem erneuten Umbau am Ende des 19. Jahrhunderts ist von der gotischen und barocken Ausstattung der Kirche leider nur noch wenig übriggeblieben.

Oberrimsingen · Eichstetten · Gottenheim · Ihringen

Der Tuniberg gewährt einen Ausblick auf die Rheinebene, den Schwarzwald, die Vogesen - und auf den Kaiserstuhl in der unmittelbaren Nachbarschaft. Beim großen Tuniberg-Richtfest im Jahre 1970 feierten die Tuniberggemeinden den Abschluß der Flurbereinigung und der Rebenaufbaumaßnahmen gemeinsam. - Von der Gemeinde Niederrimsingen wurden dabei an beiden Wasserzapfstellen in der Gemarkung Gedenksteine aufgestellt. Der eine zeigt eine "Vesper im Rotgrund". Trotz Wasserzapfstelle trinken die Winzer hier bei der Vesper natürlich Wein: Müller-Thurgau, Spätburgunder, Ruländer, Silvaner und Gewürztraminer vom Tuniberg.

Oberrimsingen
Ortsteil von Breisach

Bestockte Rebfläche: 12 Hektar in der Lage "Franziskaner" (Großlage "Attilafelsen")
Haupt-Rebsorten: Spätburgunder und Müller-Thurgau
Vermarktung: WG Oberrimsingen über die ZBW, 1 Selbstmarkter

Das Dorf hat nur wenig Rebfläche aber eine eigene Genossenschaft mit 70 Mitgliedern, die ihre Trauben an die nahe ZBW in Breisach liefern. Man hat sich auf den Spätburgunder konzentriert, der hier ausschließlich auf Terrassen wächst.

Eichstetten

Einwohner: 2 509
Bestockte Rebfläche: 322 Hektar in den Lagen "Herrenbuck" und "Lerchenberg" (Großlage "Vulkanfelsen")
Haupt-Rebsorten: Müller-Thurgau, Spätburgunder und Ruländer
Vermarktung: WG Eichstetten über die ZBW, 2 Selbstmarkter

Am östlichen Hang des Kaiserstuhls gelegen, ist Eichstetten nicht zuletzt durch seinen Wein über die nähere Umgebung hinaus bekannt geworden. Der idyllische Ort wurde urkundlich 1052 erstmals erwähnt - und gleich im Zusammenhang mit dem Weinbau. Diese lange Tradition spiegelt sich auch im Ortsbild: die steinerne "Fünfbogenbrücke" aus dem 13. Jahrhundert, das Rathaus, die gotische Kirche, die Zehntscheuer.

Schöne alte Höfe und Bürgerhäuser deuten auf einen gewissen Wohlstand hin.

Begeisternd ist die Vielfalt der Tier- und Pflanzenwelt am Kaiserstuhl. Orchideen, Küchenschellen, grüngeschuppte Eidechsen, ungefähr 1 300 Käfer-

großen Gemeindereform unserer Zeit selbständig geblieben, und so hat sein bescheidenes Rathaus mit dem Staffelgiebel noch die vollen Verwaltungsfunktionen. In der Nähe gibt es ein stattliches Gasthaus, einen sogenannten Vierseitenhof. Dort wurde früher Dorfpolitik mitbestimmt - nicht vom Biertisch aus, sondern vom Schreibtisch des Ortsvogtes, der hier als Vertreter des Freiherrn von Wittenbach residierte.

Daß Gottenheim nicht mehr repräsentative Bauten bieten kann, liegt nicht an mangelnder Tradition - hier ist der Weinbau schon seit der Jahrtausendwende nachgewiesen -, sondern an den Kriegen. Zuletzt wurde noch durch einen Bombenangriff Ende des Zweiten Weltkrieges die Kirche zerstört und mit ihr ein guter Teil wertvoller Bausubstanz.

Die Gottenheimer haben fleißig aufgebaut - ihre eigenen Häuser, die Terrassen der Weinberge und eine eigene Genossenschaft. Sie haben sich im Anbau auf Spätburgunder spezialisiert, der hier sogar die Standard-Rebsorte Müller-Thurgau nach der Rebflächengröße übertrifft.

tar in den Lagen "Winklerberg", "Fohrenberg", "Doktorgarten", "Schloßberg", "Kreuzhalde", "Castellberg" und "Steinfelsen" (Großlage "Vulkanfelsen")
Haupt-Rebsorten: Silvaner, Müller-Thurgau, Ruländer und Spätburgunder
Vermarktung: WG Ihringen, 6 Selbstmarkter

Größte Weinbaugemeinde am Oberrhein und wärmster Ort im Jahresdurchschnitt in der Bundesrepublik: Zwei Superlative, die natürlich in engem Verhältnis stehen. "Von der Sonne verwöhnt" - dieser Wahlspruch der badischen Winzer trifft in ganz besonderem Maße auf Ihringen zu. Fast 600 Hektar Rebland sind es, die hier am Südrand des Kaiserstuhls "verwöhnt" werden. Man könnte noch einen dritten Superlativ anfügen: Ihringen ist Deutschlands größter "Silvaner-Spezialist". Rund die Hälfte der Rebfläche erbringt die unproblematisch zu vielen Speisen passenden Silvanerweine.

Topographisch und klimatisch haben es die Ihringer wirklich gut getroffen. Auf den ersten Blick sieht man, daß es der Gemeinde und ihren Bürgern gutgeht. In den gepflegten Straßen stehen schmucke Häuser und Gehöfte, die gediegene Bürgerlichkeit ausstrahlen. Über 1 000 Jahre ist der Weinbau hier zu Hause, und immer noch spielt er in der wirtschaftlichen Bilanz der Ihringer eine Hauptrolle.

Heute ist Ihringen eine Frem-

arten und 700 Schmetterlingsarten sind hier zu beobachten. Laubwälder und vor allem Weinberge umgeben Eichstetten. Reben werden meist in Terrassenanlagen auf Vulkanverwitterungsböden mit Lößauflage und Lehmböden angebaut. 350 Winzerfamilien bewirtschaften die ungewöhnlich große Rebfläche. Rund 190 Hektar sind von der örtlichen Genossenschaft erfaßt und weitere 110 von der Kaiserstuhl-Weinkellerei, einem Unternehmen, daß schon seit mehr als 100 Jahren im Ort ansässig ist.

Linke Seite: Weinseparator vor Schmuckfässern der ZBW. Darunter: Gottenheim. Oben: Niederrimsingen. Unten: Ihringen.

Ihringen

mit dem Ortsteil Wasenweiler

Einwohner: 4 556
Bestockte Rebfläche: 561 Hek-

Gottenheim

Einwohner: 2 081
Bestockte Rebfläche: 104 Hektar in der Lage "Kirchberg" (Großlage "Attilafelsen")
Haupt-Rebsorten: Spätburgunder und Müller-Thurgau
Vermarktung: WG Gottenheim über die ZBW, 1 Selbstmarkter

Der Ort an der Nordspitze des Kaiserstuhls ist auch bei der

Wasenweiler · Merdingen · Nimburg · Bottingen Opfingen

denverkehrsgemeinde mit allem, was dazugehört: Gut erhaltener Ortskern mit vielen Fachwerkhäusern, ein breites Angebot an Sportanlagen, eine sehr ausgeprägte Gastronomie, gut erschlossene Wanderwege in der Umgebung, natürlich "Weinseligkeit" und - wie schon erwähnt - viel, viel Sonnenschein.

Wasenweiler
Ortsteil von Ihringen

Bestockte Rebfläche: 98 Hektar in den Lagen "Kreuzhalde" und "Lotberg" (Großlage "Vulkanfelsen")
Haupt-Rebsorten: Spätburgunder, Müller-Thurgau und Silvaner
Vermarktung: WG Wasenweiler, 2 Selbstmarkter

Am südwestlichen Rand des Kaiserstuhls, da wo sich die ersten Wellen des "Vulkanklotzes" aus der Ebene erheben,

Ihringen (oben) und Wasenweiler.

liegt die Gemeinde Wasenweiler. Hier im heißesten Teil der Bundesrepublik waren die fruchtbaren Böden und vor allem die besonders von der Sonne verwöhnten Südhänge schon

immer begehrt. Obstanbau und vor allem der Weinbau haben eine lange Tradition: Schon aus dem Jahre 1000 findet sich ein Taufstein, der mit Reben verziert ist.

Merdingen

Einwohner: 2 072
Bestockte Rebfläche: 244 Hektar in der Lage "Bühl" (Großlage "Attilafelsen")
Haupt-Rebsorten: Spätburgunder und Müller-Thurgau
Vermarktung: WG Merdingen über die ZBW

Merdingen schmiegt sich an der Westseite des Tunibergs in einen leichten Bogen des Gebirgsstocks. Seine Kirche ist weithin in der Rheinebene zu sehen - und sie kann sich auch wirklich sehen lassen: Ein schöneres barockes Musterexemplar findet man weit und breit nicht. Sie wurde 1738 gebaut, nachdem ihre baufällige Vorgängerin an gleicher Stelle abgerissen worden war.

Die Kirche ist nicht der einzige Hinweis auf früheren Glanz und Wohlstand in diesem Dorf.

Da gibt es in Sichtweite einige stolze Bürgerhäuser, ein repräsentatives Pfarrhaus, zwei Gasthäuser mit langer baulicher Vergangenheit, den barocken Dorfbrunnen - und in der Nähe auch Reste einer römischen Villa. Tatsächlich wurde der Ort in Schriften des späten Mittelalters als ansehnlicher Flecken bezeichnet, und neben den Rebleuten fanden hier auch viele Handwerker ein gutes Auskommen. Letzteres gilt bei der heutigen Konzentration auf den Weinbau für die 440 (!) Winzer des Dorfes. Ihr Spätburgunder, der hier auf fast zwei Dritteln der meist terrassierten Lage "Bühl" steht, hat ihnen vor allem den Erfolg gebracht.

Munzingen
Ortsteil von Freiburg

Bestockte Rebfläche: 128 Hektar in der Lage "Kapellenberg" (Großlage "Attilafelsen")
Haupt-Rebsorten: Spätburgunder und Müller-Thurgau
Vermarktung: WG Munzingen über die ZBW

Natürlich ist Munzingen durch seine Weine, vor allem durch seinen Spätburgunder berühmt geworden, aber andererseits hat das kleine Dorf soviel Baugeschichte aufzuweisen, daß es dafür einen eigenen kleinen Führer gibt. Die Verbindung zwischen Bau- und Weingeschichte ist natürlich eng - und am sinnfälligsten mit dem Namen der einzigen Lage ausgedrückt: Der "Kapellenberg" ist nach der Erentrudiskapelle benannt. Das kleine Gotteshaus steht als Landmarke auf einer Art "Balkon" des Tuniberges in den Reben, steht dort vielbesucht und hat Jahrhunderte wechselvoller Geschichte hinter sich.

Wann sie erstmals gebaut wurde, ist nicht genau festzulegen; daß sie im Wechsel erweitert (wegen des starken Wallfahrer-Andrangs), dem langsamen Verfall anheimgegeben (kaum noch Wallfahrer), zerstört (die Österreicher hatten sich hier 1713 gegen die heranrückenden Franzosen verschanzt) und mehrfach wiederaufgebaut wurde, das ist alles sehr genau belegt. Gut zu wissen, daß dabei in bewegten Zeiten neben einem unermüdlichen Einsiedler (1714) auch eine frühe Bürgerinitiative (1877) für die Erhaltung der Kapelle stritt.

Merdingen (oben) zwischen Berg und Ebene. Die originellen Figuren (unten) zieren einen stillen Platz in Munzingen.

Nicht weit von der Kapelle steht ein anderes Kunstwerk im Weinberg. Aus wuchtig übereinandergetürmten, doch durch ihre Formgebung leicht wirkenden Kalksteinblöcken schuf der Bildhauer Hubert Bernhard das 1969 feierlich enthüllte Denkmal, mit dem die Winzer ihrem großen Werk der Tuniberg-Flurbereinigung symbolisch den Schlußpunkt setzen wollten.

Von Denkmals- und Kapellenhöhe geht der Blick auf den Dorfkern Munzingens, auf alte Häuser, die Pfarrkirche, die innen so prachtvoll barock wie außen schlicht ist, auf den Rest eines Wasserschlosses und auf ein herrlich erhaltenes Schloß der Grafen Kageneck, das gleichzeitig als ältestes erhaltenes Barockschloß im Breisgau gilt. - Kein Zweifel: Munzingen ist ein recht attraktives Dorf.

Nimburg-Bottingen
Ortsteil von Teningen

Einwohner: 1 850
Bestockte Rebfläche: 55 Hektar in der Lage "Steingrube" (Großlage "Vulkanfelsen")
Haupt-Rebsorten: Müller-Thurgau und Spätburgunder
Vermarktung: WG Nimburg-Bottingen über die ZBW, 1 Selbstmarkter

Nimburg ist ein beschauliches Dorf am Nordende eines sechs Kilometer langen und bis zu 60 Meter hohen Hügels, der mit der Landschaft seines Randes zusammen "March" benannt ist. Bei Nimburg heißt dieser Hügel "Nimberg" und obenauf stand in 40 Meter Höhe die "Nimburg", die dem Ort ihren Namen gab. Die Burg gibt es leider nicht mehr, aber wenn man unten im Dorf am leise plätschernden Bach steht und hinaufschaut, dann sieht der steile Berghang auch ohne Gemäuer recht imponierend aus.

An den sanfteren Hängen wächst Wein (wenig Terrassen) und mittendrin steht ein Kilometer vom Ort entfernt einsam und verträumt die Pfarrkirche. Müller-Thurgau und Spätburgunder wächst meist in ihrem Umkreis.

Opfingen
Ortsteil von Freiburg

Bestockte Rebfläche: 204 Hektar in der Lage "Sonnenberg" (Großlage "Attilafelsen")

Riegel · Sasbach · Jechtingen · Leiselheim

Haupt-Rebsorten: Müller-Thurgau und Spätburgunder
Vermarktung: WG Opfingen über die ZBW

Opfingen ist zu bewundern, nicht so sehr von draußen, da zeigt es ein Gesicht, das von wenig gestalteten Wohnhäusern unserer Zeit geprägt ist. Wenn man dann aber vor dem alten Pfarrhaus mit seiner Giebelhaube steht und darüber die Kirche sieht, und obenauf ist ein großes Nest mit einer Storchenmutter darin und zwei Jungen ... Und dann der Blick vom hohen Plateau der Kirche über den Ort und in den Tuniberg. Ein Hohlweg geht an der Kirche vorbei, eine kleine Paßstraße quer durch den Berg, links und rechts sanfte Rebhänge, schließlich ein mächtiger Hof, letzter und ansehnlicher Rest eines früheren Dorfes. Dazu noch in einem anderen Teil der Gemarkung ein ländlich einfaches Weiherschloß, ein Waldlehrpfad ...

Aus der Nähe wirkt Opfingen durchaus attraktiv, und die Atmosphäre in dem großen Dorf ist vielleicht mit "genußvoller Gemütlichkeit" zu charakterisieren. Die stellt sich sicher ein, wenn Gäste aus vielen Teilen Deutschlands zur Spargelzeit in die Restaurants kommen, um mit dem Opfinger Spargel den Opfinger Wein zu genießen. Den Weinfreunden haben die Opfinger zusätzlich einen optischen Leckerbissen zu bieten: Der schönste Raum im Rathaus ist so geschmackvoll und so "weinlich" eingerichtet, daß man sich hier keine Versammlung vorstellen kann, die aus anderen Gründen als zum Weintrinken zusammenkommt.

Riegel

Einwohner: 2 876
Bestockte Rebfläche: 86 Hektar in der Lage "St. Michaelsberg" (Großlage "Vulkanfelsen")
Haupt-Rebsorten: Müller-Thurgau, Spätburgunder und Ruländer

Munzingen – und ein blauer Himmel, wie er hier häufig ist. Rechts: Opfinger Rebland.

Am Nordende des Kaiserstuhls fließen Dreisam, Elz und Glotter zusammen. Außerdem wird hier die Ebene zwischen Schwarzwald und Kaiserstuhl wie zu einer Pforte verengt. Solche Plätze haben sich Menschen zu allen Zeiten besonders gern zum Siedeln ausgesucht. Dank zahlreicher Funde weiß man heute, daß dieser Platz, auf dem heute Riegel steht, seit der Steinzeit ununterbrochen besiedelt ist.

Zu den früheren Bewohnern Riegels zählen auch die Römer, die diesen Durchgang wohl auch aus strategischen Gründen besetzt hielten. 1975 konnte man Reste eines Tempels freilegen, zahlreiche andere Römerfunde waren schon lange vorher zusammengetragen und im Rathaus ausgestellt worden. Wie auch die schöne Dorfkirche wurde ein Teil der Römer-Sammlung im Krieg zerstört. Durch neuere Funde ergänzt, kann sich die Sammlung in Riegel inzwischen im Sinne des Wortes wieder sehen lassen. So ist der Wein- und Bierort (es gibt hier eine bekannte Brauerei), der so schön vor seinem Michaelsberg liegt, außerordentlich traditionsreich. Und wenn Riegel wegen seiner Lage nicht so heftig umkämpft gewesen wäre, dann gäbe es sicherlich viele schöne Bauten aus vergangenen Jahrhunderten. So aber ist Riegel baulich eine recht junge - und von der Atmosphäre her sicherlich sehr friedliche Gemeinde.

Sasbach
mit den Ortsteilen Jechtingen und Leiselheim

Einwohner: 2 550
Bestockte Rebfläche: 135 Hektar in den Lagen "Limburg", "Rote Halde", "Lützelberg" und "Scheibenbuck" (Großlage "Vulkanfelsen")
Haupt-Rebsorten: Müller-Thurgau, Spätburgunder, Ruländer, Weißburgunder
Vermarktung: WG Sasbach

Sasbach liegt noch am Kaiserstuhl, aber auch schon am Rhein. Die französische Grenze ist mit dem Strom nur zwei Kilometer von der Ortsmitte entfernt: Der Rhein auf der einen Seite und auf der anderen Seiten die weitzurücktretenden Berge des Kaiserstuhls, die die Weinlagen der Gemeinde tragen. Weine aber auch unten in der Ebene, wo viele Kirschbäume stehen, auch anderes Obst gedeiht, Gemüse gezogen wird, vorwiegend aber Kirschbäume und immer wieder Kirschbäume.

Früher haben sich die Einwohner mehr auf den Fischfang als auf die Landwirtschaft konzentriert. In jenen alten Zeiten stand auch eine Burg über dem Dorf, die Feste Limberg, die wiederum über den verfallenen Grundmauern eines römischen Kastells errichtet wurde. Die Zähringer, die Freiburg gründeten, errichteten diese Burg, Heere des Dreißigjährigen Krieges zerstörten sie, und heute sind nur noch bescheidene Reste geblieben.

Sasbach gehört zu den größeren Gemeinden des Kaiserstuhls. Seine Straßen sind auch von einigen stolzen Bürgerhäusern gesäumt, die um die Jahrhundertwende gebaut wurden und genauso farbige Fensterläden aus Holz tragen wie die Fachwerkhäuser und die einfachen Bauern- und Winzerhäuser. Fensterläden in allen Formen und Farben und überall auch Rosen, die an alten Mauern ranken. Natürlich fehlt hier auch nicht die Dorflinde und es fehlen auch nicht die Kastanienbäume - offensichtlich lieben die naturumgebenen Sasbacher auch in ihrem Ort das Grün und die Blumen.

Jechtingen
Ortsteil von Sasbach

Bestocktes Rebland: 175 Hektar in den Lagen "Eichert", "Hochberg" und "Steingrube" (Großlage "Vulkanfelsen")
Haupt-Rebsorten: Müller-Thurgau, Ruländer und Spätburgunder
Vermarktung: WG Jechtingen

Das Gebäude der Winzergenossenschaft hat gerade ein neues, sehr schönes, sehr solides Gesicht bekommen. Gegenüber ist Geologie vom Fenster der Winzergenossenschaft aus in schulmeisterlich klarem Beispiel zu betrachten: Da sieht man Gesteinsformationen neben Lehmboden - auf einen Blick die unterschiedlichen Schichten des Erdinnern, auf denen die Reben stehen.

Bei Jechtingen öffnet sich der Kaiserstuhl zur Ebene hin und die Weinberge gehen über zu Getreidefeldern, zu Obstgärten und Gemüseanbau. Die Weinberge, die mit langen Hügelrücken in diese Ebene hineinragen, sind sanft, sind gerundet, und sind weniger terrassiert als die Berge des übrigen Kaiserstuhls. Sie sind traditioneller, wenn man so will.

Wohlgerundet ist auch der Turm der Kirche - ein Zwiebelturm wie er in Bayern so häufig vorkommt, und wohlgerundet sind die Bögen der Toreinfahrten in den Häusern der Dorfhauptstraße. Es sind so viele Torbögen und so schöne, daß sie neben den noch fast überall angebrachten hölzernen Fensterläden als Wahrzeichen dieses kleinen aber recht feinen Dorfes gelten können. Das Fein bezieht sich dabei nicht auf Wohlhabenheit oder gepflegte Fassaden - auch davon gibt es einige -, sondern auf die ursprüngliche Echtheit dieses Winzerdorfes am Rande des Kaiserstuhls.

Zu diesem Gesicht gehören einige schöne Fachwerkhäuser, die mit Liebe renoviert wurden - in einem davon ist zum Beispiel auch die örtliche Post untergebracht. Dazu gehört das Kreuz an einer Kreuzung, und dazu gehört sicherlich auch die mächtige Linde, unter der heute noch Dorfgemeinschaft stattfindet. Jechtingen hat ein eigenes unverwechselbares Gesicht, und es ist zu hoffen, daß dieses Gesicht weitab von Modernisierungswillen für die Zukunft erhalten bleibt.

Leiselheim
Ortsteil von Sasbach

Bestockte Rebfläche: 80 Hektar in der Lage "Gestühl" (Großlage "Vulkanfelsen")
Haupt-Rebsorten: Ruländer, Müller-Thurgau und Spätburgunder
Vermarktung: WG Leiselheim über die ZBW

"Leiselheimer Gestühl" der Name hat Klang in Deutschland. Er steht für viele Weinfreunde gleichbedeutend mit dem Kaiserstühler Ruländer. Dabei hat der kleine Ort nur 330 Einwohner. Aber die meisten von ihnen leben vom Wein, den sie übrigens nicht nur auf der Ortsgemarkung selbst gewinnen, sondern auch "außerhalb". So

Achkarren · Bickensohl

ist zu erklären, daß die Winzergenossenschaft als Ortsgenossenschaft mehr Rebland aufweisen kann, als in der Gemarkung ausgewiesen ist.

Vogtsburg

Einwohner: 5 241

Vogtsburg ist keine Stadt im herkömmlichen Sinne, sondern der Zusammenschluß von sieben selbständigen Gemeinden unter einem neuen Namen. Zwar gibt es eine alte Gemarkung Vogtsburg in der Nähe von Oberbergen, die namensgebend war, doch stehen dort nur wenige Häuser, und der Verwaltungssitz der neuen Gemeinde ist Oberrotweil. Da die Ortsteile Achkarren, Bickensohl, Bi-

Das Einfahrtstor und die Eingangstür zum Haus 9, Jechtingen. Schmied und Weinbauer Erlacher

Hinweis: Die Weinbaugemeinden Badens sind von Norden nach Süden bereichsweise erfaßt. Innerhalb der Bereiche ist die alphabetische Reihenfolge verwendet worden.

schoffingen, Oberbergen, Oberrotweil, Schelingen und Burkheim sämtlich Weinbau betreiben, ist die Gesamtstadt Vogtsburg heute mit über 1 200 Hektar Rebfläche eine Weinmetropole, die allein mehr Rebfläche hat, als die Bereiche Badisches Frankenland und Bodensee zusammengenommen.

Achkarren
Ortsteil von Vogtsburg

Einwohner: 792
Bestockte Rebfläche: 156 Hektar in den Lagen "Schloßberg" und "Castellberg" (Großlage "Vulkanfelsen")
Haupt-Rebsorten: Ruländer, Müller-Thurgau, Spätburgunder und Silvaner
Vermarktung: WG Achkarren, 1 Selbstmarkter

Kommt man von der Rheinebene, so türmen sich die Berge des Kaiserstuhls links und rechts vom Tal, in dem Achkarren liegt, sehr malerisch auf. Sie tragen zum Teil Hanglagen und zum anderen Teil kleine Terrassen, und sie tragen auch Wald, sehr ausgedehnten Wald hier sogar, und hinter Achkarren liegen noch höhere Berge des Kaiserstuhls mit großen Waldgebieten.

Mit seiner Kirche und ihrem roten Turm wirkt Achkarren in diesem Tal wie ein hübscher Ort aus dem Bilderbuch. Tatsächlich hat sich der durch viele Kriege gebeutelte und zuletzt durchaus arme Ort in den vergangenen zwei Jahrzehnten nicht nur im Weinbau, sondern auch als Fremdenverkehrsort fein herausgemacht. Das gilt für seine Gastronomie und für seine Übernachtungsmöglichkeiten, das gilt natürlich für seinen Wein und nebenbei sicher auch für die Tatsache, daß hier der einzige Korkwarenhandel des ganzen Bereichs angesiedelt ist - das gilt aber auch und ganz besonders für sein Weinmuseum.

Dieses Museum ist auf Winzerinitiative entstanden. Es wurde in einem alten, hervorragend renovierten Haus untergebracht, bei dem auch die neueren Einbauten mit viel Stilgefühl und aus schönem Material hergestellt worden sind. Da ist nun Winzerhandwerkszeug zu sehen, Gesteinstücke aus dem Kaiserstuhl, die die Vielartigkeit der Böden zeigen, alte Etiketten, altes Werkzeug - insgesamt ein interessantes Haus an einem guten Platz. Einige Rebzeilen, mit den typischen Rebsorten des Kaiserstuhls bepflanzt, sind eine sinnvolle und liebenswerte Ergänzung.

Links: Jechtingen und Tor und Tür zum Haus Nr. 9, das eine Weinbauern- und Schmieds-Familie bewohnt. Oben: Achkarren.

Bickensohl
Ortsteil von Vogtsburg

Einwohner: 396
Bestockte Rebfläche: 108 Hektar in den Lagen "Herrenstück" und "Steinfelsen" (Großlage "Vulkanfelsen")
Haupt-Rebsorten: Ruländer, Müller-Thurgau und Spätburgunder
Vermarktung: WG Bickensohl, 1 Selbstmarkter

Abseits der grünen Straße, da wo es durch das Eschbachtal hinaufgeht zum Totenkopf, einem Gipfel des Kaiserstuhls, liegt der Ort Bickensohl. Er ist eingebettet in Weinhänge, die hier schon etwas steiler werden und dem Winzer mehr Mühe bereiten, als die flachen Terrassen zur Ebene hin. Das Gesicht Bickensohls wird trotz der lange zurückreichenden Geschichte des Ortes heute weitgehend von moderner Architektur geprägt. Nur noch im Ortskern um die schlichte Pfarrkirche findet man einige Fachwerkhäuser aus früheren Zeiten von ebensolcher Schlichtheit.

Die über 100 Weinbaubetriebe Bickensohls haben sich auf die Weine der Burgunderfamilie spezialisiert. Rund ein Drittel der Rebfläche ist mit Ruländer (Grauburgunder) bestanden, ein Fünftel mit Spätburgunder und ein Zehntel mit Weißburgunder. Bis auf einige Prozent Hanglagen-Anteil wachsen die Bickensohler Weine auf Terrassen in den berühmten Weinbergslagen, die schon in einer Chronik von 1588 genannt worden sind.

Bischoffingen · Burkheim

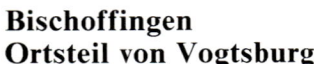
Im Weingut Bercher in Burkheim ist der alte Keller einschließlich der Holzfässer noch sehr gut erhalten – und in Betrieb.

Bischoffingen
Ortsteil von Vogtsburg

Einwohner: 642
Bestocktes Rebland: 215 Hektar in den Lagen "Enselberg", "Steinbuck" und "Rosenkranz" (Großlage "Vulkanfelsen")
Haupt-Rebsorten: Müller-Thurgau, Ruländer, Silvaner und Spätburgunder
Vermarktung: WG Bischoffingen, 1 Selbstmarkter

Eingebettet in die Mulde zwischen dem Käsleberg im Westen und der Mondhalde im Osten liegt das kleine Winzerörtchen Bischoffingen am Fuße des Kaiserstuhls. Gleichgültig auf welchen Wegen man Bi-schoffingen erreicht oder verläßt, immer führt der Weg durch die Reben, die hier im "Inneren Kaiserstuhl" die Dörfer wie Inseln in einem Meer erscheinen lassen.

Bischoffingen ist kein herausgeputztes Touristennest, hier geht es eher gelassen zu. Das liegt sicher auch daran, das Bischoffingen etwas abseits der Hauptverkehrswege liegt, die die Touristenscharen bringen.
Die guterhaltenen Fachwerkhäuser in den engen Gassen rund um die romanische Dorfkirche sind von schlichter Schönheit ohne Zierrat und Schnörkel. Sie vermitteln dem Besucher den Eindruck gediegener Bürgerlichkeit und Solidität - und so sehen sich die Bischoffinger mit ihrem Weinbau auch selber.

Burkheim
Ortsteil von Vogtsburg

Einwohner: 853
Bestockte Rebfläche: 128 Hektar in den Lagen "Schloßgarten" und "Feuerberg" (Großlage "Vulkanfelsen")
Haupt-Rebsorten: Müller-Thurgau, Ruländer und Spätburgunder
Vermarktung: WG Burkheim, 1 Selbstmarkter

Die Weinberge im Hintergrund haben noch die Terrassen einer Flurbereinigung, die zum Teil hunderte von Jahren zurückliegt. Die Dächer des Ortes heben sich recht repräsentativ gegen diesen Hintergrund ab. Es ist von der Größe her ein Dorf wie viele andere am Kaiserstuhl, vom Gesicht her ein kleines Städtchen. Tatsächlich war Burkheim die Stadt, die über viele Jahre das Geschehen in diesem Teil des Kaiserstuhls bestimmt hat.

Wenn man durch das noch erhaltene mittelalterliche Stadttor hineinfährt, dann kommt man auf einen Platz, der kopfsteingepflastert ist wie vor vielen hundert Jahren, der Häuserfronten bietet, die, gerade weil sie in Ehren grau geworden sind, sehr mittelalterlich wirken.

Im Hintergrund die Ruine der Burg des Lazarus von Schwendi. Dieser ungewöhnliche Mann hat von dieser Stelle aus einen guten Teil des Weinbaus am Kaiserstuhl beeinflußt - und für Qualität gesorgt.

Bickensohl (oben) und Bischoffingen sind zwei der „reinen“ Weinbauorte des Kaiserstuhls, in denen die Bevölkerung weitgehend vom Wein – und mit dem Wein lebt. Beide Gemeinden sind heute Ortsteile von "Vogtsburg".

Oberbergen

Inzwischen ist die Ruine verfallen, lange Jahre war sie so baufällig, daß sie von Touristen nicht mehr betreten werden durfte, jetzt renoviert, ist sie für den Kaiserstuhl-Tourismus noch attraktiver geworden.

Oberbergen
Ortsteil von Vogtsburg

Einwohner: 871
Bestockte Rebfläche: 171 Hektar in den Lagen "Baßgeige" und "Pulverbuck" (Großlage "Vulkanfelsen")
Haupt-Rebsorten: Ruländer, Silvaner, Spätburgunder, Müller-Thurgau und Weißburgunder
Vermarktung: WG Oberbergen, 1 Selbstmarkter

Oben: Burkheim mit seiner Schloßruine, in der Lazarus von Schwendi gewohnt hat. Unten: Strenge und geschwungene Linien im Kaiserstuhl über Oberbergen. Rechts: Kaiserstuhl-Landschaft bei Schelingen und Oberbergen.

Oberbergen ist ein schlichter Ort, ein Weindorf mitten in seinen Bergen. Das Tal öffnet sich nach einer Seite hin, hat die ideale Ausrichtung nach Süden,

Centralstelle des landwirthschaftlichen Vereins
im
Grossherzogthum Baden.
Preis-Diplom.
Fleiss ist die Mutter
des Glück's,
und Gott giebt Alles
der Betriebsamkeit.
Herr von Gleichenstein
erhalt für Wein
bei dem Feste des 50 jährigen Jubiläums den 22. Sept. 1869
hiermit gegenwärtige Anerkennung
Der 2te Präsident
Der 1te Präsident
Der Generalsekretär

Oberrotweil

und rundum sind wie in einem Amphitheater die neuen, großen Terrassen des Kaiserstuhls angelegt.

Die Winzergenossenschaft blickt auf die Terrassen gegenüber, und von den Rebhängen dort hat man den Blick auf die Genossenschaft. Es ist Friede im Ort, obwohl gerade hier durch einen bekannten Gastronomen sehr engagiert gegen die neuen Großterrassen gestritten wurde. Es ist der Friede, den die Landschaft hier im Herzen des Kaiserstuhl ausstrahlt - mit oder ohne Terrassen.

Wenn man von Königschaffhausen über den Bergrücken fährt und von oben den ersten Blick durch das Terrassen-Amphitheater auf Oberbergen hat, dann genießt man einen der berühmtesten (Wein-) Ausblikke in ganz Baden. Freude am guten Wein und am guten Essen ist allen Oberbergenern gemeinsam, und wozu das geführt hat, zeigen der Wein und der gastronomische Erfolg des kleinen, aber inzwischen sehr bekannt gewordenen Ortes.

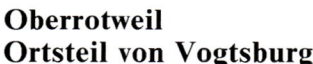

**Oberrotweil
Ortsteil von Vogtsburg**

**Einwohner: 1 382
Bestockte Rebfläche: 361 Hektar in den Lagen "Henkenberg", "Eichberg", "Käsleberg" und "Kirchberg" (Großlage "Vulkanfelsen")
Haupt-Rebsorten: Ruländer, Spätburgunder, Silvaner und Müller-Thurgau
Vermarktung: WG Oberrotweil, 6 Selbstmarkter**

Vom Kaiserstuhl öffnet sich ein Tal nach Westen. Es ist gerade so breit, daß eine Dorfgemeinde in seiner Länge darin Platz finden konnte. In der Nähe des Rheins und offen zur Rheinebene hin ist Oberrotweil im Umkreis prächtiger Orte in der Vergangenheit mehrfach niedergebrannt, ausgeraubt und geschliffen worden. Im Dreißigjährigen Krieg war es so

schlimm, daß kaum ein Einwohner übrig blieb.
Bewohner aus anderen Landstrichen wie dem Elsaß und der Schweiz haben den Ort wiederbevölkert, und die Kindeskinder dieser Neusiedler wohnen jetzt in einem zwar berühmten Weinort, jedoch in einer

schlichten Gemeinde; architektonische Attraktionen sind heute lediglich das ländlich-bescheidene Schloß der Freiherren von Gleichenstein, das am Ortsrand gebaute Freibad und das gerade gründlich überholte baulich interessante Rathaus mit seinen Nebengebäuden.

Links und rechts der engen, stark befahrenen Dorfstraße erheben sich hinter den Häusern die Hänge des auslaufenden Kaiserstuhls - sie machen die eigentliche Schönheit des Dorfbildes aus. Vulkanische Felsböden wechseln hier mit lockeren Lehmböden ebenso wie die Ter-

Links: Niederrotweil und der Keller des Weingutes von Gleichenstein, in dem tragende „Holzsäulen" zu sehen sind, die vor Jahrhunderten von Mönchen eingebaut wurden und heute noch unverändert ihre Funktion haben. Oben: Oberrotweil. Unten: Seltener Schnee bei Schelingen.

Schelingen · Tiengen · Waltershofen

rassen mit den seit vielen Jahrhunderten unveränderten Hanglagen.

Weinbaulich ist als Besonderheit sicherlich zu erwähnen, daß es neben der bedeutenden Winzergenossenschaft einige Selbstmarkter gibt, und aus der Geschichte ist vielleicht noch interessant, daß die Armut viele Winzer aus diesem Ort gezwungen hat, vorwiegend in die Vereinigten Staaten von Amerika auszuwandern, wo übrigens einer von ihnen als Baumeister des New Yorker Zentralbahnhofs und einiger berühmter Brücken großen Erfolg hatte.

Schelingen
Ortsteil von Vogtsburg

Einwohner: 305
Bestockte Rebfläche: 78 Hektar in der Lage "Kirchberg" (Großlage "Vulkanfelsen")
Haupt-Rebsorten: Müller-Thurgau, Ruländer und Spätburgunder
Vermarktung: WG Schelingen über die ZBW, 1 Selbstmarkter

Schelingen liegt in einem Tälertal, einem nach Westen geneigten Taldreieck, von dem zahlreiche Nebentäler abzweigen. Die roten und braunen Dächer des Dorfes fügen sich in die vielgestaltige Landschaft mit ihrem Reben- und Wiesengrün harmonisch ein. Das Bild der umliegenden Berge wird ebenso von den schmalen Rebterrassen bestimmt wie von weiten Wiesen, die einen ganzen Berg bedecken und geradezu Almencharakter haben. Dazwischen Baumgruppen, darüber Wald - Schelingen bietet viel für das Auge: Pittoreske Landschaft in Nah- und Fernblick.

Tiengen
Ortsteil von Freiburg

Bestockte Rebfläche: 103 Hektar in der Lage "Rebtal" (Großlage "Attilafelsen")

Haupt-Rebsorten: Müller-Thurgau und Spätburgunder
Vermarktung: WG Tiengen über die ZBW

Als "Tuginga" im Jahre 888 vom König großzügig an das Kloster St. Gallen in der Schweiz verschenkt wurde, gab es dort schon Weinberge, wie der Schenkungsurkunde zu entnehmen ist. Die Beziehungen zur Schweiz überdauerten 900 Jahre und mehrere Machtwechsel des später Tiengen genannten Ortes. Die Kirche, die über dem Ort liegt, und einige Häuser aus vergangenen Jahrhunderten (Holzbauten mit Hofgalerien und Staffelgiebel-Häuser) geben der Gemeinde heute den Akzent lebendiger Vergangenheit. Ansonsten ist Tiengen, das 1973 Freiburger Ortsteil wurde, ein der Gegenwart zugewandtes Dorf, was einige interessante Wohn-Neubauten deutlich machen. Auch das schöne Freizeitzentrum mit Wasserfläche und Waldspielplatz spricht dafür.

Die rund 80 Winzer des Tuniberg-Dorfes, die seit 1963 in einer Genossenschaft zusammengeschlossen sind (Vollablieferer der ZBW), haben mehr als die Hälfte ihrer Lage "Rebtal" mit Müller-Thurgau und etwa vier Zehntel mit Spätburgunder bepflanzt. Daneben gibt es noch einen kleinen Anteil Ruländer.

Waltershofen
Ortsteil von Freiburg

Bestockte Rebfläche: 126 Hektar in der Lage "Steinmauer" (Großlage "Attilafelsen") **Haupt-Rebsorten:** Müller-Thurgau und Spätburgunder **Vermarktung:** WG Waltershofen über die ZBW

Waltershofen liegt an der Ostseite des Tuniberges nur zwölf Kilometer von der Freiburger Stadtmitte entfernt. Viele Freiburger fahren zum Weintrinken und Spazierengehen in das 1972 eingemeindete Dorf. Sie bekommen dort eine ungewöhnliche Rebsorten-Vielfalt ausschließlich traditioneller Reben geboten: Die fast 200 Winzer des Dorfes haben neben großen Teilen Müller-Thurgau und Spätburgunder auch kleine Anteile der Rebsorten Gewürztraminer, Weißburgunder, Ruländer und auch vom seltenen Muskateller gepflanzt. Da die Genossenschaft Vollablieferer der Zentralkellerei in Breisach ist, werden alle Weine dort ausgebaut.

Die Geschichte vom Freiburger Junker, der seinen Wein – fast – verschenkte

Jeder Winzer - und natürlich jeder Zecher - freut sich über einen guten Jahrgang. Doch wenn zwei oder mehr aufeinanderfolgende Jahre guten Ertrag und gute Qualität erbracht haben und auf dem Markt nicht die rechten Preise für die edlen Tropfen zu erzielen sind, dann ist für die meisten Winzer guter Rat teuer.

Nicht so für einen Freiburger Junker. Nach den satten Jahrgängen 1539 und 1540, als die Quantität des Weines den Durst der Freiburger Bürger weit übertraf, sah dieser sich gezwungen, seinen Wein von seinen Bauern in Fronarbeit wegtrinken zu lassen. Wer nun meint, das sei zwar eine großzügige Tat des Junkers gewesen, und dieser Handel müsse ihn doch in den Ruin gestürzt haben, den belehrt ein Augenzeuge eines Besseren: "Die Bauern machten sich an dieses lustige Geschäft; dabei gab es Händel und Schlägereien, welche der Junker mit Geldstrafen belegte. Damit verdiente er mehr, als wenn er den Wein verkauft hätte." So scheint die Rechnung für beide Seiten dann doch noch aufgegangen zu sein. Die Bauern hatten ihren Spaß und der Junker seinen Profit - man muß sich eben nur zu helfen wissen.

Die Geschichte vom Bahlinger Wein und dem Hoselips

Er ist aus Holz, steht vor einer Faßwand im Bahlinger Rathaussaal und trägt als Bekleidung einen Lendenschurz aus Trauben und Blättern. Er ist eine ungewöhnliche, schnurrbärtige und schnurrige Figur - wahrscheinlich aus dem Jahr 1757 und mit großer Sicherheit vom Dorfschreiner Johann Jacob Kaufmann geschnitzt.

Heute Bahlingens Wein-Wahrzeichen und Etiketten-Symbol der Winzergenossenschaft, wurde er früher zunächst nicht so beachtet - bis zu seinem Verschwinden.

Die Dorfüberlieferung sagt, daß ein Mannheimer Weinhändler im Rathauskeller große Mengen Wein erwarb und durch Hartnäckigkeit schließlich den Hoselips als Draufgabe erhielt. In der Folge sollen die Weinernten schlecht gewesen sein, und man habe das mit der Abwesenheit des Hoselips in Verbindung gebracht.

Die Dorfoberen fühlten den Volkszorn - und handelten. Sie verhandelten erfolgreich mit dem Mannheimer Händler und brachten den Hoselips an seinen Platz zurück. - Seit 1977 ziert er nicht nur den Rathaussaal sondern als Abbildung auch einige Millionen Flaschen Bahlinger Weines.

"Gasthof zum Kreuz"
Landstraße 14
7804 Glottertal
Karl Kunz
07684/206 und 267

Holunderblütenküchlein im Weinteig

Für die Zimtsahne:
1/2 l Milch, 6 Eigelb, 125 g Zucker, 1/8 l geschlagene Sahne, 2 Zimtstangen

Die Milch mit den Zimtstangen aufkochen. Eigelb und Zucker glattrühren. Die Zimtmilch auf die Eigelbmasse geben, gut verrühren, durchpassieren und abkühlen lassen. Vor dem Anrichten die geschlagene Sahne unterheben.

Für den Weinteig:
8 voll aufgeblühte Holunderblüten, 250 g Mehl, 3/8 l Weiß-wein, 1/8 l Milch, 40 g flüssige Butter, 40 g Zucker, 3 Eigelb, 3 Eiweiß, 40 g Vanillezucker, abgeriebene Schale einer Zitrone, Puderzucker, Salz

Die Holunderblüten waschen und auf Küchenkrepp trockentupfen. Das Mehl in eine Schüssel geben und mit dem Weißwein glattrühren. 3 Eigelb, Gewürze, Butter und Zucker darunterschlagen. Den Teig 1/2 Stunde ausquellen lassen.

Eiweiß und Zucker steifschlagen und unter den Teig heben. Die trockenen Holunderblüten am Stiel anfassen, in den Teig tauchen und herausheben. Etwas vom Teig ablaufen lassen und in heißem Fett 2 Minuten hellbraun backen. Die Küchlein abtropfen lassen, mit Puderzucker bestäuben und zusammen mit der halbsteifen Zimtsahne servieren.

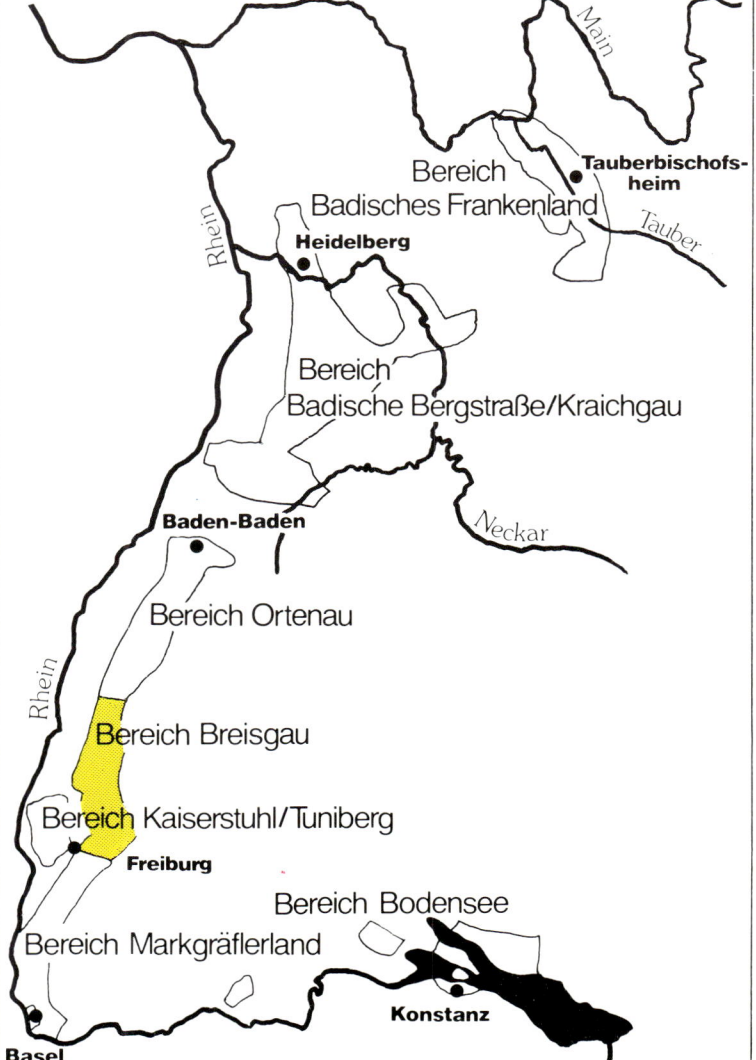

Bereich Breisgau

Freiburg ist drei Weinbaubereichen Badens zugeordnet, die solchermaßen "dreigeteilte" badische Weinbau-Capitale heißt aber "Freiburg im Breisgau", und so sei sie hier mit diesem beschrieben. Freiburg begrenzt den Breisgau nach Süden, war auch früher sein kommerzielles wie weinliches Zentrum - und Vorbild im Qualitätsweinbau. Kaum daß Freiburg Stadt wurde, gab es schon eine Rebleutezunft, und ihre Zunftordnungen sind frühe Beweise des Qualitätsstrebens in Weinberg und Weinkeller. Die Stadt hat den Gau über alle Jahrhunderte beeinflußt, so wie sie heute das ganze Badische Weinbaugebiet unter anderem als Sitz des Weinbauinstitutes (1920 gegründet) und des Weinbauverbandes beeinflußt.

Beim Wein gab und gibt es für Freiburg und seine Umgebung Gemeinsamkeit in dieser Ebene, in der Wiesen und Felder, Getreide und Tabak, Mais und Obst wechseln, bis sich dann an den Hängen und auf den weitgehend neueren Terrassen die Reben anschließen. Zur Hälfte etwa sind sie mit Müller-Thur-

gau bestanden, zu einem Drittel mit Spätburgunder und zu einem Fünftel mit Ruländer.

Auch im Klima hat man Gemeinsames: recht viel Sonne und Wärme - und recht viele Niederschläge - besonders im Glottertal, das sich vor den Toren Freiburgs in den Schwarzwald hineinzieht und mit Weinbau bis zu 500 Meter Höhe auch die höchsten Rebflächen der Region hat.

Politisch war die Landschaft dagegen eher "bunt", und das Verbindende lag hier wohl mehr im gemeinsamen Erdulden von Kriegslasten. Die politischen Umgestaltungen reichen bis in unsere Zeit, die letzten "Bereinigungen" auf Kreisebene liegen noch nicht lange zurück. Auf den Weinbau hat das keinen Einfluß gehabt. Er wird weitgehend vom verbreiteten Löß- und Lehmboden und natürlich vom Klima bestimmt. Eine besondere Weinspezialität hat sich in diesem zum Teil recht jungen Weinbaubereich noch nicht herausgebildet. Möglicherweise wird sich das mit dem nur für Baden zugelassenen Wein namens "Badisch Rotgold" ändern. Der muß aus Grauburgunder (Ruländer) und Spätburgunder gekeltert werden.

Denzlingen · Emmendingen · Mundingen · Ettenheim Altdorf · Münchweier · Wallburg · Freiburg

Denzlingen

Einwohner: 10 835
Bestockte Rebfläche: 11 Hektar in den Lagen "Eichberg" und "Sonnhalde" (Großlage "Burg Zähringen")
Haupt-Rebsorten: Spätburgunder und Ruländer
Vermarktung: WG Glottertal, WG Buchholz über die ZBW

Zwischen Kaiserstuhl und Schwarzwald liegt Denzlingen zu beiden Ufern der Glotter. Hier erweitern sich die Täler von Glotter, Elz und Bretten, hier beginnt die fruchtbare "Breisgauer Bucht". Im Ort erhebt sich das "Mauracher Bergle" auf eine Höhe von fast 300 Metern. Der frühgotische Turm der ehemaligen Georgskirche steht an der Dorfstraße; auffällig ist seine steinerne Spitze, in der früher - bis zur Restaurierung - Störche nisteten. Bemerkenswert auch ein weiterer Turm: der romanische Chorturm der evangelischen Pfarrkirche aus dem 13. Jahrhundert, ein offener achtseitiger Steinhelm.

Am "Sonnenhaldbuck" und im Eichberg wird heute noch Weinbau betrieben: Spätburgunder und Ruländer sind die Sorten, die hier in Steil- und Hanglagen gedeihen.

Emmendingen mit dem Ortsteil Mundingen

Einwohner: 24 784
Bestockte Rebfläche: 4 Hektar in der Lage "Halde" (Großlage "Burg Zähringen")
Haupt-Rebsorten: Müller-Thurgau, Ruländer und Spätburgunder
Vermarktung: Staatsdomäne Hochburg

Emmendingen ist Kreisstadt und Mittelzentrum in der Region Südlicher Oberrhein - ein Tor zum Schwarzwald und zum Kaiserstuhl. Mittelpunkt war

die Stadt auch in früheren Zeiten: 1094 erstmals urkundlich erwähnt, wurde Emmendingen zum Marktort für die Dörfer der Umgebung. In Emmendingen selbst wird kaum Weinbau betrieben, wohl aber im Ortsteil Mundingen.

Der im 15. Jahrhundert angelegte Marktplatz ist unverändert Mittelpunkt Emmendingens: Von ihm gehen alle Straßen der Altstadt aus. Sehenswert sind sicherlich auch das im Barockstil errichtete Rathaus und das im Stil des Klassizismus erbaute Amtsgericht, das ursprünglich der zweiten Frau des Markgrafen Karl Friedrich als Witwensitz dienen sollte; außerdem die evangelische Stadtkirche und das Markgrafenschloß mit dem achteckigen Treppenturm an der Nordseite dieses reizvollen Renaissancegebäudes.

Wahrzeichen Emmendingens aber ist das Stadttor, das im 17. Jahrhundert erbaut und 1706 mit einem Türmchen versehen wurde. Von der früher um die ganze Altstadt verlaufenden Stadtmauer sind heute nur noch Reste zu sehen. Im "Schlosserhaus" in der Landvogtei waren bekannte Persönlichkeiten des 18. Jahrhunderts Gäste von Goethes Schwager: Herzog Karl August von Weimar, Herder, Lavater - und nicht zuletzt Goethe selbst. Und so ist es auch kaum verwunderlich, daß Emmendingen zum Schauplatz eines Werks des Dichters wurde - des Schauspiels "Hermann und Dorothea".

Daß man sich in der Landschaft wohlfühlen kann, hat der Dichterfürst schon vor 200 Jahren festgestellt - und niedergeschrieben:

"Der Rhein und die klaren Gebirge in der Nähe, die abwechselnden Wälder, Wiesen und gartenmäßigen Felder machen den Menschen wohl und geben mir eine Art Behagens, das ich lange entbehrte." Reizvoll ist die Landschaft um Emmendingen sicherlich; hinter den Hügeln der Vorbergzone erreichen bewaldete Berge des Schwarzwalds Höhen bis zu 1 200 Me-

ter. Von dort aus hat man Ausblick auf sämtliche Gipfel des südlichen Schwarzwalds und auf den mit Wein bewachsenen Kaiserstuhl.

Mundingen, der Weinbauortsteil Emmendingens, liegt zwischen Weinbergen, Feldern, Wiesen und Wäldern und hat seinen ursprünglichen Charakter noch bewahrt. Hier werden vorwiegend auf Terrassen Müller-Thurgau, Ruländer, Spätburgunder und Gewürztraminer angebaut. Probieren kann man diese Weine vor allem beim "Breisgauer Weinfest", zu dem die Stadt alljährlich im August einlädt.

Mundingen
Ortsteil von Emmendingen

Bestockte Rebfläche: 64 Hektar in der Lage "Alte Burg" (Großlage "Burg Lichteneck")
Haupt-Rebsorten: Müller-Thurgau, Ruländer und Spätburgunder
Vermarktung: WG Mundingen über die ZBW

Ettenheim
mit den Ortsteilen Ettenheimweiler, Altdorf, Münchweier und Wallburg

Einwohner: 9 071
Bestockte Rebfläche der Kerngemarkung: 88 Hektar in der Lage "Kaiserberg" (Großlage "Burg Lichteneck")
Haupt-Rebsorten: Müller-Thurgau, Spätburgunder und Ruländer
Vermarktung: WG Ettenheim über die ZBW

Zwei französische Flüchtlinge rückten das Barockstädtchen im Breisgau ins Licht der Weltgeschichte: Der erste war der in Ungnade gefallene Kardinal Ludwig Renauts Eduard, Prinz von Rohan-Guemenee. Er floh

nach seiner Verwicklung in die pikante "Halsbandaffäre" kurz vor der Französischen Revolution mit seinem gesamten Hofstaat und dem Domkapital über den Rhein nach Ettenheim und brachte der Stadt so eine erste Blüte.

Der zweite war der junge Prinz Ludwig Anton Heinrich aus dem Geschlecht der Bourbonen, der sich nach seiner Flucht vor den Revolutionstruppen und der anschließenden Zeit im Emigrantenkorps in Ettenheim niederließ. Dies geschah 1801. Nur ein Jahr später nahm er die Nichte des Kardinals zur Frau. Doch die Ehe währte nicht lange. Schon im Jahr 1804 ließ Napoleon den jungen Adligen durch seine Reiter entführen und kurz darauf in der Nähe von Paris erschießen. Napoleon hatte in ihm einen gefährlichen Gegner gesehen, der seine Machtkreise hätte stören können.

Nach dem Übergang Ettenheims an die Markgrafschaft Baden wurde aus der Residenz eine Amtsstadt; doch auch diese Funktion verlor sie 1924. Anschließend kam sie zum Bezirksamt, danach zum Landkreis Lahr. Seit 1973 gehört sie zum Ortenaukreis in Offenburg - und präsentiert sich adrett und munter im "Barock-Gewand" ihrer Altstadt.

Altdorf
Ortsteil von Ettenheim

Bestockte Rebfläche: 17 Hektar in der Lage "Kaiserberg" (Großlage "Burg Lichteneck")
Haupt-Rebsorten: Müller-Thurgau und Ruländer
Vermarktung: WG Ettenheim über die ZBW

Münchweier
Ortsteil von Ettenheim

Bestockte Rebfläche: 46 Hektar in der Lage "Kirchberg" (Großlage "Schutter-Lindenberg")

Bild: Ettenheim.

Haupt-Rebsorten: Müller-Thurgau, Ruländer und Spätburgunder
Vermarktung: WG Münchweier-Wallburg-Schmieheim über die ZBW

Münchweier liegt an einem der idyllischen Täler, die in den mittleren Schwarzwald hineinführen. Es ist heute wieder ein rebenbestandenes Tal. Der Rebbau geht, wie soviele Daten in der reichhaltigen Münchweierer Chronik, auf das Wirken der Benediktinermönche aus Ettenheimmünster zurück. Im Jahr 1325 wird der große Umfang des Weinbaus in Münchweier erwähnt. 1551 läßt der Abt Quirin den ersten klösterlichen Weinkeller erbauen. Und aus dem Jahr 1626 liegen die ersten genauen Zahlen über die Größe der Weinbaufläche vor: 41 Hektar Reben besitzt das Kloster in Münchweier.

Nach der Auflösung des Klosters im Jahre 1803 beginnt gleichzeitig auch der Niedergang des Weinbaus. So wird aus dem Jahre 1805 berichtet, daß die ehemaligen Klosterreben in der "Kirchhalde" verkauft und ausgestockt worden sind, um Ackerland zu gewinnen. Zwar versuchen die Bürger von Münchweier, in Selbsthilfe neue Flächen für den Weinbau zu gewinnen, und auch die Großherzogliche Bezirksregierung will durch eine Herbstordnung die zu frühe Lese verbieten. Doch auch solche Schritte können den Rückgang des Weinbaus nicht aufhalten: 1948 stehen nur noch sieben Hektar Reben auf der Gemarkung Münchweier.

Daß es heute wieder rund 50 Hektar Rebland um Münchweier herum gibt, ist der Lohn der großen Aufbauarbeit nach dem Krieg: 1953 bis 1956 wurden fünf alte Rebgewanne flurbereinigt und mit reblauswiderstandsfähigen Pfropfreben bepflanzt, 1971 folgten weitere 30 Hektar. Hier wurden durch die Winzer in der Rebenaufbaugenossenschaft 55 Prozent Müller-Thurgau, 20 Prozent Ruländer, 13 Prozent Gewürztraminer und 12 Prozent Riesling gepflanzt. Die hier gelesenen Trauben werden der Zentralkellerei in Breisach anvertraut, die die Münchweierer Weine ausbaut und auch vermarktet.

Wallburg
Ortsteil von Ettenheim

Bestockte Rebfläche: 10 Hektar
in der Lage "Kirchberg" (Großlage "Schutter-Lindenberg")
Haupt-Rebsorten: Müller-Thurgau und Ruländer
Vermarktung: WG Münchweier-Wallburg-Schmieheim über die ZBW

Freiburg

Einwohner: 178 545
Bestockte Rebfläche: 688 Hektar
Haupt-Rebsorten: Traminer, Silvaner, Riesling und Ruländer
Vermarktung: siehe Ortsteile

Natürlich ist Freiburg eine Stadt mit einer Umgebung, wie sie sich ein Großstädter besser nicht wünschen kann. Selbstverständlich ist dieses regionale Zentrum am Schwarzwald auch eine Stadt der Museen und der Kultur, der Baudenkmäler von der Qualität des Münsters. Und es ist eine Stadt der schönen Parks, der "Bächle", die zum Teil noch offen durch die Altstadt fließen, der Brunnen, die beschaulich plätschern und der pittoresken Märkte ... Vor allem aber ist Freiburg eine "Stadt des Weines", und genauso haben sich die Freiburger selbst bezeichnet.

Nahe dem Hauptbahnhof gibt es noch einen Rebengarten, aber um Freiburgs ganze Weinherrlichkeit zu sehen, muß man schon ein wenig herumreisen: vom Breisgau in das Markgräflerland und schließlich auch noch in den Bereich Kaiserstuhl/Tuniberg. In diesem Bereich liegen Freiburgs eingemeindete Wein-Ortsteile Munzingen, Opfingen, Tiengen und Waltershofen. Im Bereich Markgräflerland ist die Stadt mit zwei Lagen vertreten, und im Breisgau ist der "Schloßberg" die traditionsreiche Lage der alten Kernstadt.

Freiburg ist also Verknüpfungspunkt für drei der sieben badischen Bereiche, aber als Sitz des Weinbauinstitutes und des Badischen Weinbauverbandes hat die Stadt des Weines, die eigentlich eine "Hauptstadt des Weines" ist, badenweite Bedeutung. Das zeigt sich für die Öffentlichkeit bei den Freiburger Weintagen einmal im Jahr recht deutlich, wenn nämlich vieles, was Rang und Namen hat, im badischen Weinbau, in einer großen aber gleichwohl gemütlichen "Weinstadt innerhalb der Stadt des Weines" vertreten ist: 300 Weine gibt es zu verkosten - verschiedene wohlgemerkt - und zahllose Eßspe-

BEREICH: BREISGAU

Lehen · Friesenheim · Heiligenzell · Oberweier · Schuttern · Oberschopfheim Glottertal · Gundelfingen · Wildtal · Herbolzheim

Freiburg – siehe auch das Foto auf Seite 195.

zialitäten außerdem. Wer die Riesenweinprobe an den vier Festtagen eines Jahres nicht schafft - alljährlich im Juni gibt's eine Neuauflage.

Angefangen hat das alles wohl mit den Rittern von Zähringen, die auf der Burg über dem gleichnamigen Dorf saßen und schließlich, als sie erfolgreich und mächtig genug geworden waren, eine Stadt zu Füßen ihres Berges gründeten. 1120 war das, und Freiburg entwickelte sich in den folgenden zwei Jahrhunderten recht schnell zu einer prächtigen Stadt mit einem großartigen Münster.

Man geht heute davon aus, daß die Kelten schon bescheidenen Weinbau hatten, daß ihn die Römer kultivierten, wie sie das überall getan haben, wo Reben

wachsen konnten - und daß die nachdrängenden und verdrängenden Alemannen dem feinen Getränk von vornherein nicht abgeneigt waren.

Sicher ist, daß Freiburg zu Zähringer Zeiten bereits rundum von Reben umgeben war, und bekannt ist ja auch, daß man hier früh angefangen hat, für Qualitätsweinbau zu sorgen. Deutliche Ansätze dazu sind aus der ersten Ordnung der Rebleute-Zunft zu ersehen, die wir an anderer Stelle beschreiben.

Heute ist eine der Großlagen rund um Freiburg als Erinnerung an die Anfänge der Stadt nach der Burg Zähringen benannt, und was die Herren jener Burg damals an politischer Macht hatten, das kann Freiburg heute auf dem friedliche-

ren Gebiet des Weinbaus aufweisen: Mit 650 Hektar Rebfläche ist sie eine der rebflächengroßen Wein-Metropolen Deutschlands.

Lehen
Ortsteil von Freiburg

Bestockte Rebfläche: 6 Hektar in der Lage "Bergle" (Großlage "Burg Zähringen")
Haupt-Rebsorten: Müller-Thurgau, Spätburgunder und Ruländer
Vermarktung: 1 Selbstmarkter

Friesenheim
mit den Ortsteilen Heili-

genzell, Oberweier, Schuttern und Oberschopfheim

Einwohner: 10 137
Bestockte Rebfläche: 74 Hektar in der Lage "Kronenbühl" (Großlage "Schutter-Lindenberg")
Haupt-Rebsorten: Müller-Thurgau, Ruländer und Spätburgunder
Vermarktung: WG Friesenheim über die ZBW, 1 Selbstmarkter

Friesenheim besteht aus fünf Ortsteilen - Friesenheim, Heiligenzell, Oberschopfheim, Oberweier und Schuttern; seine Gemarkungsfläche reicht von der Rheinebene bis in die Vorgebirgszone des Schwarzwalds. Tabak- und Maisanbau findet man in der Ebene, an den Hängen wachsen - zum Teil in Terrassenanlagen - Reben: Müller-Thurgau, Ruländer, Spätburgunder und Gewürztraminer. Und sie gedeihen gut in dem milden Klima im südlichen Winkel des Ortenaukreises.

Kaum zu glauben ist es da, daß Teile der Gemarkung früher nicht bewohnt werden konnten - größere Sumpfgebiete machten eine dauernde Besiedlung unmöglich.

Gleich zwei Straßen führten in römischer Zeit durch die Friesenheimer Gemarkung - Fundamente einer römischen Straßenstation und einer kleinen Villa sind Überreste aus dieser Epoche.

Prinz Offo, ein Schottenmönch, soll das Kloster Schuttern gegründet haben, "Offoniswilare", so der frühere Name, besteht bereits seit dem frühen 7. Jahrhundert. Aufständische Bauern aus Lahr und Friesenheim haben es 1525 vernichtet. Den Ort selbst traf es rund ein Jahrhundert später im Dreißigjährigen Krieg so schlimm, daß kaum ein Stein auf dem anderen blieb.

Die Kirche hat früher hier eine große Rolle gespielt - Kirchen zählen zu den ältesten Bauwerken. Da ist die Kirche in Oberschopfheim, erbaut 1715, und die Gutleut-Kirche südwestlich vom Ort. Teile mittelalterlicher Wandmalereien sind in dieser ursprünglich gotischen, im Barock und später nochmals erneuerten Kirche erhalten. Der Turm der Kirche von Friesenheim stammt aus dem Jahr 1495, angebaut wurde ein barockes Langhaus. Vom früheren Kloster Schuttern ist noch die ehemalige Klosterkirche, heute katholische Pfarrkirche Mariä Himmelfahrt aus dem Jahr 1773 erhalten.

Zu feiern versteht man in Friesenheim zu jeder Jahreszeit - nicht nur kirchliche Feste. Die alemannische Fastnacht und das Seenachtsfest im Sommer sind Höhepunkte im Veranstaltungskalender. Und im Herbst feiern einige Ortsteile ihr Winzerfest.

Oberschopfheim
Ortsteil von Friesenheim

Bestockte Rebfläche: 56 Hektar in der Lage "Kronenbühl" (Großlage "Schutter-Lindenberg")

Haupt-Rebsorten: Müller-Thurgau, Ruländer und Spätburgunder
Vermarktung: WG Oberschopfheim über die ZBW

Glottertal

Einwohnerzahl: 2 567
Bestockte Rebfläche: 34 Hektar in den Lagen "Roter Bur" und "Eichberg" (Großlage "Burg Zähringen")
Haupt-Rebsorten: Spätburgunder und Ruländer
Vermarktung: WG Glottertal, 1 Selbstmarkter

Man muß einmal vom Glottertal zum Kaiserstuhl - oder umgekehrt - gewandert sein, um zu sehen, wie räumlich nah zwei charakterlich weit entfernte kleine Wein-Welten liegen können: Der südlich-mittelmeerische Kaiserstuhl und dann die fest umrissene, geradezu postkartenmäßige deutsche Schwarzwaldwelt dieses stetig ansteigenden und enger werden-

Herbolzheim – das älteste Fachwerkhaus im Breisgau.

den Bachtales. Und dazu der eigentümliche optische Reiz der Weinberge, die neben sattgrünen Wiesen liegen, für die "Matten" das bessere Wort ist.

Glottertal ist ein Fremdenverkehrsort mit repräsentativen großen Hotels im Schwarzwaldstil und mit "Ferien auf dem Bauernhof" in einzeln stehenden Gehöften. Natur und Kultur, Wandern und Folklore gehören zum Urlaubserlebnis wie das gute Essen und der Wein. Der wächst hier im Steilhang und in größerer Höhe als anderswo in Deutschland. Es ist zumeist Spätburgunder, der häufig als Weißherbst ausgebaut wird. Eine der beiden Lagen hat den zugkräftigen Namen "Roter Bur", und der paßt natürlich zum roten Spätburgunder ausgezeichnet.

Winzergenossenschaft Glottertal

Anlaß zur Gründung der Glottertaler WG war die relativ gro-

ße Weinernte des Jahres 1950. Über 10 000 Liter Wein standen in Zubern und anderen möglichen und unmöglichen Gefäßen herum und fanden keinen Abnehmer. Ein Jahr danach schlossen sich 13 Winzer zusammen, die im Gründungsjahr ihre 14 Fässer mit 22 500 Litern Most füllen konnten. Eine ehemalige Zigarrenfabrik wurde 1955 zu einem Winzerkeller "umfunktioniert", zweimal erweitert und 1973 durch einen unterirdischen Gang mit der neuerbauten Kelterhalle verbunden.

155 Mitglieder bearbeiten heute eine Rebfläche von 50 Hektar. Bekannte Einzellagen sind "Roter Bur" und "Eichberg". 79 Prozent der Rebfläche gehören dem Spätburgunder, der zu Rotwein und Weißherbst gekeltert wird. Ruländer (13 %), Müller-Thurgau (5 %), Gewürztraminer (2 %) und Riesling (1 %) teilen sich die restliche Ertragsfläche.

55 Prozent der Glottertaler Weine gehen über die "Ladentheke" direkt an den Privatkäufer, während über den Groß- und Fachhandel (mit Ausnahme der Gastronomie im näheren Umkreis) wenig vermarktet wird.

Gundelfingen
Ortsteil Wildtal

Bestockte Rebfläche: 2 Hektar in der Lage "Sonnenberg" (Großlage "Burg Zähringen")
Haupt-Rebsorten: Müller-Thurgau und Spätburgunder
Vermarktung: WG Buchholz über die ZBW und WG Glottertal

Herbolzheim
mit den Ortsteilen Bleichheim, Broggingen, Tutschfelden und Wagenstadt

Einwohner: 7 784
Bestockte Rebfläche: 103 Hektar in der Lage "Kaiserberg" (Großlage "Burg Lichteneck")
Haupt-Rebsorten: Müller-Thurgau, Ruländer und Spätburgunder
Vermarktung: WG Bleichtal über die ZBW

Herbolzheim und die vier eingemeindeten Orte Wagenstadt, Bleichheim, Broggingen und

Bleichheim · Broggingen · Tutschfelden · Wagenstadt Heuweiler · Kenzingen · Bombach · Hecklingen

Tutschfelden sind ein geschichtsträchtiges Pflaster. Die Stadt selbst gefällt durch ihr interessantes Ortsbild im Zentrum mit vielen unter Denkmalschutz stehenden Wohn- und Gasthäusern aus dem 15. und 16. Jahrhundert. Aus einem späteren Jahrhundert stammen die Wallfahrtskapelle "Mariasand", die 1747 nach dem Abbruch der älteren, 1560 errichteten, kleineren Kapelle erbaut wurde, und die im Barockstil gestaltete katholische Pfarrkirche.

Bleichheim bietet das Jagdschloß Kageneck, die Zehntscheuer und die aus dem 12. Jahrhundert stammende Ruine Kirnburg. Und wem das noch nicht genug Historie ist, der findet sicherlich noch mehr im

neu ausgestatteten Heimatmuseum in Bleichheim oder in der wertvollen Dokumentensammlung im Rathausarchiv.

Da ist einiges von den wechselvollen Schicksalen der Stadt und ihrer Ortsteile nachzulesen, vom Wohlstand und vom Wein, vom Krieg und von den Kriegslasten. Geblieben ist Sehenswertes, geblieben ist aber vor allem der Wein - in der Kerngemarkung der Stadt und in vier Ortsteilen. 320 Hektar vorwiegend mit Müller-Thurgau bestockes Rebland sind das insgesamt. Auch Ruländer, Spät- und Weißburgunder sind noch gut vertreten. Hang- und Terrassenweinbau wechseln - die Böden kaum: Der Wein gedeiht hier vorwiegend auf Löß-Lehm.

Kenzingens schönes Verkehrsamt.

Bleichheim
Ortsteil von Herbolzheim

Bestockte Rebfläche: 29 Hektar in der Lage "Kaiserberg" (Großlage "Burg Lichteneck")
Haupt-Rebsorten: Müller-Thurgau und Spätburgunder
Vermarktung: WG Bleichheim über die ZBW

Broggingen
Ortsteil von Herbolzheim

Bestockte Rebfläche: 72 Hektar in der Lage "Kaiserberg" (Großlage "Burg Lichteneck")
Haupt-Rebsorten: Müller-Thurgau und Spätburgunder
Vermarktung: WG Broggingen über die ZBW

Tutschfelden
Ortsteil von Herbolzheim

Bestockte Rebfläche: 72 Hektar in der Lage "Kaiserberg" (Großlage "Burg Lichteneck")
Haupt-Rebsorten: Müller-Thurgau, Ruländer und Spätburgunder
Vermarktung: WG Tutschfelden über die ZBW

Wagenstadt
Ortsteil von Herbolzheim

Bestockte Rebfläche: 43 Hektar in der Lage "Hummelberg" (Großlage "Burg Lichteneck")
Haupt-Rebsorten: Müller-Thurgau und Weißburgunder
Vermarktung: WG Wagenstadt über die ZBW

Heuweiler

Einwohner: 790
Bestockte Rebfläche: 10 Hektar

in der Lage "Eichberg" (Großlage "Burg Zähringen")
Haupt-Rebsorten: Spätburgunder und Ruländer
Vermarktung: WG Glottertal

Kenzingen

Einwohner: 6 908
Bestockte Rebfläche: 100 Hektar in den Lagen "Hummelberg" und "Roter Berg" (Großlage "Burg Lichteneck")
Haupt-Rebsorten: Müller-Thurgau, Ruländer und Spätburgunder
Vermarktung: WG Kenzingen über die ZBW

"... das ganz nahe vor mir liegende Gebirg oben mit in der Sonne glänzendem Schnee bedeckt, in höchst schönen malerischen Formen, darunter Hügel bis oben heran mit Wein bebaut, unten die herrlichsten Felder und blühenden Fruchtbäume ..." So beschrieb Dorothea Schlegel während ihrer Oberrheinreise die Landschaft um Kenzingen, der Stadt im nördlichen Breisgau, "dieses gesegnetsten Landes der Welt". Reben finden hier beinahe ideale Voraussetzungen: Wärme, ausreichende Sommerniederschläge und Sonnenschein.

Kenzingen bietet auch heute noch ein mittelalterliches Bild: Im Mittelpunkt des - inzwischen denkmalgeschützten - Stadtkerns wird der Marktplatz durch drei Brunnen aufgeteilt. Einer, der Üsenbergbrunnen, zeigt Rudolf II von Üsenberg, der 1249 auf einer von der Elz gebildeten Insel die Stadt gründete. Bereits kurze Zeit später - 1283 - erhielt Kenzingen das Stadtrecht. Von der Stadtmauer ist nur noch wenig erhalten: Das "Schwobetor", in dem die Zunftstube der Narrenzunft untergebracht ist, und Reste der Mauer. Gassen und Zirkel, einst innerhalb der Mauern gelegen, lassen noch erkennen, wie diese früher verlaufen ist; weniger "wehrhaft" umfließt heute nur noch die Elz, ein kleiner Fluß, die historische Altstadt.

Bereits 1275 wurde die Pfarrkirche St. Laurentius geweiht. Die ursprünglich gotische Kirche ist das älteste Gebäude Kenzingens; im südlichen Turm der ehemals dreischiffigen Basilika befindet sich eine Krypta mit wertvollen Fresken aus dem 13. und 14. Jahrhundert.

Imponierend auch das spätgotische Rathaus, um 1550 von Wolf von Hürnheim, dem damaligen Besitzer Kenzingens, erbaut. Durch Rundbogenportale und Rundbogenfenster stand die Markthalle im Erdgeschoß früher wohl in unmittelbarer Verbindung zum Straßenmarkt. Alte Fachwerkhäuser, Bürgerhäuser des 18. und 19. Jahrhunderts mit spätgotischen und Renaissance-Stilelementen prägen das Straßenbild.

Bräuche und Traditionen werden in Kenzingen gepflegt, die Fasnet nimmt unter den Festen einen besonderen Platz ein; Kenzingen ist eine der Hochburgen echter alemannischer Fasnet. Fasnet und Manneschenkel, ein Fettgebäck, gehören zusammen, ähnlich wie neuer Wein und Zwiebelkuchen, die man im Herbst, zur Zeit der Weinlese kosten kann.

Bombach
Ortsteil von Kenzingen

**Bestockte Rebfläche: 34 Hektar in der Lage "Sommerhalde" (Großlage "Burg Lichteneck")
Haupt-Rebsorten: Müller-Thurgau, Spätburgunder, Ruländer und Gewürztraminer
Vermarktung: WG Kenzingen über die ZBW**

"Villa bonbach" - das war Bombach im Jahre 1144, als es noch zum Kloster Trudpert gehörte. Klosterbesitz ist Bombach heute nicht mehr - das ländliche Idyll jener Zeit blieb erhalten: gepflegte Fachwerkhäuser, die kleine, spätbarocke Kirche, reizvoll auch die Landschaft, in die das Dorf sich eingliedert: Wiesen - und viele Weinberge; auf den Kuppen der Hügel stehen Laubwälder.

"Räwe", Reben, wachsen viele in der "Sommerhalde" - deshalb kann alljährlich zur Fasnet der "Räwehupfer" in Bombach lebendig werden und sein närrisches Unwesen treiben. Heiß geht es beim Weinfest am Hummelberg her: Es findet mitten im Sommer, in der ersten Augustwoche statt. Und wer es

Typische Schwarzwaldlandschaft des Breisgaus (bei Lahr).

lieber ruhig mag, dem schmeckt sein Viertele vielleicht am besten in der stillen Saison mit "Schwartenmagen", einer weiteren Bombacher Spezialität.

Hecklingen
Ortsteil von Kenzingen

Bestockte Rebfläche: 77 Hektar in der Lage "Schloßberg"
**(Großlage "Burg Lichteneck")
Haupt-Rebsorten: Müller-Thurgau, Spätburgunder und Ruländer
Vermarktung: WG Kenzingen über die ZBW**

Über Hecklingen, einem Ortsteil von Kenzingen, steht die Ruine von Burg Lichteneck, das Wahrzeichen des Ortes - und heute auch Großlagenname. Im 12. Jahrhundert auf den Resten eines römischen Kastells erbaut, galt die Burg lange Zeit

als uneinnehmbar - bis 6 000 französische Soldaten unter Vauban im Jahre 1675 das Gegenteil bewiesen. An elsässische Burgen erinnert der quadratische Grundriß Lichtenecks; als Sperrfeste an der Riegeler Pforte sollte von hier aus der Zugang zur Breisgaubucht zwischen Kaiserstuhl und Schwarzwald, lange Zeit die einzige Nord-Südverbindung, versperrt werden.

Fast genau 100 Jahre nach der Zerstörung der Burg ließen die

Nordweil · Kippenheim · Schmieheim · Lahr · Hugsweier · Mietersheim · Sulz Mahlberg · Malterdingen · Ringsheim · Sexau

Grafen von Hennin unterhalb der Ruine ein Schloß mit Wirtschaftshof als Sommersitz errichten; 1956 hat man das noch in seiner ursprünglichen Form - im Stil Louis XVI - erhaltene Bauwerk restauriert.

Hecklingen ist Dorf geblieben - Fachwerkhäuser, der Dorfbrunnen, die einfache, sorgfältig restaurierte Dorfkirche, der rebenbewachsene "Schloßberg" - dies alles wirkt gemütlich und beschaulich. Beim Weinfest am zweiten Oktoberwochenende kann man Ort und Weine vielleicht am besten genießen.

Nordweil
Ortsteil von Kenzingen

Bestockte Rebfläche: 101 Hektar in der Lage "Herrenberg" (Großlage "Burg Lichteneck")
Haupt-Rebsorten: Müller-Thurgau, Spätburgunder und Ruländer
Vermarktung: WG Nordweil über die ZBW

Reben und Wein gehören ebenso zu Nordweil, dem kleinen Dorf in der Vorbergzone, wie der "Bachdatscher", die urwüchsige Nordweiler Fasnetfigur. Aber der wird nur einmal im Jahr lebendig - mit dem Wein leben die Nordweiler jedoch das ganze Jahr. Und das schon seit Jahrhunderten - daran hat sich trotz der bewegten Geschichte des Dorfes wenig geändert.

Zeitweise waren die Mönche vom Kloster Alpirsbach die Herren von Nordweil, oder "novilla", wie es früher klangvoll hieß. Ihren ganzen Wein, und das dürfte bei den damaligen Trinkgewohnheiten nicht gerade wenig gewesen sein, bezogen die frommen Männer aus Nordweil. Heute sind die Gäste beim Nordweiler Weinfest in der ersten Septemberwoche gewiß ähnlich weindurstig.

Kippenheim
mit Ortsteil Schmieheim

Einwohner: 4 154
Bestockte Rebfläche der Kerngemarkung: 72 Hektar in der Lage "Haselstaude" (Großlage "Schutter-Lindenberg")
Haupt-Rebsorten: Müller-Thurgau, Ruländer und Spätburgunder
Vermarktung: WG Kippenheim über die ZBW, 1 Selbstmarkter

Kippenheim liegt am Rande des Schwarzwalds - und verbindet so die Vorzüge der Vorgebirgslage mit den günstigen klimatischen Bedingungen der Rheinebene. Wen wundert's, daß hier auch Weinbau betrieben wird. Schon die Alemannen wußten die günstige Lage zu schätzen. Als sie um das Jahr 250 den römischen Grenzwall von Osten her durchbrochen hatten und das ganze Gebiet bis zum Rhein besetzten, ist wahrscheinlich auch Kippenheim entstanden: das Heim des Chippo.

1225 wird das Dorf erstmals offiziell genannt, als Papst Honorius III eine Schenkung bestätigt. Aber schon zwei Jahrhunderte vorher trat der Ort in Erscheinung: In seiner Kirche rief Bernhard von Clairvaux zum zweiten Kreuzzug auf.

Im Zeitalter der Reformation erlangte Kippenheim erneut Bedeutung im religiösen Bereich: Es wurde zum "Hauptort" des Protestantismus in der Herrschaft Mahlberg. Im Dreißigjährigen Krieg wurde Schmieheim, Ortsteil von Kippenheim, zerstört - das gleiche Schicksal traf Kippenheim selbst einige Jahre später.

1677 verwüsteten Franzosen den Ort, verschonten aber das heutige Rathaus, das 1610 im Renaissancestil erbaut worden war, und ebenso das 1608 von der Herrschaft Böcklin von Böcklinhausen errichtete Schloß mit seinen drei Türmen. Noch heute ist das sorgfältig renovierte Schloß sehenswerter Mittelpunkt Schmieheims und

wird vielfältig genutzt. Nicht zuletzt werden in seinem Keller Weinproben durchgeführt.

Die Kippenheimer Weine aus den Lagen Haselstaude und Kirchberg profitieren von dem guten Mikroklima, das durch die in der Vorbergzone des Schwarzwalds gegebene Öffnung nach Süden und Westen geschaffen wird. Hier findet die Weinrebe ideale Voraussetzungen, die reichen Böden aus Urgesteinverwitterung, Lehm und Löß prägen die Art der Weine aus Kippenheim - wie vieler Breisgauer Weine überhaupt. Kosten kann man den Wein am besten beim traditionellen Kippenheimer Weinfest, das jeweils am zweiten Wochenende im Oktober stattfindet.

Schmieheim
Ortsteil von Kippenheim

Bestockte Rebfläche: 38 Hektar in der Lage "Kirchberg" (Großlage "Schutter-Lindenberg")
Haupt-Rebsorten: Müller-Thurgau, Ruländer und Spätburgunder
Vermarktung: WG Münchweier-Wallburg-Schmieheim über die ZBW

Lahr
mit den Ortsteilen Hugsweier, Mietersheim und Sulz

Einwohner: 35 367
Bestockte Rebfläche: 42 Hektar in den Lagen "Herrentisch" und "Kronenbühl" (Großlage "Schutter-Lindenberg")
Haupt-Rebsorten: Müller-Thurgau und Weißburgunder
Vermarktung: WG Lahr über die ZBW, 1 Selbstmarkter

Der Weinbau ist für Lahr nur ein Farbtupfer im Stadtbild,

vielleicht sogar das vielzitierte "I-Pünktchen" in einer Stadt, für deren Bewohner reges Arbeiten ebensoviel gilt wie gelassenes Genießen: Da ist neben der betriebsamen Industriemetropole die urbane Wohnstadt mit all ihren Annehmlichkeiten, die geschichtsträchtige Innenstadt mit den vielen Barock- und Renaissance-Bauwerken, dann der schöne Stadtpark mit seinem einzigartigen exotischen Baumbestand und zu guter Letzt die fast dörflich anmutenden Stadtteile rundum.

Auch der Weinbau hat seinen festen Platz in Lahr. Rund um den Schutter-Lindenberg, der auch der Großlage seinen Namen gibt, ist schon im frühen Mittelalter Wein beurkundet. Es folgte wie in fast allen Weinbaugemeinden der riesige Weinboom des Mittelalters, der nur auf Menge zielte, dann die ersten Versuche zur Qualitätssteigerung, danach ein Rückgang der Weinbaufläche aus Gründen der Konkurrenz zu anderen landwirtschaftlichen Produkten wie Hanf und Tabak und anschließend die verheerenden Rebkrankheiten im späten 19. und 20. Jahrhundert.

Heute hat man wieder eine stattliche Rebfläche vorzuweisen. Besonders der Müller-Thurgau ist hier zu Hause, aber auch Weißburgunder und Ruländer fühlen sich auf den Lößlehm-Böden recht wohl. Ein Weingut und natürlich die Winzergenossenschaft Lahr sorgen für den guten Ruf, den Lahr als Weinstadt mittlerweile wieder besitzt.

Hugsweier
Ortsteil von Lahr

Bestockte Rebfläche: 11 Hektar in der Lage "Kronenbühl" (Großlage "Schutter-Lindenberg")
Haupt-Rebsorten: Müller-Thurgau, Ruländer und Spätburgunder
Vermarktung: WG Lahr über die ZBW

Mietersheim
Ortsteil von Lahr

Bestockte Rebfläche: 6 Hektar in der Lage "Kronenbühl" (Großlage "Schutterlindenberg")
Haupt-Rebsorten: Müller-Thurgau und Ruländer
Vermarktung: WG Lahr über die ZBW

Sulz
Ortsteil von Lahr

Bestockte Rebfläche: 8 Hektar in der Lage "Haselstaude" (Großlage "Schutter-Lindenberg")
Haupt-Rebsorten: Müller-Thurgau, Ruländer und Spätburgunder
Vermarktung: WG Lahr über die ZBW

Mahlberg

Einwohner: 3 178
Bestockte Rebfläche: 31 Hektar in der Lage "Haselstaude" (Großlage "Schutter-Lindenberg")
Haupt-Rebsorten: Müller-Thurgau, Spätburgunder und Ruländer
Vermarktung: WG Kippenheim über die ZBW

Das malerische Städtchen liegt auf einem felsigen Vorbergshügel und ragt imposant in die Rheinebene hinein. Das Jahr 1221 war ausschlaggebend für die weitere Entwicklung Mahlbergs. In jenem Jahr ließ Friedrich II nämlich den Markt vom nahegelegenen Ettenheim nach Mahlberg verlegen und erhöhte so den Stellenwert des Städtchens. Aber es stellte sich schnell heraus, daß dies keineswegs nur Vorteile brachte. Das gesamte Mittelalter hindurch stritten sich die verschiedenen Herren um den Marktflecken, bis schließlich im Jahre 1629 Mahlberg an die Markgrafen von Baden fiel.

Sie residierten im Schloß, das vorher den Geroldseckern gehörte. Hier verbrachte auch der später als "Türkenlouis" bekannt gewordene Markgraf Ludwig Wilhelm einen Teil seiner Jugend. Weitere wichtige Personen aus Mahlbergs Geschichte sind der Komponist Karl Kromer und der badische Staatsmann Freiherr Landolin von Blittersdorf, die beide hier das Licht der Welt erblickten.

Malterdingen

Einwohner: 2 168
Bestockte Rebfläche: 131 Hektar in der Lage "Bienenberg" (Großlage "Burg Lichteneck")
Haupt-Rebsorten: Müller-Thurgau, Ruländer und Spätburgunder
Vermarktung: WG Malterdingen über die ZBW

Malterdingen liegt etwa zehn Kilometer nördlich von Emmendingen. Es ist ein großes Dorf, dessen Ortsbild von einigen bemerkenswerten Bürgerhäusern aus der Zeit der Spätgotik und der Renaissance beherrscht wird. Auch ist noch ein Tor der ehemaligen Stadtbefestigung erhalten und dient heute als Wohnhaus.

Der Weinbau ist hier seit Ende des 13. Jahrhunderts nachgewiesen. Im Mittelalter war der Ort so bekannt, daß man dem damals hier vorherrschenden Spätburgunder das Synonym "Malterdingen" gab. Der Rebbau hat die Wirren des Dreißigjährigen Krieges und die Welle der Rebkrankheiten zu Beginn unseres Jahrhunderts gut überstanden. Immer noch sind mehr als 130 Hektar Rebland bestockt, und besonders der Müller-Thurgau, der den Sortenspiegel anführt, gedeiht heute prächtig auf den stark kalkhaltigen Lehm- und Lößböden.

Ringsheim

Bestockte Rebfläche: 29 Hektar in der Lage "Kaiserberg" (Großlage "Burg Lichteneck")
Haupt-Rebsorten: Müller-Thurgau, Ruländer und Spätburgunder
Vermarktung: WG Ringsheim über die ZBW

Sexau

Einwohner: 2 549
Bestockte Rebfläche: 13 Hektar in der Lage "Sonnhalde" (Großlage "Burg Zähringen")
Haupt-Rebsorten: Spätburgunder und Ruländer
Vermarktung: WG Buchholz über die ZBW

Im Breisgau, vor dem über 1200 m hohen Kandelmassiv, liegt Sexau in einer weiten Talbucht. Umgeben von Nadel- und Mischwäldern konnte das

Mahlberg.

Tenningen · Heimbach · Köndringen · Waldkirch Buchholz

Dorf mit seinen zahlreichen Seitentälern seinen ländlichen Charakter bewahren: Die Stille des Ortes lädt zum Ausruhen und Entspannen, Wandern und Spazierengehen ein.

In dieser milden, sonnigen Landschaft gedeiht an den Südhängen Wein, und wer die meist in Steillagen erzeugten Weine probieren will, der kommt sicher bei den während der Sommermonate stattfindenden Weinproben auf seine Kosten.

Beliebtes Wanderziel ist die "Hochburg", die größte Burgruine des badischen Oberlandes, oder auch die gotische Kapelle des ehemaligen Klosters Tennenbach, ebenso natürlich die Berge wie der 747 Meter hohe Hünersedel oder der 1 241 Meter hohe Kandel.

Teningen
mit den Ortsteilen Heimbach und Köndringen

Einwohner: 10 499
Bestockte Rebfläche: siehe Statistiken der Ortsteile

Teningen ist "Grenzstadt". Sein Weinbau-Ortsteil Nimburg-Bottingen liegt im Bereich Kaiserstuhl-Tuniberg. Die Autobahn kann hier als Grenze gelten. Auf ihrer anderen, der östlichen Seite gehören die Weinbau-Ortsteile Heimbach und Köndringen zum Bereich Breisgau, unter dem sie hier vorgestellt werden. (Nimburg siehe Bereich Kaiserstuhl-Tuniberg.)

Wenn schon kein Wein auf der Kerngemarkung angebaut wird, so hat Teningen doch als Gemeinde einige Attraktivität zu bieten. Daneben glänzt Heimbach mit seinen beiden Schlössern und seiner Barockkirche, Köndringen mit seiner Burgruine "Landeck". Es soll auch nicht verschwiegen werden, daß es in Heimbach die schaurige Attraktion eines alten Sandsteingalgens gibt.

Beim Wein halten es die beiden Ortsteile zwar vor allem mit dem Müller-Thurgau, Heimbach hat sich daneben in dieser Reihenfolge auf Spätburgunder und Ruländer sowie Auxerrois spezialisiert, während Köndringen umgekehrt mehr Ruländer anbaut und auch noch Gewürztraminer und Riesling im Programm hat. Und während die Heimbacher der Winzergenossenschaft in Malterdingen angeschlossen sind, haben die Köndringer seit 1954 ihre eigene Genossenschaft.

Heimbach
Ortsteil von Teningen

Bestockte Rebfläche: 16 Hektar in der Lage "Bienenberg" (Großlage "Burg Lichteneck")
Haupt-Rebsorten: Müller-Thurgau, Spätburgunder und Ruländer
Vermarktung: WG Malterdingen-Heimbach über die ZBW

Köndringen
Ortsteil von Teningen

Bestockte Rebfläche: 95 Hektar in der Lage "Alte Burg" (Großlage "Burg Lichteneck")

Baumtrotte (Kelter) aus dem Jahr 1631 im ehemaligen Kloster Tennenbacher Hof zu Freiburg.

Haupt-Rebsorten: Müller-Thurgau, Ruländer und Spätburgunder
Vermarktung: WG Köndringen über die ZBW

Waldkirch
Ortsteil Buchholz

Bestockte Rebfläche: 37 Hektar in der Lage "Sonnhalde" (Großlage "Burg Zähringen")
Haupt-Rebsorten: Spätburgunder und Ruländer
Vermarktung: WG Buchholz über die ZBW

Im Südlichen Schwarzwald liegt Waldkirch, ein Kurort mit einem "Weinbauortsteil". Die Winzer des Ortsteils Buchholz haben nördlich des Dorfes in einer Steillage, ihrer "Sonnhalde", Spätburgunder, Ruländer, Müller-Thurgau und Gewürztraminer gepflanzt.

Das Stadtrecht wurde im Jahre 1300 an Waldkirch verliehen; bereits ein halbes Jahrhundert früher ließen die Herren von Schwarzenberg die Kastelburg bauen. Ihre Ruine, noch heute das Wahrzeichen der Stadt, überragt Waldkirch mit seinem schönen Marktplatz und der verwinkelten Altstadt. St. Margarethen, von Peter Thumb im Barockstil errichtet, alte Gebäude mit Portalen aus Sandstein, schmiedeeiserne Geländer und Wappen an den Häusern erinnern an die Vergangenheit.

Und das Brauchtum wird gepflegt: In Waldkirch gibt es auch heute noch eine Bürgerwehr. Die Uniformen sind die gleichen geblieben, die Aufgaben haben sich freilich geändert. Gegründet, um die Bevölkerung zu schützen, zeigt sie sich heute bei Heimatabenden und Prozessionen. Die Narrenzünfte erhalten alte aber auch fröhliche Traditionen: Die holzgeschnitzten Masken - "Bajasse", "Hexen" und "Feuerteufel" - sind kleine Kunstwerke. Und noch ein anderes Kunsthandwerk hat in Waldkirch Tradition: Die Stadt war früher das bedeutendste Zentrum des Konzertorgelbaus. Große Orgeln mit prächtigen Fassaden, lustigen Figuren kommen aus Waldkirch - einige können noch im Heimatmuseum bewundert werden. Dort sieht man auch weltliche und kirchliche Kunst - und den bäuerlichen Hausrat vergangener Zeiten.

Geprägt war der bäuerliche Alltag wohl in erster Linie durch Land- und Waldwirtschaft - in Buchholz auch durch den Weinbau. Daß der Wein in diesem "Winzerteil" Waldkirchs keine unbedeutende Rolle spielte, beweist das Lobgedicht eines Buchholzer Pfarrers auf den Wein, das sogar in's Kirchenbuch Eingang gefunden hat.

Hinweis: Die Weinbaugemeinden Badens sind von Norden nach Süden bereichsweise erfaßt. Innerhalb der Bereiche ist die alphabetische Reihenfolge verwendet worden.

Markgräflerland

Es ist Gutedelland, dieses Land "zwischen Freiburger und Baseler Münster", ein gutes und edles Land zwischen Rhein und Schwarzwald, ein Land sanfter Hügelrücken mit Weinbergen an den Südhängen. - Wenn die Unterlagen und Schlüsse der Weinhistoriker richtig sind, dann haben Ägypter und Phönizier, Griechen und Römer dazu beigetragen, daß die Gutedelrebe schließlich ins Markgräflerland kommen konnte. Die Fachleute gehen nämlich davon aus, daß der Gutedel schon vor 5 000 Jahren in Oberägypten angebaut wurde. Das letzte Stück seiner Wanderung nach Baden ist sehr genau belegt.

Vor rund 200 Jahren holte Markgraf und Großherzog Karl Friedrich von Baden neue Gutedelreben von Vevey am Genfer See ins heimische Land. Zwar gab es zu dieser Zeit schon Gutedel in Baden, aber der wuchs verstreut im "gemischten Satz" mit anderen Reben, und ihre Trauben wurden mit diesen gekeltert. Der Markgraf sorgte für "reinen Satz", wie er es auch beim Riesling tat, den er nach Durbach brachte. So erst konnte der typische Gutedelwein entstehen, der sich in wenigen Jahrzehnten durch seine leichte Art, seine Milde und Bekömmlichkeit, auch über die Grenzen Badens hinaus durchsetzte.

Die Rebsorte paßt sehr gut zu dieser Landschaft, sie wächst auch vorwiegend auf den sanften Südhängen der weichen Hügel, die das Land meist längs durchziehen. Es ist eine Wanderer-Landschaft - auch wegen des selbst in den einfachen Dorfgasthäusern guten Essens aus frischen Waren. Dem Wanderer erschließt sich die freundliche Seele des Landes am ehesten, diese sanfte Art, die Genüsse des Lebens gemütlich zu erfahren.

Wohl gibt es neben dem Gutedel, der etwa die Hälfte der

Johann Peter Hebel ist der Dichter des Markgräfler Landes, ein Meister der alemannischen Sprache. Sein Bild hängt in der Bezirkskellerei Markgräfler Land in Efringen-Kirchen.

rund 3 000 Hektar Rebfläche des Bereiches einnimmt, noch Müller-Thurgau, Ruländer, Weißburgunder, Spätburgunder und die Neuzüchtung Nobling, die das Weinangebot ins Kräftige abrunden. Wohl gibt es auch Orte wie Staufen, die mit ihrer unmittelbaren Umgebung stärkere Akzente in das Landschaftsbild setzen. Der eigentliche Charakter aber ist sanft, und so sind offenbar auch die Menschen - und ihre Feste, die sie selbstverständlich prägen. Da wird nicht bacchantisch-laut und ausgelassen gebechert, sondern heiter-gemütlich genossen - "gutedelmäßig", wenn man so will.

Auch in der Politik gilt diese Linie. Man ging hier immer vergleichsweise menschlich miteinander um. Zwei typische Beispiele aus der Geschichte des Markgräfler Landes zu Markgrafen-Zeiten: 1525 endete der Bauernkrieg im "Gutedel-Land" mit einem Vergleich. Während anderswo das Los der Bauern unverändert schlecht blieb, erhielten sie unter dem Markgrafen von Baden wirtschaftliche Erleichterungen. Die Bauern des Markgrafen-Landes hatten andererseits vor diesem Vergleich nicht so furchtbar gewütet wie die Aufständischen nördlicher Regionen - Ein anderer Markgraf hob 1782 die Leibeigenschaft auf, lange bevor sich seine "Kollegen" auch nur Gedanken über das Unrecht dieser Regelung machten.

Die alemannische Sprache der Region faßt Sinneseindrücke des Markgräfler Landes in ihrem Lautbild herrlich kompakt zusammen. Ihr Dichter-Meister ist Johann Peter Hebel. Eines seiner Gedichte soll Landschaft und Lebensart präsentieren:

Ne Trunk in Ehre,
wer will 's verwehre?
Trinkt 's Bluemli nit si Morgetau?
Trinkt nit der Vogt si Schöppli au?
Und wer am Werchtig schafft,
dem bringt der Rebesaft
am Sunntig neue Chraft.

**"Historisches Gasthaus
und Weinstube zum Bären"**
An der B 3
7841 Auggen
Michael Pfunder
07631/2306

Badisches eingemachtes Kalbfleisch mit breiten Nudeln

Für die Beize:
1 Stange Lauch, 4 Zwiebeln,
1/2 Sellerie, 2 dl Gutedel oder
Müller-Thurgau, Pfefferkörner,
Lorbeerblatt, ganze Nelken,
2 - 3 Knoblauchzehen

Das Kalbfleisch in kleine Würfel schneiden und in Gutedel
oder Müller-Thurgau einlegen.
Dazu Lauch, Zwiebeln, Sellerie,
Pfefferkörner, Lorbeerblatt,
ganze Nelken und 2 bis 3
Knoblauchzehen geben. Nach
ein paar Tagen die Beize abgießen, aufkochen und die
Fleischstücke darin schmoren.

Mit Butter und Mehl einen
Roux bereiten und abkühlen
lassen. Die Fleischstücke aus
dem Fond nehmen und diesen
durch ein Sieb auf den erkalteten Roux gießen. Zusammen
aufkochen und mindestens 30
Minuten simmern lassen, damit
der Mehlgeschmack auskocht.
Dann die Fleischstücke in die
Sauce zurückgeben. Gleich servieren oder in Einmach-Gläser
füllen, einkochen und aufbewahren.

*Gutes
Essen...*

**Bezirks-Kellerei
Markgräflerland**

In Efringen-Kirchen liegen Verwaltungsgebäude und Kellereianlagen der Bezirks-Kellerei,
die 1953 aus zahlreichen kleineren Ortsgenossenschaften entstanden ist. 700 Mitglieder aus
26 Ortschaften der Oberen
Markgrafschaft bewirtschaften
heute eine Rebfläche von 300
Hektar. Gutedel (52 %), Müller-Thurgau (28 %), Spätburgunder (10 %) und Nobling (2
%) werden angebaut. Weitere
Rebsorten (zusammen 8 %) wie
Muskat-Ottonel, Traminer, Sil-

vaner, Ruländer, Weißer Burgunder, Freisamer und Auxerrois ergänzen das Angebot.

8,5 Millionen Liter Lager- und
Faßraum stehen zur Verfügung,
um die an den südlichsten
Rebhängen des Anbaugebietes
Baden wachsenden Weine aufzunehmen. Besonders die
"Trockenen" mit einem Restzuckergehalt unter 4 g/l haben
hier Tradition.

Gastronomie, Weinfach- und
Lebensmittelhandel sind neben
dem privaten Kunden die
Hauptabnehmer.

**"Landgasthof Ochsen"
Markgrafenstraße 26
7859 Efringen-Kirchen
Harald Möschlin
07628/1213**

Ochsenmaulsalat

**Winzergenossenschaft
Auggen**

1922 gründeten 230 Winzer die
Genossenschaft. Allerdings
mußten die Mitglieder zunächst
auf ein eigenes Betriebsgebäude
verzichten. 1952 war es dann
soweit. Danach wurde ständig
erweitert und angebaut, bis
schließlich 1976 die vorhandenen Kapazitäten erschöpft waren. 1977 entschloß man sich
zu einer Betriebsaussiedlung,
die zum 60jährigen Jubiläum
endgültig vollzogen wurde. Im
neuen Kellertrakt können nun
5,5 Millionen Liter Wein eingelagert werden.

300 Mitglieder bewirtschaften
eine 200 Hektar große Rebfläche mit den bekannten Lagen
"Schäf" und "Letten". Gutedel
(60 %), Müller-Thurgau (20 %)
und Weißburgunder (10 %) "geben den Ton an". Die restlichen
zehn Prozent entfallen auf die
Sorten Spätburgunder, Ruländer, Nobling, Silvaner, Muskateller und Gewürztraminer.

Auggener Wein, der in der Bundeshauptstadt als "der" Markgräfler bekannt ist, wird im gesamten Bundesgebiet an Fachhandel, gehobene Gastronomie
und Endverbraucher ausgeliefert.

*Guter
Wein...*

Zutaten/Zubereitung:
1/2 Ochsenkopf oder Kalbskopf gekocht, Essig, Zwiebeln,
Worchester-Sauce, Senf, Pfeffer,
Salz

Den gekochten Ochsen- oder
Kalbskopf in feine Scheiben
schneiden. Nach Geschmack
aus den übrigen Zutaten eine
Marinade herstellen und die
Fleischscheiben darin einlegen.

Mit Bauernbrot oder Pellkartoffeln, Gurken und Rettich servieren.

"Winzer-Stube"
Neue Kirchstraße 30
7801 Ballrechten-Dottingen
Klaus Hilfinger
07634/705

Schwarzwälder-Schweinefilet mit Sauerkirschsauce, Gemüse und überbackenen Sahnekartoffeln

Für das Filet und die Sauerkirschsauce:
2 Schweinefilets (350 g, vom

Winzergenossenschaft Ballrechten-Dottingen

Umgeben von den Weinbergen des Castellberges liegt - mitten in dem Bäderdreieck Bad Kro-zingen, Badenweiler und Bad Bellingen - der Wein- und Erho-lungsort Ballrechten-Dottingen. Der örtlichen Winzergenossen-schaft gehören heute 140 Mit-

Gutes Essen...

"Hirschen"
Hotel-Restaurant
Hauptstraße 69
7811 Sulzburg-Laufen
Claude Steiner
07634/8208

Sorbet vom Gewürztraminer

Zutaten/Zubereitung:
7 dl Gewürztraminer Auslese, 1/8 l Wasser, 20 g Zucker, 1 Ei-weiß, Weintrauben, Melissen-blätter

Das Wasser und den Zucker zu Sirup kochen, erkalten lassen und mit dem Gewürztraminer vermengen. Die Masse in eine Sorbetière geben und gefrieren. Wenn keine Sorbetière vorhan-den ist, Wein und Sirup in ei-ner Edelstahlschüssel in die Tiefkühltruhe stellen, und so-bald die Masse zu gefrieren be-ginnt, mit dem Schneebesen die gefrorenen Kristalle durchrüh-ren. Diesen Vorgang so oft wie-derholen, bis alles steif gefroren ist. Dann den Eischnee darun-terziehen und mit Weintrauben und Melissenblättern garnieren.

Winzergenossenschaft Laufen

1981 feierte die Winzergenos-senschaft Laufen ihr 50jähriges Bestehen. 1931 bewirtschafteten 21 Gründungsmitglieder die zehn Hektar große Ertragsflä-che. Die erste Ernte wurde in einem angemieteten Privatkel-

Schlachter leicht beizen und anräuchern lassen), 150 g Champignons, 150 g entsteinte Sauerkirschen, 1/4 l gebundene Grundsauce, 1/8 l Sahne, Weiß-wein

Die Schweinefilets in dünne Scheiben schneiden und leicht in Butter anbraten.

Die Grundsauce mit Sahne und Weißwein vollenden. Die Champignons in Scheiben schneiden, in heißem Fett rasch

anbraten, abschütten, mit Salz und Kräuterbutter würzen und zu den erhitzten Sauerkirschen geben. Die Sauerkirschen und Champignons mit etwas Sauce vermengen und in der Mitte ei-ner vorgewärmten Platte an-richten. Die Schweinefilets kranzförmig anlegen, die restli-che Sauce getrennt servieren.

Für die Sahnekartoffeln:
8 Kartoffeln, 1/8 l Milch, 1/4 l Sahne, 1 Ei, 1 Knoblauchzehe, Muskat, Salz

Die Kartoffeln in feine Schei-ben schneiden und in eine ge-butterte feuerfeste Form geben.

Sahne, Milch, Knoblauch, Salz und Muskat zum Kochen brin-gen und auf das verquirlte Ei passieren. Über die Kartoffeln gießen und im 200 °C heißen Backofen eine Stunde lang be-deckt garen lassen. Die letzten 15 Minuten zum Bräunen ab-decken. Gemüse je nach Jahres-zeit.

glieder an, die eine Rebfläche von 130 Hektar bewirtschaften. 1982 wurden 1,9 Millionen Li-ter Traubenmost in die drei Millionen Liter fassende Keller-anlage eingebracht - vor allem Gutedel (38 %) und Müller-

Thurgau (35 %). Angebaut wer-den auch Nobling (9 %), Blau-er Spätburgunder (9 %), Rulän-der (4 %), Gewürztraminer (2 %), Silvaner (1 %), Weißbur-gunder (1 %) und Muskateller (1 %).

Die angebotenen Weine, die im gesamten Bundesgebiet ver-marktet und auch exportiert werden, sind zum großen Teil trocken ausgebaut und können im neuen "Castellberg-Keller" (Probe- und Verkaufskeller) verkostet werden. Nach Baden-Württemberg und in das an-grenzende Bayern wird im fir-meneigenen LKW ausgeliefert.

Guter Wein...

ler untergebracht und dann als Most oder offener Faßwein ver-kauft. Zehn Jahre später konn-ten die mittlerweile 66 Mitglie-der den neuen Genossenschafts-keller einweihen, der seitdem ständig vergrößert und moder-nisiert wurde. Heute stehen Be-ton- und Stahltanks ebenso zur Verfügung wie ein alter Holz-faßkeller und ein Flaschenla-ger, so daß die 170 Mitglieder (einige aus St. Ilgen) 3,2 Millio-nen Liter Wein einlagern kön-nen.

Auf der 170 Hektar großen Rebfläche der Lage "Altenberg" wird vor allem die Rebsorte Gutedel (45 %) angebaut. Mül-ler-Thurgau (30 %), Nobling (9 %), Spätburgunder (8 %), Ru-länder (3 %), Weißburgunder (3 %) und Gewürztraminer (2 %) vervollständigen das Ange-bot.

In dem 1939 bezogenen Fach-werkhaus ist ein Probierraum für 100 Personen eingerichtet; bemerkenswert auch die Kelle-reiführungen von März bis Sep-tember und die "Weinwochen" im August. Laufener Weine werden zu 50 Prozent über den Großhandel im In- und Aus-land vermarktet. Jeweils 25 Pro-zent gehen an Gastronomie und den privaten Kunden.

Winzergenossenschaft Wolfenweiler

Im Markgräflerland, zu Füßen des Batzenbergs (Deutschlands größter, in sich geschlossener Weinberg), liegt das Winzerdorf Wolfenweiler. 1939 wurde die Genossenschaft gegründet, der heute 300 Mitglieder angehören. 3,7 Millionen Liter Wein und Most können in Eichenholzfässern und Tanks gelagert werden.

Die 140 Hektar große Rebfläche mit den Lagen "Batzenberg" und "Dürrenberg" ist zu 60 Prozent mit Gutedel bepflanzt. Auf der restlichen Ertragsfläche wachsen Müller-Thurgau (25 %), Spätburgunder (9 %), Ruländer (3 %), Nobling (2 %) und Gewürztraminer (1 %).

Die Weine der WG Wolfenweiler bleiben zum großen Teil in Baden-Württemberg (bei Gastronomie, Endverbraucher und Weinfachhandel), werden aber auch im übrigen Bundesgebiet vermarktet.

Winzergenossenschaft Ebringen

Die Winzergenossenschaft wurde 1951 gegründet. In den ersten zehn Jahren wurde der historische Schloßkeller als Weinkeller genutzt, wo auch heute noch ein Teil des Traubenmostes lagert (310 000 Liter Fassungsvermögen). 1960 entstanden die neuen Betriebsräume, die - ständig vergrößert und modernisiert - heute 1,5 Millionen Liter Faß- und Tankraum und 300 000 Liter Flaschenlagerraum bieten.

187 Mitglieder, darunter auch Winzer aus Wittnau und Merzhausen, bewirtschaften - meist nebenberuflich - die 90 Hektar große Rebfläche der Lagen "Sommerberg", "Dürrenberg" und "Klämle". Gutedel (42 %) und Müller-Thurgau (30 %) liegen vorn. Neben den Weißweinsorten Nobling (11 %), Ruländer (7 %), Freisamer (2 %) und Traminer (1 %) wird auch Blaue Spätburgunder (6 %) angebaut.

Eine Spezialität der Ebringer ist der Ausbau von trockenen, d.h. durchgegorenen Weinen. Beliefert werden Weinfach- und Lebensmittelhandel, Kantinen, Gastronomie und Endverbraucher.

Winzergenossenschaft Pfaffenweiler

Dreiviertel der ortsansässigen Weinbauern (154) gründeten 1950 die Winzergenossenschaft Pfaffenweiler. Nach drei Jahren wurde mit dem Bau einer gemeinsamen Kellerei begonnen, die mittlerweile auf 2,2 Millionen Liter Faß- und Tankraum erweitert wurde. Das klimatisierte Flaschenlager kann 600 000 Flaschen aufnehmen.

270 Mitglieder bewirtschaften eine Rebfläche von 135 Hektar. 99 Prozent aller Pfaffenweiler Trauben werden bei der Genossenschaft angeliefert und ausgebaut - vornehmlich Müller-Thurgau (41 %), Gutedel (32 %) und Spätburgunder (25 %). Die Sorten Ruländer, Gewürztraminer, Freisamer, Weißer Burgunder und Nobling spielen dagegen, was die Menge anlangt, nur eine untergeordnete Rolle. Die Vermarktungszweige erstrecken sich über die gesamte Bundesrepublik. 70 Prozent der Weine werden im Umkreis von 200 Kilometern abgesetzt.

Winzergenossenschaft Ehrenstetten

1952: Die Gemeindeverwaltung von Ehrenstetten stand Pate, als sich 116 Winzer und Winzerinnen zu einer Genossenschaft zusammenschlossen. Noch im Gründungsjahr wurde der eigene Winzerkeller mit finanzieller Unterstützung der Gemeinde fertiggestellt. 1980 waren die letzten Erweiterungsmaßnahmen abgeschlossen. Neben 700 000 Flaschen können 2,5 Millionen Liter Wein und Most in Holzfässern, Stahl- und Betontanks gelagert werden.

Heute hat die Genossenschaft 280 Mitglieder. Die 145 Hektar große Rebfläche der Lagen "Ehrenstetter Ölberg", "Ehrenstetter Rosenberg" und "Bollschweiler Steinberg" ist hauptsächlich mit Müller-Thurgau (40 %) und Gutedel (35 %) bepflanzt. Weißer Burgunder (8 %), Nobling (7 %) sowie Silvaner, Gewürztraminer, Ruländer und Blauer Spätburgunder (zusammen 10 %) wachsen auf einem Viertel der Rebfläche.

Die Weine der WG Ehrenstetten, die zu 30 Prozent auch als "trockene" erhältlich sind, werden besonders im Großraum Karlsruhe, Stuttgart und Bodensee an den Lebensmittel- und Fachhandel, an Gastronomie und den Endverbraucher verkauft. Auch in das übrige Bundesgebiet wird geliefert.

"Historisches Gasthaus Zur Stube"
Weinstraße 39
7801 Pfaffenweiler
Josef Görgen
07664/6377

Stangenspargel mit Poulardenbrüstchen auf Blattspinat in Gutedelsauce

Zutaten/Zubereitung:
2 Freilandpoularden à 800 g, 1 kg junger Blattspinat, 1 kg Badischer Spargel, 250 g Champignons, 2 Schalotten, 1/4 l trockener Gutedel, 1 Karotte, Lauch, Sellerie, 2 cl Crème fraîche, 1/2 l süße Sahne, 2 Eigelb, 150 g gesalzene Butter, Lorbeerblätter, schwarzer Pfeffer aus der Mühle, Kerbel, Schnittlauch

Die Poularden auslösen. Die feingehackten Knochen zusammen mit Schalotten, Champignons, Lauch, Sellerie und Karotte, einigen Pfefferkörnern, Lorbeerblättern und einem halben Liter Wasser zu einem kräftigen Geflügelfond kochen und auf 1/4 Liter Flüssigkeit reduzieren. Danach durch ein Tuch passieren.

Den Spargel schälen, zu 4 Bund à 200 g binden und im Spargelfond etwa 10 Minuten langsam kochen lassen.

Den Blattspinat von allen Stielen befreien, gut waschen, kurz in kochendem Salzwasser blanchieren und in Eiswasser abschrecken.

In der Zwischenzeit die feingeschnittenen Schalotten in der Hälfte der Butter glasig schwitzen und die Poulardenbrüstchen von allen Seiten gut anbraten, jedoch nicht dunkel werden lassen. Anschließend mit Gutedel ablöschen, die Crème fraîche, einen Teil der süßen Sahne und den reduzierten Geflügelfond zugeben und alles zusammen etwa 10 Minuten bei kleiner Flamme leicht köcheln lassen. Die fast fertigen Poulardenbrüstchen herausnehmen und warm stellen, Sauce jedoch weiterköcheln lassen, bis sie auf ein gutes Drittel reduziert ist, dann nochmals passieren.

Den Blattspinat würzen und in Butter schwenken, mit dem Spargel auf den 4 vorgewärmten Tellern anrichten. Die Poulardenbrüstchen auf den Spinat setzen, die Sauce mit der restlichen Sahne und 2 Eigelb legieren, eventuell mit Salz, Pfeffer und Zitronensaft abschmecken und auf die Poularden verteilen. Mit Kerbel und Schnittlauch garnieren und rasch servieren. Dazu reicht man Butterkartoffeln mit Kräutern.

Winzergenossenschaft Hügelheim

Der Ortsbürgermeister gründete 1952 die Winzergenossenschaft Hügelheim. In einem ehemaligen Gutshof konnte die Kellerei untergebracht werden, die jedoch wegen der stetig steigenden Mitgliederzahl bald zu klein wurde. 1980 wurde dann die neue Betriebsanlage eingeweiht, die den 106 Mitgliedern eine Lagerkapazität von 1,2 Millionen Litern bietet.

Auf einer Rebfläche von 65 Hektar der Lagen "Höllberg", "Schloßgarten" und "Gottesakker" werden Gutedel (38 %) und Müller-Thurgau (33 %) bevorzugt angebaut. Neben Spätburgunder (11 %), Nobling (8 %) und Silvaner (4 %) sind auch Weißburgunder (2 %), Ruländer (2 %), Gewürztraminer (1,5 %) und Freisamer (0,5 %) im Angebot. Die WG Hügelheim beliefert Gastronomie, Fachhandel und Endverbraucher.

"Historisches Gasthaus zur Weserei"
Hauptstraße 70
7842 Kandern
Gerhard Kramer-Eichin
07626/445

Rehrücken nach Markgräfler Art

Zutaten/Zubereitung:
1 gut abgehangener Rehrücken, Butter, Speck, 1 Zwiebel, Petersilie, Pfeffer, Gewürzsalz oder Salz

Den Rehrücken enthäuten und spicken, aber nicht beizen. Mit Gewürzsalz (oder Salz) und Pfeffer würzen und bei 300 °C im vorgeheizten Ofen 15 Minuten braten (je nach Größe).

Dann noch 15 bis 20 Minuten in der offenen Bratröhre stehen lassen, um eine gleichmäßige Rosafärbung zu erreichen.

Den Rehrücken in gleichmäßige Scheiben zerlegen und servieren. Dazu können Salate der Saison, Spätzle vom Brett, Pfif-ferlinge, die mit Butter, Speck und Zwiebeln angemacht und mit Petersilie verfeinert sind, gereicht werden. Auch Sauerkirschen mit Butter und Zimtzukker, Apfelküchle im Bierteig gebacken oder Birnen in einem leichten Weißweinsirup, mit Preiselbeeren gefüllt, passen zu diesem Gericht. Als weitere Beilagen werden Nußkroketten und eine Sahnesauce, die mit Butter und Orangensaft verfeinert wird, empfohlen.

"Gasthaus Krone"
Hauptstraße 30
7813 Staufen
Ernst Lahn
07633/5840

Schwarzwälder Speckpfannkuchen

Zutaten/Zubereitung:
600 g Weizenmehl, 8 große Eier, 400 g geräucherter Bauchspeck, 1 l Milch, Salz

Die Eier und das Salz in das gesiebte Mehl geben, mit der Milch zu einem glatten, nicht zu dünnen Teig verrühren und möglichst eine Stunde stehen lassen. 4 Pfannen erhitzen, etwas Fett oder Öl hineingeben, den Speck sternförmig verteilen und anbraten. Anschließend den Teig auf den Speck geben. Im Backofen bei 250 °C von beiden Seiten 6 bis 8 Minuten backen.

Winzergenossenschaft Staufen

Die Winzergenossenschaft Staufen wurde 1930 gegründet. Mit 45 Mitgliedern und einer 26 Hektar großen Rebfläche gehört die Genossenschaft heute zu den kleinsten selbstmarktenden Betrieben ihrer Art in Baden.

Hauptsorten sind Gutedel (35 %) und Müller-Thurgau (35 %). Weißer Burgunder (10 %), Blauer Spätburgunder (10 %), Ruländer (5 %) und Gewürztraminer (5 %) sind ebenfalls vertreten. 35 Prozent der Weine aus der Einzellage "Staufener Schloßberg" werden trocken ausgebaut.

Zwei Drittel der Weine bleiben in Staufen. 30 Prozent werden in den Raum Freiburg/Bad Krozingen geliefert. In den Sommermonaten können die Weine der Genossenschaft am "Weinbrunnen", einem Verkaufsstand im Freien, verkostet werden.

Erste Markgräfler Winzergenossenschaft Schliengen

1908: Der Ortsgeistliche hatte eingeladen: 36 Winzer kamen und gründeten in Schliengen die erste Winzergenossenschaft im Markgräflerland. Der Pfarrer, selbst ein begeisterter Weinbauer, vermietete seine eigenen Kellerräume samt Einrichtung, Fässern, Trotte, und Bottichen an den Winzerverein. Ein Jahr darauf konnte die Winzergenossenschaft den gesamten Gebäudebereich ankaufen und später zu einem modernen Kellereigebäude ausbauen.

Heute bewirtschaften 236 Mitglieder eine 219 Hektar große Rebfläche. Es wachsen vor allem Gutedel (48 %), Müller-Thurgau (30 %) und Blauer Spätburgunder (12 %). Auch Ruländer (4 %), Nobling (3 %), Weißer Burgunder (1 %), Gewürztraminer (1 %) und andere, mengenmäßig weniger bedeutsame Rebsorten (zusammen 1 %), sind im Angebot. Die Erste Markgräfler Winzergenossenschaft ist vereidigter Meßwein-Lieferant.

Großhandel, Fachgeschäfte und Gastronomie im gesamten Bundesgebiet werden beliefert. Der Endverbraucher ist mit über 40 Prozent am mengenmäßigen Umsatz beteiligt.

"Gasthaus Krone"
Markgräflerstraße 32
7840 Müllheim-Britzingen
Hermann Lacher
07631/2046

Wildgeschnetzeltes "Wilderer-Art"

Zutaten/Zubereitung:
800 g Fleisch vom Reh, Hasen und Wildschwein, durchwachsener Speck, Rotwein, Wildsauce, Sahne, Zwiebeln, Pfefferkörner, Pfeffer, Salz

Das blättrig geschnittene Fleisch mit Salz und gemahlenem Pfeffer würzen und scharf anbraten. Blättrig geschnittenen Speck und Zwiebeln andünsten, Pfefferkörner dazugeben und mit Rotwein ablöschen. Mit Wildsauce auffüllen, das Fleisch dazugeben, kurz durchschwenken und anrichten. Mit geschlagener Sahne garnieren. Als Beilage werden hausgemachte Spätzle, Preiselbeeren und Salat empfohlen.

"Gasthof zum Schlüssel"
Marktplatz 4
7846 Schliengen
Rüdiger Schillinger
07635/1395

Kalbsleberle sauer mit Prägele und Nüsslesalat

Zutaten/Zubereitung:
600 g Kalbsleber, 3 feingeschnittene Zwiebeln, 1 dl trockenen Weißwein, etwas Essig, 1/4 l Bratensauce, 500 g Kartoffeln, 200 g Nüsslesalat, Knoblauch, Butter, Pfeffer, Salz

Die Kalbsleber enthäuten und in kleine dünne Scheibchen schneiden. In der Pfanne anbraten, die Zwiebeln zugeben und kurz weiterbraten lassen. Dann mit Pfeffer und Salz würzen, herausnehmen und warmstellen. Die Pfanne mit Weißwein und Essig ablöschen, die Bratensauce dazugeben, kurz abbinden und über die Leber gießen.

Für die Prägele die Kartoffeln in der Schale kochen, erkalten lassen und schälen. In dünne Scheiben schneiden und in der Butter langsam braten lassen, bis sie goldbraun sind.

Den Nüsslesalat gut waschen, unter der Wurzel abschneiden,

mit Essig, Öl, Salz, Pfeffer und den feingehackten Zwiebeln anmachen und mit Knoblauch verfeinern.

Winzergenossenschaft Wettelbrunn-Grunern

Die WG zählt zu den kleinsten selbstmarktenden Genossenschaften in Baden. Auf der 25 Hektar großen Rebfläche der Lagen "Grunern-Altenberg" und "Staufener Maltesergarten" wachsen neben Blauem Spätburgunder, Weißburgunder, Nobling und Gewürztraminer (zusammen 20 %) vor allem

Müller-Thurgau (40 %) und Gutedel (40 %). Beide Rebsorten werden zu 40 Prozent trokken ausgebaut.

Die 1929 gegründete WG Wettelbrunn-Grunern hat heute 39 Mitglieder. Winzer aus Grunern, wie Wettelbrunn der Gemeinde Staufen angegliedert, sind angeschlossen. Die Weine werden überwiegend im Großraum Freiburg und Lörrach ausgeliefert. Abnehmer sind Gastronomie (60 %), Feinkostläden (20 %) und Endverbraucher (20 %).

Winzergenossenschaft Britzingen-Markgräflerland

Die Winzergenossenschaft wurde 1950 gegründet. Um mit den ständig steigenden Rebflächen der heute 223 Mitglieder Schritt zu halten, wurden Kellerraum und Flaschenlager in mehreren Bauabschnitten erweitert, so daß heute drei Millionen Liter Wein und Most eingelagert werden können.

Auf der 150 Hektar großen Rebfläche, die auch von Winzern aus Dattingen, Zunzingen und Muggardt bewirtschaftet wird, wachsen vor allem Gutedel (41 %) und Müller-Thurgau (26 %). In den Lagen "Rosenberg" und "Sonnhole" werden auch Weiß- und Spätburgunder (jeweils 7 %), Nobling (9 %), Ruländer (6 %), Gewürztraminer (2 %) und einige Rebsorten im Anbauversuch (2 %) angepflanzt.

Dem Kunden bietet die Genossenschaft eine große Auswahl trockener Weine und ein breites Sortiment vom Landwein bis zur Trockenbeerenauslese. Die Weine gehen zum größten Teil an den Endverbraucher (47 %). Es folgen Gastronomie (37 %) und Weinfachhandel (16 %).

"Hotel Winzerhaus"
Am Marktplatz 4
7840 Müllheim
Bernhard Schmalz
07631/4074

Rinderbrust, nach Markgräfler Art garniert, mit Bouillon-Kartoffeln und Meerrettich-Sauce

Für die Rinderbrust:
1 kg Rinderbrust, zerkleinerte Brustknochen, 2 Stangen Lauch, 1/2 Sellerie, 2 Karotten, 1/2 Bund Petersilie

Die Knochen blanchieren, in einen großen Topf geben und darauf die Rinderbrust legen. Mit Wasser bedecken und aufkochen lassen. Danach abschäumen, die sauber geschälten Gemüse dazugeben und langsam kochen lassen (3 Stunden).

Nach 30 Minuten die Gemüse herausnehmen (wenn sie weich sind). Das Fleisch in etwas Brühe warmstellen.

Für die Bouillon-Kartoffeln:
1 kg Kartoffeln, 1 Zwiebel, 1 Stange Lauch, 2 Karotten, 1/2 Sellerie

Zwiebel, Lauch und Sellerie in Würfel schneiden und andämpfen. Die geschnittenen Kartoffeln dazugeben, mit Bouillon auffüllen und 20 Minuten kochen lassen.

Für die Sauce:
3 EL Butter, 4 EL Mehl, 1/4 l Bouillon, 1/4 l Milch, 1 Prise Zucker, 3 EL geriebener Meerrettich, 3 EL Sahne, Salz

Aus Butter und Mehl eine Mehlschwitze bereiten und mit Bouillon und Milch auffüllen.

Unter ständigem Rühren gut durchkochen lassen. Den geriebenen Meerrettich dazugeben, gut umrühren und nicht mehr kochen.

Winzergenossenschaft Müllheim

"Winzerverein Müllheim" nannten die ersten Mitglieder ihre 1930 gegründete Winzergenossenschaft. Mit der Zeit kamen immer mehr Winzer auch aus den Nachbargemeinden hinzu, so daß 1954 durch den Beitritt der Gemeinden Badenweiler, Feldberg, Niederweiler und Vögisheim der "Winzerverein" in eine "Markgräfler" Winzergenossenschaft umgewandelt wurde.

Winzergenossenschaft Haltingen

Als eine der ersten Gemeinden in Baden begann Haltingen 1940 mit der Zusammenlegung von Weinbergen. 1955 wurde ein neuer Winzerkeller eingeweiht, der, vorwiegend mit Edelstahltanks bestückt, 650 000 Liter Tank- und Lagerraum bereithält.

Auf der 115 Hektar großen Rebfläche der Lagen "Badenweiler Römerberg", "Müllheimer Sonnhalde", "Müllheimer Reggenhag", "Feldberger Paradies" und "Vögisheimer Sonnhalde" wird vor allem Gutedel (40 %) und Müller-Thurgau (30 %) angebaut. Es folgen Spätburgunder (10 %), Ruländer (5 %), Silvaner (4 %), Weißburgunder (3 %), Nobling (3 %), Gewürztraminer (1 %); dazu noch Scheurebe, Auxerrois und Freisamer (zusammen 4 %) - eine Sortenvielfalt, die auch Weißherbst und Badisch Rotgold mit einschließt.

Der historische "Lindenhof" mit seinen Gewölben und dem Holzfaßkeller bietet einiges: Den 150 Mitgliedern eine modern eingerichtete und zentral gelegene Kellereianlage, den Besuchern und Gästen großzügige Räumlichkeiten für ausführliche Weinproben. Die Weine der Markgräfler Winzergenossenschaft Müllheim werden an Privatkundschaft, Gastronomie und Weinfachhandel geliefert.

Die im Süden Badens gelegene Winzergenossenschaft hat heute 104 Mitglieder. Sie bewirtschaften eine 47 Hektar große Rebfläche ("Haltinger Stiege", "Weiler Schlipf"). Angebaut werden Gutedel (55 %) und Müller-Thurgau (22 %), eine für das Markgräflerland typische Prozentzahl, sowie Spätburgunder (12 %) und Ruländer (5 %). Mit insgesamt sechs Prozent sind die Rebsorten Traminer, Nobling, Muskat-Ottonel, Frei-

samer und Weißburgunder im Rebsortenspiegel vertreten.

Hauptabnehmer der Haltinger Weine war von jeher das nahegelegene Basel. Auch heute werden 90 Prozent der Weine im näheren Umkreis der WG vermarktet. Davon geht die Hälfte an private Haushalte, 25 Prozent an Gaststätten, 15 Prozent an den Weinfachhandel und zehn Prozent an Groß- und Einzelhandelsgeschäfte.

"Gasthof Goldener Ochsen"
Basler Straße 43
7858 Weil-Haltingen
Gustel Hagin
07621/62238

Lachsforellenfilet in Gutedel

Zutaten/Zubereitung:
1 Lachsforelle, 1 dl Gutedel, Lauch, Schalotten, Möhren, Mehl, Butter, Crème fraîche, Kerbel, Fleurons, Glutamat (Gewürzsalz), Salz

Eine Lachsforelle filetieren. Aus den Gräten mit etwas

Lauch, Schalotten und Möhren einen Fond ziehen und etwas einkochen lassen. Die Filets leicht salzen und mit etwas Fond und Gutedel langsam garziehen und anrichten. Den Fond mit wenig Mehlbutter leicht binden und passieren und mit Crème fraîche, Glutamat und gehacktem Kerbel abschmecken. Die Sauce über die warmgestellten Filets geben und mit Fleurons garnieren.

Dazu reicht man knackige Nüdeli, unter die man feine Streifen von Lauch und Karotten gezogen hat.

Winzergenossenschaft Kirchhofen

270 Mitglieder zählt die Winzergenossenschaft Kirchhofen. Sie bewirtschaften 110 Hektar Rebfläche der Lagen "Kirchberg", "Höllhagen" und "Batzenberg". Davon entfallen 45 Prozent auf die Rebsorte Gutedel und 30 Prozent auf Müller-Thurgau. Es folgen Blauer Spätburgunder (9 %), Ruländer (6 %), Weißer Burgunder (5 %) sowie Nobling (3 %) und Traminer (2 %).

Drei Millionen Liter Wein und Most können eingelagert werden. Der "Trocken-Anteil" beträgt 30 Prozent. Die 1951 gegründete Genossenschaft beliefert Gaststätten, Handel und den privaten Verbraucher.

"Sonne-Winzerstuben"
Schwendistraße 20
7801 Ehrenkirchen-Kirchhofen
Hildegard Koch
07633/7070 und 6060

Alemannisches Hirtengericht mit handgeschabten Spätzle

Für das Hirtengericht:
4 Kalbsmedaillons, 4 Schweinemedaillons, 4 Rindermedaillons, 1/4 l Bratensauce, 50 g Butter, 100 g in Streifen geschnittene Tomatenpaprika, 50 g Maiskölbchen, 60 g blättrig geschnittene Champignons, 50 g in Streifen geschnittene Essiggürkchen, 1 EL Cognac, 20 g grüne Pfefferkörner, 2 feingeschnittene Zwiebeln, 3 EL Crème fraîche, 1 EL gehackte Petersilie

Eine Zwiebel zusammen mit den Pfefferkörnern in der Butter bräunen und mit Cognac ablöschen. Die Champignons dazugeben und 5 Minuten bei schwacher Hitze köcheln lassen.

Dann mit Paprika, Maiskölbchen, Zwiebel und Gurkenstreifen auffüllen und die Bratensauce darunterrühren. Gut kochen lassen und mit der Crème fraîche abschmecken.

Für die Spätzle:
500 g Mehl, 5 Eier, 1/2 Tasse Wasser, Salz

Das Mehl in eine Schüssel geben und absieben. Die Eier und etwas Salz dazugeben und zu einem Teig verarbeiten. Das Wasser nach und nach zugeben (der Teig soll zäh und glatt sein). Den Teig ruhen lassen.

Jeweils einen Eßlöffel Spätzleteig auf das Spätzlebrett geben und mit dem Messer die Spätzle in kochendes Wasser schaben. Wenn die Spätzle an der Oberfläche schwimmen, mit einer Schaumkelle abschöpfen und in kaltes Wasser geben.

Die Spätzle in einer Pfanne mit Butter erhitzen und dann servieren.

Die Karte mit der Statistik früheren Weinbaus der Region hängt in der Bezirkskellerei Markgräflerland in Efringen-Kirchen. Das Füllhorn zeigt mit welchem Medaillensegen die Winzergenossenschaft Schliengen ausgezeichnet wurde. Rechts Auggen.

Auggen · Bad Bellingen · Bamlach · Hertingen · Rheinweiler · Badenweiler
Lipburg · Biengen · Tunsel · Binzen · Bollschweil

Auggen

Einwohner: 2 025
Bestockte Rebfläche: 190 Hektar in den Lagen "Schäf" und "Letten" (Großlage "Burg Neuenfels")
Haupt-Rebsorten: Gutedel, Müller-Thurgau, Gewürztraminer und Ruländer
Vermarktung: WG Auggen, 5 Selbstmarkter

Der große Verkehr auf Schiene und Straße fließt vor dem Ortsrand vorbei. Das stattliche Weindorf hat die rechte Ruhe, die für einen beschaulich-genußvollen Urlaub nötig ist. Auggen hat sich in den vergangenen Jahren als Urlaubsort nicht nur für den Wochenendtourismus etablieren können. Die schöne Lage vor seinem reichen Rebenbestand hat sicherlich ebenso dazu beigetragen wie der Wein selbst - und die sehr bodenständige Gastronomie.

Wie stark Auggen zu allen Zeiten mit dem Wein verbunden war, beweist das Ortswappen, in dem Traube und Rebmesser zu sehen sind. Daß sich daran nichts geändert hat, sagt schon die Statistik, die eine sehr große Rebfläche ausweist. Das wird auch auf dem Weinwanderweg durch die Reben auf vielen Tafeln deutlich - und am intensivsten wohl beim Weinfest im September, wenn an fünf Abenden Tausende von Gästen von Wein zu Wein durch die Straßen ziehen. Badenweiler, Bad Bellingen und Bad Krozingen sind sehr nah, und so wie die Auggener Gäste gern zu Ausflügen in die Bäder fahren, so kommen Weinfreunde aus diesen Städten gern in das Dorf, das sich am Ausgang der Rheinebene an die Rebenhänge der ersten Schwarzwald-Vorberge schmiegt.

Bad Bellingen

Einwohner: 3 065
Bestockte Rebfläche der Kern-

Bad Bellingen

gemarkung: 17 Hektar in der Lage "Sonnenstück" (Großlage "Burg Neuenfels")
Haupt-Rebsorten: Gutedel und Müller-Thurgau
Vermarktung: WG Schliengen, 2 Selbstmarkter

Das "Bad" im Namenszug der Stadt ist erst 1969 dazugekommen. 15 Jahre zuvor war durch eine Bohrung eine alte Quelle wiedererschlossen worden, die den Grundstock der Entwicklung Bellingens zu einer modernen Bäderstadt bildete. Die Kur- und Bäderhäuser sind sehr gelungen in die Landschaft eingegliedert und auch architektonisch reizvoll.

Bad Bellingen liegt in einer von der Natur verwöhnten Region. Hier werden mit die höchsten Jahresdurchschnittstemperaturen gemessen, und wenn im Norden noch Schnee liegt, zeigen sich hier schon die ersten Blüten an den Mandelbäumen. Wem es im Sommer, der hier in Bad Bellingen Rekordtemperaturen erreichen kann, zu unangenehm wird, der kann in den nahegelegenen Schwarzwaldvorbergen seine "Sommer-

frische" finden. Hier bekommt eben jeder das seine - auch die Reben, und die ganz besonders.

Bamlach
Ortsteil von Bad Bellingen

Bestockte Rebfläche: 24 Hektar in der Lage "Kapellenberg" (Großlage "Vogtei Rötteln")
Haupt-Rebsorte: Müller-Thurgau
Vermarktung: Bezirkskellerei Efringen-Kirchen

Hertingen
Ortsteil von Bad Bellingen

Bestockte Rebfläche: 9 Hektar in der Lage "Sonnhole" (Großlage "Vogtei Rötteln")
Haupt-Rebsorte: Müller-Thurgau
Vermarktung: Bezirkskellerei Efringen-Kirchen

Rheinweiler
Ortsteil von Bad Bellingen

Bestockte Rebfläche: 12 Hektar in der Lage "Kapellenberg" (Großlage "Vogtei Rötteln")
Haupt-Rebsorte: Gutedel
Vermarktung: Bezirkskellerei Efringen-Kirchen

Badenweiler
mit Ortsteil Lipburg

Einwohner: 3 350
Bestockte Rebfläche der Kerngemarkung: 10 Hektar in der Lage "Römerberg" (Großlage "Burg Neuenfels")
Haupt-Rebsorten: Gutedel, Müller-Thurgau, Silvaner und Blauer Spätburgunder
Vermarktung: WG Müllheim, 1 Selbstmarkter

Badenweiler lebt mit seiner Geschichte - und wie alle berühmten Bäder natürlich auch mit seinen Geschichten. Geschichte ist, daß die Römer 75 nach Christus hier eine erste Badeanlage gebaut haben, daß wohl tausend Jahre lang nach dem Untergang des römischen Reiches die hervorragenden Möglichkeiten der "Akratotherme" nicht recht genutzt wurden, daß dann 1408 von einem der Einwohner ein Badwirtshaus errichtet wurde und 1747 immerhin schon 200 Gästebetten in vier Badwirtshäusern zur Verfügung standen. 1853 wurde das erste Kurhaus eingeweiht, und damit war auch der Grundstein für die heutige Bedeutung des Städtchens gelegt. Badenweiler wurde weltberühmt.

Einen Hauch von Rom haben diese in eine Parklandschaft am Fuße des "Blauen" gebauten Häuser nicht nur durch ihre zum Teil neuklassizistischen Fassaden, sondern auch durch die südlich-heitere Vegetation. Der Weinberg am Innerberg heißt folgerichtig "Römerberg". Hier sind zwar nur zehn Hektar bestockt (weitere drei im Ortsteil Lipburg), aber Badenweiler hat eine enge Verbindung zu den bedeutenden Weinbauorten der nahen Umgebung.

Daß Badenweiler ein günstiges Weinbauklima hat, ergibt sich schon durch seine Lage: Das Tal ist nach Westen und Südwesten geöffnet. Aus dieser Richtung strömen die warmen Winde des Mittelmeeres herein, während die Berge auf der anderen Seite vor Kaltluft aus Norden und Osten schützen. Natürlich ist ein solches Klima nicht nur dem Wein, sondern auch der subtropischen Vegetation - und dem Menschen förderlich. Das haben, wie Funde beweisen, übrigens auch schon andere Volksstämme lange vor den Römern erkannt - und heute die Gäste aus vielen Völkern der Welt.

Lipburg
Ortsteil von Badenweiler

Bestockte Rebfläche: 3 Hektar in der Lage "Kirchberg" (Großlage "Burg Neuenfels") Haupt-Rebsorten: Gutedel und Müller-Thurgau Vermarktung: 1 Selbstmarkter

Bad Krozingen
mit den Ortsteilen Schlatt, Biengen und Tunsel

Einwohner: 11 754 Bestockte Rebfläche der Kerngemarkung und Schlatt: 35 Hektar in den Lagen "Steingrüble" und "Maltesergarten" (Großlage "Lorettoberg") Haupt-Rebsorte: Müller-Thurgau Vermarktung: WG Bad Krozingen über die ZBW, 3 Selbstmarkter

In Bad Krozingen spielt der Kurbetrieb naturgemäß die Hauptrolle. Im Stadtinneren gibt es herrliche Parkanlagen, ja man könnte fast meinen, der Ort sei in einen Park gebaut worden. Die Kurgäste sind es auch, die das Stadtbild wesentlich prägen. So präsentiert sich Bad Krozingen weltoffen und adrett. - Der Wein ergänzt das touristische Angebot der Kurgemeinde. Es handelt sich hier überwiegend um Müller-Thurgau, der zu einem großen Teil von den Mitgliedern der örtlichen Genossenschaft bewirtschaftet wird.

Biengen
Ortsteil von Bad Krozingen

Bestockte Rebfläche: 17 Hektar in der Lage "Maltesergarten" (Großlage "Lorettoberg") Haupt-Rebsorten: Gutedel und Müller-Thurgau Vermarktung: WG Bad Krozingen über die ZBW

Tunsel
Ortsteil von Bad Krozingen

Bestockte Rebfläche: 9 Hektar in der Lage "Maltesergarten" (Großlage "Lorettoberg") Haupt-Rebsorten: Gutedel und Müller-Thurgau Vermarktung: WG Bad Krozingen über die ZBW

Ballrechten-Dottingen

Einwohner: 1 650 Bestockte Rebfläche: 173 Hektar in den Lagen "Castellberg" und "Altenberg" (Großlage "Burg Neuenfels") Haupt-Rebsorten: Müller-Thurgau, Gutedel und Nobling

Vermarktung: WG Ballrechten-Dottingen, 5 Selbstmarkter

Ballrechten-Dottingen ist ein Winzerdorf. Ein Drittel seiner Gemarkungsfläche ist Rebland, das sind rund 200 Hektar. Es liegt an der Badischen Weinstraße in einem fast südländischen Klima. Nicht nur die Reben rund um den Castellberg profitieren davon, selbst die Kuppe des Berges ist mit Bäumen bestanden, die man sonst nur in Mittelmeerländern vermuten würde.

Das "Doppeldorf" ist erst 1971 im Zuge der Gemeindereform entstanden; bemerkenswerterweise hatten die beiden Ortschaften aber schon früher einen Gemeindeverband gebildet, der allerdings 1811 auf eine Weisung des Großherzogs hin getrennt wurde. 1978 wurden die Anstrengungen der Bewohner von Ballrechten-Dottingen und der ansässigen Gastronomie durch die Verleihung des Titels "Staatlich anerkannter Erholungsort" belohnt.

Nun hatte man es schwarz auf weiß, was vorher sozusagen als Geheimtip unter den Gästen von Ballrechten-Dottingen kursierte: Die alte Winzergemeinde ist nämlich ein richtiges "Wohlfühl-Dorf" mit Dorfplatz und Brunnen, alten, gut restaurierten Häusern und sogar noch mit einer alten Dorfschmiede.

Da paßt der Wein besonders gut ins Bild. Er ist immer noch das wirtschaftliche Rückgrat der Gemeinde im Bäderdreieck Bad Krozingen, Badenweiler und Bad Bellingen. Und es sind gerade die Kurgäste und andere Ruhesuchende, die die Vorzüge des Winzerdorfs und seiner Umgebung erkannt haben: Spaziergänge durch die Weinberge und die Wälder am Castellberg, weitab von der Hektik des Alltags, beschauliches Dorfidyll und natürlich genußvolles Verweilen beim Wein.

Binzen

Einwohner: 2 084 Bestockte Rebfläche: 41 Hektar in der Lage "Sonnhole" (Großlage "Vogtei Rötteln") Haupt-Rebsorten: Gutedel und Müller-Thurgau Vermarktung: Bezirkskellerei Efringen-Kirchen, 3 Selbstmarkter

Die kleine Weinbaugemeinde liegt in der äußersten Südwest-Ecke Badens, nur wenige Kilometer von Basel entfernt. Hier im Rheinknie herrscht ein besonders warmes, fast südländisches Klima, von dem natürlich besonders die Reben profitieren. Das erkannten auch schon die Römer und nach ihnen die Alemannen, die hier den Weinbau begründeten. Schon für das Jahr 767 ist der Rebbau in Binzen urkundlich belegt.

Und traditionell ist der Anbau der Reben auch geblieben: Die Hälfte der Rebfläche wird von der Markgräfler Spezialität, dem Gutedel, bedeckt, dann folgt der Müller-Thurgau, die badische Erfolgsrebe schlechthin, mit rund einem Drittel Anteil. Die stark kalkhaltigen und sandigen Lehmböden favorisieren diese beiden Sorten in besonderem Maße.

Bollschweil

Einwohner: 2 022 Bestockte Rebfläche: 14 Hektar in der Lage "Steinberg" (Großlage "Lorettoberg") Haupt-Rebsorten: Müller-Thurgau, Weißburgunder und Gutedel Vermarktung: WG Ehrenstetten

Buggingen
mit Ortsteil Seefelden

Einwohner: 2 961 Bestockte Rebfläche der Kerngemarkung: 74 Hektar in der Lage "Maltesergarten" (Großlage "Lorettoberg") Haupt-Rebsorten: Gutedel, Müller-Thurgau und Spätburgunder Vermarktung: WG Buggingen über die ZBW, 1 Selbstmarkter

"Am Hang stöhn Rebe
Im Dorf isch Lebe
Im Bode lit Gold
Herr Gott, blib is hold!"

Der Weinbau und das Kaliwerk - dies waren lange Zeit die Haupterwerbsquellen in Buggingen. Das Kaliwerk wurde 1973 geschlossen, Reben wachsen immer noch im "Maltesergarten" in Buggingen und dem Ortsteil Seefelden - meist Gutedel, Müller-Thurgau und Spätburgunder.

Seefelden · Ebringen · Efringen-Kirchen · Blansingen Egringen · Eimeldingen

Der Ort geht zurück in die Zeit der alemannischen Landnahme im 5. oder 6. Jahrhundert, in seinem Namen ist noch der Name des Ortsgründers erhalten geblieben; Seefelden - hier war vielleicht der See, der sich alljährlich nach Schneeschmelze und Wolkenbrüchen bildete und die Felder beim Ort überschwemmte, namensgebend.

Wechselvoll wie die Schreibweise des Ortsnamen - zum Beispiel "Villa Puchingas", "Puchoma", "Buchheim" und "Buckingen" - waren die Besitzverhältnisse und die politische Zugehörigkeit der einzelnen Ortsteile; besonders die Kriege des 17. Jahrhunderts zerstörten vieles. Wenig ist aus dieser Zeit erhalten geblieben: Aus dem Jahre 1608 stammt einer der ältesten Höfe, der ehemalige St. Georgen- oder Fränklinshof.

Rege Bautätigkeit setzte im 18. Jahrhundert ein - an vielen Torbögen und Türstürzen sind Jahreszahlen aus dem 18. Jahrhundert zu sehen. Fässer auf Hausinschriften, die Handwerkszeichen der Küferzunft an Häusern lassen die Bedeutung des Weinbaus in Buggingen - damals und noch heute - erkennen.

Seefelden
Ortsteil von Buggingen

Bestockte Rebfläche: 95 Hektar in der Lage "Maltesergarten" (Großlage "Lorettoberg")
Haupt-Rebsorten: Gutedel und Müller-Thurgau
Vermarktung: WG Seefelden über die ZBW, 1 Selbstmarkter

Ebringen

Einwohner: 1 931
Bestockte Rebfläche: 54 Hektar in den Lagen "Sommerberg" und "Dürrenberg" (Großlage "Lorettoberg")
Haupt-Rebsorten: Gutedel, Müller-Thurgau und Nobling

Vermarktung: WG Ebringen, 2 Selbstmarkter

Zwischen Schwarzwald und Rhein, nur wenige Kilometer südlich von Freiburg, liegt Ebringen am Westhang des Schönberg. Von seinem Gipfel sieht man bis nach Freiburg, zum Hochschwarzwald, über die Rheinebene und das Elsaß bis zu den Vogesen. Hier befinden sich auch zwei ehemals herrschaftliche Höfe und die Ruine Schneeburg, beliebte Ausflugsziele der Ebringer und ihrer "Gäschte".

Staffelgiebel, versteckte Winkel, alte Torbögen, Fachwerk- und ansehnliche Herrschaftshäuser: die Gemütlichkeit und Atmosphäre Ebringens ist nicht verloren gegangen. Die Kirche ist im Dorf geblieben - um 1400 erbaut, beherrscht sie noch heute das Dorfbild. Ungefähr 300 Jahre jünger, aber ebenso beachtenswert, ist das Schloß, das 1713 ganz in der Nähe der Kirche als Sitz der Herrschaft aus St. Gallen gebaut wurde.

Wiesen, Wald und Reben umgeben Ebringen; letztere mindestens seit 716. In diesem Jahr berichtet eine Urkunde des Klosters St. Gallen vom Weinbau in Ebringen. Seither hat sich einiges geändert - Rebsorten, Geräte, Techniken. Aber getrunken wird der Wein, der im "Sommerberg" und im "Dürrenberg" wächst, heute noch genauso gerne wie früher - besonders bei den Ebringer Weintagen am letzten Wochenende im August.

Efringen-Kirchen
mit den Ortsteilen Blansingen, Egringen, Eimeldingen, Huttingen, Istein, Kleinkems, Welmlingen, Wintersweiler

Einwohner: 6 575
Bestockte Rebfläche der Kerngemarkung: 58 Hektar in den Lagen "Ölberg", "Steingäßle" und "Sonnhole" (Großlage "Vogtei Rötteln")
Haupt-Rebsorten: Gutedel und Müller-Thurgau
Vermarktung: WG Efringen-Kirchen, 6 Selbstmarkter

Die Ortschaft Efringen-Kirchen ist der Hauptort innerhalb der Gemeinde Efringen-Kirchen. Diese Mittelpunktsgemeinde ist durch den Zusammenschluß von neun Ortschaften nach der Gemeindereform 1974 entstanden.

Efringen-Kirchen selbst ist erst 1942 durch die Union der beiden bis dahin selbständigen Gemeinden Efringen und Kirchen eine Ortschaft geworden. Sie profitierte in der Vergangenheit und profitiert auch heute noch von ihrer günstigen Verkehrslage im Dreiländereck und am Rheinstrom, der zu früheren Zeiten am Ortsrand von Kirchen floß. Hier entstand auf den Resten einer alten römischen Fliehburg im 9. Jahrhundert eine Königspfalz, die Kaiser Karl III. als Rast- und Gerichtsplatz diente. Als weitere wichtige Begebenheit ist in der Chronik späterer Zeit unter anderem vermerkt, daß sich in Kirchen ein Arzt, ein Apotheker und ein Notar niederließen, die auch die Nachbargemeinden mitbetreuten.

Der Ortsteil Efringen hatte als Weinbaugemeinde immer schon einen guten Ruf. Die Weine von den Südhängen des Schafsberges galten als besonders gut und waren weit über die Grenzen des hiesigen Raumes bekannt. Später erlebte Efringen durch den Bau der Eisenbahnlinie noch einen erheblichen Aufschwung. Über die hier eingerichtete Bahnstation lief der gesamte Güter- und Personenverkehr für das Enge- und Feuerbachtal.

Im Zweiten Weltkrieg wurde der Ortskern von Kirchen stark zerstört. Durch die anschließende Flurbereinigung, bei der verschiedene landwirtschaftliche Betriebe ausgesiedelt wurden, verlor die Gemeinde immer mehr ihren bäuerlichen Charakter. Dieser Trend wird durch die Erschließung weiterer Neubaugebiete noch verstärkt. Doch der relativ dünn besiedelte Raum um Efringen-Kirchen ist nach wie vor ein beliebtes Ausflugsziel der streßgeplagten Städter aus Basel und auch der benachbarten Franzosen, die heute aus anderen Beweggründen die Grenze überschreiten, als das noch vor wenigen Jahrzehnten der Fall war.

Hier im südlichen Markgräfler Hügelland findet man echte Gastlichkeit, und der krönende Abschluß des Urlaubs oder einer Wochenend-Reise ist ein "Viertele" Markgräfler in einem der vielen Gasthäuser.

Blansingen
Ortsteil von Efringen-Kirchen

Bestockte Rebfläche: 33 Hektar in der Lage "Wolfer" (Großlage "Vogtei Rötteln")
Haupt-Rebsorten: Gutedel und Müller-Thurgau
Vermarktung: Bezirkskellerei Efringen-Kirchen, 1 Selbstmarkter

1130 urkundlich erwähnt, liegt der bekannte Weinort in der Nähe des Isteiner Klotzes, des "Hausberges" der Großgemeinde Efringen-Kirchen. Eine alte Römerstraße ist noch erhalten, die zum Wandern und zum Betrachten des nahen Rheintals und der weiten Vogesenlandschaft einlädt.

Abseits des gut erhaltenen Ortskerns und des 200 Jahre alten "Röhrenbrunnens", vom Steinhauer Mathäus Abt aus Istein gebaut, steht die Pfarrkirche St. Peter mit ihren schönen Fresken und dem ehemaligen Pfarrhof. Die eigentümliche Randlage des Gotteshauses hat schon manchem Besucher Kopfzerbrechen bereitet.

Schön aufgebaut und wiederhergerichtet wurde der "Bödlinshof", früher Poststation und Mustergut in der Markgrafschaft, jetzt beliebtes Ausflugsziel mit Gaststätte auf dem Weg in die nahegelegenen Weinberge. Und immer noch leben in Blansingen die meisten vom Reb- und Obstanbau - wenn auch viele im benachbarten Weil oder im Raum Lörrach ihre Arbeit haben. Der Weinqualität hat es nicht geschadet: In wein-bäuerlicher Tradition und Umgebung und mit dem Bild einer jungen Wohn- und Fremdenverkehrsgemeinde zeigt sich der Ort heute seinen Besuchern.

Egringen
Ortsteil von Efringen-Kirchen

Bestockte Rebfläche: 12 Hektar in den Lagen "Sonnhole" und "Steingäßle" (Großlage "Vogtei Rötteln")
Haupt-Rebsorten: Gutedel und Müller-Thurgau
Vermarktung: Bezirkskellerei Efringen-Kirchen

Eimeldingen
Ortsteil von Efringen-Kirchen

Bestockte Rebfläche: 8 Hektar in der Lage "Sonnhole" (Großlage "Vogtei Rötteln")
Haupt-Rebsorten: Gutedel und Müller-Thurgau
Vermarktung: Bezirkskellerei Efringen-Kirchen

Huttingen
Ortsteil von Efringen-Kirchen

Bestockte Rebfläche: 12 Hektar in der Lage "Kirchberg" (Großlage "Vogtei Rötteln")
Haupt-Rebsorten: Gutedel und Müller-Thurgau
Vermarktung: Bezirkskellerei Efringen-Kirchen

Zwei Sehenswürdigkeiten in und bei Efringen-Kirchen: der berühmte „Isteiner Klotz" und der Schmuckkeller der Genossenschaft.

BEREICH: MARKGRÄFLER LAND

Istein · Kleinkems · Welmlingen · Wintersweiler · Ehrenkirchen · Ehrenstetten
Kirchhofen · Norsingen · Offnadingen · Scherzingen

Istein
Ortsteil von Efringen-Kirchen

Bestockte Rebfläche: 21 Hektar in der Lage "Kirchberg" (Großlage "Vogtei Rötteln")
Haupt-Rebsorten: Gutedel und Müller-Thurgau
Vermarktung: Bezirkskellerei Efringen-Kirchen

Istein liegt im Zentrum der Großgemeinde. Das ehemalige Fischerdorf wandelt sich wie viele andere Dörfer der Umgebung immer mehr zu einer Wohngemeinde. Mit der alten Bedeutung als Standort vieler Rheinfischer ging es zu Ende, als 1876 der Rhein bei seiner Korrektur in ein neues Bett weiter westlich umgelegt wurde, und einen weiteren schweren Schlag erlebte diese alte Zunft durch die Ableitung der fischreichen Gewässer in den elsässischen Kanal nach 1932.

Rund um das Dorf legten die Fischer auf den steilen Halden Rebgärten an. Und schon der Baseler Kunsthistoriker Jakob Burckhardt meinte, daß dieses "liebste Kind" reich mit dem "besten Wein des Reblandes zwischen dem Grenzacher Horn und Schliengen" gesegnet sei. Das traditionsreiche Schloßgut Istein, das eines der ältesten Weingüter des Markgräfler Landes ist, und heute dem Landkreis Lörrach gehört, hat sicherlich zu diesem Ruf beigetragen. Mit einer Spezialisierung auf trockene Weine klassischer Rebsorten wird diese Tradition heute vom Pächter fortgeführt.

Für Forscher und Besucher gleichermaßen interessant ist die Landschaft um den "Klotzen", ein Kalkfelsen, der vor der Rheinkorrektur noch von dem mächtigen Strom umspült wurde, und in dessen Vorfeld viele Inseln den Wiesen und Feldern Platz boten. Dieser Kalkkoloß wurde in allen Kriegen strategisch genutzt. Doch mehrere Male stand der Felsen auf der Seite der Verlierer, und deshalb wurde er des öfteren stark in

Mitleidenschaft gezogen. So zuletzt nach den beiden Weltkriegen, als die Befestigungsanlagen um und auf dem "Klotzen" gesprengt wurden. Derart seiner kriegerischen "Beigaben" entkleidet, ist er heute friedliche Touristenattraktion.

Kleinkems
Ortsteil von Efringen-Kirchen

Bestockte Rebfläche: 13 Hektar in der Lage "Wolfer" (Großlage "Vogtei Rötteln")
Haupt-Rebsorten: Gutedel und Müller-Thurgau
Vermarktung: Bezirkskellerei Efringen-Kirchen

Das kleine ehemalige Fischer- und Schifferdorf, das vor der Tulla'schen Rheinkorrektur ebenfalls unmittelbar am Strom lag, erlebte nahezu das gleiche Schicksal wie seine weiter südlich gelegene Nachbargemeinde Istein. Als der Fischfang unrentabel geworden war und sich auch mit der Schiffahrt nicht mehr genug Geld verdienen ließ, kam fast gleichzeitig die Industrie in den Ort. Hier, wo in grauer Vorzeit die ersten Bergleute den Jaspis abbauten und später Bohnerze geschürft wurden, öffnete zu Beginn des Jahrhunderts eine große Zementfabrik ihre Tore und sorgte so mit für den Broterwerb der Bürger von Kleinkems.

Welmlingen
Ortsteil von Efringen-Kirchen

Bestockte Rebfläche: 16 Hektar in der Lage "Steingäßle" (Großlage "Vogtei Rötteln")
Haupt-Rebsorte: Müller-Thurgau
Vermarktung: Bezirkskellerei Efringen-Kirchen

Wintersweiler
Ortsteil von Efringen-Kirchen

Bestockte Rebfläche: 11 Hektar in der Lage "Steingäßle" (Großlage "Vogtei Rötteln")
Haupt-Rebsorten: Gutedel und Müller-Thurgau
Vermarktung: Bezirkskellerei Efringen-Kirchen

Hinweis: Die Weinbaugemeinden Badens sind von Norden nach Süden bereichsweise erfaßt. Innerhalb der Bereiche ist die alphabetische Reihenfolge verwendet worden.

Ehrenkirchen
mit den Ortsteilen Ehrenstetten, Kirchhofen, Scherzingen, Norsingen und Offnadingen

Einwohner: 5 552
Bestocktes Rebland: siehe Statistiken der Ortsteile

Ehrenkirchen ist der Zusammenschluß der Dörfer Ehrenstetten, Kirchhofen, Norsingen, Offnadingen und Scherzingen. Der Zusammenschluß ist jung - die einzelnen Gemeinden haben jedoch eine lange Geschichte.

Ehrenstetten
Ortsteil von Ehrenkirchen

Bestocktes Rebland: 145 Hektar in den Lagen "Oelberg", "Rosenberg" und "Steinberg" (Großlage "Lorettoberg")
Haupt-Rebsorten: Gutedel, Müller-Thurgau, Nobling und Weißburgunder
Vermarktung: WG Ehrenstetten

Ehrenstetten wurde im 12. Jahrhundert erstmals urkundlich erwähnt; Höhlen von Rentierjägern am Ölberg aus der älteren Steinzeit und Alemannengräber am Gebirgsrand des Schwarzwalds beweisen die schon sehr frühe Besiedlung des Gebietes.

Der Markt, der alljährlich am 10. August, am Laurentiustag, stattfindet, hat Tradition: Kaiser Sigismund verlieh dem Ort 1418 das Jahrmarktsrecht. Noch älter sind Teile der St. Georgs-Kirche. Sie stammen aus dem frühen Mittelalter.

Eine Wanderung durch die Umgebung lohnt: Verschiedene Aussichtspunkte erlauben einen Ausblick über die Staufener Bucht und die Rheinebene bis zu den Vogesen. Bemerkenswert sind auch die Kapellen, die außerhalb des Ortes stehen: die Streicherkapelle, die Ölbergkapelle und die Schächerkapelle, in der sich eine wertvolle Pieta mit den Schächergestalten befindet.

Zisterzienserinnen von Oberried. Daß es dabei auch um Weinbau ging, verwundert in dieser weinfrohen Zeit kaum: Streitobjekt war ein Hof mit den dazugehörigen Weinbergen und Äckern.

Auch Offnadingen hatte im Mittelalter geistliche Grundherren: das Kloster St. Blasien und das Domstift Basel. Als ein Tagungsort des gräflichen Landgerichts im Breisgau hatte Offnadingen eine besondere Stellung. Bekannt waren die Offnadinger Märkte. Der Herbstmarkt ist auch heute noch starker Anziehungspunkt für Besucher aus der Umgebung.

Norsingen - eine von sechs Batzenberggemeinden. Gemeinsam haben diese Dörfer zwei große Aufgaben bewältigt: die Reblausbekämpfung und die Rebumlegung. Und seither feiert man auch - den unterschiedlichen historischen Traditionen zum Trotz - gemeinsam. Jedes Jahr um den 1. Mai findet das Weinfest auf dem Batzenberg statt, das inzwischen selbst schon fast Tradition geworden ist. Und bei diesem Fest auf dem Batzenberg, einem nach Form und Aussehen geradezu perfekten Wein-Berg, genießen die Teilnehmer den Wein mindestens genauso wie den Ausblick in die Umgebung.

Kleinkems (links) und Ehrenkirchen (oben).

Kirchhofen
Ortsteil von Ehrenkirchen

Bestocktes Rebland: 89 Hektar in den Lagen "Batzenberg", "Kirchberg" und "Höllhagen" (Großlage "Lorettoberg")
Haupt-Rebsorten: Gutedel, Müller-Thurgau, Ruländer und Gewürztraminer
Vermarktung: WG Kirchhofen

Kirchhofen - der Name des auf und an einem Hügel liegenden Ortes taucht erstmals in einer Urkunde aus dem Jahre 1087 auf. Erste Hinweise auf eine Besiedlung gibt es jedoch schon für das Jahr 805. Im Mittelalter war Kirchhofen Mittelpunkt für verschiedene Orte in der Umgebung - als Wallfahrtsort und Sitz der Lehnsherren. Der bekannteste unter den Dorfherren war wohl der kaiserliche Feldherr Lazarus von Schwen-

di, der im Wasserschloß seinen Lebensabend verbrachte. Zwei Flügel und drei Ecktürme der Burg stehen heute noch - und werden als Schule genutzt.

Ursprünglich im gotischen Stil ist die Pfarr- und Wallfahrtskirche erbaut worden, später im 18. Jahrhundert wurde sie barock umgestaltet. Christian Wenzinger, der im Nachbarort geborene Architekt, Maler und Bildhauer war daran beteiligt.

Die Kirche, mit dem baumbestandenen Vorplatz, ein - hier namensgebender - Kirchhof, wie man ihn sich nur wünschen kann, der Dorfbrunnen mit Marienbild, die alten Kastanien und Linden, die Häuser des Dorfkerns, - obwohl Kirchhofen heute Hauptort einer großen Gemeinde ist, blieb das dörfliche Bild, ein Bild der Gemütlichkeit und Ruhe. Dazu tragen sicherlich auch die Weinberge bei, die Kirchhofen umgeben.

Norsingen/Offnadingen
Ortsteile von Ehrenkirchen

Bestockte Rebfläche: 50 Hektar in der Lage "Batzenberg" (Großlage "Lorettoberg")
Haupt-Rebsorten: Gutedel und Müller-Thurgau
Vermarktung: WG Norsingen über die ZBW, 3 Selbstmarkter

Norsingen und Offnadingen sind Dörfer mit Tradition. Alemannische Gräberfunde am Batzenberg weisen auf eine schon sehr frühe Besiedlung Norsingens hin. Im 8. Jahrhundert soll Norsingen Eigengut von Otmar, dem ersten Abt des Klosters St. Gallen gewesen sein - der Weinbau muß damals schon bestanden haben. In einer Urkunde erscheint Norsingen erstmals im Jahre 1242. Damals prozessierten die Benediktiner von St. Gallen mit den

Scherzingen
Ortsteil von Ehrenkirchen

Bestockte Rebfläche: 26 Hektar in der Lage "Batzenberg" (Großlage "Lorettoberg")
Haupt-Rebsorten: Gutedel, Müller-Thurgau und Spätburgunder
Vermarktung: WG Kirchhofen, 2 Selbstmarkter

Der kleinste der Weinbauorte am Batzenberg ist Scherzingen - der Wein spielt aber auch hier eine große Rolle. Urkundlich wird das Dorf 1111 zum ersten Mal erwähnt - seither waren die Herrschaftsverhältnisse wechselhaft. Geblieben ist das alte, schöne Ortsbild mit der erhöht stehenden Kirche und dem alten Kirchhof.

Wie früher wachsen am Batzenberg Burgunderreben, inzwischen sind es aber reblausresistente Propfreben. Der "Heunisch", der sehr saure "Räuschling" und der "Elbling" sind jedoch durch Gutedel, Müller-Thurgau, Nobling und Gewürztraminer verdrängt worden.

Eschbach · Fischingen · St. Georgen · Grenzach-Wyhlen · Heitersheim · Kandern
Feuerbach · Holzen · Riedlingen · Tannenkirch · Wollbach · Merzhausen · Müllheim

Vom Batzenberg-Höhenweg, einem schönen Wein- und Wanderweg, hat man einen weiten Ausblick in die Umgebung: bis zu den Schwarzwaldbergen "Schauinsland", "Belchen" und "Blauen" im Osten, über die Rheinebene und den Kaiserstuhl bis hin zu den Vogesen im Westen und Süden, sowie nach Freiburg im Norden.

Eschbach

Einwohner: 1 625
Bestockte Rebfläche: 17 Hektar in der Lage "Maltesergarten" (Großlage "Lorettoberg")
Haupt-Rebsorten: Müller-Thurgau und Gutedel
Vermarktung: WG Heitersheim über die ZBW

Fischingen

Einwohner: 555
Bestockte Rebfläche: 61 Hektar in der Lage "Weingarten" (Großlage "Vogtei Rötteln")
Haupt-Rebsorten: Gutedel und Müller-Thurgau
Vermarktung: Bezirkskellerei Efringen-Kirchen

Fischingen ist Efringen-Kirchen benachbart, dessen Genossenschaft die rund 30 Weinbaubetriebe des Dorfes angeschlossen sind. Die kleine, mit Obstbäumen dörflich-anheimelnd durchgrünte Gemeinde schart sich mit ihren Bauernhäusern um ihre äußerlich bescheidene Kirche mit dem in einem spitzen Giebeldach endenden Kirchturm. An dem Hang der "Sonnhole" hinter dem Dorf wurde schon früh Weinbau betrieben - mindestens seit 772, denn aus diesem Jahr gibt es eine Urkunde, die hier Weinbau nachweist.

St. Georgen

Ortsteil von Freiburg · Bestockte Rebfläche: 45 Hektar in den

Lagen "Steinler" und "Jesuitenschloß" (Großlage "Lorettoberg")
Haupt-Rebsorten: Gutedel, Müller-Thurgau und Spätburgunder
Vermarktung: WG Freiburg-St. Georgen über die ZBW, 2 Selbstmarkter
Siehe unter Freiburg im Breisgau

Grenzach-Wyhlen

Einwohner: 12 409
Bestockte Rebfläche: 3 Hektar

in der Lage "Hornfelsen" (Großlage "Vogtei Rötteln")
Haupt-Rebsorte: Spätburgunder
Vermarktung: Bezirkskellerei Efringen-Kirchen

Die Ortsnamen sind römischen und alemannischen Ursprungs: Grenzach, das war der Hof des Carantius, "Carantiacum"; "ze vilon", bei den Villen, so nannten die Alemannen das heutige Wyhlen. Römer und Weinbau - das ist in diesem Gebiet eng miteinander verknüpft. Wein-

bau gab es auch in Grenzach-Wyhlen: Bis um die Jahrhundertwende lebten die Bewohner hauptsächlich von Landwirtschaft, Fischfang und Weinbau. Heute wird Weinbau im Ort nur noch als Nebenerwerb betrieben; der Spätburgunder, der in der Steillage Hornfelsen wächst, wird fast ausschließlich für den Eigenbedarf angepflanzt.

Heitersheim (unten) und die wunderschönen Keller der WG Müllheim (rechts).

Heitersheim

Einwohner: 4 263
Bestockte Rebfläche: 109 Hektar in den Lagen "Maltesergarten" und "Sonnhohle" (Großlage "Lorettoberg")
Haupt-Rebsorten: Gutedel, Müller-Thurgau, Spätburgunder, Ruländer und Gewürztraminer
Vermarktung: WG Heitersheim über die ZBW, 6 Selbstmarkter

Die Malteserstadt Heitersheim liegt im Markgräfler Land im Bäderdreieck Bad Krozingen,

Badenweiler und Bad Bellingen. Sie liegt im Sulzbachtal inmitten der Felder und Reben in der hügeligen, aber noch flachen Vorgebirgszone; im Hintergrund gegen Osten zeigen sich die ersten Ausläufer des Schwarzwaldes. Diese Landschaft ist von der Natur und der Sonne verwöhnt. Hier scheint alles ohne große Mühe zu wachsen und zu gedeihen, das Korn und die Feldfrüchte ebenso wie die Reben.

Wie alle Städte und Gemeinden im Umkreis hat auch Heitersheim eine bewegte Vergangenheit, die bis in die Siedlungszeit der Römer zurückreicht. Einige

römische Funde geben hiervon Zeugnis. Bekannt gemacht aber haben die Johanniter, später Malteserritter genannt, die Stadt. 500 Jahre lang haben sie in Heitersheim gewirkt. Dieser wohlhabende Orden wurde nach seinem Auftauchen am Oberrhein schnell einer der größten Grundbesitzer in der Heitersheimer Gegend und hielt bis in das Jahr 1806 die Geschicke der Stadt und des Umlandes fest in seiner Hand.

Heute sind nach alter Maltesertradition in den Anlagen des Schlosses eine Sonderschule und eine angeschlossene Werkstatt untergebracht. Dieses

Tannenkirch
Ortsteil von Kandern

Bestockte Rebfläche: 18 Hektar in der Lage "Steingäßle" (Großlage "Vogtei Rötteln")
Haupt-Rebsorten: Gutedel, Spätburgunder, Müller-Thurgau und Nobling
Vermarktung: Bezirkskellerei Efringen-Kirchen

Wollbach
Ortsteil von Kandern

Bestockte Rebfläche: 13 Hektar in der Lage "Steingäßle" (Großlage "Vogtei Rötteln")
Haupt-Rebsorten: Gutedel und Müller-Thurgau
Vermarktung: Bezirkskellerei Efringen-Kirchen

Merzhausen

Einwohner: 4 665
Bestockte Rebfläche: 15 Hektar in der Lage "Jesuitenschloß" (Großlage "Lorettoberg")
Haupt-Rebsorten: Müller-Thurgau, Spätburgunder und Ruländer
Vermarktung: WG Ebringen, 1 Selbstmarker

Müllheim
mit den Ortsteilen Britzingen, Dattingen, Feldberg, Hügelheim, Niederweiler und Zunzingen

Einwohner: 13 253
Bestockte Rebfläche der Kerngemarkung: 140 Hektar in den Lagen "Reggenhag", "Pfaffenstück", und "Sonnhalde" (Großlage "Burg Neuenfels")
Haupt-Rebsorten: Gutedel, Müller-Thurgau, Spätburgunder
Vermarktung: WG Müllheim, 7 Selbstmarker

Schloß und der dazugehörige Schloßpark sind die herausragenden Sehenswürdigkeiten in Heitersheim.

Kandern
mit den Ortsteilen Feuerbach, Holzen, Riedlingen, Tannenkirch und Wollbach

Einwohner: 6 477
Bestockte Rebfläche: siehe Statistik der einzelnen Ortsteile

Feuerbach
Ortsteil von Kandern

Bestockte Rebfläche: 12 Hektar in der Lage "Steingäßle" (Großlage "Vogtei Rötteln")
Haupt-Rebsorte: Spätburgunder
Vermarktung: Bezirkskellerei Efringen-Kirchen

Holzen
Ortsteil von Kandern

Bestockte Rebfläche: 12 Hektar in der Lage "Steingäßle" (Groß-

lage "Vogtei Rötteln")
Haupt-Rebsorten: Gutedel und Müller-Thurgau
Vermarktung: Bezirkskellerei Efringen-Kirchen

Riedlingen
Ortsteil von Kandern

Bestockte Rebfläche: 6 Hektar in der Lage "Steingäßle" (Großlage "Vogtei Rötteln")
Haupt-Rebsorten: Spätburgunder, Müller-Thurgau und Gutedel
Vermarktung: Bezirkskellerei Efringen-Kirchen

Müllheim ist eines jener Städtchen, in denen die Welt noch in Ordnung scheint. Es wirkt ruhig und gediegen, gepflegt und für seine Besucher gut herausgeputzt. Das im Markgräflerland immer wieder verwendete Wort sanft, mit dem die Besucher die Landschaft - und auch einen guten Teil der Gutedel-Weine charakterisieren - dieses Wort paßt auch hier.

BEREICH: MARKGRÄFLER LAND

Britzingen · Dattingen · Feldberg · Hügelheim · Niederweiler · Zunzingen
Neuenburg · Pfaffenweiler · Rheinfelden · Rümmingen

Am Ortsrand beginnen Felder und Weinberge und dann folgen neue Orte, beschauliche Dörfer, die wiederum von Weinbergen und Feldern umgeben sind und als Ortsteile zu Müllheim gehören. Das Städtchen wird so zu einer bedeutenden Weinstadt - mit einer Gesamtrebfläche von 400 Hektar und rund 500 Weinbaubetrieben.

Die Winzer von Britzingen und Dattingen teilen sich die Einzellage "Sonnhole", die zwar der Müllheimer "Sonnhalde" vom Namen her ähnlich, aber vom Boden her (hier Lehm, dort mehr Löß und stärker kalkhaltig) verschieden ist. Der Rebsortenspiegel ist jedoch ähnlich, was auch für die zweite Lage, den "Rosenberg", gilt. - Das Feldberger "Paradies" weicht da stark von der Markgräfler Norm ab: Es ist weitgehend "Müller-Thurgau-Land".

Hügelheim, der von der Rebfläche her zweitgrößte Müllheimer Ortsteil, bietet dem Weinfreund über die eigene Genossenschaft wiederum in erster Linie Gutedel und neben dem Müller-Thurgau dann auch noch Spätburgunder, Silvaner, Nobling und einige andere Neuzüchtungen. (Siehe auch den Bericht über die Genossenschaft.) Der beste "Einstieg" zum Kennenlernen der Rebsorten ist - natürlich vor der Probe selbst - ein Gang über den Rebwanderweg - vielleicht mit einem rustikalen Essen in der schön gelegenen Schutzhütte verbunden.

Niederweiler und Zunzingen haben vergleichsweise kleine Rebflächen, aber ein ebenso variationsreiches Weinangebot und traditionsreiche selbstmarktende Betriebe. Die Winzer aus Niederweiler liefern im übrigen ihre Trauben zur Winzergenos-

senschaft Müllheim, die aus Zunzingen zur Genossenschaft von Britzingen.

Wenn die Genossenschaften in Britzingen und Hügelheim gewissermaßen Landsitze in diesem idyllischen und fröhlichen Weinreich sind, dann ist die Winzergenossenschaft Müllheim Zentrum der Weinkapitale. Wobei nicht vergessen werden soll, daß es gerade hier einige angesehene Selbstmarkter gibt, die das Weinbild der Region lebendiger machen.

Ein freundlicher Zufall hat es gewollt, daß ein traditionsreiches Weingut von der Winzergenossenschaft Müllheim übernommen werden konnte und diese nun über einen wunderschönen Gutshof verfügt, dessen Gebäude im Rechteck um einen Innenhof liegen. Mit viel Geschmack wurden Keller und repräsentative Räume aus-

Weinlandschaften in Frühjahrsgrün und Herbstbraun: Britzingen mit seinen Weinbergen und Bergen im Gegenlicht (oben) und Wolfenweilers Weinberge mit „Fernschnellzug-Schwung".

gestaltet, und nun sagen viele Besucher, dies sei die schönste Winzergenossenschaft in Deutschland. Eine der schönsten ist sie ganz gewiß.

Die Müllheimer, die es verstanden haben, ihr ansehnliches Städtchen für den Fremdenverkehr attraktiv zu machen, haben ein übriges getan, um ihre lange Weinbautradition (erste Erwähnung 758) handgreiflich und lebendig nachzuweisen. Sie haben mit sehr viel Privatinitiative im alten Rathaus ein

Markgräfler Weinmuseum eingerichtet. Da werden auch zwei weinbauliche Ersttaten dokumentarisch festgehalten:

Müllheim hat den ältesten Weinmarkt ganz Badens. Der wird mit vielen Stammgästen am dritten Freitag im April gefeiert. Und - wichtiger noch für den Qualitätsweinbau Badens: Prof. Dr. Adolph Blankenhorn, der erste Präsident des Deutschen Weinbauverbandes, war Müllheimer. Die traditionsreiche Weinkellerei gleichen Namens besteht noch. Überhaupt scheint Beständigkeit zum Ort zu gehören: Es gibt Wandmalereien, die alle Zeitläufe vom 12. Jahrhundert bis heute überdauert haben - und Funde aus Bronze- und Eisenzeit, die beweisen, daß es schon lange vor unserer Zeitrechnung Ur-Müllheimer gegeben hat.

Britzingen/Dattingen
Ortsteile von Müllheim

Bestockte Rebfläche: 121 Hektar in den Lagen "Sonnhohle" und "Rosenberg" (Großlage "Burg Neuenfels")
Haupt-Rebsorten: Gutedel und Müller-Thurgau
Vermarktung: WG Britzingen, 4 Selbstmarkter

Feldberg
Ortsteil von Müllheim

Bestockte Rebfläche: 27 Hektar in der Lage "Paradies" (Großla-

ge "Burg Neuenfels")
Haupt-Rebsorte: Müller-Thurgau
Vermarktung: WG Müllheim, Erzeugergemeinschaft Blankenhorn, 1 Selbstmarkter

Hügelheim
Ortsteil von Müllheim

Bestocktes Rebland: 60 Hektar in den Lagen "Schloßgarten", "Höllberg" und "Gottesacker" (Großlage "Burg Neuenfels")
Haupt-Rebsorten: Gutedel, Müller-Thurgau, Silvaner, Spätburgunder und Nobling
Vermarktung: WG Hügelheim, 1 Selbstmarkter

Niederweiler
Ortsteil von Müllheim

Bestockte Rebfläche: 25 Hektar in der Lage "Römerberg" (Großlage "Burg Neuenfels")
Haupt-Rebsorten: Gutedel und Müller-Thurgau
Vermarktung: WG Müllheim, 2 Selbstmarkter

Zunzingen
Ortsteil von Müllheim

Bestockte Rebfläche: 23 Hektar in der Lage "Rosenberg" (Großlage "Burg Neuenfels")
Haupt-Rebsorten: Gutedel und Müller-Thurgau
Vermarktung: WG Britzingen

Neuenburg
Ortsteil Steinenstadt

Bestockte Rebfläche: 12 Hektar in der Lage "Sonnenstück" (Großlage "Burg Neuenfels")
Haupt-Rebsorte: Gutedel
Vermarktung: WG Schliengen, WG Neuenburg über die ZBW, 1 Selbstmarkter

Pfaffenweiler

Einwohner: 2 389
Bestockte Rebfläche: 112 Hektar in den Lagen "Batzenberg" und "Oberdürrenberg" (Großlage "Lorettoberg")
Haupt-Rebsorten: Gutedel, Müller-Thurgau und Spätburgunder
Vermarktung: WG Pfaffenweiler, 1 Selbstmarkter

Vor den Toren Freiburgs gelegen, ist Pfaffenweiler gewissermaßen das Tor zum Markgräfler Land. Es ist ein kleines aber regsames Weindorf, das sich da im Schneckental an der Ostseite des rebenbestandenen Batzenbergs erstreckt. Dieses Tal brachte den Pfaffenweilern auch den Beinamen "Schnecken" ein, über dessen negativen Beigeschmack die Pfaffenweiler selbstbewußt hinwegschauen. Sie haben sich die Gemütlichkeit und die Ruhe im Sturm der Zeiten bewahrt und sich immer in "ihr" Pfaffenweiler zurückgezogen, gerade so, wie sich eine Schnecke bei Gefahr in ihr schützendes Haus zurückzieht.

Nur einmal, in der Mitte des 19. Jahrhunderts kehrten viele Gemeindemitglieder ihrer Heimat nach einigen ertragslosen Jahren den Rücken. Doch selbst in diesen schweren Zeiten zeigten die Pfaffenweiler Bürger Gemeinsinn: Viele der Auswanderungswilligen konnten wegen der schlechten Ertragslage die Schiffspassage nach Nordamerika oder Algerien nicht aufbringen. So rodete die Gemeinde ein zwölf Hektar großes Stück Wald ab und gründete mit dem Verkaufserlös einen Fonds für die Emigranten. Noch heute heißt dieses Gewann, sozusagen als Erinnerung und Mahnung zugleich, "Afrika".

Eine Gemeinde, die so stark vom Weinbau abhängig war wie Pfaffenweiler, mußte durch die katastrophalen Rebkrankheiten, die sich um die Jahrhundertwende ausbreiteten, besonders hart getroffen werden. Nur durch rasches Reagieren konnten die Pfaffenweiler den allergrößten Schaden verhindern. Bereits vor dem Zweiten Weltkrieg pflanzten sie Propfreben. Gleich nach dem Krieg wurde eine Winzergenossenschaft gegründet, durch die die Probleme des modernen, auf Effektivität ausgerichteten Weinbaus gelöst werden konnten. Heute behauptet Pfaffenweiler seinen mittlerweile schon 1 200 Jahre alten guten Ruf als Winzergemeinde.

Rheinfelden
Ortsteil Herten

Einwohner: 3 862
Bestockte Rebfläche: 3 Hektar in der Lage "Steinacker" (Großlage "Vogtei Rötteln")
Haupt-Rebsorten: Spätburgunder und Müller-Thurgau
Vermarktung: Interessengemeinschaft Weinbau Herten

Rümmingen

Einwohner: 1 306
Bestockte Rebfläche: 8 Hektar in der Lage "Sonnhole" (Großlage "Vogtei Rötteln")
Haupt-Rebsorten: Gutedel, Müller-Thurgau und Spätburgunder
Vermarktung: Bezirkskellerei Efringen-Kirchen

Schallbach · Mengen · Schliengen · Liel · Mauchen
Niedereggenen · Obereggenen · Staufen · Grunern

Schallbach

Einwohner: 583
Bestockte Rebfläche: 3 Hektar in der Lage "Sonnhole" (Groß-lage "Vogtei Rötteln")
Haupt-Rebsorten: Gutedel und Müller-Thurgau
Vermarktung: Bezirkskellerei Efringen-Kirchen

Schallstadt-Wolfenweiler mit Ortsteil Mengen

Einwohner: 4 951
Bestockte Rebfläche der Kern-gemarkung: 131 Hektar in den Lagen "Batzenberg" und "Dür-renberg" (Großlage "Loretto-berg")
Haupt-Rebsorten: Gutedel, Müller-Thurgau, Ruländer und Gewürztraminer
Vermarktung: WG Wolfenwei-ler

Das Städtchen ist langgestreckt und zieht sich parallel zu den Schwarzwaldbergen des Hinter-grunds an der Straße nach Frei-burg hin, die gleichzeitig sein größtes Problem ist, sein größ-tes Verkehrsproblem. Die Ber-ge, die den Ort von drei Seiten umgeben, haben zumeist lange flache Hänge und sind alle durch geschlossenes Waldgebiet gekrönt. Der Wald bietet Schutz für die Reben. Daß er auch zur Schönheit der Region beiträgt und den Wanderern ein willkommenes Ausflugsge-biet ist, erhöht die Attraktivität der Landschaft.

Mengen
Ortsteil von Schallstadt-Wolfenweiler

Bestockte Rebfläche: 9 Hektar in der Lage "Alemannenbuck" (Großlage "Lorettoberg")
Haupt-Rebsorte: Müller-Thur-gau
Vermarktung: WG Freiburg-Munzingen über die ZBW

Schliengen
mit den Ortsteilen Liel, Mauchen, Niedereggenen und Obereggenen

Einwohner: 3 794
Bestockte Rebfläche der Kern-gemarkung: 75 Hektar in der Lage "Sonnenstück" (Großlage "Burg Neuenfels")
Haupt-Rebsorten: Gutedel und Müller-Thurgau
Vermarktung: WG Schliengen, 3 Selbstmarkter

Der berühmte Professor Blankenhorn kam aus Schliengen. Rechts Staufen.

"Sonnenstück" verwundern. Der Grund hierfür liegt in der Geschichte: Im ersten Koali-tionskrieg, 1796, hat Erzherzog Karl von Österreich die Franzo-sen unter General Moreau bei den Kämpfen um Schliengen über den Rhein zurückgetrie-ben.

Kriege haben in der Geschichte der Dörfer eine wichtige Rolle gespielt. Schon 1443, also mehr als 80 Jahre vor dem Beginn des Bauernkrieges, erhoben sich Schliengener Bauern im Zei-chen des "Bundschuh" gegen den Bischof von Basel. Ihr Wi-derstand gegen die ausgeschrie-benen Sondersteuern wurde je-doch niedergeschlagen. Später haben besonders die Kriege des

In zwei europäischen Haupt-städten, in Paris und Wien, kann man auf den Namen Schliengen treffen. Zwar zählt der Ort mit den Ortsteilen Liel, Mauchen, Niedereggenen und Obereggenen zu den bedeutend-sten Winzergemeinden im Drei-ländereck Deutschland, Frank-reich und Schweiz, daß sein Name aber auf so illustren Bau-werken wie dem Arc de Triom-phe und dem Erzherzog-Karl-Denkmal der Wiener Hofburg vermerkt ist, mag vielleicht so-gar Freunde des Schliengener

17. und 18. Jahrhunderts Men-schen und Orte stark in Mitlei-denschaft gezogen.

Dennoch erinnern viele Bau-werke an die Vergangenheit - und beeinflussen die Dorfbilder heute noch. Auffällig sind die vielen Schlösser: Das Wasser-schloß Entenstein in Schliengen dient inzwischen als Rathaus. In Obereggenen liegt das Ba-rockschloß Bürgeln, die "Perle des Markgräflerlandes", mit dem großartigen Ausblick. Mit-ten im Dorf liegt das Lieler Schloß - auch dies ein Ba-rockbau, einst Domizil der Her-ren von Baden. Vom Wasser-schloß, das den Herren von Liel gehörte, sind heute nur noch die Fundamente zu sehen.

Sehenswert auch die fünf Kir-chen: Die Barockkirche St. Leo-degar mit der bogenüberspann-ten Freitreppe ist das Wahrzei-chen Schliengens. Im 15. Jahr-hundert sind die - inzwischen sorgfältig restaurierten - Fres-ken in der Niedereggener Kir-che angefertigt worden; spätgo-tisch sind auch die Fresken in der Lieler Kirche.

In einem kleinen Fachwerk-haus mit einem Torbogen aus dem Jahr 1670 ist das "Trotten-museum" ("Trotte" gleich Trau-benpresse) untergebracht. Win-zergeräte sind hier ausgestellt - Zeugnisse der Weinbau- und Kellertechnik vergangener Zei-ten. Ein alter Weinwagen mit Fässern, der früher mit Pferden bespannt war und zum Trans-port von Most und Wein ge-nutzt wurde und eine Trotte von beträchtlichem Ausmaß aus dem 15. Jahrhundert sind die Prachtstücke dieser Samm-lung.

Wein bauen die Winzer in die-sem "Sonnenstück des Markg-gräfler Landes" schon lange an: Bereits 773 erhält das Kloster Lorsch Grundstücke, Gebäude, Wiesen und Reben in Nieder-eggenen - dieser Tatsache vedankt der Ort auch seine erste ur-kundliche Erwähnung.

Die Gemeinden, die ihren dör-flichen Charakter bewahrt ha-ben, sind von Weinbergen, Obstbäumen und auch Äckern umgeben: ein ländliches Idyll. Auch alte Bräuche werden noch gepflegt. Sehr gastfreund-lich und weinselig ist der fol-gende: Einem Gast wird, wann immer er kommt, Wein angebo-ten - heute aus der Flasche, frü-her aus dem steinernen Chrüsli. Bevor das Glas halb leer ist, wird nachgeschenkt - geschieht dies nicht, weiß der - eingewei-hte - Gast, daß er aufbrechen sollte. Trinkt der Gast sein Glas leer, weiß der Gastgeber, daß sein Gast gehen möchte.

Liel
Ortsteil von Schliengen

Bestockte Rebfläche: 30 Hektar

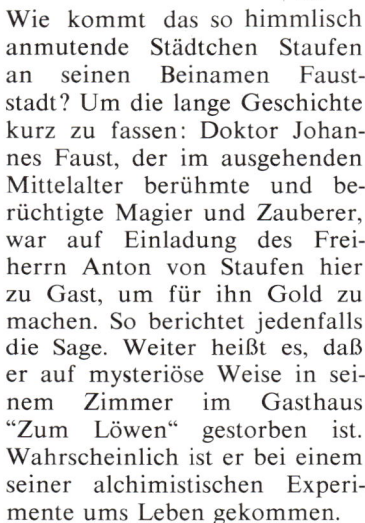

in der Lage "Sonnenstück" (Großlage "Burg Neuenfels") Haupt-Rebsorten: Müller-Thurgau, Gutedel und Spätburgunder
Vermarktung: WG Schliengen

Mauchen
Ortsteil von Schliengen

Bestockte Rebfläche: 54 Hektar in den Lagen "Frauenberg" und "Sonnenstück" (Großlage "Lorettoberg")
Haupt-Rebsorte: Müller-Thurgau
Vermarktung: WG Schliengen, 1 Selbstmarkter

Niedereggenen
Ortsteil von Schliengen

Bestockte Rebfläche: 17 Hektar in den Lagen "Röthen" und "Sonnenstück", (Großlage "Burg Neuenfels")
Hauptrebsorte: Müller-Thurgau, Gutedel und Spätburgunder
Vermarktung: WG Schliengen, 1 Selbstmarkter

Obereggenen
Ortsteil von Schliengen

Bestockte Rebfläche: 27 Hektar in der Lage "Röthen" (Großlage

"Burg Neuenfels")
Haupt-Rebsorten: Müller-Thurgau und Gutedel
Vermarktung: WG Obereggenen über die ZBW

Staufen
mit den Ortsteilen Grunern und Wettelbrunn

Einwohner: 7 168
Bestockte Rebfläche der Kerngemarkung: 50 Hektar in der Lage "Schloßberg" (Großlage "Lorettoberg")
Haupt-Rebsorten: Müller-Thurgau und Gutedel
Vermarktung: WG Staufen, 4 Selbstmarkter

Auf die Alchimie eines Doktor Faust muß sich der Stadtrat von Staufen bei seinen heutigen Finanzproblemen, dem Himmel sei gedankt, nicht mehr verlassen. Doch spielt Chemie bei der Füllung des Stadtsäckels immer noch eine nicht unbedeutende Rolle: Vor den Toren der Stadt werden nämlich chemisch-physikalische Geräte einerseits und Kunststoff-Folien andererseits hergestellt. Innerhalb der Stadtmauern destilliert man hochprozentige Edelobstbrände, aber auch dabei ist nicht der Teufel mit im Bunde, sondern die Schnäpse sind - um beim Thema zu bleiben - einfach teuflisch gut.

Wie kommt das so himmlisch anmutende Städtchen Staufen an seinen Beinamen Fauststadt? Um die lange Geschichte kurz zu fassen: Doktor Johannes Faust, der im ausgehenden Mittelalter berühmte und berüchtigte Magier und Zauberer, war auf Einladung des Freiherrn Anton von Staufen hier zu Gast, um für ihn Gold zu machen. So berichtet jedenfalls die Sage. Weiter heißt es, daß er auf mysteriöse Weise in seinem Zimmer im Gasthaus "Zum Löwen" gestorben ist. Wahrscheinlich ist er bei einem seiner alchimistischen Experimente ums Leben gekommen.

Die Staufenburg wird 1248 zum ersten Mal erwähnt. Der Kegelberg, auf dem sie steht, erinnert an einen umgedrehten Kelch und der heißt auf alemannisch "Stauf". So kam die Burg und mit ihr die kleine Stadt am Fuße des Berges zu ihrem Namen.

Staufen und der Wein sind nicht voneinander zu trennen. Der Weinbau ist von den Römern hierher gebracht worden und wird bereits 770 schriftlich dokumentiert. Auch taucht der rebenbewachsene Staufener Burgberg stets als Wahrzeichen des Markgräfler Landes auf. Daß man um das Jahr 1600 schon den Weinsticher und Weinschauer amtlich bestellte, mag ein Beweis dafür sein, daß in Staufen stets auf Qualität geachtet wurde.

Heute präsentiert sich Staufen

als eine Stadt, die es trotz eines großen Einzugsgebietes verstanden hat, ein "Städtchen" zu bleiben. Der Achtung vor der Vergangenheit und dem schonenden Umgang bei der Renovierung ist es zu verdanken, daß der mittelalterliche Stadtkern sehr gut erhalten wurde. Staufen gehört sicherlich zu den reizvollsten Orten im Markgräfler Land. Um so erfreulicher ist es, daß der Tourismus, der sicherlich einen ganz beträchtlichen Stellenwert für Staufen besitzt, nicht so aufdringlich ins Auge springt, wie man das anderenorts fast schon gewohnt ist. Immer noch genauso gemächlich wie vor Hunderten von Jahren plätschert der Neumagen - ein Bach, der im Schwarzwald entspringt - unter den Platanen vor sich hin und selbst das Gedränge in den Gassen und auf dem Marktplatz der Stadt wirkt nie nervös oder hastig. Hier geht es alemannisch-gelassen zu.

Grunern
Ortsteil von Staufen

Bestockte Rebfläche: 28 Hektar in den Lagen "Altenberg" und "Schloßberg" (Großlage "Lorettoberg")
Haupt-Rebsorten: Müller-Thurgau und Gutedel
Vermarktung: WG Wettelbrunn-Grunern, 1 Selbstmarkter

Wettelbrunn · Sulzburg · Laufen · Weil · Haltingen Ötlingen · Wittnau

Wettelbrunn
Ortsteil von Staufen

Bestockte Rebfläche: 29 Hektar in der Lage "Maltesergarten" (Großlage "Lorettoberg") Haupt-Rebsorten: Gutedel und Müller-Thurgau Vermarktung: WG Wettelbrunn-Grunern, 3 Selbstmarkter

Sulzburg

Einwohner: 2 214 Bestockte Rebfläche: 33 Hektar in der Lage "Altenberg" (Großlage "Burg Neuenfels") Haupt-Rebsorten: Gutedel und Müller-Thurgau Vermarktung: WG Laufen, 1 Selbstmarkter

Die rotgedeckten Häuserdächer der ehemals bedeutenden Bergwerkstadt heben sich prächtig gegen den Hintergrund des Schwarzwaldes ab. Sulzburg liegt am Ende eines sich verjüngenden Tales, da wo das Tal gerade noch Platz läßt für ein Städtchen - nicht eben verkehrsgünstig, dafür aber mit der Ruhe ausgestattet, die die streßgeplagten Großstädter so zu schätzen wissen. Der Weinbau spielt in Sulzburg keine Hauptrolle. Dafür war die Gemeinde in der Vergangenheit mit anderen Gütern zu reich gesegnet. Hier wurden im Mittelalter gewaltige Silbervorkommen abgebaut, die Sulzburg auch zu überregionaler Bedeutung verhalfen. Heute setzt Sulzburg ganz auf die bekannten Qualitäten für Entspannung- und Ruhesuchende und fährt dabei auch nicht schlecht.

Laufen
Ortsteil von Sulzburg

Bestockte Rebfläche: 119 Hektar in der Lage "Altenberg" (Großlage "Burg Neuenfels") Haupt-Rebsorten: Gutedel und

Müller-Thurgau Vermarktung: WG Laufen, 6 Selbstmarkter

Der Weinbau in Laufen hat eine uralte Tradition. Schon im Jahre 794 wird Laufen mit seinen Reben urkundlich erwähnt. Damit gehört die Gemeinde zwischen den bekannten Kurorten Bad Krozingen und Badenweiler zu den ältesten Weinorten Badens.

In diesem Ort ist auch die Winzergenossenschaft untergebracht, die sich neben den Selbstmarktern um den Verkauf der Weine der Stadt Sulzburg, St. Ilgen und Laufen eingeschlossen, kümmert, und schon am Ortseingang wird die allgemeingültige Parole des Ortes ausgegeben: "Ein Trunk in Ehren, wer kann's verwehren."

Weil am Rhein

Einwohner: 26 193 Bestockte Rebfläche: 26 Hektar in der Lage "Schlipf" (Großlage "Vogtei Rötteln") Haupt-Rebsorten: Gutedel, Spätburgunder und Müller-Thurgau Vermarktung: WG Haltingen, 1 Selbstmarkter

Hier am Beginn der Badischen Weinstraße besaßen Adel, Stifte, Klöster und die Stadt Basel bereits im 11. Jahrhundert Weinberge am Südhang des Tüllinger Berges. Geschützt gegen die rauhen Winde, werden auf einem Boden aus Ton, Lehm oder Mergelstein hauptsächlich Gutedel, der typische "Markgräfler", Spätburgunder und Müller-Thurgau angepflanzt. Obwohl der Weinbau, früher mit Landwirtschaft und Obstbau, die Hauptbeschäftigung der Weiler Bevölkerung, seit Beginn unseres Jahrhunderts immer mehr zurückging, hat er für die Weiler Landwirte auch heute noch große Bedeu-

tung. Durch das 1962 neu stilisierte Stadtwappen wird dies unterstrichen: "Über einem blauen Wellenbalken (Rheinstrom) eine blaue Weintraube mit grünem Blatt, Untergrund in Silber". Auch der im Markgräfler Land verbreitete Beinamen der Weiler, "Wiler Rebmessler", weist darauf hin, daß der Umgang mit Reben für die Ortsbewohner früher alltäglich war: Die hitzigen, als derb, streitsüchtig und impulsiv bekannten Einwohner von Weil waren wohl bei Meinungsverschiedenheiten oft allzu schnell bereit, nach dem Rebmesser, das sie als notwendiges Werkzeug mit sich trugen, zu greifen - und es gegebenenfalls zu anderen Zwecken zu mißbrauchen.

Der Wein ist geblieben, die Rebmesser sind weitgehend ersetzt - und die Weiler Weinbauern friedfertig geworden.

Haltingen
Ortsteil von Weil am Rhein

Bestockte Rebfläche: 32 Hektar in der Lage "Stiege" (Großlage "Vogtei Rötteln") Haupt-Rebsorten: Gutedel, Müller-Thurgau, Ruländer und Spätburgunder Vermarktung: WG Haltingen, 2 Selbstmarkter

Haltingen, in unmittelbarer Nähe der Stadt Basel gelegen, ist ein alter Markgräfler Weinort. An den südlichsten Hängen des Markgräfler Landes werden hier Reben, überwiegend Gutedel, Müller-Thurgau, Ruländer und Spätburgunder, angepflanzt. Daß hier ein guter Wein wächst, verwundert kaum: Durch die Burgundische Pforte strömen warme Winde ein und schaffen günstige klimatische Bedingungen.

Durch seine Lage an der Nord-Süd-Heerstraße hatte Haltingen seither unter vielen Kriegen besonders zu leiden; an die große Weinbauvergangenheit des Dorfes erinnert aus diesem Grunde nur noch ein altes Haus am

Dorfrand mit einer 200 Jahre alten Trotte.

Weinbau wird in Haltingen immer noch betrieben - wenn auch weniger als früher. Und auch das Feiern vergessen die Haltinger nicht: Weinfest ist am zweiten Wochenende im Oktober.

Ötlingen
Ortsteil von Weil am Rhein

Bestockte Rebfläche: 15 Hektar in den Lagen "Sonnhole" und "Stiege", (Großlage "Vogtei Rötteln") Haupt-Rebsorten: Gutedel und Müller-Thurgau Vermarktung: Bezirkskellerei Efringen-Kirchen

Über dem Rheintal, auf dem Ausläufer eines Höhenzuges, der Wiese- und Kandertal voneinander trennt, liegt Ötlingen. Seine Lage gewährt einen außergewöhnlichen Blick auf die Stadt Basel, den Jura, die Burgundische Pforte, den Oberrhein und die Vogesen. Von der Südhanglage profitiert der Weinbau: Schon die Baseler Klöster haben in früheren Jahrhunderten hier Weinbau betrieben.

Im 18. Jahrhundert erklärte Ernst Friedrich von Leutrum, Landvogt für das Oberamt Rötteln: "Die Ötlinger legen sich stark auf den Weinwuchs, indem solches Gewächs in Qualität wohl ausfallet und begehrt ist."

Wittnau

Einwohner: 1 113 Bestockte Rebfläche: 8 Hektar in der Lage "Kapuzinerberg" (Großlage "Lorettoberg") Haupt-Rebsorten: Gutedel und Müller-Thurgau Vermarktung: WG Kirchhofen und WG Ehrenstetten

Bereich
Bodensee

Der See ist wie ein Meer so groß, und es würde gut passen, wenn man auch vom "Rebenmeer" an seinen Ufern sprechen könnte. Das gilt aber allenfalls für Uferhänge bei Meersburg und Hagnau. Ansonsten ist der Weinbau zwischen Singen und Immenstaadt sehr verstreut, jedoch so, daß er der ohnehin schönen Seelandschaft noch einen besonderen Akzent verleiht: Mit seinen Reben wirkt er fröhlicher - und "sonniger" natürlich.

Die Sonne meint es gut mit den Bodenseereben. Sie scheint hier länger als in fast allen anderen Bereichen Deutschlands, und die große Wasseroberfläche reflektiert ihre Strahlen so stark, daß die Hänge unmittelbar am See ein Sonnenplus von etwa 20 Prozent genießen. Der See sorgt zudem für Temperaturausgleich. Das bedeutet jedoch bei viel Sonne - und einer recht hohen Niederschlagsmenge - eine für Baden vergleichsweise niedrige Jahresdurchschnittstemperatur. - Die Urlauber haben dadurch ihre angenehme "Sommerfrische" an Stelle anderweitiger Sommerhitze weitgehend garantiert, und die Reben reifen halt etwas länger, gleichmäßig und mit dem vielen Wasser aus Regen und normal hoher Luftfeuchtigkeit auch recht "saftig".

Die so entstehenden Weine sind bei der am meisten ver-

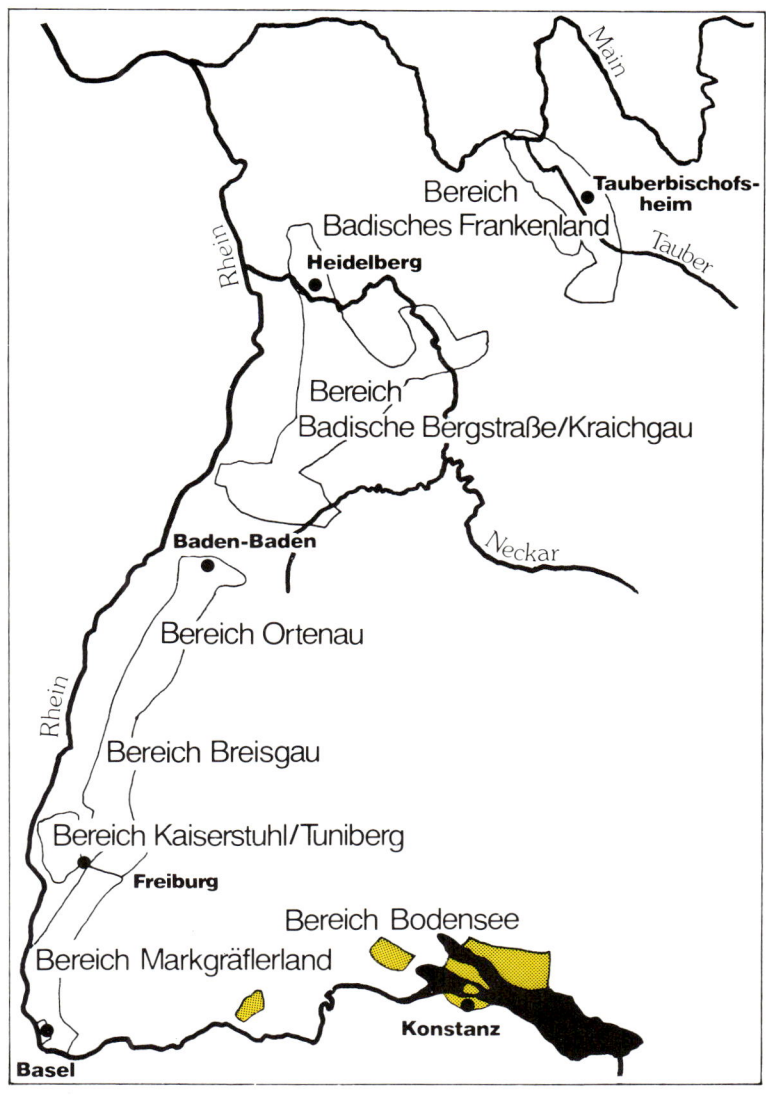

breiteten Rebsorte, dem Müller-Thurgau, ungewöhnlich fruchtig. Erfahrene Müller-Thurgau-Trinker geraten darüber in 's Schwärmen. Der aus der Spätburgunder-Rebe gekelterte Weißherbst gerät am See sehr rein und elegant. Die Bodensee-Winzer haben es in den zurückliegenden zwanzig Touristikjah-

ren sehr gut verstanden, das Besondere, das Markenzeichen-ähnliche des Geschmacks ihrer beiden verbreiteten "Seeweine" allen Urlaubern deutlich zu machen. Das Ergebnis ist ein ständig zunehmender Verkauf an den Endverbraucher, und zwar "vor Ort". Das Staatsweingut in Meersburg verkaufte 1960 rund

80 Prozent seines Weines an die Gastronomie, der Rest ging über den Handel oder unmittelbar an den Endverbraucher. Zwanzig Jahre später wurde schon jede zweite Flasche vom Weintrinker unmittelbar beim Weingut abgeholt.

Das Staatsweingut ist keine Ausnahme, Vermarktungsprobleme sind am See weitgehend unbekannt. Die Weinmenge reicht gerade für Einheimische und Gäste. Das wird wohl so bleiben, denn einerseits gibt es nur noch bescheidene Erweiterungen der mit rund 300 Hektar vergleichsweise kleinen Gesamtrebfläche - und andererseits haben sich die Gemeinden verstärkt auf ihren Wein besonnen und beziehen ihn auch mit Weinfesten in ihren Fremdenverkehrsalltag ein. Er ist halt neben See und Bergen die dritte große Attraktion.

Dabei sah es nach dem Krieg so aus, als sollte der Weinbau am Bodensee vollends sterben. Von den ehemals riesigen Rebflächen waren nur winzige Parzellen geblieben, dem ertragssicheren Obst- und Gemüsebau schien allein die Bodensee-Zukunft zu gehören. Dabei hatte der See einige Jahrhunderte zuvor derart im Wein "geschwommen", daß man den Mörtel mit Wein anrührte, die Farben der Deckengemälde in den Kirchen mit Wein bereitete und vor allem die Westfronten edler Gebäude durch Bespritzen mit Wein gegen Verwitterung imprägnierte. Die überlieferten Urkunden besagen, daß auf diese Weise bis zu 2 500 Liter des damals wohl nicht so edlen

Weinfest in Meersburg (links) und Bodensee-Tracht – bei besonderen Anlässen im Service sogar mit Haube.

Nasses an einem einzigen Gebäude "verarbeitet" wurden.

Der Weinbau am Bodensee ist weder gestorben, wie es ihm in unserer Zeit vorausgesagt wurde, noch hat er auch nur annähernd jene mittelalterlichen Maße wieder erreicht. Man setzt heute mehr auf Klasse als auf Masse, und dies ist sicherlich der beste Weg, den der Weinbau am Bodensee je beschritten hat.

Die drei Mädchen auf dem rechten Bild sind Schwestern aus einer Gastronomen-Familie in Überlingen. Sie tragen die überlieferten Trachten ihres Ortes vor einem Weingut beim nahen Kloster Birnau. Unten rechts das einzige Weingut Überlingens, das jetzt privat bewirtschaftete "Spitalweingut" mit seinem repräsentativen Neubau.

"Pauli's Kajüte"
Meersburgerstraße 2
7759 Hagnau
Richard Pauli
07532/6250

Bodensee-Lachsforelle "Müllerin-Art"

Zutaten/Zubereitung:
1 Forelle, Zitronensaft, Worcestershire-Sauce, Dill, Knoblauch, Mehl, Butter

Die Forelle ausnehmen, waschen und in eine Marinade aus Zitronensaft, Worcester-Sauce, Dill und Knoblauch einlegen.

Anschließend in Mehl wenden und bei 180 °C auf dem Grill oder in der Pfanne auf jeder Seite 12 Minuten anbraten. Zum Schluß etwas zerlassene Butter über die Forelle geben und mit Zitronen, Tomaten, Petersilie garnieren. Dazu reicht man schöne Butterkartoffeln und knackige Salate.

Die Geschichte vom
süßen Meersburger
und dem sauren Seewein

Erstens achtet man in Meersburg den Hagnauer Wein heute genauso wie den eigenen.

Zweitens ist die Nachfrage nach beiden Weinen inzwischen so groß, daß man hie wie dort keine Absatzprobleme hat.

Drittens war das aber nicht immer so weder beim Weinabsatz noch beim nachbarschaftlichen Verhältnis der beiden Bodenseeorte. In solchen Zeiten entstehen dann gelegentlich recht bissige Geschichten. Und diese ist eine davon:

"Unser Herr", Jesus Christus, war mal wieder auf Reisen. Zusammen mit dem heiligen Petrus erwanderte er das Bodenseegebiet, um - wie so oft schon - die Gastlichkeit und Nächstenliebe der Menschen zu erkunden. Dabei kam er auch an die Stelle, wo heute die Gemeinden Immenstaad und Hagnau liegen. In der Nähe hatten sich - schon seit Jahren - die Römer einquartiert: Castellum Marispurgum nannten sie ihren Stützpunkt und kontrollierten von dort aus das gesamte Seegebiet.

Als nun die "Himmlischen" bei den keltischen Fischersleuten um ein Nachtquartier nachfragten, wurden sie nur mißtrauisch beäugt und mußten, ohne Essen und Trinken, ohne ein Nachtlager zu erhalten, weiterziehen.

In Meersburg angekommen hatten sie keinerlei Schwierigkeiten, unter der römisch-geprägten Bevölkerung höfliche Gastgeber zu finden. Zum Dank sprach der "Herr": "Weil Ihr uns so gastfreundlich aufgenommen habt, sollen alsbald liebliche Weinstöcke die Hänge bedecken, um eure Herzen zu erfreuen." Und so geschah es auch.

Die Nachricht vom süßen Meersburger Wein verbreitete sich wie ein Lauffeuer am Bodensee. In aller Eile strömten die trinkfreudigen Kelten ober- und unterhalb des Römerkastells zusammen. Kurz vor Sernatingen schließlich hatten sie den "Meister" eingeholt, fielen auf die Knie, flehten um Vergebung für ihr ungastliches Verhalten und erbaten von ihm ebenfalls einige Weinberge.

Der "Herr", gütig wie immer, verzieh ihnen ihre Grobheit und versprach, ihnen ebenfalls Weinberge wachsen zu lassen.

Als die Kelten jubelnd nach Hause geeilt waren, räusperte sich Petrus und meinte, daß dies ein Unrecht sei, da es doch die Meersburger gewesen wären, die ihnen eine so gastliche Aufnahme bereitet hätten. Die anderen, diese Grobiane, würden jetzt erst recht viel trinken und ihn schließlich ganz vergessen.

Der "Herr" aber sagte: "Sei ruhig, Petrus. Laß ihnen nur die Weinberge; der Wein aber wird so sauer sein, daß sie gestraft genug sind, wenn sie ihn trinken müssen."

Seitdem wächst der Seewein sauer, was ihm sogar einen gewissen Ruf eingebracht hat.

Dann und wann erbarmte sich der Himmel und ließ einen süßen Tropfen wachsen. Dieses Ereignis sei dann - so erzählt man sich - noch bei Kindern und Kindeskindern in aller Munde gewesen.

Bermatingen · Hagnau · Immenstaad · Kippenhausen Schloß Kirchberg · Klettgau · Konstanz · Lottstetten

Hinweis: Die Weinbaugemeinden Badens sind von Norden nach Süden bereichsweise erfaßt. Innerhalb der Bereiche ist die alphabetische Reihenfolge verwendet worden.

Bermatingen

**Einwohner: 3 456
Bestockte Rebfläche: 20 Hektar in der Lage "Leopoldsberg" (Großlage "Sonnenufer")
Haupt-Rebsorten: Spätburgunder und Müller-Thurgau
Vermarktung: Winzerverein Meersburg, 1 Selbstmarkter**

Bermatingen liegt im Linzgau nordöstlich von Meersburg. Sein Wein wird über das Weingut des Markgrafen von Baden und den Winzerverein Meersburg vermarktet. Obwohl abseits vom See gelegen, sind die Südhänge des Ortes doch altes Weinland (erste Erwähnung im achten Jahrhundert), und die Kirche spricht als älteste im Linzgau auch für die frühe kulturgeschichtliche Bedeutung der Gemeinde.

Hagnau

**Einwohner: 1 344
Bestockte Rebfläche: 80 Hektar in der Lage "Burgstall", (Großlage "Sonnenufer")
Haupt-Rebsorten: Müller-Thurgau und Spätburgunder
Vermarktung: Winzerverein Hagnau**

So lieblich der Ort ist, so sehr haben die Winzer hier immer wieder mit Frost und anderen Naturkatastrophen zu kämpfen gehabt. 1976 im heißen Sommer erlitten die Winzer einen

Temperatursturz von 30 Grad plus bis zum Nullpunkt in einigen ihrer Lagen. Das Ergebnis: Völliger Ernteausfall in einigen Parzellen. 1982 war das Urteil über die Ernte einiger Bereiche zwischen Meersburg und Immenstaad schon im Juli gesprochen. Ein gewaltiger Hagelschlag vernichtete bis zu 80 Prozent der Reben in diesem Bereich.

Das ist die eine Seite des Weinbaus in Hagnau, die andere ist die gute Vermarktung. Hier hat man sich noch nie darüber Gedanken machen müssen, wie eine große Ernte abzusetzen sei. Bei recht soliden Preisen gibt es einen hohen Absatz - vor allem durch die Stammgäste, die jedes Jahr in den Ferien wieder nach Hagnau kommen. Dennoch soll der Weinbau nur noch wenig ausgeweitet werden: Zu der bestehenden Rebfläche werden maximal noch weitere 15 Hektar bestockt.

Hagnaus Vorteil als Bodenseeort liegt eindeutig in seiner verkehrsgünstigen Lage. Das heißt: Die Hauptstraße führt oberhalb des Ortes vorbei, der Seebereich selbst ist sehr ruhig, und man kann diese Ruhe in einer wunderschönen Parkanlage ebenso sehr genießen wie auf der Uferpromenade, an der viele Hotels liegen, die zum Teil ein Grundstück unmittelbar am Wasser besitzen.

Immenstaad mit den Ortsteilen Kippenhausen und Schloß Kirchberg

**Einwohner: 5 535
Bestockte Rebfläche: Siehe Statistiken der Ortsteile**

Zwischen Meersburg und Friedrichshafen liegt Immenstaad, umgeben von Wein- und Obstgärten. In diesen Rebgärten wächst ein typischer Bodensee-Wein; mit ihm und seiner Geschichte kann man sich besonders gut bei Weinproben im historischen Schwörerkeller vertraut machen.

Sehr wechselvoll ist die Geschichte des Immenstaader Weinbaus, der 1288 erstmals urkundlich in Erscheinung tritt. Vom 14. bis zum ausgehenden 19. Jahrhundert spielte der Weinbau in Immenstaad eine große Rolle - viele Klöster, Fürsten und die freie Reichsstadt Überlingen hatten hier Besitzungen - um dann in unserem Jahrhundert bis zur fast völligen Bedeutungslosigkeit herabzusinken.

Berüchtigt war die Trinkfreudigkeit der Immenstaader jener Zeit; ein Fürstenbergischer Amtmann mußte seiner Herrschaft berichten: "Den Immen-

Bild unten: Weintransport per Schiff nach Hagnau. Rechts oben: Mittelalterlicher Lageplan der Stadt Konstanz.

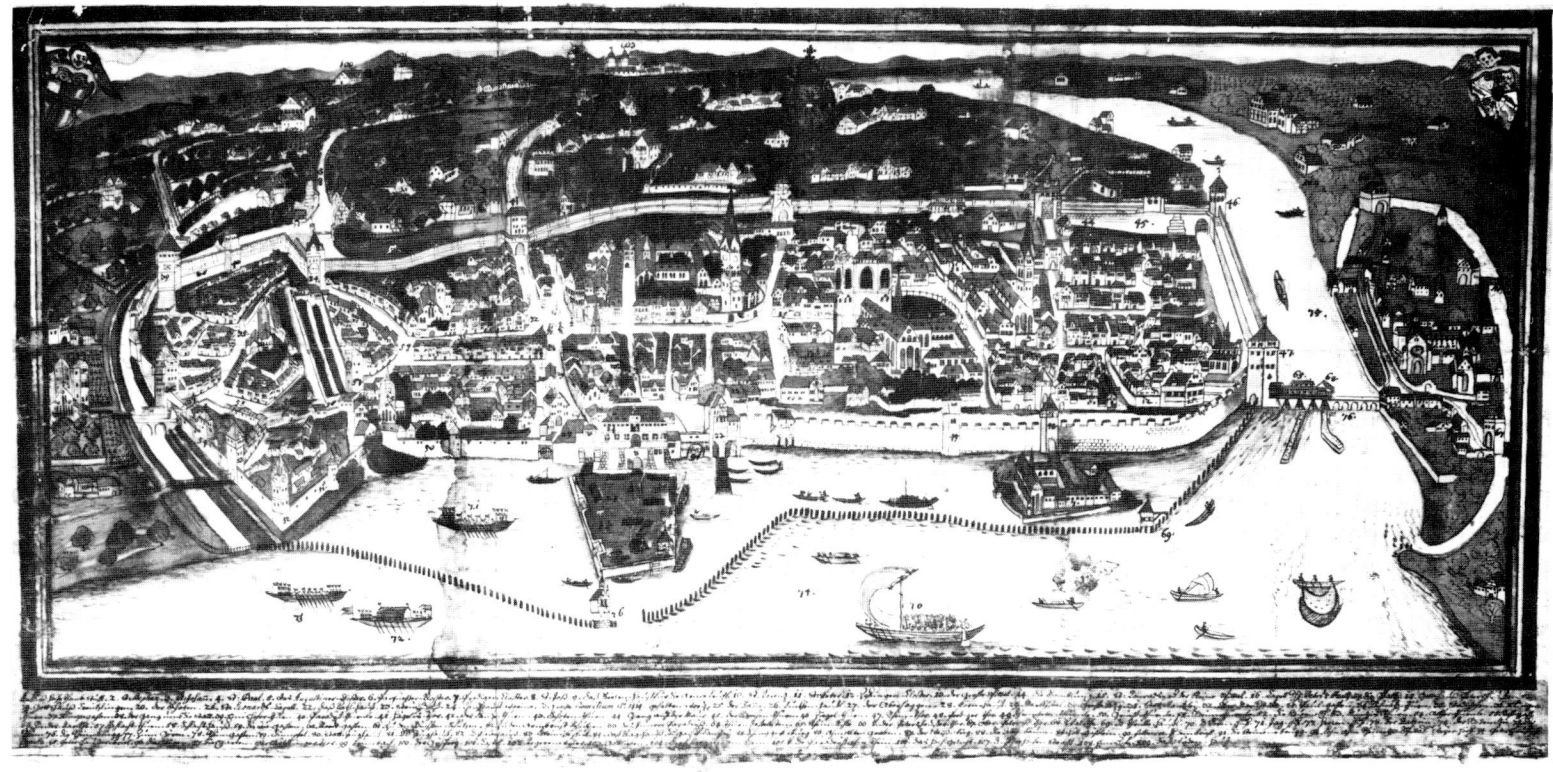

staadern habe ich nur am Werktag etwas zu sagen, am Sonntag und am Feiertag lassen sie sich ausschließlich vom Wein regieren."

Aus dieser großen Zeit des Immenstaader Weinbaus stammen auch die Bauwerke, die das Ortsbild noch heute prägen, so zum Beispiel die spätgotische Kirche, das Schwörerhaus und das Rathaus. Das eigentliche originelle Wahrzeichen der Stadt aber ist der Hennenbrunnen.

In den 50er Jahren erreichte der Weinbau im Ort seinen Tiefpunkt: Nach den verheerenden Frösten 1956 und 1957 sank die Rebfläche auf unter ein Hektar, der Immenstaader Winzerverein - gegründet bereits 1897 - hatte seine Existenzgrundlage verloren, die wenigen verbliebenen Winzer schlossen sich dem Winzerverein Hagnau an - dem sie auch heute noch angehören. Eine wenn auch bescheidene Renaissance erlebt der örtliche Weinbau in jüngster Zeit: Viele ehemalige Rebflächen werden inzwischen wieder bewirtschaftet. Und mit um so größerer Berechtigung können jetzt wieder Weinfeste gefeiert werden: das Kellerfest Mitte Juni, das Weinfest Ende August.

Kippenhausen
Ortsteil von Immenstaad

Bestockte Rebfläche: 8 Hektar in der Lage "Burgstall" (Groß-lage "Sonnenufer")
Haupt-Rebsorten: Müller-Thurgau und Spätburgunder
Vermarktung: Winzerverein Hagnau

Schloß Kirchberg
Ortsteil von Immenstaad

Bestockte Rebfläche: 25 Hektar in der Lage "Schloßberg" (Großlage "Sonnenufer")
Haupt-Rebsorten: Müller-Thurgau und Spätburgunder
Vermarktung: Winzerverein Hagnau, 2 Selbstmarkter

Klettgau
Ortsteil Erzingen

Einwohner: 2 912
Bestockte Rebfläche: 30 Hektar in der Lage "Kapellenberg" (Großlage "Sonnenufer")
Haupt-Rebsorten: Spätburgunder und Müller-Thurgau
Vermarktung: WG Erzingen über die ZBW

Klettgau ist mit seinen Ortsteilen Erzingen und Rechberg eine Rebeninsel in Landwirtschaftsumgebung östlich des Bodensees, halbwegs zwischen Schaffhausen und Waldshut. Vor allem Erzingen ist Weinort geblieben, während man den im Mittelalter fleißig betriebenen Weinbau rundum eingestellt hat. Hier gibt es sogar eine Genossenschaft mit fast 100 Mitgliedern, die örtliche Weinbautradition bis in das Jahr 800 zurückdatieren kann. Ihre Weine - es gibt hier weitgehend Spätburgunder - werden von der Zentralkellerei Badischer Winzergenossenschaften in Breisach ausgebaut.

Konstanz

Einwohner: 69 510
Bestockte Rebfläche: 10 Hektar in der Lage "Sonnenhalde" (Großlage "Sonnenufer")
Haupt-Rebsorten: Müller-Thurgau und Spätburgunder
Vermarktung: 1 Selbstmarkter

Konstanz ist zweifellos keine Weinstadt, aber es ist an diesem heiteren Bodensee eine Weinheitere Stadt. Natürlich kann man in Konstanz zu dem guten Essen, das diese Stadt in einigen Restaurants bietet, oder auch zum Dämmerschoppen am Ufer seinen Konstanzer Wein trinken. Es gibt ja noch das Spitalweingut der Stadt, einst von mildtätigen Bürgern für die Krankenversorgung gestiftet, und es gibt auch noch 10 Hektar Rebland am Hang und auf den Terrassen der "Sonnenhalde". In Konstanz trinkt man aber ganz allgemein Bodenseewein, und der kann zum Beispiel aus Meersburg kommen, das ja am See gegenüber liegt - gewissermaßen am anderen Ende der schnellen Fähren. Konstanz ist eben die See-Kapitale, und da denkt man über die Stadtgrenzen hinaus.

Die Bedeutung dieser Stadt wuchs schon früh. Seit der jüngeren Steinzeit wohnten hier nachweislich Menschen, es gibt ja kaum einen besseren Platz für menschliche Besiedelung als diesen zwischen den beiden Seeteilen und mit dem Fluß, der mitten durch die Stadt fließt. Die Römer sahen das genauso und errichteten hier im dritten Jahrhundert einen befestigten Brückenkopf. Nur drei Jahrhunderte später war Konstanz bereits Sitz des größten deutschen Bistums - und blieb es bis 1827.

Heute hat die Stadt am See weniger politische oder kirchenpolitische Bedeutung, aber umso mehr Wirkung im völkerverbindenden Fremdenverkehr. Die Grenze zur Schweiz ist ein Drahtzaun am Stadtrand, und am kulturellen Geschehen nehmen die Freunde aus der Schweiz wie die aus Österreich ebenso teil. Wörter wie "Mainau", "Reichenau", "Insel-Hotel" lösen geschichtliche, kulturelle und botanische Begriffszusammenhänge aus. Die Altstadt ist ein prachtvolles Stück Architekturgeschichte zum Ansehen und Anfassen, und das Seeufer ein Beispiel für städtische-weltläufige Seegestade schlechthin. Alles in allem: Konstanz ist eine schöne und bedeutende Stadt, keine Weinstadt, aber eine Stadt, die dem Wein traditionell zugewandt ist, eine Stadt, in der das Weintrinken Freude macht.

Lottstetten
Ortsteil Nack

Ludwigshafen · Markdorf · Meersburg · Reichenau
Salem/Birnau · Singen · Überlingen

Einwohner: 232
Bestockte Rebfläche: 1 Hektar in der Lage "Steinler" (Großlage "Sonnenufer")
Haupt-Rebsorte: Spätburgunder
Vermarktung: 1 Selbstmarkter

Ludwigshafen
Ortsteil Bodman

Einwohner: 1 230
Bestockte Rebfläche: 1 Hektar in der Lage "Königsweingarten" (Großlage "Sonnenufer")
Haupt-Rebsorten: Müller-Thurgau und Spätburgunder
Vermarktung: 1 Selbstmarkter

Markdorf

Einwohner: 10 519
Bestockte Rebfläche: 4 Hektar in den Lagen "Burgstall" und "Sängerhalde" (Großlage "Sonnenufer")
Haupt-Rebsorten: Spätburgunder und Müller-Thurgau
Vermarktung: Winzerverein Hagnau und Winzerverein Meersburg

Früher war der Weinbau für Markdorf die Haupteinnahmequelle. Noch vor 100 Jahren standen mehr als 60 Hektar Rebfläche im Ertrag, und vor dem Ersten Weltkrieg waren es noch 40 Hektar. Der starke Rückgang ist wohl kaum durch die Weinqualität zu erklären, sondern durch andere wirtschaftliche Faktoren. Der Weinbau wird hier nach Norden durch den 756 Meter hohen Gehrenberg geschützt; zum See hin erstreckt sich weites, flaches Land.

Meersburg
mit Ortsteil Stetten

Einwohner: 5 047
Bestockte Rebfläche: 114 Hektar mit den Lagen "Sängerhalde", "Chorherrnhalde", "Ben-

Das gemütliche Innere der Weinstube "Zum Becher" in Meersburg

gel", "Fohrenberg", "Jungfernstieg", "Lerchenberg", "Rieschen" und "Haltnau" (Großlage "Sonnenufer")
Haupt-Rebsorten: Müller-Thurgau und Spätburgunder, Ruländer, Traminer
Vermarktung: Winzerverein Meersburg, 2 Selbstmarkter

Es gibt wenige Städte in Deutschland, die im Fremdenverkehr so viel Anziehendes bieten können wie Meersburg. Da gibt es zwei Schlösser, die nahe beieinander stehen und ihre feinen Seiten wie auf einer Bühne über dem See und natürlich zum See hin präsentieren. Da gibt es wunderschöne alte Häuser hinter dem erhaltenen Stadttor, Gassen, die malerisch ansteigen, Treppenaufgänge und Winkel, die so romantisch sind, daß sie immer wieder als Malvorlage und Fotoobjekt dienen. Die Seepromenade ist aus der "guten alten Zeit", das große Konstanz liegt gleich über den See in schneller Schnellfähren-Verbindung - und zu allem Überfluß gibt es in dieser heiteren Ferienstadt auch noch Wein.

Die Genossenschaft liegt mitten in der alten Stadt und präsentiert sich attraktiv in neuen Verkaufsräumen, und das Staatsweingut liegt weiter oben und ist nach Renovierung ebenfalls sehr attraktiv. Ein kleines Weinbaumuseum gibt es außerdem - und Meersburger Wein in allen Gaststätten, besonders zum Fisch, den der Bodensee bietet. Meersburg ist fein heraus.

Reichenau

Einwohner: 4 748
Bestockte Rebfläche: 10 Hektar in der Lage "Hochwart" (Großlage "Sonnenufer")
Haupt-Rebsorten: Spätburgunder und Müller-Thurgau
Vermarktung: Winzerverein Reichenau

Die Insel war früher einmal Platz einer Kaiserpfalz. Die Pfalz gibt es nicht mehr, aber an dem Platz, an dem sie stand, wächst heute ein mächtiger Lindenbaum, von dem gesagt wird, daß er schon zu Kaisers Zeiten an diesem Platz gestanden habe. Der Weinbau spielt heute eher eine Hobbyrolle, der Gemüsenanbau hat ihn weitgehend verdrängt. Während früher jedoch die Weinbauparzellen auf der Insel verstreut lagen, gibt es heute ein geschlossenes Rebareal. Die hier geernteten Weine werden sehr leicht an die Touristen verkauft, die diese schöne Insel in

den Ferien aufsuchen. Vermarktungsprobleme kennt man hier nicht.

Salem/Birnau

Einwohner: 8 076
Salem ist Sitz der Weinkellerei der Markgräflich Badischen Weingüter

Ein großer Teil der in Salem gekelterten Trauben kommt aus Birnau, wo auf 32 Hektar Rebfläche vor allem Müller-Thurgau (etwa 50 Prozent), Spätburgunder und Bacchus wachsen. Das Kloster Birnau (Gemarkung Oberuhldingen) liegt mit seiner barocken Wallfahrtskirche mitten in den Reben, und es wird gern erzählt, daß die Fassade der Kirche mit Wein imprägniert, die Farbe für die Deckengemälde mit Wein angerührt wurde.

In Salem selbst wurde nie Weinbau betrieben, doch wie schon in den klösterlichen Zeiten seit dem frühen Mittelalter ist Salem Sitz der Weinkellerei. Hier liefern die drei Bodensee-Betriebe der Markgräflich Badischen Weingüter aus Bermatingen, Birnau und Schloß Kirchberg ihre Trauben ab. Früher kelterten die Mönche an dieser Stelle ihren Wein, seit 1803 setzen die Markgrafen von Baden die alte Tradition fort - heute mit modernster Kellertechnik.

Die Mönche versuchten damals, ihre Kelleratmosphäre mit einer strengen Kellerordnung zu sichern. Jeder Verstoß dagegen wurde unerbittlich bestraft. Der Getadelte mußte sich auf dem "Straf-Faß" hinstrecken und wurde mit der Peitsche gezüchtigt. Es sei angemerkt, daß es zwar noch eine Kellerordnung gibt, das "Straf-Faß" jedoch der Vergangenheit angehört. Heute kann also jeder Gast den Keller besuchen, ohne Angst vor der Peitsche haben zu müssen.

Welche große Rolle der Weinbau in Salem spielte, das erkennt man heute noch an den vielen rebenverzierten Steinmetz- und Tischlerarbeiten im Inneren des Salemer Münsters. Man findet den Schmuck am Kirchengestühl, Traubenornamente zieren die Chorschranke, und Reben umkränzen das kostbare spätgotische Sakramentshaus. Ja selbst der heidnische Gott Bacchus hat einen ehrenvollen Platz im christlichen Münster gefunden: Sein Antlitz verschönert den Abschlußstein eines Deckengewölbes.

Singen/Hilzingen

Einwohner: 49 210
Bestockte Rebfläche: 8 Hektar in der Lage "Olgaberg" (Singen) und 12 Hektar in der Lage "Elisabethenberg" (Hilzingen), (Großlage "Sonnenufer")
Haupt-Rebsorten: Müller-Thurgau und Spätburgunder
Vermarktung: Staatsdomäne, 1 Selbstmarkter

Singen und Hilzingen liegen nachbarlich im Hegau, jener Landschaft, die durch ihre eigenartig geformten Kegelberge berühmt geworden ist. Der bekannteste darunter ist der Hohentwiel, ein erloschener Vulk-

an, der eine Höhe von 688 Meter erreicht. Zu seinen Füßen liegen Singen und Hilzingen und auf seinem Gipfel trägt er die größte Festungsruine Deutschlands. Und auf dem Abhang darunter gedeihen die höchstgelegenen Reben Deutschlands.

Pfarrer Schönhuth, der auch Schriftsteller war, schrieb mit der im 19. Jahrhundert noch eher gezeigten Begeisterung über "seinen Hohentwieler": "Ein ächtes Berggewächs, gelb wie Honig und geistig wie Nektar."

Wie sehr man hier mit dem Wein verbunden war, zeigt unter anderem folgende - wahre - Geschichte: 1554 mußte jeder Besucher des Hohentwiels mit einem Stein von 40 Pfund Gewicht zum Festungsbau beitragen, indem er ihn selbst auf den Berg schleppte. Oben aber wurde er für seine sportliche Leistung mit Wein willkommen geheißen - mit einem Becher voll "Hohentwieler", der drei Schoppen faßte.

Als der Weinbau um die vergangene Jahrhundertwende durch Rebschädlinge und wirtschaftliche Schwierigkeiten am Bodensee und anderen Teilen Badens stark zurückging, schien

es auch mit dem Weinbau am Hohentwiel zu Ende zu gehen. Der damalige Pächter der Hohentwiel-Wirtschaft war jedoch Weinfreund und Pionier zugleich und pflanzte nach dem ersten Weltkrieg neue Reben - zunächst im "Olgaberg", später im "Elisabethenberg".

Auch die Staatsdomäne engagierte sich wieder am Hohentwiel, und heute sorgen diese beiden Weingüter für den Weiterbestand des uralten Weinbaus - die Staatsdomäne im "Olgaberg", der auf Singener Gemarkung liegt, und das Weingut Elisabethenberg in der Lage "Elisabethenberg".

Der Wein hat heute zwar für Hilzingen und Singen nur geringe wirtschaftliche Bedeutung, gibt aber den besonders freundlichen Akzent, der dem Tourismus dieser Region so gut steht. Dazu gehört dann auch ein Weinfest, das am 2. Oktobersonntag gefeiert wird.

Überlingen

Einwohner: 19 118
Bestockte Rebfläche: 9 Hektar in der Lage "Felsengarten"

(Großlage "Sonnenufer")
Haupt-Rebsorten: Müller-Thurgau und Spätburgunder
Vermarktung: Winzerverein Meersburg, 1 Selbstmarkter

Überlingen hat sich gerade in jüngerer Zeit zu einer rechten Stadt entwickelt, zu einer Stadt mit viel Charakter. Die Seepromenade erinnert mit ihren Gaststätten und Tanzlokalen, mit ihren Blumen und Bänken und den abends im Sommer zahlreich flanierenden Gästen an südlichere Gestade. Der neu gestaltete Hauptplatz hat großzügig großstädtisches Format, der Park am Ufer ist klein und fein. Die alten Befestigungsmauern sind mächtig und trutzig, das Gesamtbild Überlingens aber entspricht eher dem einer zeitgemäßen Seestadt mit fröhlichem Ferienleben, wenn auch eines der beiden Strandbäder mit seinen sehr gepflegten Anlagen die beschauliche Schönheit früherer Jahrzehnte ausstrahlt.

Von dem ehemals umfangreichen Überlinger Weinbau ist nicht viel geblieben, aber Überlingen lebt intensiv mit seinem Wein, und das Spitalweingut ist die Verbindung zur Weinbautradition des Mittelalters.

Winzerverein Hagnau

Im südlichsten Weinbaubereich Baden-Württembergs, dem Bodensee, liegt die älteste Winzergenossenschaft Badens. Dorfpfarrer, Heimatdichter und "Naturarzt", Dr. Heinrich Hansjakob, der "Mann mit dem schwarzen Hecker-Hut" (nach dem Reformator Hecker benannt), versammelte 1881 seine "Rebleute" (darunter auch Reuter, Ittendorfer und Ahausener Winzer) im Rathaus zu Hagnau. "Wer den Seewein nicht trinkt, kennt ihn nicht", sagte Hansjakob und machte es sich und den anderen zur Aufgabe, den Wirten, Weinfirmen und den städtischen Privatkunden Hagnauer Weine näherzubringen.

Der Gemeindekeller diente als erstes Weinlager und ein "Torkel" (Traubenpresse mit Spindel) als erste Kelterstation. Um den Verkauf anzukurbeln, trat der Winzerverein dem "Verband Oberbadischer Winzergenossenschaften" bei (1900), und brachte 1936 zwölf badische Städte dazu, eine Patenschaft

für Hagnauer Weine zu übernehmen. Hansjakob selbst war als Weinreisender für seine Gesellschaft aktiv und verkaufte viel Wein - hauptsächlich im Elsaß. Bis 1959 konnte noch das alte "Preßlokal" genutzt werden, dann wurde umgebaut, modernisiert und nach und nach auf Chromnickelstahltanks umgestellt.

Heute bewirtschaften 103 Mitglieder eine Rebfläche von 105 Hektar. Zu 60 Prozent wird Müller-Thurgau angebaut; dann folgen Spätburgunder (35 %), Ruländer, Bacchus und Kerner (zusammen 5 %). Ein holzverkleideter Probier- und Verkaufsraum lädt zur Weinprobe ein. Der Endverbraucher wird im ganzen Bundesgebiet beliefert, Lebensmittelhandel und Gastronomie im Umkreis von 50 Kilometern.

Winzerverein Meersburg

1884 gründeten 32 Meersburger Winzer den Winzerverein am Bodensee - nach Hagnau die

zweitälteste Genossenschaft Badens.
65 Mitglieder bewirtschaften eine 50 Hektar große Rebfläche. Angebaut werden Müller-Thurgau (50 %), Spätburgunder (40 %) und Ruländer (10 %).

Bis 1922 wurde auf einem Torkel (Holzpresse) in der Oberstadt gepreßt. In 24 Stunden wurden 25 Zuber zu je 250 Liter gekeltert ("abgetrottet"). Dann zog man in ein Gebäude, das dem Land Baden gehörte und wegen des Weinbau-Rückgangs vom Staat nicht mehr benötigt wurde. 1934 gab es 155 Mitglieder, die 28 Hektar bewirtschafteten. Nach dem Krieg sank die Rebfläche noch mehr - bis zum Winterfrost 1956. Da kam - ausgelöst durch diesen Frost - die Umstellung auf Drahtrahmen-Erziehung. Mit dieser wirtschaftlicheren Erziehungsart stellte sich auch gleichzeitig der Weinbau-Aufschwung ein.
Im Jubiläumsjahr 1984 wird eine neue Weinverkaufsstelle neben dem alten Gebäude eröffnet: 1960 wurden noch 80 Prozent des Weines über die Gasthäuser verkauft. 20 Jahre später war der Gastronomie-An-

teil auf 50 Prozent gesunken, der Einzelverkauf aber gewaltig gestiegen. Deshalb die neue Verkaufsstelle.

Winzerverein Reichenau

1896, nach Hagnau und Meersburg, gründeten die Winzer auf der Insel Reichenau/Bodensee eine Genossenschaft. 150 Hektar Rebfläche waren bei der Gründung auf der Insel zu bewirtschaften. Eine Frostkatastrophe im Winter 1928/29 trug wesentlich dazu bei, daß die Ertragsfläche von Jahr zu Jahr abnahm. Immer mehr Rebstöcke mußten dem ertragssicheren Gemüseanbau weichen. Der bringt im Gegensatz zum Wein zwei bis drei Ernten im Jahr.

Heute bewirtschaften 74 Mitglieder eine zehn Hektar große, geschlossene Rebfläche, wo fast ausschließlich Müller-Thurgau (50 %) und Spätburgunder (40 %) angebaut werden. Die Weine des Winzerverein Reichenau gehen überwiegend an die Hotel- und Gaststättenbetriebe der Insel und an den privaten Kunden.

Klostergut Fremersberg über Varnhalt zu Zeiten, als noch Mönche darin wohnten. Die unteren Fotos zeigen Weingeschehen um Schloß und Dorf Neuweier: 1948 wurde schon wieder gut gefeiert.

Badische Skizzen:

Das Baden-Badener Rebland

Varnhalt, Steinbach, Umweg und Neuweier heißen die Gemeinden - landschaftliche Einheit mal Eigenständigkeit ist die Kurzformel. Neuweier wirkt großzügig; Umweg spitzbübisch klein, Steinbach dörflich bescheiden, Varnhalt und seine Hügel: Alle liegen in einem gemeinsamen Tal, unterbrochen nur von rebbepflanzten Hängen und den Ortsschildern.

So klein die Orte sind, jeder Baden-Badener Ortsteil hat seine eigene Winzergenossenschaft, und jede Genossenschaft bietet eigenständige, individuell ausgebaute Weine bekannter Lagen. Jeder "Müller" schmeckt anders, aber immer "badisch": schwer, süffig und mit dem Hang, dem Weintrinker "eins überzubraten". Sogar der Riesling schmeckt badisch. Die Trockenen sind im Kommen und sehr zu empfehlen; sie "schmeißen" nicht so.

Die Gastronomie hat viele Gesichter. Restaurants der feinen Frische-Küche, Gasthöfe und Cafés. Weinstuben sucht man vergebens (die gibt's in Baden-Baden). Dafür hat jede Gaststätte ihren Offenen, immer Müller-Thurgau und Riesling, und auch Weißherbst, Ruländer und Scheurebe.

Weine im Bocksbeutel überraschen, aber das "Reblandprivileg" läßt diese Ausnahme ausdrücklich gelten, was mitunter andere Weinbaubereiche etwas verärgert. Es ist nämlich eigentümlich, wie die Form der Flasche die Preise verteuert.

Das private Winzertum scheint ausgestorben. Die Winzergenossenschaften schlucken alles - früher oder später - meinen die "Rebmänner". Bei näherem Hinsehen gibt es noch ein paar "Eiserne": Den Fröhlich mit seinem Gasthaus, zum Beispiel, der ausgerechnet am "Dienst-Tag" seine Türen schließt. Oder Schloß Neuweier mit seinen adeligen Weinen, und natürlich das Weingut Eckberg bei den Eckhöfen in Baden-Baden.

Unbedingt zu raten ist dem Weinfreund, die Bundesstraße (B 3) zu verlassen und die "Weinstraße" entlangzufahren. Dann kommen die Weinberge (besser Weinfelder). Dem Winzer kann man so per Auto bei der Arbeit zusehen. Die Stöcke stehen wie "eine Eins", gerade gesetzt, einer wie der andere - Reißbrettwingerte. Und doch harmonisch, fein und klein von der Yburg aus betrachtet.

Die Baden-Badener Städter sind froh, so was idyllisches vor der Haustür zu haben. Fünf Kilometer und schon im Wein. Ein Kurstädter braucht das auch: "Da wachse die Stöck' in den Himmel", meinte ein 85jähriger Weingänger. "Hier bei uns isch auch schön, aber so trocke, und all die Kurgäscht, nä - im Rebländle isch die Ruhe." Dabei ist Baden-Baden die Ruhe selbst.

Muße: In einer Gaststätte oben am Hang zu sitzen , nachmittags ab 16 Uhr, und das Rebland via Aussichtsfenster zu betrachten: Ein paar Häuser mittendrin gehören zum Landschaftsbild. Natur und Kultur zusammengebracht und das nicht mal schlecht - vielleicht ist dies das Geheimnis, das Anziehend-Beschauliche dieser Landschaft.

Dörflich-verträumtes Weinleben eben nicht in Reinkultur, am besten zu Fuß oder mit dem Fahrrad zu genießen, und dann beim Wein verweilen!

Traubenannahme am neuen Winzerkeller in Oberrotweil im Jahre 1950.

Vom *"Schmide"* bis zum *"Trottmahl"* –
die Sprachwelt der *"Rebmänner"*

"Früh fahren die Herbstwägen mit Bütten, Büchti, Örgili und dem Herbst-leiterli in die Reben, Buben und Maidli, Kinder und große Leut' schneiden mit kleinen Scherlein die Triebel ab und werfen sie ins Örgili." (aus: "Die Grenzboten", in: "Der Weinbau zu Baden")

Vor lauter "lili's" kann einem schon der Kopf brummen, wenn man mit der badischen Winzersprache zum erstenmal Bekanntschaft macht. Aber diese, mehr bei den Schwaben und Eidgenossen verbreitete Spracheigen-heit, ist für den Neuling in Sachen Winzerdeutsch direkt eine Erholung, im Vergleich zu den sprachlichen Turbulenzen und dem Klangbild man-cher badischer Ausdrücke, die durchaus von Dorf zu Dorf, von Stadt zu Stadt unterschiedliche Bedeutungen annehmen können, und manchmal außerhalb der eigenen Winzergegend kaum noch verstanden werden.

Ein "Rebmann" aus Eisental zum Beispiel, hat einmal sein tägliches Geschäft beschrieben:

Es beginnt mit dem Zuschneiden der Rebstöcke, oder anders gesagt, mit dem "Schmide". Das abgeschnittene Rebholz wird von den Frauen aufgele-sen und zu "Räwelle" (Rebwellen) zusammengebunden. Dann geht es an's "Krempfe" (Rankenabschneiden) und später wird "gebouwe" und "g'lätzt". Das Ausbrechen der überschüssigen Schösslinge nennt sich "Erbrechen", "Verbrechen" oder kurz "Blättle", und den ganzen Sommer über hat man mit "hacke", "rühre", "verzwicke" und "hefte" zu tun. Ist einmal der "Neue" im Faß, kommt der "Rebmann" erst gar nicht dazu, sich was davon auf Vorrat anzulegen. Von der "Trotte" weg wird verkauft - und "ins Wir-tes" (beim Wirt) kostet das Viertel 20 Pfennig, was dem "Rebmann" schon schwerfällt zu bezahlen -, so daß er sich das ganze Jahr über schinden muß und "nur schaffe kann für andere Leut", wie der Eisentaler meinte.

Ein stolzes Bild aus einer Zeit, als der Weinbau in vielen Teilen Bad

L. BASTIAN's HERBSTFUHREN 1899.

Eigentlich kaum zu glauben, ein Winzer, der von seinem eigenen Gewächs kaum was abbekommt?

Daß es so arg auch wieder nicht ist, zeigt das Beispiel der Reichenauer Weinbauern. Denn dort war es Usus, im Frühjahr, nach dem Umgraben der Stöcke, das "Grabratenhalten", oder wie es in Bohlingen bei Radolfzell heißt, das "Grabstellen" zu feiern. Die "Ehehalten" bekamen dabei gut zu Essen und reichlich zu Trinken - aber auch nur in guten Weinjahren, so daß der Brauch in schlechten Zeiten allmählich in Vergessenheit geriet.

Drei Wochen vor Beginn des Herbstes werden die "Reben geschlossen". Jetzt gilt es die Trauben zu schützen, die anfangen "z'weiche". Vom Gemeinderat wird ein "Herbstwächter" gestellt, der nur die Rebbesitzer in den Weinberg läßt. In Norsingen ziehen dann die "Rabbannerte" (Rebwächter) mit einer alten Flinte bewaffnet durch die Weinberge und schießen Tag und Nacht auf raublustige "Vögel" - so werden vor allem die Stare von den reifenden Trauben ferngehalten.

Bevor die Weinlese dann losgeht, hält in Espasingen (Stockach) die ganze Gemeinde eine "Traubenschau" ab, und in Merdingen (Breisach) treffen sich die jungen Leute zum "Herbstknallen" mit ihren Peitschen.

Danach werden die "Herbstgeschirrer" gerichtet, d.h. die Fässer gereinigt, Bütten und Bottiche aus dem Keller geräumt und samt "Trotte" "verschwellt".

In Ortenberg führt die Hausfrau die Herbstleser in den Weinberg. Sie besorgt das "Hänkeleschneiden", d.h. sie sucht die schönsten Trauben aus und wirft sie ins besagte "Örgili". Der Büttenträger schüttet dessen Inhalt in sein "Büchti". Sobald das Geschirr ordentlich gefüllt ist, "lupfen" zwei Mann es auf seinen Rücken und ab gehts den "Rain" hinunter, immer den "Büchtistecken" fest in den Boden gerammt, um ja nicht die kostbare Last zu verschütten. Unten angekommen klettert der "Büchtiträger" auf's "Leiterli" und kippt die Trauben in die "Bütt".

Vom Weinberg zurückgekehrt, beginnt der "Rebmann" seine Kellerarbeit. Er "drillt" und "schrotet", damit alles gut ausgedrückt ist. Vom süßem Most füllt er gleich eine "Guttere" (eine größere Flasche), zieht sie voll auf die "Kunst", so daß es an der "Kilbe" "Süßkrätzer hat". Das versteh' mal einer!

stark zurückging: Bastian aus Endingen am Kaiserstuhl im Jahr 1899.

Und was "etzne" bedeutet, begreift man erst, wenn die Arbeit im Berg getan ist. Dann laufen die Kinder in Scharen in die Stöcke und pflücken die verbliebenen Trauben, weniger zum Selberessen, als um noch einen ordentlichen "Reibach" damit zu machen, d.h. die Trauben gewinnbringend auf dem Markt zu verkaufen.

Wie es sich gehört, wird nach der Lese kräftig gefeiert. "Herbstbraten" und "Trottmahl" heißt der Winzerschmaus. In Reckingen (Waldshut) gibt es dazu "Chnüblätz" (Küchle). Zum Scherz steckt die Winzerfrau in einen der Kuchen eine alte, ausgediente Rebschürze. Der "glückliche" Finder hat das Nachsehen: Er muß sich den ganzen Tag als "Heftlumpe" bezeichnen lassen - was das nun heißen mag, sei dahingestellt. Der so Gerufene soll später jedenfalls Schwierigkeiten gehabt haben, den Dorfgenossen seinen richtigen Namen wieder ins Gedächnis zu rücken.

Aber wer die badische Winzersprache "von der Pike auf" kennenlernen will, der muß mal "unner die Leut" und "horche".

Denn mit der Winzersprache verhält es sich so wie mit dem Wein. Man muß schon einige Zeit darauf verwenden und ausharren, bis er ausgereift ist - und dann einiges an Probierarbeit leisten -, um die Feinheiten und Eigenarten erkennen und letztendlich auch genießen zu können.

Die fünf Herren waren zum Zeitpunkt der Aufnahme zusammen 435 Jahre alt. Die Winzergenossenschaft Ihringen brachte sie 1934 zusammen auf ein Foto, um zu beweisen, wie der gute Ihringer Wein gesund und rüstig erhält.

Beckstein in den vierziger Jahren − als Zeichnung (1942) und als Foto im Herbst 1948.

Badische Skizzen:

Flurbereinigung und Anbau
neuer Edelreben am Kaiserstuhl

An einem Beispiel wird nachfolgend verdeutlicht, wie die Flurbereinigung und Rebsortenumstellung am Kaiserstuhl zugunsten einer höheren Weinqualität um 1845 ausgesehen hat. Wir zitieren dazu aus der "Geschichte des Freiherr von Gleichenstein'schen Weinguts in Oberrotweil" Textstellen von Andreas Dietzel:

Hauptanbaurebensorte des Kaiserstuhls war zu dieser Zeit wie schon seit vielen Jahrhunderten der Elbling, hier meist Elben genannt, der auch als Unterlage für die wenigen edleren Pfropfreben diente.

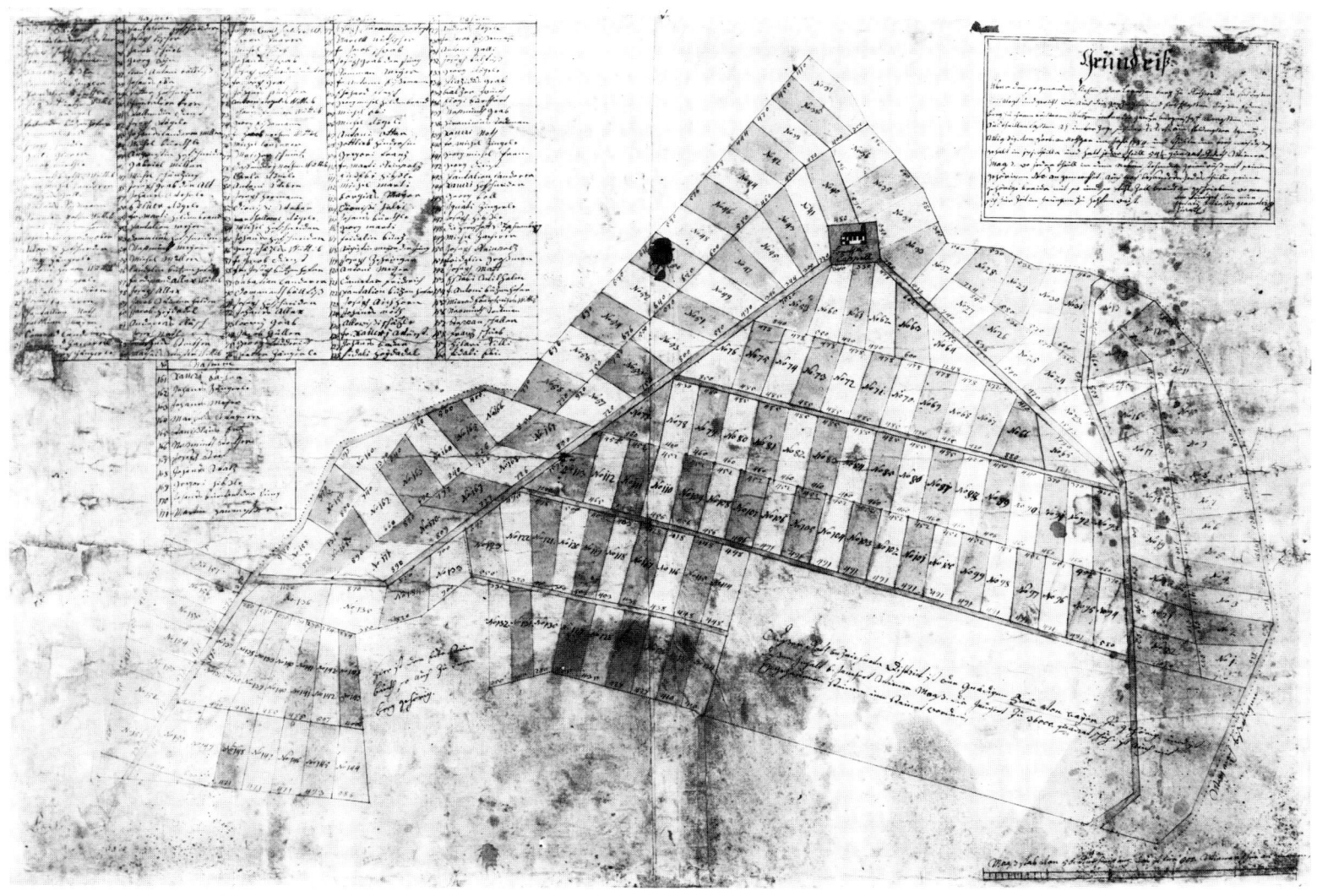

Parzellierung 1784 in Oberrotweil

Daneben war der Räuschling, hier meist Kläpfer oder Kipperle genannt, in einer hellen wie auch in einer dunklen Spielart weit verbreitet. Beide Sorten waren zwar recht ertragreich und auch reich an Säure, doch mußten sie, da die sehr kompakt wachsenden Trauben leicht faulten, häufig vorzeitig gelesen werden. So entstanden zwangsläufig nur kleine, körperarme Weine von geringem Ruf, die größtenteils im Kaiserstuhl selbst getrunken wurden. Der auch noch zu dieser Zeit vorherrschende Mischsatz machte das Angebot an Weinen zudem ziemlich eintönig. In einem Kellerbuch aus dem Jahre 1805 werden ganze sechs verschiedene Weine aufgeführt: "Rothweiler", "Schälinger", "Rother Kürchlingspergener", "Burkheimer starker", "Burkheimer süßer" und "Seglitzer". Kleinere Jahrgänge werden mit "Edelwein", worunter vermutlich Muskateller zu verstehen war, aufgebessert. Der Faßschwund wird bisweilen auch durch das Auffüllen mit Weinen anderer Jahrgänge ausgeglichen, womit eine gleichbleibende Weinqualität gewährleistet werden soll.

In diesen Jahren des allgemeinen Umbruchs verändert sich am Kaiserstuhl auch der Weinbau. Nachdem über ein Jahrtausend lang am Kaiserstuhl Reben nur auf Lößböden angebaut und damit nur Weine geringen Rufs produziert worden waren, machte man gegen Ende des 18. Jahrhunderts die ersten zaghaften Versuche, auch den vulkanischen, dem Weinbau günstigeren Doleritboden mit Reben zu bepflanzen. Doch erst 1813 schlug in Ihringen die Geburtsstunde des modernen Kaiserstühler Edelweinanbaus, als der "Oberwund- und Hebarzt" Lydtin dort Doleritboden ankaufte, urbar machen ließ und mit den bis dahin im Kaiserstuhl weitgehend unbekannten Edelrebsorten Riesling, Ruländer, Silvaner, Traminer, Weißburgunder und blauem Spätburgunder sowie anderen Sorten bepflanzte. Schon der Jungfernwein Lydtins erreichte auf Anhieb höhere Qualität und höheren Preis und regte so den Breisacher Kaufmann Hau, der sich um den Kaiserstühler Weinbau besonders verdient machen sollte, zur Nachahmung *an. Von diesen Versuchen muß auch schon Ignaz gehört haben, doch fehlte es ihm wie der Masse der Kaiserstühler Winzer am nötigen Kapital. Erst in den Vierzigerjahren findet der Weinanbau auf vulkanischen Böden, die meist erst mühsam urbar gemacht werden müssen, weitere Verbreitung. Um das Jahr 1840 führt Annas Schwiegersohn Marquard Huber neue Rebsorten in Kiechlinsbergen ein. Von 1842 bis 1844 sprengen die Gebrüder Blankenhorn aus Müllheim am Westhang des Ihringer Winklerbergs das Gelände für eine Rebanlage, in der sie Rheingauriesling, Deidesheimer Traminer und Spätburgunder vom Weingut "Clos de Vougeot" anpflanzen.*

Anna, die sich durch den Wegfall des Zehntweins trotz ihrer Schulden dazu gezwungen sieht, in neue Rebanlagen zu investieren, beobachtet - angeregt durch ihren Schwiegersohn Marquard - diese Entwicklung des Weinbaus mit Interesse. Wohl auch angespornt durch die Information, daß die Gebrüder Blankenhorn ihre Rebschößlinge recht großzügig auch an andere interessierte Winzer abgeben, beschließt sie 1844, am oberen Eichberg ein neues Rebgelände anzulegen. Im Winter 1844/45 wird mit den Arbeiten begonnen, wobei jeden Tag 120 Tagelöhner, zehn Karrenführer, fünf Aufseher und ein Werkführer eingesetzt sind.

Das unwegsame und steinige Gelände macht zahlreiche Sprengungen notwendig, bei denen insgesamt über eine halbe Tonne "bestes Sprengpulver" verwendet wird. Im Februar 1845 kommt es bei den Sprengarbeiten, da "Zünder statt Schwefelfäden" verwendet werden, zu einer verfrühten Explosion. Bei diesem schweren Unglück sterben vier der Tagelöhner und einer wird schwer verletzt. Da die Familien der Opfer "sich in sehr traurigen, dürftigen Umständen befinden", wird unter den anderen Arbeitern spontan gesammelt, und auch Anna steuert etwas Geld zu dieser Hilfsaktion bei.

Durch das Fehlen eines sozialen Sicherungssystems gerieten Tagelöhner damals schon beim geringsten Verdienstausfall in große Not. So ergibt sich aus den Abrechnungen für die neue Rebanlage, die Gesamtkosten von über 12 600 Gulden verursachte, daß ein Taglohn für diese ungelernten Arbeiter gerade 30 Kreuzer betrug. Für 30 Kreuzer erhielt man 1845 zwar immerhin ein Mut (75 Liter) Kartoffeln oder zwei Pfund Fleisch, doch waren über die elementarsten Lebensbedürfnisse hinausgehende Ausgaben einem Tagelöhner nahezu unmöglich. Schon Gegenstände des täglichen Lebens wie ein Salzfaß, ein Hackbrett, ein Schneidemesser, ein Fußschemel oder ein Spucktrog waren nach einem Inventarverzeichnis aus der gleichen Zeit nicht unter 30 Kreuzern zu haben, was den niedrigen Lebensstandard der Tagelöhner illustriert und zugleich erklärt, wieso es diesen Familien zumeist unmöglich war, Rücklagen für Notfälle zu bilden.

Nach Fertigstellung des neuen Rebgeländes werden die Sorten Traminer und Sylvaner sowie die damals "Grauer Claevner" und heute Ruländer genannte rote Burgunderrebe angepflanzt, wobei man sich in Abkehr von der alten Pfahlerziehung an der Drahterziehung der Reben versucht, diese aber nur wenig später wieder aufgibt. Nach und nach wird man sich auch über die Vorteile getrennter Lese und getrennten Ausbaus der noch meist im Mischsatz angebauten Sorten aus den anderen Rebbergen klar. Noch 1836 heißt es in einer Aufstellung über den Inhalt der 32 im Keller liegenden, zwischen 315 Maß und 8 400 Maß (472 Liter und 12 600 Liter) fassenden Eichenfässer lapidar: "Eichberg", "Ober Eichberg", "Eich- und Henkenberg", "Henkenberg", "Rother" und "Zehend"; doch werden durch die genannten, in den Vierziger- und Fünfzigerjahren eingeführten Verbesserungen des Weinanbaus schon in den Sechzigerjahren Weine von bisher unbekannter Qualität erzeugt. So wird das Gut im Jahre 1869 bereits von der "Centralstelle des landwirtschaftlichen Vereins" mit einem "Preis-Diplom" für seinen Wein ausgezeichnet.

*Fotos aus den Orten von oben nach unten, links: Wiesloch, Oberrotweil, Durbach; rechts: Zeichnung Keller Salwey, Oberrotweil.
Radfahrverein Durbach, Oberrotweil.*

”*Wie ich zum Weinbau kam*”, ein Jung-Winzer erzählt

Am Beispiel von Rainer Iselin, Winzersohn aus Bühl, läßt sich einiges aufzeigen, was im Weinbau neben dem eigentlich selbstverständlichen Bemühen um Weine guter Qualität wichtig ist: neue Ideen haben - und umzusetzen. Eine davon ist das "Weinerträgnis" - so nennt der Jung-Winzer seine ungewöhnliche Vermarktungstechnik; interessierte Kunden können für einen bestimmten Betrag und für einen bestimmten Zeitraum die Erträge eines Weinstocks erwerben, und den daraus gewonnen Wein. Sogar Zinsen bekommt der "Aktionär" gutgeschrieben, die dann in flüssiger Form ausgezahlt werden.

Wie er zum Winzertum kam und einiges andere, hat er für uns aufgeschrieben:

"Ich komme aus einer schweizerisch-badischen Weinbaufamilie. Mein Vater ist Weinbauberater a.D. und betreute dreißig Jahre lang in der Ortenau die Weinbaubetriebe.

Ich war sein Sorgenbub', flog aus der Schule mit fünfzehn, aber es gelang meinem Vater trotzdem, mich in eine Winzerlehre zu schicken - zur Gräflich Metternich'schen Gutsverwaltung in Durbach.

Es gefiel mir gut, so gut, daß ich Weinbauer werden wollte! Aber ich wollte meinen "eigenen" Weinberg!

Nach einem Jahr lernte ich ein weiteres Jahr im Staatlichen Weinbauinstitut in Freiburg und brachte meine Lehre anschließend bei der Affentaler

Als Rainer Iselin im Weingut lernte (vorstehender Bericht), gab es solche Keltern, in denen die Trauben durch Menschenkraft ausgepreßt wurden, kaum noch. Das gute Stück auf dem Foto wird von Vater und Sohn Franz Männle in Durbach bedient – und hat heute nur noch Erinnerungswert. Zum Keltern kleinerer Mengen werden derartige Keltern jedoch manchmal noch genutzt.

Wenn die Zeiten auch ernster waren als heute, nahm man sich selbst vielleicht doch nicht so sehr ernst. Dieses Bild aus dem Keller des Versuchsgutes Blankenhornsberg spricht jedenfalls für den Spaß am Ulk. Es entstand um 1925 und zeigt links den Verwalter Oskar Raab in seiner ganzen imponierenden Größe.

Winzergenossenschaft zu Ende. In der Staatlichen Lehr- und Versuchsanstalt in Weinsberg nahm man mich danach probeweise auf, und zwei Jahre später machte ich meine Staatsprüfung als Wein- und Obstbautechniker (ein lautes Juhu (!) vom Vater).

1979 kaufte ich mir einen Unimog und ein Stück Land in Staufenberg, nachdem mein Vater für mich gebürgt und ich eine freundliche Bank gefunden hatte. Am Aschermittwoch, ohne Asche auf der Stirn, äscherte ich mit einem kleinen Hilfstrupp 600 alte Obstbäume und nutzloses Gestrüpp ein, und am 17. Juni standen bereits 16 000 Weinstücke auf dem "Staufenberger Grossenberg".

Mein Vater und ich haben dann eine besondere "Erziehungsmethode" für unsere Reben entwickelt und an meinem Weinberg ausprobiert. Wir pflanzten auf 4,5 Meter Gassenbreite zwei Stöcke mit 1,20 Meter Stockabstand. Beide Rebstöcke werden an einem Kreuz von zwei Meter Breite gezogen und hängen dann vom Rebkreuz 1,80 Meter Höhe herunter.

Durch die veränderten Maße ergaben sich für uns erhebliche Arbeitszeitverkürzungen und ein rationellerer Maschineneinsatz. Außerdem gibt es dem Weinstock als Schlingengewächs mehr Entfaltungsmöglichkeit.

1981 hatten wir nach viel Mühe die erste Weinernte, zwar noch bescheiden, aber in erstaunlich guter Qualität. Drei Weine, zwei Silbermedaillen! Nach zwei Tagen war der Wein ausverkauft.

Das Staatliche Weinbauinstitut
Freiburg im Breisgau

"Katastrophenjahre" im Weinbaugebiet, so die Jahre 1910, 1912, 1913, 1916 und 1917, haben neben schlimmen wirtschaftlichen Folgen, die für die Winzer sofort spürbar sind, gelegentlich auch heilsame Erkenntnisse gebracht - gewissermaßen aus der Not geboren.

Bis in den Landtag drang damals der Ruf der Öffentlichkeit um Abhilfe. 1919 gaben die Abgeordneten "grünes Licht" für das "Badische Weinbauinstitut" mit dem Untertitel "Forschungs- und Versuchsanstalt für Weinbau und Kellerwirtschaft".

1920 war es dann soweit. Dr. Karl Müller, der spätere Verfasser des Standardwerkes "Geschichte des badischen Weinbaus", war der erste Direktor des Institutes.

Die Aufgaben des Badischen Weinbauinstitutes, das nach der Amtszeit des ersten Direktors in "Staatliches Weinbauinstitut" umbenannt wurde, sind wissenschaftliche Forschung und praxisnahe Arbeit auf allen Gebieten des Weinbaus zum Nutzen der badischen Winzer und des badischen Weines. Dazu gehören wissenschaftliche und praktische Versuche am Weinstock, das Austesten von Schädlingsbekämpfungs-Mitteln, das Züchten von neuen Rebsorten, die Rebenpfropfung und auch die Weinbehandlung und Weinprämierung. Die Organisation des Pflanzenschutzdienstes und der Reblausbekämpfung wird von hier aus gesteuert. Die elf Abteilungen des Hauses sind mehr oder weniger selbständige Einheiten. Fachrichtungen wie Botanik, Zoologie, Chemie oder Betriebs- und Arbeitswirtschaft stehen für die Vielfalt wissenschaftlicher Themenbereiche bei der Arbeit des Weinbauinstitutes.

Nach dem Motto, "Kathederwissen über alles" wird hier und kann hier nicht gearbeitet werden. Denn gerade die Praxisnähe ist wichtiger Maßstab bei allem Wirken für den Wein. In den Versuchsflächen und den Versuchsgütern wird das umgesetzt, was in jahrelanger Kleinarbeit von den verschiedenen Wissenschaftlern herausgefunden wurde -, und umgekehrt natürlich gehen wiederum wertvolle Impulse von der Wingertarbeit in die Laboratorien und Gewächshäuser des Institutes zurück. Und davon profitieren alle, nicht nur die Weinfreunde, die ihren Wein von den "Staatsweingütern" in Ihringen/Kaiserstuhl (Blankenhornsberg, 25 Hektar), Hecklingen/Breisgau (3 Hektar), Durbach/Ortenau (2,5 Hektar) oder Müllheim/Markgräflerland (Reggenhag, 1,5 Hektar) beziehen.

> *Die feinen Herren auf diesem Foto sind nicht etwa Männer der Forschung aus der frühen Zeit der Forschungsanstalt – sondern gewissermaßen deren Auftraggeber: Es sind Winzer, die 1924 die Winzergenossenschaft Bikkensohl gegründet haben.*

Winzer feiern gern – schließlich ist ja der Lohn ihrer Arbeit, der Wein, wichtigster Begleiter eines Festes schlechthin. Auf dieser Seite sind die Wieslocher Winzer beim Feiern abgelichtet: oben als Gesangverein, mitte und unten links bei ihren früheren Winzerfesten.

Der genügsame Helfer der Winzer war in früheren Zeiten die Kuh, und wenn es dem Betrieb gut ging, dann konnte man sich auch schon einmal ein Pferd leisten. Manchmal gab es "Mischbetrieb" mit Pferd und Rind vor einem Wagen wie auf dem oben stehenden Foto aus Oberrotweil zu sehen. – An solche Zeiten erinnert man sich, wenn Jubiläen gefeiert werden. Häufig gibt es dann dazu ein "Prunkfaß". Das links abgebildete entstand 1974 zum "Fünfzigjährigen" der Winzergenossenschaft Bickensohl. 50 Jahre vorher hatten sich die Gründungsmitglieder zum Gruppenfoto gestellt (gegenüber liegende Seite).

Zusammengefaßt: Von der Leistung des Teams um Professor Staudt hängt ein Teil des Weinbauerfolges des gesamten Anbaugebietes Baden ab.

Badische Skizzen:
Adolph Blankenhorn

Der Badische Weinbauverband stiftete am 9. April 1980 die Adolph Blankenhorn Medaille; sie wird seither auf Vorschlag des Stiftungsbeirates "solchen Persönlichkeiten oder Institutionen verliehen, die sich in außergewöhnlichem Maße um den deutschen Weinbau verdient gemacht haben". Die Verleihung findet in Müllheim, dem Geburtsort Blankenhorns, statt. Dem Stiftungsbeirat gehören neben dem Bürgermeister der Stadt Müllheim führende Persönlichkeiten aus Politik, Weinwirtschaft und Weinbauverbänden an. Mit der Stiftung der Medaille ehrt der Badische Weinbauverband Adolph Blankenhorn, der sich um den deutschen, insbesondere aber um den badischen Weinbau, verdient gemacht hat.

Adolph Blankenhorn wurde am 6. Juni 1843 in Müllheim geboren. Er enstammt einer Winzerfamilie: Sein Vater und dessen Brüder hatten durch Sprengungen und Rodungen Gelände zur Anlage von Weinbergen am Kaiserstuhl gewonnen. Dort wurde begonnen, Reben auf Vulkangestein anzubauen, dort entstand unter Leitung Adolph Blankenhorns später auch das Lehr- und Versuchsgut Blankenhornsberg.

Im Jahre 1864 beendete Adolph Blankenhorn das Studium der Naturwissenschaften in Karlsruhe und Heidelberg mit der Promotion; anschließend arbeitete er im elterlichen Gut in Müllheim und versuchte, seine naturwissenschaftlichen Kenntnisse für die Praxis zu nutzen. Ab 1867 befaßte er sich in Karlsruhe an der agrikulturtechnischen und landwirtschaftlichen Versuchsstation mit drängenden Problemen des Weinbaus. Hier gründete Blankenhorn das "Oenologische Institut", die erste Einrichtung dieser Art in Deutschland. Bald schon wurde das Weingut auf dem Blankenhornsberg in eine "Ampelographische Versuchsstation" (Lehre von den Rebsorten) umgewandelt, da die Notwendigkeit von Freilandexperimenten dem Wissenschaftler bewußt war.

Mit den "Annalen der Oenologie", einer wissenschaftlichen Zeitschrift für Weinbau, Weinbehandlung und Weinverwertung schafften sich Blanken-

Adolph Blankenhorn, Gründer und erster Präsident des Deutschen Weinbauverbandes. Auf dem rechten Bild im November 1867 (mitte) mit seinen Jagdfreunden.

Verleihung der Adolph Blankenhorn-Medaille durch Präsident Schüttler (Mitte) und Minister Weiser (rechts) an Jean Victor Dietrich (links) und Kurt Isler (daneben). Im Hintergrund Dr. Schön, Geschäftsführer des Badischen Weinbauverbandes.

horn und Professor Roesler ein Publikationsorgan, das von Blankenhorn in den folgenden Jahren für Veröffentlichungen im Bereich der Ampelographie, Rebveredlung, Bodenkunde und Schädlingsbekämpfung genutzt wurde. Das besondere Interesse des Forschers galt dabei der Reblaus und Maßnahmen zu ihrer Bekämpfung. Vielbeachtet war auch die "Bibliotheca Oenologica", eine Zusammenstellung der gesamten Weinliteratur des In- und Auslandes, die Blankenhorn 1875 gemeinsam mit E. Wagenmann herausgab.

Der Plan Professor Blankenhorns, in Baden ein Weinbauinstitut zu schaffen, scheiterte. Erfolgreicher war er bei anderen Vorhaben: 1874 gab er den Anstoß zur Gründung des Deutschen Weinbau-Vereins, der den Weinbau und die gemeinsamen Interessen von Weinbau und Weinhandel fördern sollte. Adolph Blankenhorn wurde erster Präsident und blieb es fast 20 Jahre lang. Im Jahre 1906 starb der als "Vater der Weinbauforschung" bezeichnete Wissenschaftler.

Die vom Badischen Weinbauverband gestiftete Auszeichnung soll an Adolph Blankenhorn und seine Verdienste für den Weinbau erinnern. Von dessen Vorbild ließ sich der Stiftungsbeirat bei der Wahl der Träger der Medaille leiten.

Die ersten Träger der Medaille sind:

Prof. Dr. Carl Wilhelm Gärtel, Direktor des Instituts für Rebenkrankheiten der biologischen Bundesanstalt in Bernkastel-Kues

Heiner Fuchss, geschäftsführendes Mitglied des Ausschusses für Technik im Weinbau, Bad Kreuznach

Fritz Fünfgeld, Leitender Regierungs-Landwirtschafts-Direktor im Regierungspräsidium Freiburg

Jean Victor Dietrich, Direktor des Weinbauinstituts Oberlin in Colmar

Kurt Isler, Vizepräsident und Präsident des Weinbauverbandes Rheinpfalz

Dr. Otto Linsenmaier, Leiter des Weinbaureferates im Ministerium für Ernährung, Landwirtschaft, Umwelt und Forsten des Landes Baden-Württemberg

Badische Zahlen:

Tabellen

Die nachfolgenden tabellarischen Übersichten machen in nüchternen Zahlen Aussagen zu Qualitätsstufen und Rebsorten, zur regionalen Verteilung der Weinbaubetriebe und zu ihren Größenordnungen, zu Erträgen und Literpreisen. Sie sind der Fachzeitschrift "Der Badische Weinbau" entnommen.

Die Öchsle-Grad-Grenzen

Das Mostgewicht, die im Traubensaft natürlich vorhandene Menge an Fruchtzucker, wird in Deutschland nach Grad Öchsle gemessen. Das Weingesetz schreibt für die Einstufung des Weines in die verschiedenen Qualitätsstufen Mindestmostgewichte vor. Die sind nirgendwo so differenziert wie in Baden. Die nachstehende Tabelle zeigt, daß nicht nur nach Rebsorten sehr stark unterschieden wird, sondern innerhalb Badens auch noch nach Bereichen.

Zugelassene und empfohlene Rebsorten und Ausgangsmostgewichte

WEINSORTEN	Tafelwein	Qualitätswein	Kabinett	Spätlese	Auslese	Beeren-auslese	Trocken-beerenauslese
	Alk.°/Öchsle	Alk.°/Öchsle	Alk.°/Öchsle	Alk.°/Öchsle	Alk.°/Öchsle	Alk.°/Öchsle	Alk.°/Öchsle
Für die Bereiche Bodensee und Badisches Frankenland							
WEISSWEIN							
Auxerrois		8,4°/66	10,9°/82	11,9°/88	13,9°/101		
Freisamer		8,9°/69	11,4°/85	12,4°/91	13,9°/101		
Gewürztraminer		8,9°/69	11,4°/85	12,4°/91	13,9°/101		
Gutedel		8,0°/63	10,0°/76	11,4°/85	13,9°/101		
Kerner		8,4°/66	10,9°/82	11,9°/88	13,9°/101		
Morio-Muskat		8,0°/63	10,5°/79	11,9°/88	13,9°/101		
Müller-Thurgau		8,0°/63	10,0°/76	11,4°/85	13,4°/98		
Muskateller		8,0°/63	10,5°/79	11,9°/88	13,9°/101		
Muskat-Ottonel		8,0°/63	10,5°/79	11,9°/88	13,9°/101		
Neuzüchtungen		8,9°/69	11,4°/85	11,9°/88	13,9°/101		
Nobling		8,0°/63	10,5°/79	11,9°/88	13,9°/101		
Perle		8,0°/63	10,5°/79	11,9°/88	13,9°/101		
Rieslaner		8,0°/63	10,5°/79	11,9°/88	13,9°/101		
Riesling	6,0°/50	7,5°/60	10,0°/76	11,4°/85	13,4°/98	17,5°/124	21,5°/150
Ruländer		8,9°/69	11,4°/85	12,4°/91	13,9°/101		
Siegerrebe		8,0°/63	10,5°/79	11,9°/88	13,9°/101		
Silvaner		8,0°/63	10,5°/79	11,9°/88	13,9°/101		
Spätburg. Weißherbst		8,4°/66	11,4°/85	12,4°/91	13,9°/101		
Scheurebe		8,9°/69	10,9°/82	12,4°/91	13,9°/101		
Traminer		8,9°/69	11,4°/85	12,4°/91	13,9°/101		
Veltliner		8,0°/63	10,5°/79	11,9°/88	13,9°/101		
Weißburgunder		8,4°/66	10,9°/82	11,9°/88	13,9°/101		
Übrige Weißweinsorten		8,0°/63	10,5°/79	11,9°/88	13,9°/101		
ROTWEIN							
Deckrot		8,0°/63	10,5°/79	11,9°/88	13,9°/101		
Neuzüchtungen		8,4°/66	10,9°/82	12,4°/91	13,9°/101		
Spätburgunder		8,4°/66	11,4°/85	12,4°/91	13,9°/101		
Übrige Rotweinsorten		8,4°/66	10,9°/82	12,4°/91	13,9°/101		
Für die Bereiche Markgräflerland, Kaiserstuhl-Tuniberg, Breisgau, Ortenau und Badische Bergstraße/Kraichgau							
WEISSWEIN							
Auxerrois		8,9°/69	10,9°/82	12,5°/92	14,5°/105		
Freisamer		9,4°/72	11,4°/85	12,5°/92	14,5°/105		
Gewürztraminer		9,4°/72	11,4°/85	12,5°/92	14,5°/105		
Gutedel		8,0°/63	10,0°/76	11,6°/86	14,1°/102		
Kerner		8,9°/69	10,9°/82	12,5°/92	14,5°/105		
Morio-Muskat		8,4°/66	10,5°/79	12,5°/92	14,5°/105		
Müller-Thurgau		8,4°/66	10,0°/76	12,0°/89	14,1°/102		
Muskateller		8,4°/66	10,5°/79	12,5°/92	14,5°/105		
Muskat-Ottonel		8,4°/66	10,5°/79	12,5°/92	14,5°/105		
Neuzüchtungen		9,4°/72	11,4°/85	12,5°/92	14,5°/105		
Nobling		8,4°/66	10,5°/79	12,5°/92	14,5°/105		
Perle		8,4°/66	10,5°/79	12,5°/92	14,5°/105		
Rieslaner		8,4°/66	10,5°/79	12,5°/92	14,5°/105	18,1°/128	22,1°/154
Riesling	6,0°/50	7,5°/60	10,0°/76	11,6°/86	13,8°/100		
Ruländer		9,4°/72	11,4°/85	12,5°/92	14,5°/105		
Siegerrebe		8,4°/66	10,5°/79	12,5°/92	14,5°/105		
Silvaner		8,4°/66	10,5°/79	12,5°/92	14,5°/105		
Spätburg. Weißherbst		8,9°/69	11,4°/85	13,0°/95	14,5°/105		
Scheurebe		9,4°/72	10,9°/82	12,5°/92	14,5°/105		
Traminer		9,4°/72	11,4°/85	12,5°/92	14,5°/105		
Veltliner		8,4°/66	10,5°/79	12,5°/92	14,5°/105		
Weißburgunder		8,9°/69	10,9°/82	12,5°/92	14,5°/105		
Übrige Weißweinsorten		8,4°/66	10,5°/79	12,5°/92	14,5°/105		
ROTWEIN							
Deckrot		8,4°/66	10,5°/79	12,5°/92	14,5°/105		
Neuzüchtungen		8,9°/69	10,9°/82	12,5°/92	14,5°/105		
Spätburgunder		8,9°/69	11,4°/85	13,0°/95	14,5°/105		
Übrige Rotweinsorten		8,9°/69	10,9°/82	13,0°/95	14,5°/105		

Mehr Rebfläche und größere Betriebe

Die nachfolgenden Tabellen beziehen sich auf das Bundesland Baden-Württemberg und damit auf die Weinbaubereiche Baden und Württemberg. Sie zeigen im Vergleich der beiden Gebiete die starke Dynamik Badens. So hat hier die bestockte Rebfläche zum Beispiel in dem kurzen Berichtszeitraum um 20 Prozent zugenommen. Gleichzeitig ist die Zahl der Kleinbetriebe allgemein stark zurückgegangen, die der größeren Betriebe dagegen gewachsen. Dies ist eine positive Entwicklung, da größere Betriebsflächen wirtschaftlicheres Arbeiten erlauben.

Tabelle 1: Weinbaubetriebe nach Größenklassen der bestockten Rebfläche

Größenklasse nach der bestockten Rebfläche in ha	Weinbaubetriebe		Rebfläche insgesamt		Bestockte Rebfläche		Rebbrache
	1972/73	1979/80	1972/73	1979/80	1972/73	1979/80	1979/80
	Anzahl		Hektar				
unter 0,10	4 647	4 690	643	560	254	268	293
0,10 bis unter 0,50	27 240	25 347	6 636	6 210	6 028	5 761	451
0,50 bis unter 1	6 388	6 180	4 758	4 560	4 402	4 325	233
1 bis unter 2	3 605	3 859	5 202	5 610	4 900	5 345	263
2 bis unter 5	1 126	1 936	3 265	5 696	3 078	5 487	207
5 bis unter 10	88	155	602	1 022	567	980	43
10 und mehr	32	46	642	913	588	860	51
zusammen	43 126	42 213	21 747	24 571	19 816	23 026	1 541
Selbstversorgungs-betriebe mit weniger als 10 Ar Rebfläche	29 248	19 629	1 870	1 957	681	796	987
insgesamt	72 374	61 842	23 617	26 528	20 497	23 822	2 528

Tabelle 2: Weinbaubetriebe nach Weinbaubereichen und -gebieten

Weinbaubereich Weinbaugebiet Land	Weinbaubetriebe				Gesamte Rebfläche			Bestockte Rebfläche		
	1972/73		1979/80		1972/73	1979/80	Ver-änderung	1972/73	1979/80	Ver-änderung
	Anzahl	%	Anzahl	%	ha		%	ha		%
Badische Bergstraße/Kraichgau	5 755	13,4	5 858	13,9	1 684	1 996	+ 18,5	1 572	1 854	+ 17,9
Badisches Frankenland	874	2,0	957	2,3	509	689	+ 35,4	480	627	+ 30,6
Bodensee	261	0,6	273	0,6	297	363	+ 22,2	294	354	+ 20,4
Markgräflerland	4 502	10,5	4 475	10,6	2 497	2 874	+ 15,1	2 437	2 837	+ 16,4
Kaiserstuhl-Tuniberg	6 571	15,2	6 536	15,5	4 520	5 111	+ 13,1	4 356	5 029	+ 15,4
Breisgau	2 722	6,3	3 061	7,2	1 210	1 522	+ 25,8	1 104	1 489	+ 34,9
Ortenau	4 099	9,5	4 561	10,8	1 809	2 195	+ 21,3	1 704	2 145	+ 25,9
Anbaugebiet Baden	24 784	57,5	25 721	60,9	12 559	14 752	+ 17,8	11 966	14 333	+ 20,0
Remstal – Stuttgart	3 209	7,4	2 850	6,8	1 501	1 580	+ 5,3	1 306	1 421	+ 8,8
Württembergisches Unterland	14 222	33,0	12 738	30,2	7 319	7 774	+ 6,2	6 190	6 837	+ 10,5
Kocher – Jagst – Tauber	863	2,0	890	2,1	372	458	+ 23,1	348	431	+ 23,9
Anbaugebiet Württemberg[1]	18 342	42,5	16 492	39,1	9 198	9 819	+ 6,8	7 850	8 693	+ 10,8
Baden-Württemberg insgesamt[1]	43 126	100	42 213	100	21 747	24 571	+ 13,1	19 816	23 026	+ 16,3

[1] Einschließlich gebietsexterner Anbau. – Differenzen in den Summen durch Runden der Zahlen.

Riesling gewinnt Boden
Müller-Thurgau bleibt ertragsstark

Der nun 100 Jahre alte Müller-Thurgau hat als führende Rebsorte Badens seine Ertragssicherheit bewiesen. Er liegt auf diesem Gebiet deutlich vor seinem Kreuzungsvater Riesling. (Das ertragsschwache Jahr 1980 war die eine große Ausnahme.)

Tab. 3: Entwicklung der Hektarerträge in hl/ha einzelner Rebsorten in Baden-Württemberg

Jahr	Müller-Thurgau	Riesling	Gutedel	Ruländer	Weißwein-sorten insgesamt	Müller-Thurgau-Ertrag im Vergleich zu den übrigen Weißweinsorten
			Ertrag in			
1972	104	67	92	75	86	121 %
1973	126	128	118	108	121	105 %
1974	54	52	24	49	49	110 %
1975	103	95	94	76	96	108 %
1976	122	81	106	87	101	121 %
1977	143	108	133	113	126	113 %
1978	79	81	42	54	71	111 %
1979	106	116	108	87	104	102 %
1980	36	39	27	34	39	92 %
1981	78	58	49	54	64	122 %
1972/81	95	83	79	74	86	111 %

Leserinnen und Träger, Gespanne verschiedener Art und schließlich auch noch ein Handkarren — Winzergenossenschaft Ihringen bei der Weinlese.

Der Siegeszug des Müller-Thurgau zur führenden badischen Rebsorte läßt sich aus der Tabelle ablesen, die seine Entwicklung von 1954 bis 1979 zeigt. Offensichtlich hat die Rebsorte 1978 ihren Höchststand erreicht, denn seit diesem Jahr ist die mit Müller-Thurgau bestockte Rebfläche etwa gleichbleibend. Der Riesling dagegen, das geht aus der Graphik hervor, in der sein Anbauanteil mit dem des Silvaners verglichen wird, gewinnt noch Boden im wahren Sinne des Wortes.

Tab. 1: Bestockte Müller-Thurgau-Fläche in Baden

Jahre	Fläche in ha	%-Anteil an Gesamtreb-fläche Badens
1954	800	13 %
1960	1 200	18 %
1964	1 865	21 %
1970	2 927	26 %
1971	3 377	28 %
1972	3 753	30 %
1973	4 392	35 %
1974	4 695	37 %
1975	4 968	38 %
1976	5 118	38 %
1977	5 363	37 %
1978	5 431	37 %
1979	5 430	37 %

Abb. 1 : Bestockte Rebfläche der Rebsorten Riesling und Silvaner in Baden von 1965 - 1981

+ Riesling
o Silvaner

Quelle: Statistisches Landesamt Baden-Württemberg

Badische Zahlen:

Wein und Wetter

Wein und Wetter waren für den Winzer von je her untrennbar miteinander verbunden. Zu diesem Thema einige Zahlen, die für sich stehen und die Weinernte dreier Jahrhunderte kommentieren (aus: Weinwachstum 1626-1889, Gemeinde Durbach):

Aus dem 17. Jahrhundert:
1626 den 26. Mai alles erfroren - 1627 saurer Wein - 1628 gar nichts - 1629 guter Wein - 1630 ebenfalls - 1631 ebenfalls - 1632 schlechter Wein - 1633 dito - 1634 guter Wein - 1635 dito - 1636 schlecht

Aus dem 18. Jahrhundert:
1780 ein guter Wein - 1781 ein delikater, sehr starker Wein und so viel, daß ein Stück Faß 30 Fl. kostete - 1782 recht sauer, ist auf St. Martin im Schnee gelesen worden - 1783 ein delikater Wein und viel - 1784 sehr wenig aber gut - 1785 sauer - 1786 dito - 1787 schlecht - 1788 viel und gut - 1789 wenig und mittelmäßig - 1790 mittelmäßig

Aus dem 19. Jahrhundert:

1852 trinkbar - 1853 guter Tischwein, etwas besser als 1852 - 1854 den 25. April fast alles erfroren, vorher stand alles extra schön, nasser Sommer, wenig und geringer Wein, schlechte Früchte - 1855 etwas besser als 1853, Drittelherbst - 1856 geringer als 1853, Halbherbst - 1857 extra gut und stark, Dreiviertelherbst - 1858 guter Wein, im Jahre nicht Regen genug, Juli kälter als 1857, Dreiviertelherbst - 1859 ziemlich gut, Dreiviertelherbst, nicht so gut wie 1857, aber besser wie 1858 (Weinlese den 6. Oktober) - 1860 Garibaldi, essigsauer (Weinlese den 4. November) - 1861 sehr gut, Halbherbst (Weinlese 21. Oktober) - 1862 gut aber weniger als 1861 (Weinlese 21. Oktober) - 1863 mittelmäßig gut (Weinlese 26. Oktober) - 1864 mittelmäßig, im Frühling erfroren, schlechte Blüte, nur Drittelherbst - 1865 ganz vortrefflich wie 1811, vollkommener Herbst - 1866 mittelmäßiges Quantum und sauer, genannt Bismarck

---

Preisbarometer Offenburg

Blauer Spätburgunder, Weißherbst (aus Spätburgunder) und Ruländer sind für Baden typische Edelweine. Ihre Preise haben sich auf dem Offenburger Weinmarkt weitgehend parallel entwickelt, der Spätburgunder lag jedoch meistens deutlich besser. Dieser Trend hat sich in jüngster Zeit verstärkt, und erstmals stieg in seinem Sog auch der Preis des Weißherbstes stärker als der des Ruländers.

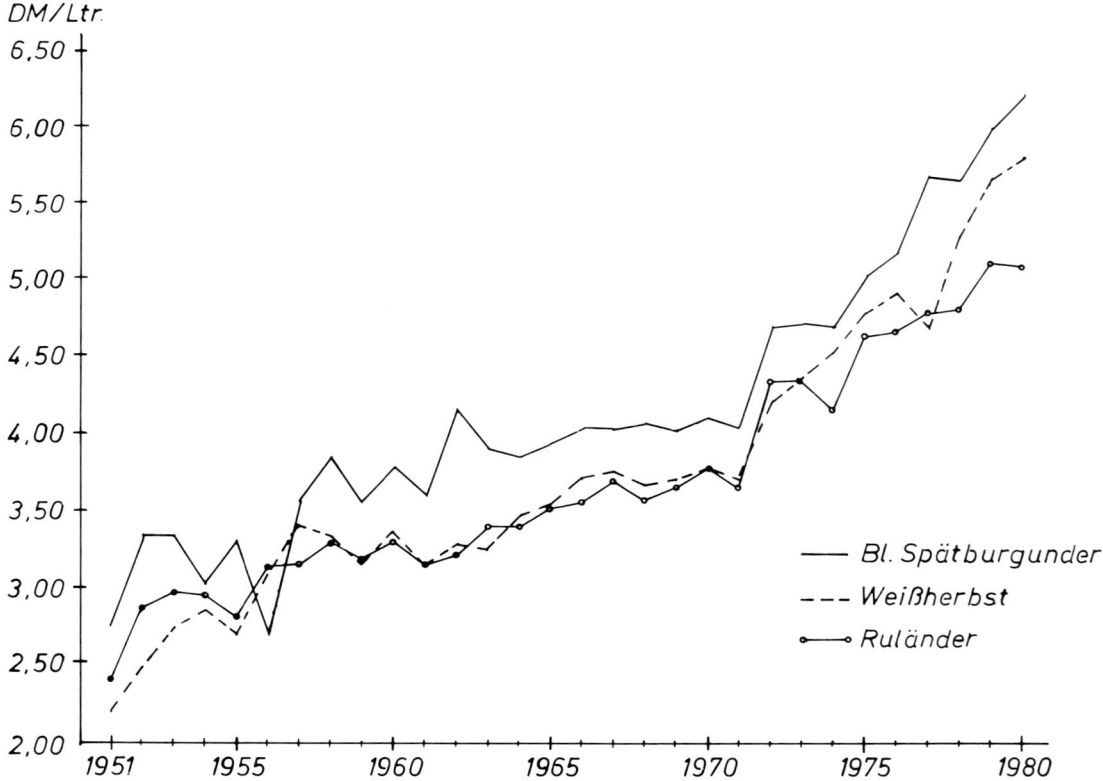

Abb. 1: Entwicklung der Blauen Spätburgunder-, Weißherbst- und Ruländer-Literflasche auf dem Offenburger Weinmarkt von 1951–1980

Badische Skizzen:
Zwei "neue" Selbstmarkter

Badische Skizzen:
Zwei "neue" Selbstmarkter

Klaus Hermann ist 36 Jahre alt und Familienvater. Er lebte bisher mehr von dem, was er im Autohandel als Angestellter verdiente, als von den bei der Genossenschaft in Oberbergen abgelieferten Trauben. Trotz gesicherter Verhältnisse träumte er den Traum von der Selbständigkeit, fragte Ehefrau Gitte nach ihrer Meinung - und ist nun dabei, den Traum zu verwirklichen.

Die beiden in Vermarktung und Werbung erfahrenen Neubeginner begannen mit einem festen Konzept, das etwa so aussah: Wir müssen schon allein baulich etwas schaffen, das günstig gelegen ist und den Leuten auffällt. Die günstige Lage hatten sie bereits mit ihrem Haus, das an der Straße liegt, die von Oberrotweil durch den Kaiserstuhl führt. Der Platz liegt im Kernland des alten Vogtsburg, das heute als Gemeinschafts-Stadtname für einige Gemeinden der Umgebung dient.

Dort entstand neben dem Wohnhaus eine neue kleine "Vogtsburg", ein unverwechselbares Haus mit Türmen und Zinnen, ein Markenzeichen gewissermaßen, das zwar nicht stilreines Mittelalter wiedergibt, aber in dieser Umgebung als origineller Akzent gesehen wird - und durch und durch solide gebaut wurde. Vier Jahre bauten die beiden selbst daran und nahmen nach guter badischer Art nur wertbeständiges Material, bauten so auch einen repräsentativen Probiersaal auf, versahen ihn mit Rundbogenfenstern nach ländlicher Schloßherren-Art, mit Stuck und Messing-Kronleuchtern und setzten burgen-deftige Pinienmöbel hinein.

Da steht das Haus nun und wartet auf Reisende, die sich gern trockene Weine von einem der jüngsten Weingüter Badens in den Kofferraum packen möchten. Die bescheidene Rebfläche von einem Hektar Rebland in der "Oberbergener Baßgeige" ist zum Start der ganze Weinbergbesitz. Ruländer, Müller-Thurgau, Spätburgunder und Gewürztraminer stehen darauf und werden ausschließlich trocken ausgebaut.

Daneben bieten die beiden Neuwinzer auch die Weine der Winzergenossenschaft Oberbergen sowie das Programm eines freundschaftlich verbundenen Ihringer Weingutes an.

Vater Gregor und Sohn Thomas Schätzle betreiben wenig entfernt an der Straße von Oberbergen nach Schelingen schon einen ausgewachsenen Winzerbetrieb. Vater und Sohn haben 1982 da angeknüpft, wo der Großvater aufgehört hatte. Der war Winzer mit Leib und Seele - und eines der Gründungsmitglieder der Genossenschaft. Er war aber auch überzeugter Selbstmarkter gewesen, während er zugleich die wirtschaftliche Notwendigkeit der Genossenschaft einsah.

Durch die Erbteilung sah es so aus, als würde der selbständige Weinbau in der Familie Schätzle für immer zum Erliegen kommen. Vater und Sohn engagierten sich aber weiter sehr stark im Winzerleben - unter anderem auch als wichtige Mitglieder der Winzerkapelle. Als der Rebbesitz 1982 durch Zukäufe auf vier Hektar gewachsen war, entschlossen sich die Schätzles zur erneuten Selbständigkeit. Den Obstbau mit der Brennerei behielten sie bei, die Rebveredlung, die sie betrieben ebenso, und die inzwischen eingerichteten Gästezimmer sollten bei der Vermarktung helfen.

So ist das Risiko auf Wein und Obst, Schnaps und Fremdenverkehr verteilt. Vater, Mutter und Sohn knüpfen damit an eine alte Familientradition. Sie sind wieder das, was die Schätzles schon seit rund 400 Jahren waren: Wirte und Rebleute.

Verzeichnis der Winzergenossenschaften (Selbstmarkter)

A

WG Achkarren 173
Affentaler WG Bühl 136
WG Auggen 206

B

WG Badisches Frankenland 103
WG Ballrechten-Dottingen 207
WG Beckstein 95
WG Bickensohl 168
WG Bischoffingen 170
WG Bötzingen 168
WG Britzingen-Markgräflerland 210
WG Burkheim 171

D

WG Durbach 135

E

WG Ebringen 208
WG Ehrenstetten 208

F

WG Fessennbach 132

G

WG Glottertal 199

H

Winzerverein Hagnau 233

WG Haltingen 211
WG Hügelheim 209

I

WG Ihringen 172

J

WG Jechtingen 166

K

Kaiserstühler Winzerverein Oberrotweil 167
WG Kappelrodeck 137
WG Kiechlinsbergen 171
WG Kirchhofen 212
WG Königschaffhausen 170

L

WG Laufen 207

M

Bezirkskellerei Markgräfler Land 206
Erste Markgräfler WG Schliengen 210
Winzerverein Meersburg 233
WG Müllheim 211

N

WG Neuweier-Bühlertal 134

O

WG Oberbergen 169

WG Ortenberg 137

P

WG Pfaffenweiler 208

R

WG Rammersweier 139
Winzerverein Reichenau 233
Renchtäler WG Oberkirch 138

S

WG Sasbach 172
WG Sasbachwalden 136
WG Staufen 209
WG Steinbach-Umweg 135

V

WG Varnhalt 134
WG Vorderes Kinzigtal 138

W

WG Waldulm 138
WG Wasenweiler 169
WG Weingarten 125
WG Wettelbrunn-Grunern 210
Winzerkeller Wiesloch 128
WG Wolfenweiler 208

Z

WG Zell-Weierbach 133
Zentralkellerei Badischer Winzergenossenschaften 76

Verzeichnis der Rezepte

B

Beischunke mit Sürkrüt und Geschweldi 166

D

Barbara's Dampfnudeln mit Vanillesauce 169

E

Eisauflauf Stephanie 66
Erdäpfelsuppe mit Kracherle, abgeschmelzt 137

G

Gizzi-Braten mit Gemüsen 168
Grünkern-Apfelauflauf 106

H

Hechtklößchen, badisch 167
Hirtengericht mit handgeschabten Spätzle, alemannisch 212
Holunderblütenküchlein im Weinteig 194

K

Käsespätzle, Steinbacher 135
Kalbfleisch mit breiten Nudeln, badisch eingemacht 206
Kalbsbriesle in Gemüsesahne mit Blattspinat und Schupfnudeln 133
Kalbsleberle sauer mit Prägele und Nüsslesalat 210
Kaninchenbraten in Rahmsauce mit selbstgemachten Knöpfle 137

L

Bodensee-Lachsforelle "Müllerin-Art" 228
Lachsforellenfilet in Gutedel 211
Terinne mit Lammfilets in Kräutergelee 72

M

Maultaschen in der Brühe, schwäbisch 127
Mousseline von Schwarzwald-Forelle 66

O

Ochsenmaulsalat 206

P

Pfannkuchen mit Waldbeeren, badisch 127

R

Rehnüßchen "Adlerwirt's Art" 73
Rehrücken, Baden-Baden, Spätzle und Pfifferlinge 66
Rehrücken nach Markgräfler Art 209
Rhabarber-Chalotte 73
Rinderbrust, nach Markgräfler Art garniert, mit Bouillon-Kartoffeln und Meerrettich-Sauce 211
Rindfleischsalat 132
Röschele 136
Rotbarbenfilet auf Blattspinat, heiß geräuchert 72

S

Sauerbraten, badisch 173
Sauerkirschwasser-Parfait, Kaiserstühler 171
Sauerkleesuppe, legiert 72
Schäufele mit Weinsauerkraut, badisch 139
Schinkentörtchen, Bischoffinger 170
Schneckensüpple mit Stangenbrot, badisch 136
Schweinecarree mit Renchtäler Pflaumen, Apfelrotkraut und Semmelknödeln 138
Schwarzwälder Schweinefilet mit Sauerkirschsauce, Gemüse und überbackenen Sahnekartoffeln 207
Schweinelendchen "Rebland" 134
Sorbet vom Gewürztraminer 207
Speckpfannkuchen, Schwarzwälder 209
Stangenspargel mit Poulardenbrüstchen auf Blattspinat in Gutedelsauce 208
Sulz mit Bratkartoffeln 171

T

Tannenhonig-Parfait, Schwarzwälder 172
Tomaten-Parfait mit Krebsschwänzen 73

W

Wildgeschnetzeltes "Wilderer Art" 210
Wildentensalat mit Tobinambur und Löwenzahn 134
Wildhasenrücken gespickt mit Mischpilzen 170
Winzertopf 168

Z

Zandermousse in Riesling 72
Zanderröllchen in Ruländerschaum 135
Z'nüni 169

Register

(Folgende Doppelseite: Alphabetisches Ortsverzeichnis)

A

Adenauer, Konrad 65
Alemannen 38, 39

B

Baden-Badener Rebland 234
Badisches Festessen 69
Badisch Rotgold 195
Bauernschlächter 99
Betriebsgrößen 251
Beregnungsanlage 68
Blankenhorn, Dr. Adolph 58, 223, 248
Bocksbeutel 92
Boppo, Graf von Wertheim 40
Breisach 41, 43, 44, 45
Brenner's Park Hotel 65, 66, 67
Bundschuh 224

C

Christoph I (Markgraf) 43

D

Durbach 62

E

Eckberg 67
Eschenbach, Wolfram von 40

F

Fasnet 201
Faust, Doctor 46, 225
Flora und Fauna 165, 178
Flurbereinigung 165, 240
Franken 38, 39

G

Gleichenstein, Franziska von 54
Goegg, Amand 55, 68
Goethe, Johann Wolfgang von 196
Grimmelshausen 55
Großterrassen 165
Grünkern 103
Gült 55
Gütezeichen des Badischen Weinbauverbandes 85, 91
Gutedelland 205

H

Habsburg, Rudolf von 41
Häcker 53, 93
Hahn- und Gickeltanz 55
Hammelhoden 53
Hammeltanz 55
Hanse 45
Hansjakob, Dr. Heinrich 57
Hebel, Johann Peter 205
Heidelberger Faß 49, 52
Heinrich II 40
Heinrich IV 41
Hektarerträge 252
Hopfen 67
Hutzeln 46

J

Jahrgänge und Witterung 253
Johanniswein 41
Junker 45

K

Karl I, Markgraf 42
Karl III, 216
Karl der Große 38, 39
Karl Theodor, Kurfürst 49
Kelten 38, 55
Klingelberger 62
Knittel, Benedikt 48

L

Leiselheimer Gestühl 183
Limes 38
Lydtin 53, 241

M

Malteser 220
Merian 47
Mindestmostgewichte 250

N

Nonnenweingarten 41

O

Österreicher 53
Ostthal-Keller 58
Otto I 39

P

Peronospora 55
Pfeifer von Niklashausen 103
Philipp II (Markgraf) 46

Q

Qualitätsstufen 250

R

Realzehnt 53
Rebfläche 251
Reblandprivileg 235
Rebmesser 226
Rebsorten 250
Rebsortenumstellung 240
Regionalküche 89
Römer 38, 39, 55
Rotfränkisch 53
"Rotwein-Männle" 62

S

Sauerschwarze 45
Schlegel, Dorothea 200
Schlosserhaus 196
Schmidt, Helmut 65
Schmitt, Josef Dr. 59
Schwendi, Lazarus 44, 46, 186
Späth, Lothar 66
"Stephanie" 65, 66
Staatliches Weinbauinstitut Freiburg 246
Stichdenbuben, Hanns 42, 62

T

Tauberschwarze 45
Terrassen 165
Trester 38, 52
Trotte 224

W

Weinschröder 42
Weinschwemme 227
Weinzehnt 38, 39, 40, 48, 49, 52, 53
Wenzinger, Christian 219
Wiesloch 39, 40, 44, 46, 47
Wildrebe 58
Wilhelm, Markgraf 56
Wingertbet 53
Winzersprache 236

Z

Zähringer 198
Zehntkeller 48
Zentralkellerei Badischer Winzergenossenschaften 76
Zunft "Zur Sonne" 46

Muttergemeinden (gelegentlich ohne Weinbau) Weinbaugemeinden	Zu finden auf Karte Nr.	Lagenkarte Seite	Text Seite
A			
Achern			140
Achkarren	12	30	184
Altdorf	10	28	196
Altschweier	8	24	145
Amoltern	12	30	175
Angelbachtal			110
Appenweier			140
Auggen	14	33	214
B			
Baden-Baden	8	24	140
Badenweiler	13	32	214
Bad Bellingen	14	33	214
Bad Krozingen	13	32	215
Bad Langenbrücken	5	18	110
Bad Mingolsheim	5	18	110
Bad Rappenau			110
Bad Schönborn			110
Bahlingen	12	30	174
Bahnbrücken	6	20	116
Ballrechten-Dottingen	13	32	215
Bamlach	14	33	214
Bauerbach	6	20	
Beckstein	2	15	94
Berghaupten	9	26	144
Berghausen	7a	22	
Bermatingen	15	34	230
Bermersbach	9	26	148
Berwangen	6	20	116
Bickensohl	12	30	185
Biengen	13	32	215
Bilfingen	7b	23	
Binau	4	17	
Binzen	14	33	215
Bischoffingen	12	30	186
Blansingen	14	33	217
Bleichheim	10	28	200
Bodman			232
Bötzingen	12	30	175
Bollschweil	13	32	215
Bombach	10	28	201
Bottenau	9	26	151
Breisach	12	30	176
Britzingen	13	32	223
Broggingen	10	28	200
Bruchsal	6	20	110
Buchholz	11	28	204
Bühl	8	24	144
Bühlertal	8	24	145
Buggingen	13	32	215
Burkheim	12	30	186
D			
Dainbach	2	15	94
Dattingen	13	32	223
Denzlingen	11	29	196
Dertingen	1	14	104
Diedesheim	4	17	
Dielheim	5	18	112
Diersburg	9	26	148
Dietenhan			104
Dietlingen	7b	23	115
Distelhausen	2	15	96
Dittigheim	2	15	96
Dittwar			96
Dossenheim	3	16	112
Dürrn	7b	23	119
Durbach	9	26	145
Durlach	7a	22	115
E			
Ebringen	13	32	216
Efringen-Kirchen	14	33	216
Egringen	14	33	217
Ehrenkirchen			218
Ehrenstetten	13	32	219
Eichelberg	6	20	119
Eichstetten	12	30	178
Eichtersheim	5	18	110
Eimeldingen	14	33	217
Eisental	8	24	145
Eisingen	7b	23	112
Ellmendingen	7b	23	116
Elsenz	6	20	112
Emmendingen/Hochburg	11	29	196
Endingen	12	30	174
Eppingen	6	20	112
Erlach	9	26	157
Ersingen	7b	23	114
Erzingen			231
Eschbach	13	32	220
Eschelbach	5	18	123
Ettenheim	10	28	196
Ettenheimweiler	10	28	196
F			
Feldberg	13	32	223
Fessenbach	9	26	152
Feuerbach	14	33	221
Fischingen	14	33	220
Flehingen	6	20	119
Freiburg	11	29	197
Friesenheim	10	28	198
G			
Gemmingen	6	20	
Gengenbach	9	26	147
St. Georgen	13	32	220
Gerlachsheim	2	15	98
Gernsbach			148
Gissigheim	2	15	106
Glottertal	11	29	199
Gochsheim	6	20	116
Gottenheim	12	30	179
Grenzach-Wyhlen			220
Grötzingen	7a	22	115
Großrinderfeld	1	14	106
Großsachsen	3	16	114
Grunern	13	32	225
Gundelfingen			199
H			
Hagnau	15	34	230
Haltingen	14	33	226
Haslach	9	26	151
Haßmersheim	4	17	112
Hecklingen	11	29	201
Heidelberg	3, 5	16, 18	112
Heidelsheim	6	20	111
Heiligenzell	10	28	198
Heimbach	11	29	204
Heinsheim	4	17	110
Heitersheim	13	33	220
Helmsheim	6	20	111
Hemsbach	3	16	114
Herbolzheim/ Badische Weinstraße	4	17	
Herbolzheim/Breisgau	10	28	199
Herten			223
Hertingen	14	33	214
Heuweiler	11	29	200
Hilsbach	6	20	123
Hilzingen			233
Hirschberg			114
Höhefeld	1	14	
Hofweier	9	26	149
Hohberg			148
Hohensachsen	3	16	126
Hohenwettersbach	7a	22	115
Holzen	14	33	221
Horrenberg	5	18	
Hub	8	24	157
Hügelheim	13	32	223
Hugsweier	10	28	202
Huttingen	14	33	217
I			
Ihringen	12	30	179
Immenstaad	15	34	230
Immenstaad/Kirchberg	15	34	231
Impfingen	2	15	96
Istein	14	33	218
J			
Jechtingen	12	30	183
Jöhlingen	6	20	124
K			
Kämpfelbach			114
Kandern			221
Kappelrodeck	8	24	149
Karlsruhe			114
Keltern			115
Kembach	1	14	105
Kenzingen	10	28	200
Kiechlinsbergen	12	30	175
Kippenhausen	15	34	231
Kippenheim	10	28	202
Kirchardt			116
Kirchhofen	13	32	219
Kleinkems	14	33	218
Klepsau	2	15	98
Klettgau			231
Köndringen	11	29	204
Königheim	2	15	106
Königschaffhausen	12	30	175
Königshofen	2	15	99
Konstanz	15	34	231
Kraichtal			116
Krautheim	2	15	98
Külsheim	1	14	106
Kürnbach	6	20	116
L			
Lahr	10	28	202
Landshausen	6	20	116
Lauda	2	15	99
Laudenbach	3	16	117
Lauf	8	24	149
Laufen	13	32	226
Lautenbach	9	26	150
Lehen	11	29	198

Muttergemeinden (gelegentlich ohne Weinbau) Weinbaugemeinden	Zu finden auf Karte Nr.	Lagenkarte Seite	Text Seite
Leimen	5	18	117
Leiselheim	12	30	183
Leutershausen	3	16	114
Lichtental			141
Liel	14	33	224
Lindelbach	1	14	105
Lipburg	13	32	215
Lörrach	14	33	
Lottstetten			231
Ludwigshafen			232
Lützelsachsen	3	16	126
M			
Mahlberg	10	28	203
Malsch	5	18	117
Malschenberg	5	18	120
Malterdingen	11	29	203
Marbach	2	15	100
Markdorf	15	34	232
Mauchen	14	33	225
Meersburg	15	34	232
Mengen	13	32	224
Menzingen	6	20	116
Merdingen	12	30	180
Merzhausen	13	32	221
Michelfeld	5	18	110
Mietersheim	10	28	203
Mösbach	8	24	140
Mühlbach	6	20	
Mühlhausen	5	18	118
Müllheim	13	32	221
Münchweier	10	28	196
Münzesheim	6	20	116
Mundingen	11	29	196
Munzingen	12	30	181
N			
Nack			231
Neckarmühlbach	4	17	112
Neckarzimmern	4	17	119
Nesselried	9	26	140
Neudenau	4	17	
Neuenbürg	6	20	116
Neuenburg			223
Neuershausen	12	30	
Neusatz	8	24	145
Neuweier	8	24	141
Niedereggenen	14	33	225
Niederrimsingen	12	30	177
Niederschopfheim	9	26	149
Niederweiler	13	32	223
Nimburg	12	30	181
Nordweil	10	28	202
Norsingen	13	32	219
Nußbach	9	26	151
Nußloch	5	18	119
O			
Oberachern	8	24	140
Oberacker	6	20	
Oberbergen	12	30	188
Oberderdingen			119
Obereggenen	14	33	225
Obergrombach	6	20	112
Oberkirch	9	26	150
Oberlauda	2	15	100
Oberöwisheim	6	20	116
Oberrimsingen	12	30	178
Oberrotweil	12	30	190
Obersasbach	8	24	158
Oberschopfheim	10	28	199
Oberschüpf	2	15	102
Obertsrot	8	24	148
Oberuhldingen/Birnau	15	34	232
Oberweier	10	28	198
Odenheim	6	20	119
Ödsbach	9	26	151
Ölbronn			119
Önsbach	8	24	140
Östringen	5	18	119
Ötlingen	14	33	226
Offenburg			151
Ofnadingen			219
Ohlsbach	9	26	156
Oos			141
Opfingen	12	30	181
Ortenberg	9	26	156
Ottersweier	8	24	157
P			
Pfaffenweiler	13	32	223
Pfinztal			119
R			
Rammersweiler	9	26	152
Rauenberg	5	18	120
Reichenau	15	34	232
Reichenbach	9	26	148
Reicholzheim	1	14	105
Renchen	8	24	157
Rettigheim	5	18	119
Rheinfelden			223
Rheinweiler	14	33	214
Riedlingen	14	33	221
Riegel	12	30	182
Ringelbach	9	26	151
Ringsheim	10	28	203
Rohrbach	6	20	112
Rotenberg	5	18	120
Rümmingen	14	33	223
S			
Sachsenflur	2	15	100
Sasbach	12	30	183
Sasbach			158
Sasbachwalden	8	24	159
Schallbach	14	33	224
Schallstadt-Wolfenweiler	13	32	224
Schelingen	12	30	192
Scherzingen	13	32	219
Schlatt	13	32	215
Schliengen	14	33	224
Schmieheim	10	28	202
Schriesheim	3	16	122
Seefelden	13	32	216
Sexau	11	29	203
Singen			233
Sinsheim			123
Sinzheim	8	24	160
Söllingen	7a	22	119
Stadelhofen	9	26	151
Staufen	13	32	225
Steinbach	8	24	142
Steinenstadt	14	33	223
Steinsfurt	5	18	
Stetten	15	34	232
Stettfeld	6	20	124
Sulz	10	28	203
Sulzbach	3	16	126
Sulzburg	13	32	226
Sulzfeld	6	20	123
T			
Tannenkirch	14	33	221
Tairnbach	5	18	119
Tauberbischofsheim	2	15	95
Teningen			204
Tiefenbach	6	20	119
Tiengen	12	30	192
Tiergarten	9	26	151
Tunsel	13	32	215
Tutschfelden	10	28	200
U			
Ubstadt-Weiher	6	20	123
Überlingen	15	34	233
Uissigheim	1	14	106
Ulm	9	26	158
Umweg	8	24	142
Untergrombach	6	20	112
Unteröwisheim	6	20	116
Unterschüpf	2	15	102
V			
Varnhalt	8	24	144
W			
Wagenstadt	10	28	200
Waldangelloch	5	18	
Waldkirch			204
Waldulm	8	24	149
Wallburg	10	28	197
Waltershofen	12	30	193
Walzbachtal			124
Wasenweiler	12	30	180
Weil	14	33	226
Weiler	5	18	123
Weingarten	6	20	124
Weinheim	3	16	125
Weisenbach	8	24	160
Welmlingen	14	33	218
Werbach	1	14	103
Wertheim	1	14	104
Wettelbrunn	13	32	226
Wiesloch	5	18	126
Wildtal	11	29	199
Wintersweiler	14	33	218
Wittnau	13	32	226
Wöschbach	7a	22	120
Wollbach	14	33	221
Z			
Zaisenhausen	6	20	129
Zell-Weierbach	9	26	152
Zeutern	6	20	124
Zunsweier	9	26	156
Zunzingen	13	32	223

Verzeichnis der Geschichten

Die Geschichte vom Bocksbeutel, und wie er zu seinem Namen kam 108

Die Geschichte von der durchgestrichenen ”Null”, oder wie die Malscher ihre Trauben verloren 121

Die Geschichte von s'ou z'oach, der in die Bütte fiel, und dabei seinen Wein nicht verschüttete 129

Die Geschichte vom trinkfreudigen Scheur Hans 130

Die Geschichte von der Ziege, die Heimweh hatte 139

Die Geschichte von der Gemeinde Affental, die endlich Licht in das Dunkel der Namensbedeutung bringt 153

Die Geschichte vom Gewürztraminer-Hund 155

Die Geschichte von den Rammersweier ”Wölfen” 155

Die Geschichte von der Hex' vom Dasenstein 159

Die Geschichte von den Breitterrassen im Kaiserstuhl, die endgültig klärt, wie es sich damit verhält 179

Die Geschichte vom Freiburger Junker, der seinen Wein − fast − verschenkte 193

Die Geschichte vom Hoselips 194

Die Geschichte von dem Faßwein, und wie er in dasselbe hineinkommt 212

Die Geschichte vom süßen Meersburger und dem sauren Seewein 229

Das Team des Verlages erwandert und bereist alle Weinregionen, über die im GESAMTWERK geschrieben wird, recht gründlich. Um Ihnen, dem Leser, eine "runde" Gesamtinformation zu geben, benötigen wir jedoch Informationen und Hintergrundinformationen, die nur von den Informierten "vor Ort" gegeben werden können. Wir danken allen, die uns bei dieser Arbeit geholfen haben - von der Gastfreundschaft gegenüber unserer Wandergruppe bis zur mühseligen Kleinarbeit bei der Zusammenstellung der Jahrgangsbewertungen. Wir dürfen uns erlauben, hier die Vorsitzenden und Geschäftsführer der Winzergenossenschaften besonders zu nennen. Ebenso gilt ein besonderer Dank dem dynamischen Geschäftsführer des Badischen Weinbauverbandes, dem "klaren Denker" Dr. Schön, wie wir ihn intern genannt haben. - Natürlich haben uns auch wieder einige Weingüter mit Informationen und reproduzierbaren Unterlagen besonders geholfen. Die Redaktion des Verlages hält es für durchaus legitim, wenn solche Güter aufgrund ihres Engagements vor allem in Reproduktionen von Bildern, Stichen, Urkunden und Graphiken verschiedenster Art im Buch repräsentiert sind. Nachfolgend die Namen derjenigen, die uns mit im Buch reproduzierten Unterlagen geholfen haben:

Stadt Badenweiler
Bäder- und Kurverwaltung, Baden-Baden
Badischer Weinbauverband, Freiburg
L. Bastian, Endingen
Eberhardt Benckiser, Klostergut Fremersberg, Baden-Baden
Winzergenossenschaft Beckstein
Weingut Bercher, Burkheim
Winzergenossenschaft Bickensohl
Weingut Fritz Blankenhorn, Schliengen
Winzergenossenschaft Bötzingen
Weingut Eckberg, Baden-Baden
Winzergenossenschaft Efringen-Kirchen
Winzergenossenschaft Fessenbach
Winzerverein Hagnau
Freiherr von Gleichenstein, Oberrotweil
Stadtverwaltung Heitersheim
Weingut Paul Huber, Durbach
Staatliches Weinbauinstitut, Versuchs- und Lehrgut Blankenhornsberg, Ihringen
Kaiserstühler Winzergenossenschaft, Ihringen

Stadt Konstanz
Franz Männle, Durbach
Staatsweingut Meersburg
Gemeinde Ortenberg
Winzergenossenschaft Ortenberg
Horst Pohl, Freiburg
Benno Salwey, Oberrotweil
Winzergenossenschaft Oberrotweil
Thomas Schätzle, Schelingen
Winzergenossenschaft Schliengen
Peter Schüttler, Wiesloch
Winzerkeller Wiesloch
Westfalia Separator, Oelde
Albert Soder, Schloß Istein, Efringen-Kirchen
Jacoba Stoltenberg, Schloß Neuweier
Stadt Überlingen
Weingut Vollmayer, Singen
Weingut Vetter, Beckstein
Winzergenossenschaft, Wasenweiler
Winzergenossenschaft Wertheim-Reicholzheim